Mandalay nach Momien

Eine Erzählung über die beiden Expeditionen nach Westchina von 1868 und 1875 unter Oberst Edward B. Sladen und Oberst Horace Browne

John Anderson

Writat

Diese Ausgabe erschien im Jahr 2023

ISBN: 9789359251622

Herausgegeben von
Writat
E-Mail: info@writat.com

Inhalt

VORWORT.

Sieben Jahre sind seit dem Datum der Expedition vergangen, die das Thema des größten Teils dieser Arbeit darstellt. Seine Ergebnisse wurden in den offiziellen Berichten der einzelnen Mitglieder aufgezeichnet, in Indien gedruckt und waren für den allgemeinen Leser nicht zugänglich, aber es kann kaum gesagt werden, dass sie veröffentlicht wurden.

Das öffentliche Interesse am Thema der Überlandroute von Burma nach China, das durch die Ablehnung der jüngsten Mission und die damit verbundene Tragödie geweckt wurde, hat die vorliegende Veröffentlichung angeregt. Es besteht die Hoffnung, dass ein umfassender und populärer Bericht über die Expedition von 1868 akzeptabel sein wird, und sei es auch nur als Einführung in die einfache Erzählung der diesjährigen Mission unter dem Kommando von Oberst Horace Browne. Die Darlegung der Schwierigkeiten, mit denen unser Vormarsch im Jahr 1868 konfrontiert war, wird den Leser darauf vorbereiten, den Widerstand einzuschätzen, der unter den veränderten politischen Bedingungen des Landes die Mission unter Oberst Browne dazu zwang, zurückzukehren, ohne ihr Ziel zu erreichen.

Die Erzählung unserer Erfahrungen mit dem Grenzland zwischen Bhamô und Yunnan und seiner bunten Bevölkerung wurde durch von Oberst Sladen gesammelte Materialien ergänzt , darunter ein von ihm erhaltener Katalog von Kakhyen- Gottheiten, der im Anhang zusammen mit zu finden ist ein Panthay- Bericht über die Herkunft der chinesischen Mohammedaner. Ihm sowie meinen Mitreisenden , Captain Bowers und Mr. Gordon, schreibe ich gerne meine Verpflichtungen für die daraus abgeleiteten Informationen auf.

Für viele Einzelheiten, die den Zustand von Yunnan und den Mahommedan-Aufstand in dieser Provinz veranschaulichen, bin ich den von der französischen Regierung herausgegebenen Bänden zu Dank verpflichtet, die die Ergebnisse der französischen Expedition von Saigon nach Yunnan unter Lagrée, Garnier und Carné enthalten . dessen vorzeitigen Verlust ihr Land bedauern muss, und an die Reisen des unternehmungslustigen Handelspioniers, Herrn TT Cooper.

Niemand kann sich mit den Grenzgebieten von Cathay befassen, ohne Hilfe aus den Wissensbeständen zu ziehen, die der gelehrte Herausgeber von „Marco Polo", Colonel Yule, gesammelt und zusammengestellt hat, dem ich meine Bewunderung und meinen Dank aussprechen möchte.

Meine Beobachtungen über die Kakhyens werden vom gelehrten Monsig bestätigt. Bigandet , der Kommentator des „Lebens von Gaudama ", der als erster Europäer diese Bergvölker besuchte und seine Erfahrungen in den Kolumnen der führenden Ranguner Zeitschrift mitteilte. Der Leser findet in den Anhängen eine wertvolle Notiz desselben Autors über burmesische Glocken, insbesondere die von Rangun und Mengoon .

Die Liste der chinesischen Gottheiten im Anhang wurde von dem bekannten chinesischen Gelehrten Professor Douglas vom British Museum aus dem Original übersetzt und freundlicherweise mit einer Erläuterung versehen. Die beigefügten Vokabeln könnten für Philologen interessant sein.

Die Abbildungen des Landes und der Leute bis Ponsee stammen aus Fotografien, die Major Williams und ich gemacht haben, während die Ansichten des Landes im Osten Reproduktionen von Skizzen sind, die durchaus den Vorzug einer genauen Beschreibung seiner Merkmale beanspruchen.

Die Karte, die die Topographie des bereisten Bezirks veranschaulicht, basiert auf Vermessungen, die Herr Gordon und ein burmesischer Landvermesser während der Expedition durchgeführt haben, und eine zweite wurde hinzugefügt, um die allgemeinen Beziehungen unseres indischen Reiches zu Westchina mit den verschiedenen Routen zu zeigen die erforscht oder projiziert wurden, einschließlich derjenigen, die von der französischen Expedition und von Margary vom Endpunkt der Bootsfahrt nach Bhamô verfolgt wurden .

Das Tagebuch unseres unglückseligen Gefährten, das kürzlich in China veröffentlicht wurde und nach Abschluss dieser Arbeit in diesem Land einging, führt ihn leider nicht weiter nach Tali-fu, aber seine Eindrücke vom Land darüber hinaus wurden hier kurz zusammengefasst diese Seiten.

Der wissenschaftliche Leser wird vielleicht geneigt sein, sich darüber zu beschweren, dass die folgenden Seiten nicht mehr Ergebnisse der ordnungsgemäßen Arbeit eines Naturforschers enthalten. Davon wird derzeit aktiv ein vollständiger und illustrierter Bericht vorbereitet, der sich aufgrund der Abwesenheit aus diesem Land unvermeidlich verzögert. Dies wird mit Unterstützung der indischen Regierung veröffentlicht, die auf Veranlassung des Hauptkommissars von Britisch-Burma, Hon., erfolgt. Ashley Eden, der die Öffnung der Überlandroute nach China als eine für die von ihm verwaltete Provinz vorteilhafte Maßnahme immer stark befürwortet hat.

JA

6 ROYAL TERRACE, EDINBURGH ,
  31. Dezember 1875 .

KAPITEL I.
MANDALAY AN BHAMÔ.

Überlandhandel zwischen Burma und China – Frühe Mitteilungen – Englische Reisende – Burmesischer Vertrag von 1862 – Dr. Williams – Ziele der Expedition – Ihre Verfassung – Ankunft in Mandalay – Zweite Krönung des Königs – Die Vororte – Die Basare – Mengoon – Burmesische Schifffahrt – Shienpagah – Kohlengruben – Das dritte Defile – Heiliger Fisch – Tagoung und Old Pagan – Ngapé – Katha – Magnetbatterie – Die ersten Kakhyens – Die Shuaybaw- Pagoden – Der zweite Engpass – Ansicht von Bhamô .

Einige Jahre vor dem Datum der Expedition, deren Verlauf auf diesen Seiten beschrieben wird, war die Aufmerksamkeit britischer Kaufleute im Inland und in Indien auf die Aussicht auf einen Landhandel mit Westchina gerichtet. Besonders interessant war dies für die Handelsgemeinde von Rangun, der Hauptstadt von Britisch-Birma, und dem Hafen der großen Wasserstraße Irawady , deren Handelsvolumen sich in fünfzehn Jahren auf 2.500.000 Pfund pro Jahr erhöhte. Die Vermeidung der langen und gefährlichen Reise durch die Meerengen und den Indischen Archipel und ein direkter Austausch unserer Manufakturen gegen die Produkte der reichen Provinzen Yunnan und Sz-chuen könnten durchaus als Vorteile erscheinen, die fast alle Bemühungen, dies zu erreichen, reichlich lohnen würden Zweck.

Sprye , eifrig vertreten wurde, war der Bau einer Eisenbahnstrecke, die Britisch-Burma und China über Kiang-Hung am Fluss Kambodscha und die Grenzposition oder angebliche Stadt Esmok verbindet .

Aber da es zunächst notwendig war und immer noch ist, eine Vermessungsexpedition über ein unbekanntes und fremdes Land zu schicken, konnte dieses Projekt, ob chimärisch oder nicht, nicht mit der unmittelbaren Möglichkeit der Eröffnung eines Handels über den Fluss konkurrieren Irawady und die Königsstadt Mandalay.

Obwohl vor 1867 nur vier englische Dampfer mit Fracht den Fluss hinauf in die Hauptstadt gefahren waren, Vorboten der zahlreichen Flottillen , die jetzt auf dem Irawady verkehrten , war bekannt, dass zwischen Mandalay und China ein regelmäßiger Verkehr bestand, insbesondere bei der Versorgung des Landesinneren mit Baumwolle , das als königliches Monopol reserviert war.

Berichten zufolge wurde dieser Handel hauptsächlich von Karawanen betrieben, die die Überlandroute über Theinnee nach Yunnan durchquerten. Den Reiserouten der burmesischen Botschaft aus dem Jahr 1787 zufolge beträgt die Entfernung sechshundertzwanzig Meilen, und in der beschwerlichen Reise von zwei Monaten mussten sechsundvierzig Hügel und Berge, fünf große Flüsse und vierundzwanzig kleinere überquert werden. Aber eine ununterbrochene Kette von Tradition und Geschichte deutete darauf hin, dass der natürliche Knotenpunkt des Handels zwischen Burma und China in oder in der Nähe von Bhamô lag , [1] am linken Ufer des oberen Irawady und nahe der Grenze zu Yunnan.

Die burmesischen Annalen bezeugen, dass dies mehrere Jahrhunderte lang der Durchgang von China nach Burma gewesen war, entweder für einmarschierende Armeen oder für friedliche Karawanen. Der jüngste burmesisch -chinesische Krieg war aus den Beschwerden chinesischer Bhamô -Kaufleute hervorgegangen, und der 1769 in Bhamô unterzeichnete Friedensvertrag sah vor, dass die „Gold- und Silberstraße" zwischen den beiden Ländern wieder eröffnet werden sollte. Infolgedessen waren gemeinsame Botschaften zwischen Peking und Ava gereist, und fast alle waren über Irawady und Bhamô weitergereist .

Europäische Reisende und Händler hatten schon früh die Bedeutung dieses Verkehrskanals erkannt, auf den offenbar der große Venezianer Marco Polo unter dem Namen Zardandan anspielte .

Aus den alten Dokumenten von Fort St. George geht hervor, dass Engländer und Niederländer zu Beginn des 17. Jahrhunderts Fabriken in Syriam , Prome und Ava sowie an einem Ort an der Grenze zu China hatten, bei dem es sich laut Dalrymple um Bhamô handelte . Laut dieser Behörde kam es zu Streitigkeiten zwischen den Niederländern und den Burmesen, und als erstere drohten, die Chinesen um Hilfe zu bitten, wurden sowohl die Engländer als auch die Niederländer aus Burma vertrieben. Im Jahr 1680 scheint der Ruf dieses Feldes für Handelsunternehmen erneut die Aufmerksamkeit der Behörden von Fort St. George auf sich gezogen zu haben, und vier Jahre später wurde ein Dod , der mit Ava Handel trieb, beauftragt, sich über den Handel des Landes zu erkundigen Bitte darum, dass eine Siedlung in Prammoo an der Grenze zu China genehmigt werden könnte. Diese Mission war erfolglos und Prammoo kann nicht mit Sicherheit identifiziert werden, aber die starke Ähnlichkeit des Namens scheint auf Pan-mho oder Bhamô hinzuweisen .

Wenn wir auf neuere und sicherere Daten zurückgreifen, stellen wir fest, dass Colonel Symes, HEICs Gesandter in Ava im Jahr 1795 (und der von dem fähigen Geographen Dr. Buchanan begleitet wurde), angibt, dass zwischen Ava und ein umfangreicher Handel, hauptsächlich mit Baumwolle, bestand Yunnan. „Diese Ware wurde den Irawady hinauf nach Bhamô transportiert , wo sie an die chinesischen Kaufleute verkauft und teils auf dem Landweg, teils auf dem Wasserweg in die chinesischen Herrschaftsgebiete transportiert wurde. Auch Bernstein, Elfenbein, Edelsteine, Betelnüsse und essbare

Vogelnester aus dem östlichen Archipel waren Handelsartikel. Im Gegenzug beschafften die Burmanen rohe und bearbeitete Seide, Samt, Blattgold, Konserven, Papier und Eisenwaren." Sowohl die Forschungen von Wilcox als auch das Tagebuch von Crawfords Botschaft in Ava aus dem Jahr 1826 bezogen sich auf den Handel und die Routen von Bhamô , und die bengalische Regierung veröffentlichte 1827 eine Karte mit den besten beschaffbaren Informationen über die burmesisch -chinesische Grenze.

Oberst Burney, der 1830 am Hofe von Ava ansässig war, veröffentlichte eine große Anzahl wertvoller Beiträge zur Geschichte, Geographie und Ressourcen Oberburmas sowie genaue Reiserouten der Theinnee- und Bhamô- Routen nach China . Unsere Erfahrung hat die Genauigkeit des Letzteren bis hin zu Momien gezeigt , und es kann gefolgert werden, dass der Rest ebenso genau sein wird. Pemberton [2] scheint der erste gewesen zu sein, der völlig erkannt hat, dass – um seine eigenen Worte zu verwenden – „die Provinz Yunnan, der sich die nordöstlichen Grenzen unseres indischen Reiches jetzt so sehr angenähert haben, durch diesen Umstand entstanden ist und …" Unsere bestehenden freundschaftlichen Beziehungen zum Gericht von Ava sind für uns von besonderem Interesse." Im selben Jahr begleitete Kapitän Hannay eine burmesische Mission nach Mogoung , und zum ersten Mal wurde Bhamô von einem Augenzeugen genau beschrieben, und es wurden viele wertvolle Informationen über den damals zwischen Ava und China betriebenen Handel gewonnen. Seine Beschreibung der Bedeutung der Stadt unterschied sich jedoch stark von der von Dr. Griffiths und Bayfield, die es zwei Jahre später besuchten. [3]

Hannay gibt die gemeldete Zahl der Häuser mit eintausendfünfhundert an, während die letzteren Reisenden schätzten, dass die Stadt und die Vororte fünfhundertachtundneunzig Häuser enthielten, „weder gut noch groß", wobei die letztere Beschreibung eher mit dem gegenwärtigen Zustand übereinstimmt die Stadt.

Im Jahr 1848 veröffentlichte Baron Otto des Granges eine kurze Übersicht über die Länder zwischen Bengalen und China, die die große kommerzielle und politische Bedeutung von Bhamô sowie die Praktikabilität eines direkten Landhandels zwischen Kalkutta und China aufzeigte.

In diesem Aufsatz plädierte der weitsichtige Autor für die Ausrüstung einer kleinen Expedition, um die Handelsbeziehungen des Landes um Bhamô zu ermitteln , den Mineralreichtum Yunnans zu untersuchen und Verhandlungen mit den chinesischen Kaufleuten aufzunehmen.

Im Jahr 1862 wies die indische Regierung im Hinblick auf die Aushandlung eines Vertrags mit dem König von Burma ihren Oberkommissar, Sir A.

Phayre, an, wenn möglich die Wiedereröffnung der Karawanenroute von Westchina durch die USA einzuschließen Stadt Bhamô und die Gewährung von Erleichterungen für britische Kaufleute, an diesem Ort zu wohnen oder nach Yunnan zu reisen, und für Chinesen aus Yunnan, die freien Zugang zu britischem Territorium, einschließlich Assam, haben. Das erste dieser Ziele sollte durch die Zustimmung des Königs zu einer gemeinsamen burmesischen und britischen Mission in China erreicht werden. Es wurde ein Vertrag geschlossen, in dem die britische und die burmesische Regierung zu Freunden erklärt wurden und der Handel in und durch Oberburma britischen Unternehmen ungehindert geöffnet wurde. Darüber hinaus wurde festgelegt, dass ein direkter Handel mit China über Oberburma abgewickelt werden könne, vorbehaltlich einer Transitgebühr von einem Prozent. *Ad-Valorem* für chinesische Exporte und *Null* für Importe. Der Vorschlag einer gemeinsamen Mission war jedoch erfolglos.

, nach einer zweiundzwanzigtägigen Reise bis nach Bhamô weiterzureisen, wo er im Februar ankam. Sein Ziel war es, die Durchführbarkeit einer Route durch Burma nach Westchina zu testen, und die Ergebnisse seiner Erfahrung führten dazu, dass er die Bhamô -Routen als politisch, physisch und kommerziell vorteilhafteste befürwortete .

Sein energisches Eintreten führte dazu, dass die Handelsgemeinde von Rangun die Bedeutung ihrer eigenen Position erkannte, da sie über die älteste Straße nach Westchina verfügte. Sein Anspruch, dieser Handelsweg als Erster vorgeschlagen zu haben, muss jedoch dem von Otto des Granges weichen; und die Behauptung, er sei der erste Engländer gewesen, der Bhamô besuchte, konnte nur in Unkenntnis oder Vergessenheit gegenüber den Arbeiten von Hannay, Bayfield und Griffiths aufgestellt worden sein .

Als der kommerzielle Scharfsinn der Kaufleute so auf die Möglichkeiten des Überlandhandels gerichtet wurde, könnte es auf den ersten Blick scheinen, dass der Strom bei Mandalay angezapft werden könnte, ohne ihm bis zu den Grenzen von Yunnan zu folgen.

Aber unser wachsender Verkehr mit der Hauptstadt Burmas machte bekannt, dass der burmo -chinesische Handel über Bhamô , der 1855 500.000 Pfund pro Jahr ausmachte, zwölf Jahre lang fast vollständig eingestellt war. Ob dies auf die Auswirkungen des mahommedanischen Aufstands in Yunnan oder, wie einige behaupteten, auf die burmesische Politik zurückzuführen war, war ungewiss. Es handelte sich um ein zusätzliches Problem, und der damalige Oberkommissar, General Fytche , drängte die indische Regierung eifrig darauf, wie wichtig es sei, dieses Problem zu lösen und im Rahmen des Vertrags von 1862 die Möglichkeit und wahrscheinlichen Ergebnisse einer Wiedereröffnung der Bhamô-Handelsroute gründlich zu prüfen.

Man könnte davon ausgehen, dass dieses Unternehmen für den Nachkommen dieses unternehmungslustigen Handelsreisenden , Mr. Fitch, von erblichem Interesse war und einen Bericht über seinen Besuch in Pegu im Jahr 1586 hinterlassen hat. Die geplante Expedition wurde im September 1867 von der indischen Regierung genehmigt. und nachdem die Zustimmung des Königs von Burma ordnungsgemäß eingeholt worden war, wurden Vorkehrungen für die Abreise der Mission aus Mandalay im Januar 1868 getroffen. Die Hauptziele der Expedition bestanden, um die Worte von General Fytche zu verwenden, „die Ursache herauszufinden . " die Einstellung des früher auf diesen Routen bestehenden Handels, die genaue Position der Kakhyens , Shans und Panthays in Bezug auf diesen Verkehr und ihre Bereitschaft, ihn wiederzubeleben oder auf andere Weise wiederzubeleben, sowie die physischen Bedingungen dieser Routen zu untersuchen ."

Somit waren die zu erfüllenden Aufgaben vielfältig und betrafen Diplomatie, Ingenieurwesen, Naturwissenschaften und Handel. Diese waren dementsprechend alle unter den Mitgliedern der Mission vertreten, die aus Kapitän Williams als Ingenieur; Dr. Anderson als Amtsarzt und Naturforscher; mit Kapitän Bowers und den Herren Stewart und Burn als Delegierten der Handelsgemeinde von Rangun. [4] Eine Wache von fünfzig bewaffneten Polizisten bildete zusammen mit ihrem Inspektor und einem einheimischen Arzt eine Eskorte, während das Kommando über das Ganze Major Sladen , politischer Resident in Mandalay, anvertraut wurde. Es ist kaum genug, um hinzuzufügen, dass der Weitsicht, dem Taktgefühl und der entschlossenen Geduld, die er als Anführer an den Tag legte, das Maß an Erfolg zu verdanken war, das erzielt wurde. Er hatte sich bereits nicht nur die Zustimmung, sondern auch die Mitarbeit des Königs gesichert. Es waren schriftliche Befehle an den *Woon* oder Gouverneur von Bhamô und an andere Orte geschickt worden, um jegliche Hilfe zu leisten. Neben diesen verbalen Hilfsmitteln stellte der König ihm einen königlichen Dampfer namens *Yaynan-Sekia* , besser bekannt als „The Honesty", zur Verfügung, um die Gruppe nach Bhamô zu befördern . Zu keinem früheren Zeitpunkt hatte man es für ratsam erachtet, dass Dampfer außer ein paar Meilen oberhalb von Mandalay aufstiegen; und es gab große Meinungsverschiedenheiten über die Befahrbarkeit des oberen Irawady in der Trockenzeit mit einem Dampfer, obwohl er nur drei Fuß Wasser führte.

Am Morgen des 6. Januar 1868 legte der Dampfer *Nerbudda* , der die Gruppe aus Rangun befördert hatte, neben dem Landeplatz der heutigen Hauptstadt Burmas an, drei Meilen von der Stadt entfernt, von der nur die goldenen Türme zu sehen waren über den Bäumen. Da unser Aufenthalt drei oder vier Tage nicht überschreiten sollte, blieb die gesamte Gruppe an Bord, bis es Zeit war, sich auf die *Yaynan-Sekia zu begeben* . Hinter einem Steg, den die

Burmesen bei den Überschwemmungen nutzten, lag der königliche Dampfer, der für unseren Empfang gründlich gestrichen und gereinigt wurde. Sie lag in einem Bach vor Anker, dem königlichen Marinedepot, wo zahlreiche Kriegsboote der Vergangenheit und die heutige Flotte königlicher Dampfer in gewöhnlicher Lage liegen. Fast drei Meilen lang boten die Flussufer ein geschäftiges Treiben. Einheimische Boote luden oder löschten Fracht; Die Häuser erstreckten sich über die gesamte Strecke, wobei die näher am Fluss gelegenen Häuser von Fischern gepachtet wurden. Ein großer Vorort erstreckte sich vom Ufer landeinwärts; Jedes Haus war von einem Gemüsegarten umgeben, der von einem acht bis zehn Fuß hohen Bambuszaun umgeben war, während alle von prächtigen Tamarinden-, Wegerich- und Palmenbäumen umgeben waren. Die Frauen waren eifrig damit beschäftigt, Seidenputzos und Tameins in verschiedenen Mustern zu weben. [5] Jenseits dieses Vorortes lag eine große Schwemmebene mit Reisfeldern, von denen einige mit Stoppeln bedeckt waren und auf denen gerade erst das Getreide geerntet worden war. in anderen bewässerten Männer und Frauen die junge Ernte, die jetzt etwa sechs Zoll hoch war, wobei jährlich drei Ernten auf diesem Land angebaut wurden, das sozusagen eine von Häusern umgebene Anbauinsel bildete.

Der Leiter der Expedition, Major Sladen , kam herunter, um uns zu begrüßen, und wir ritten mit ihm zur Residenz, die am Ufer eines Kanals liegt, der parallel zum Fluss und auf halber Strecke zwischen diesem und der Stadt verläuft. Das Ufer des Kanals ist von Häusern gesäumt, und breite Straßen führen über zahlreiche stark gebaute Holzbrücken in die Stadt, deren einziger Mangel darin besteht, dass die alluvialen Ufer des Kanals häufig nachgeben, was zur Zerstörung der Brücken und zur Unterbrechung führt des Verkehrs. Unsere Straße führte durch einen bevölkerungsreichen Vorort mit Häusern aus Teakholz, die auf Pfählen ruhten. Rechts lag ein Viertel, das von der *Halbmonde besetzt war* ; Auf der linken Seite ragten zahlreiche Khyoungs oder Klöster mit ihren anmutigen dreifach konkaven Dächern auf. Phoongyees oder buddhistische Mönche gab es in Hülle und Fülle; So auch Schweine und Hunde, die beide täglich durch ein Almosen vom König gefüttert werden, der als frommer Buddhist einen Vorrat an guten Werken anhäuft, indem er so das Leben der Tiere erhält. Diese allgegenwärtigen Schweine haben zu einem bekannten Sprichwort geführt, das den ersten Eindruck, den die Bezirke der Hauptstadt auf den europäischen Besucher machen, auf den Punkt bringt. Unser Aufenthalt war zu kurz, um mehr als eine Stippvisite in Mandalay, seinem Palast und den unzähligen Pagoden zu ermöglichen.

Die eigentliche Stadt liegt etwa drei Meilen vom Irawady entfernt auf einer Anhöhe unterhalb des Hügels Mandalé . Es wurde bei seiner Thronbesteigung im Jahr 1853 vom jetzigen König gegründet; und eines seiner Motive, Ava zu verlassen und den neuen Standort auszuwählen, bestand darin, seinen Palast dem Sicht- und Lärmschutzgebiet britischer Dampfer zu entziehen. Die Stadt ist nach dem gleichen Grundriss wie die von Yule beschriebene alte Hauptstadt erbaut und besteht aus zwei konzentrischen befestigten Plätzen. Die Außenseite wird durch hohe, massive Ziegelmauern verteidigt, während im Inneren Erdwälle errichtet wurden. Es gibt vier Tore, über denen sich jeweils ein Turm mit sieben vergoldeten Dächern erhebt. Ähnliche kleinere Türme schmücken in Abständen die Mauer. Seit unserem Besuch wurde ein fünfzig Meter breiter tiefer Graben fertiggestellt, der nun die Mauern umgibt. Nachts patrouillieren Wachboote mit Gongklängen auf den Gewässern. Als der König 1874 in Erfüllung einer Prophezeiung ein zweites Mal gekrönt wurde, umrundete er die Stadt in einem prächtigen Kriegsboot, dessen Pracht den traditionellen Ruhm des Lastkahns des Oberbürgermeisters in den Schatten stellt . Die eigentliche Zeremonie der Wiederkrönung fand am 4. Juni um 20 UHR STATT , der Stunde, die vom Hof der Brahmanen als günstig erklärt wurde. [6] Kapitän Strover beschreibt die Zeremonie als weitgehend privat, da nur die verschiedenen Staatsminister und etwa achtzig Brahmanen anwesend waren. Beschwörungsformeln und das Besprengen mit heiligem Wasser aus dem Ganges bildeten den Hauptteil der Zeremonie, nach der Seine Majestät ein neuer König werden sollte, sofern es keine Jahre dauerte. Sieben Tage später vollzog der König die Zeremonie zur Übernahme der königlichen Stadt. Um neun Uhr morgens verkündete eine Kanone, dass er den Palast verlassen hatte, und um halb drei wurde ein weiterer Schuss abgefeuert, der andeutete, dass er den königlichen Lastkahn betreten hatte. Die Prozession um den Stadtgraben begann am Osttor und wurde von den beiden obersten Magistraten von Mandalay in vergoldeten Kriegsbooten angeführt; Dann folgten alle Fürsten in einer Reihe, ein kurzes Stück vor dem Staatskahn, und hinter dem König kamen die Minister und Beamten. Truppen säumten die Mauern rund um die Stadt, und an den Straßenecken waren vereinzelt Kanonen aufgestellt. Musikkapellen spielten, während die Prozession vorbeizog, und insgesamt; Der Anblick war äußerst wirkungsvoll und einzigartig. Nachdem er die ganze Stadt umrundet hatte, verließ er die königliche Barke am Osttor, und ein Gruß verkündete, dass er den Palast wieder betreten hatte, und die Zeremonie war beendet. Nach eigener Aussage seiner Majestät handelte es sich bei der Zeremonie um einen rein religiösen Akt.

Der erste Platz wird von Beamten, Zivil- und Militärbeamten sowie den Soldaten der königlichen Armee bewohnt. Alle Häuser liegen in separaten Einfriedungen und grenzen an breite, gepflegte Straßen. Entlang der Fronten verläuft der Zaun des Königs, eine Gitterpalisade, hinter der sich die Untertanen verstecken, wenn Seine Majestät vorbeikommt. Tagsüber werden auf den Straßen Stände aufgebaut und die verschiedenen burmesischen

Bedarfsartikel, sogar Kleidung, verkauft, aber nachts wird alles abgeräumt und die Tore geschlossen. Der zentrale oder königliche Platz ist von einem zwölf Fuß hohen Außenzaun aus Teakholz und einer Innenmauer umgeben. Der Eingang erfolgt durch zwei einander gegenüberliegende Tore, die auf einen weiten Platz führen, der auf der einen Seite die Regierungsbüros und die königliche Münze beherbergt. Auf der anderen Seite verläuft eine Mauer und ein großes Tor, das nur für den König geöffnet war, und eine kleine Pforte ermöglichen den Zugang zur Palastanlage. Alle Burmesen, die dies betreten, ziehen ihre Schuhe aus. Darin befindet sich ein weites, offenes Gebiet, so groß wie ein Londoner Platz. Auf der gegenüberliegenden Seite erhebt sich ein Gebäude, das von neun reich vergoldeten Dächern gekrönt ist und über dem ein goldener *Schirm* mit klingelnder Glockenkrone thront. Dies markiert den Audienzsaal. Jeder, der dies betritt, muss seine Schuhe ausziehen, denn die königliche Residenz ist heilig. Die gleiche Regel gilt für alle Tempel, und dieses Ausziehen ist in Wirklichkeit ein Zeichen religiösen Respekts, der sowohl dem gemeinsten Khyoung als auch der Residenz des Königs geschuldet ist. Diese Tatsache könnte, wenn man sie im Hinterkopf behält, vielleicht die aufgewühlten Gefühle derer beruhigen, die in diesem Ausbooten ein Zeichen erniedrigender Hommage sehen. Auf der linken Seite befindet sich der Wohnsitz des weißen Elefanten, der, so könnte man sagen, kaum von anderen Elefanten zu unterscheiden ist, außer durch die blassere Farbe seiner Kopfhaut. Auf der rechten Seite befindet sich das königliche Arsenal, außerhalb dessen der Besucher jetzt vom Anblick eines vollständig bewaffneten und ausgerüsteten Decks eines Schiffes überrascht sein würde, das als Schule für Marinegeschütze dient.

Wir hatten weder Zutritt zu einer Audienz, noch sahen wir die königlichen Gärten, die zusammen mit den anderen Palastgebäuden hinter der zentralen Halle liegen. Dr. Dawson beschreibt die Gärten, wie er in Masons „Burmah" zitiert, in leuchtenden Worten als „wirklich schön und ebenso malerisch wie großartig". Außerhalb der Stadtmauern erstrecken sich die Vororte oder die Stadt ohne Mauern in breiten Straßen nach Süden, die zur Arracan- Pagode hin zusammenlaufen. und in der Ferne markieren die Türme der Pagoden die Stätte von Amarapura .

Es ist unmöglich, die Bevölkerungszahl zu schätzen, aber nach der Fläche, die mit Häusern bedeckt ist, muss sie über hunderttausend liegen. Zwischen der Stadt und dem Mandalay-Hügel wurden von den Königinnen und anderen Mitgliedern der königlichen Familie zahlreiche Khyoungs errichtet, deren Teakholzsäulen und Dachbalken prächtig geschnitzt und reich vergoldet sind.

Bei der Durchquerung der Klosteranlagen ist es für Reiter notwendig, abzusteigen und langsam durch die heiligen Bereiche zu gehen. Auf dieser Seite gibt es auch ein großes, mit Palisaden bestücktes Gehege, zu dem die Shan-Karawanen immer Zuflucht suchen. Hier werden ihre Waren, vor allem *Hlepét* , eine Art gesalzener Tee – allerdings nicht aus der echten Teepflanze [7] hergestellt – über Makler veräußert. Am Fuße des Mandalay-Hügels befindet sich ein Tempel mit einer großen sitzenden Buddha-Statue, die aus dem weißen Marmor der Tsagain- Hügel geschnitzt wurde. Der Hügel selbst wird von einer vergoldeten Pagode und einer Buddha-Statue gekrönt. Der Goldene König steht mit ausgestrecktem Finger und zeigt auf den goldenen Tempel , der die königliche Residenz, das Zentrum der Stadt und des burmanischen Königreichs markiert.

Auf dem Hügel gibt es eine riesige Hühnerkolonie, von der die königliche Frömmigkeit jeden Morgen große Mengen kauft und auf Kosten des Königs hält. Die Ostseite der Stadt wird von einem langen Sumpfgebiet gesäumt, das bei Regen eine Lagune bildet. Man kann sagen, dass der sechs Meilen südlich gelegene Fluss Myitngé die Isolierung der Umgebung der Hauptstadt vervollständigte . Nicht weit von der Residenz entfernt, aber auf der anderen Seite des Kanals, gibt es einen großen, von Backsteinmauern umgebenen Basar, der ein äußerst geschäftiges Treiben bietet. Man könnte sagen, dass dies der wichtigste geschlossene Marktplatz ist; aber es gibt auch andere kleinere Stoffbasare; und mehrere Viertel oder Straßen sind von Spezialgewerken besetzt, wobei das Viertel der Goldschläger ein sehr lautes Viertel ist. Die Vorliebe für Vergoldungen, die die Burmesen auszeichnet , führt zu einer enormen Nachfrage nach Blattgold, wobei das verwendete Gold hauptsächlich von den Karawanen aus Yunnan mitgebracht wurde. Ein weiteres Viertel wird von Chinesen gemietet. Durch einen merkwürdigen Zufall traf am Tag unserer Ankunft eine chinesische Karawane von zweihundert Maultieren aus Tali-fu ein. Sie waren über den langen Landweg Theinnee gekommen und hatten Schinken, Walnüsse, Pistazien, Honig, Opium, Eisentöpfe, gelbes Orpiment usw. mitgebracht. Unter den Einwohnern der Stadt bemerkten wir viele Suraten . Diese klugen und unternehmungslustigen Händler kommen in großer Zahl nach Burma und sind überall geschäftig damit beschäftigt, Geld zu verdienen. Europäische Abenteurer verschiedener Nationalitäten bilden ein kleines, aber schelmisches Element der Bevölkerung; Es ist kaum verwunderlich, ob der burmesische Adel und die Adeligen einen schlechten Eindruck von *Kalas* [8] haben, wenn man das Verhalten einiger dieser Ausländer betrachtet. Gleichzeitig verbreiten sie wiederum monströse Berichte über den König, seine sozialen und politischen Gewohnheiten und Ideen, die ihren Weg in die indische und englische Presse finden.

Der Umschlag von uns, unseren Gefolgsleuten und unserem Gepäck wurde ordnungsgemäß durchgeführt, und am Nachmittag des 18. Januar verließ die *Yaynan-Sekia ihre Liegeplätze*. Wir fuhren nur bis Mengoon , am rechten Ufer, ein paar Meilen von der Hauptstadt entfernt. Bisher hatten wir die Gesellschaft von Herrn Manouk, einem armenischen Herrn, der das Amt des *Kala Woon* , des Außenministers, innehatte. Wir besichtigten gebührend die riesige Ruine aus massivem Mauerwerk, die, wie Colonel Yule sagt, die außergewöhnliche Torheit von König Mentagyi , dem Gründer von Amarapura im Jahr 1787, darstellt .

Ursprünglich als riesige Pagode gedacht, blieb sie unvollendet, da vorhergesagt wurde, dass ihre Fertigstellung für den königlichen Gründer verhängnisvoll sein würde. Das Erdbeben von 1839 spaltete den riesigen Quader aus massivem Mauerwerk und ist heute eine fantastische Ruine.

Yule gibt die Abmessungen der untersten der fünf umlaufenden Terrassen mit 400 Fuß im Quadrat an; Nach seiner Fertigstellung wäre das gesamte Gebäude fünfhundert Fuß hoch gewesen. In der Nähe steht die große Glocke, zwölf Fuß hoch, sechzehn Fuß breit an den Lippen und neunzig Tonnen schwer. [2]

Das interessanteste Objekt ist die Seebyo- Pagode, die 1816 vom Enkel und Nachfolger von Mentagyi erbaut und nach seiner Frau benannt wurde. Der Unterbau, auf dem sich die Pagode erhebt, ist kreisförmig und besteht aus sechs aufeinanderfolgenden konzentrischen Terrassen. Jede Terrasse liegt fünf Fuß über der darunterliegenden, ist sechs Fuß breit und von einer wellenförmigen Steinbrüstung umgeben. In den Nischen jeder Terrasse befinden sich Bilder von fabelhaften Drachen, Vögeln und *Beloos* oder Monstern. Nach einer groben Messung hat die ummauerte Anlage einen Umfang von 400 Yards, aber zwischen der Mauer und der ersten Terrasse liegt ein offener Raum von 35 Yards Tiefe. Das Design der Pagode soll das mythische Myen darstellen Mhoo Doung oder Meru-Berg, die zentrale Säule des Universums, und die sieben umlaufenden Gebirgsketten oder die sechs Kontinente, von denen jeder von einem Monster bewacht wird, der erste vom Drachen, der zweite vom Vogel Kalon. Man könnte auch vermuten, dass diese Terrassen die sechs glücklichen Wohnsitze der Nats darstellen könnten , die aufeinanderfolgende Elysien unterhalb des Sitzes von Brahma bilden.

Von der Anhöhe über Mengoon bietet sich ein herrliches Panorama: Das Tal erstreckt sich von den trockenen und baumlosen Tsagain -Hügeln, ein paar Meilen weiter hinten, über eine Breite von fünfzehn Meilen bis zur östlichen Gebirgskette, die am Nordufer auftaucht des Myitngé erstrecken sich so weit das Auge reicht nach Nordosten. Der lange, fließende Bogen dieser Gipfel steht in einzigartigem Kontrast zum unregelmäßigen Gipfelumriss der Myaitloung- Hügel südlich des Myit- ngé . Unmittelbar unter dem Betrachter breitet sich der Irawady , der sich unter den westlichen Hügeln windet, aus, bis seine Hauptufer gegenüber der Hauptstadt fast dreieinhalb Meilen voneinander entfernt sind.

Der Fluss ist durch große Inseln, auf denen sich die königlichen Gärten befinden, und zahlreiche Sandbänke, die in der Trockenzeit freigelegt sind und auf denen Tabak und andere Feldfrüchte angebaut werden, in Kanäle unterteilt. Im Vordergrund bieten die verschiedenen Kanäle des herrlichen Flusses ein lebhaftes Schauspiel aus zahlreichen Kanus, Holzflößen und Booten jeder Form und Größe. In der Ferne werfen die goldenen Dächer der Stadttore und der vielen Klöster, die sich außerhalb der roten Stadtmauern drängen, die Sonnenstrahlen zurück. Die phantastischen Formen der vielen überdachten Türme der Zayats und Rasthäuser und die funkelnden Türme der Pagoden verblüffen und erfreuen überall das Auge, das von dem malerischen Hügel im Norden, gekrönt von dem vergoldeten Tempel, auf die unregelmäßigen Umrisse blickt des Basars, der sich weit bis zur Reihe der verlassenen Hauptstädte erstreckt. Ein herrliches Bild, besonders wenn die leuchtenden Orangetöne des Sonnenuntergangs durch das satte Lila der wolkenartigen fernen Hügel gemildert werden!

Von Mengoon aus bahnte sich der Dampfer seinen ungewohnten Weg unter dem rechten Ufer entlang, vorbei an Sandbänken, die mit zahlreichen Schwärmen von Regenbrachvögeln, Goldregenpfeifern und Schlangenvögeln bedeckt waren. Obwohl derzeit sowohl königliche als auch private Dampfer regelmäßig zwischen Mandalay und Bhamô verkehren , kommt es in der Trockenzeit zu häufigen Verzögerungen, die durch das Auflaufen auf Sandbänken verursacht werden, was die Dauer der Aufwärtsreise sehr ungewiss macht. Wir als Pioniere mussten uns mit größter Vorsicht zurechtfinden, da das Wasser sehr niedrig war. Unsere Besatzung, vom Kapitän bis zum Feuerwehrmann, bestand größtenteils aus Burmesen, und wir waren sehr beeindruckt von der Kühle und dem Können des Kapitäns beim Navigieren durch die engen Kanäle. er schien eine fast instinktive Ahnung von der Tiefe des Wassers zu haben. Es war kein Werk der Liebe seinerseits, da er sich keine Mühe gab, seine Abneigung gegen die *Kalas* oder Ausländer zu verbergen, und es ihm an der heiteren Offenherzigkeit mangelte, die allgemein für Burmesen charakteristisch ist. Ein gutes Beispiel für den Charakter der burmesischen Mannschaft lieferte uns der Anführer, der unbemerkt vom Kapitän seinen Posten aufgab. Er sorgte jedoch für die Navigation, indem er einem seiner Kameraden sagte, er solle in seiner Abwesenheit für ihn rufen, und dem bewusstlosen Kapitän wurden dem bewusstlosen Kapitän in Abständen imaginäre Tiefen von mehreren Fuß zugerufen, der entsprechend steuerte – glücklicherweise ohne Missgeschick. Ein Gerichtsbeamter begleitete uns, um sicherzustellen, dass den Anweisungen zur Bereitstellung von Brennholz ordnungsgemäß Folge geleistet wurde, und um Boote zu besorgen, falls sich der Fluss als nicht befahrbar erweisen sollte. Da aber keine Schwierigkeiten auftraten, blieb ihm nichts anderes übrig, als einmal seinen Eifer zu beweisen, indem er einem Dorfvorsteher, der keine Milch lieferte, eine unbarmherzige Tracht Prügel verpasste.

Die Ufer des Flusses boten eine Reihe malerischer Landzungen von fünfzig bis sechzig Fuß Höhe, getrennt durch üppige Täler, in denen sich jeweils ein Dorf befand. Zwischen zwei solchen Höhen, die mit Pagoden bedeckt sind, die nur über Treppen erreichbar sind, liegt Shienpagah , eine blühende Stadt mit etwa vierhundert Häusern. Hier wird ein reger Handel mit Fisch und Brennholz für die Hauptstadt betrieben und Salz aus den Sümpfen hinter den sterilen Tsagain- Hügeln beschafft. [10] Oberhalb von Shienpagah änderten wir unseren Kurs auf die andere Seite. Die Dörfer am Ostufer wirkten klein und spärlich, jedes eingebettet zwischen hohen Bäumen und Palmyrahainen, gemischt mit ein paar Kokosnusspalmen, aufgelockert durch das helle, blasse tropische Grün der Kochbananen . Eine breite Schwemmebene erstreckte sich bis zu den niedrigen zerklüfteten Gebirgszügen der Sagyen- und Thubyo -Budo-Hügel, von denen fast der gesamte in Mandalay verwendete Marmor stammt. Die fernen Shan-Berge erhob sich hinter einer anderen Ebene, die spärlich mit hohen Bäumen bedeckt und reich bepflanzt war.

Unser Kurs führte entlang eines Kanals entlang der langen Insel und Stadt Alékyoung , bis sich der abgerundete Hügel von Kethung , übersät mit weißen Pagoden, über dem dichten Grün erhob, in dem sich das sogenannte Dorf befand. Am gegenüberliegenden Ufer lag Hteezeh , das Dorf der Ölhändler. Ein Gürtel aus leuchtend gelbem Sand und dann eine feine grüne Grasnarbe führten vom Fluss zum Dorf hinauf, beschattet von edlen Palmyras und riesigen Bambusbäumen, die den Hintergrund für eine Flussszene von exquisiter Farbe und Schönheit bildeten . Ein oder zwei Meilen oberhalb von Alékyoung verengte sich der Fluss und floss in einem Strom, der nicht von Inseln oder Sandbänken unterbrochen wurde. Bald grenzten die kurzen, gut bewaldeten Nâttoung- Hügel am rechten Ufer an eine mit Pagoden gekrönte Landzunge, an deren Fuß sich das Dorf Makouk befand. Auf der gegenüberliegenden Seite befand sich die kleine Stadt Tsingu , die einst befestigt war und immer noch Fragmente der alten Mauern aufweist, auf einer weiteren Landzunge und markierte den Eingang des dritten Engpasses des Irawady .

Von diesem Punkt aus ist das Land auf einer Strecke von dreißig Meilen bis nach Malé und Tsampenago an beiden Ufern hügelig und bis zum Wasserrand mit üppigem Wald bedeckt. Der Fluss schlängelt sich in einer Reihe langer Abschnitte und bietet eine Reihe wunderschöner

Seenlandschaften. Der Bach ist 1.000 bis 15.000 Meter breit und fließt ruhig und ununterbrochen, abgesehen von den Sprüngen der Rundkopfdelfine. Während wir, von langen Reihen dieser Kreaturen vorangetrieben, langsam dahindampften, schien es, als ob jede weitere Strecke durch bewaldete Klippen versperrt wäre. Erinnerungen an die Seenlandschaft des alten Landes wurden lebhaft geweckt, als wir von einem scheinbar landumschlossenen Ort der Schönheit zum nächsten gingen. Die hohen, unregelmäßigen Hügel waren mit Waldbäumen bedeckt, die von leuchtenden Orchideen und riesigen Hängeranken fast verdeckt wurden. Palmen verschiedener Art säumten den Rand des Wassers. Hier und da lugten Fischerdörfer hervor, und überall glänzten anmutige Pagoden und Priesterhäuser im Laubwerk. Papageien schossen umher und Nashornvögel flogen mit schweren Flügeln über den Bach, während schnatternde Scharen langschwänziger Schwarzmeerkatzen die ungewöhnlichen Besucher am Ufer entlang eskortierten.

Das Hauptziel des Interesses ist die kleine Felseninsel Theehadaw , auf der sich die einzige Steinpagode Burmas befindet und die von zahlreichen Pilgern beim großen buddhistischen Fest im März angeflogen wird. Die Pagode ist nicht besonders groß, besteht aber im Wesentlichen aus grauem Sandstein, der bewundernswert geschnitten und in Mörtel gelegt wurde. Das Gebäude erhebt sich auf einem viereckigen Sockel mit einer nach Osten ausgerichteten Kammer, die mit massiven Türen verschlossen ist. Die drei anderen Seiten haben Scheintüren, und die Seiten sowie die Ecken sind mit quasi-dorischen Pilastern geschmückt. Unsere Aufmerksamkeit galt, wie die der meisten Pilger, hauptsächlich dem berühmten zahmen Fisch. Nachdem wir uns mit Reis und Kochbananen versorgt hatten, riefen die Bootsleute „Tit-tit-tit". Bald tauchten die Fische etwa fünfzig Meter entfernt auf, und nach wiederholten Schreien waren sie neben ihnen und verschlangen gierig das angebotene Futter. In ihrem Eifer zeigten sie ihre unhöflichen Köpfe und einen großen Teil ihres Rückens, an dem noch Blattgoldflecken klebten, die von jüngsten Anhängern aufgetragen worden waren. Sie waren so zahm, dass sie sich streicheln ließen und es zu genießen schienen, wenn ihre langen Fühler gezogen wurden. Ein Kerl, dem eine Kochbananenschale zugeworfen wurde, lehnte sie empört ab und tauchte angewidert unter.

Drei Meilen oberhalb und drei Meilen unterhalb der Insel ist das Fischen durch königliche Anordnung verboten, und die Priester, die sie täglich füttern, versicherten uns, dass die Fische niemals über die Grenzen ihres Heiligtums hinausgehen. Mit einem Angebot von fünfzig Rupien gelang es nicht, ein einziges Exemplar zu sichern, aber es sei hier erzählt, dass bei einer anderen Gelegenheit, im Schutz der Nacht und ohne burmesische Beobachtung, eines gefangen wurde und, wenn auch nicht leicht, gelandet, fotografiert und ordnungsgemäß konserviert wurde . Zwei Meilen oberhalb der Insel machten wir Halt in Thingadaw , um Kohle zu holen. Dies ist ein Lager für die Produkte der Kohlengruben, die zufällig von einigen Jägern entdeckt wurden und vom König betrieben wurden.

Wir machten uns auf den Weg, um eine neu eröffnete Mine zu besuchen, die angeblich zwei Meilen entfernt war, konnten sie aber nach einem zweistündigen Spaziergang über ein zerklüftetes, hügeliges Land voller dichter Baum- und Bambusdschungel nicht finden. Der Boden ist karg und sandig, abgesehen von Mulden, die Ponys und Rindern gute Weideflächen bieten. Überall auf der Oberfläche gibt es versteinertes Holz, und weiche weiße und rötliche Sandsteine kommen zum Vorschein, so weich, dass die Wagenräder sie in tiefe Furchen schneiden. An diesen Stellen bot die Oberfläche ein bemerkenswertes Aussehen: Sie war mit symmetrischen Säulen aus weichem rötlichem Sand bedeckt, die zwei Zoll hoch waren, und von einer harten, aschgrauen Spitze gekrönt, die aus Stein bestand und so groß wie ein Pennystück war. Die kleinen Säulen waren an vielen Stellen zerbröckelt, und der Boden war mit den kleinen Kappen übersät, so dass er wie ein Aschehaufen aussah. Bei einem späteren Besuch im Kohlenrevier, das wir von Kabyuet , etwas südlich von Theehadaw , aus machten, hatten wir die Unterstützung des Leiters der Minen, der sehr darauf bedacht war, uns alles zu zeigen und dem König einen guten Bericht zu verschaffen.

Bei der ersten Mine, Lek-ope-bin genannt, fünf Meilen vom Fluss entfernt, tritt das sechs Fuß dicke Kohlebett in einer Mulde hervor und fällt in einem Winkel von fünfunddreißig Grad nach Südwesten ab. Etwas nordöstlich liegt die Ket- zu -bin-Mine, die angeblich die beste Kohle fördert. Während unseres Besuchs gruben einige Männer die Kohle mit gewöhnlichen Holzäxten und Holzmeißeln ab, so dass sie nur eine kleine Menge gebrochener Kohle gewinnen konnten. Bei ordnungsgemäßer Bewirtschaftung könnten diese Minen eine reichliche Versorgung mit nützlichem Treibstoff liefern. Wir haben gelernt, dass der Sand eines angrenzenden Baches zu Gold gewaschen wird und ein einzelner Arbeiter 303 *Yuey = 3 s verdienen kann.* pro Tag.

Der schwarze Sand des Pon-nah, eines Baches, der in den Irawady mündet , wird ebenfalls zur Gewinnung von Gold ausgewaschen, das angeblich in großen Mengen an einer Stelle zwei Tagesreisen flussaufwärts gewonnen wird.

Am 17. Januar erreichten wir den nördlichen Eingang des Engpasses, der durch zwei markante Landzungen gekennzeichnet ist – die westliche, gekrönt von der Pagode von Malé oder Manlé , früher Muanglé , und die östliche von denen des alten Shan Stadt Tsampenago , oberhalb derer früher nur Chinesen Handel treiben konnten. [11]

Malé besteht aus etwa dreihundert Häusern und ist der Zollhafen für die Abfertigung von Booten, die von Bhamô nach Mandalay fahren, sowie das Zentrum eines beträchtlichen Handels mit Bambusmatten, Sesamöl und Jaggerie. Von dort aus sahen wir, wie sich im Osten die feinen, etwa sechstausend Fuß hohen Berge von Shuay-toung erhoben, auf denen im Winter Schnee liegen soll.

Oberhalb von Malé weitet sich der Fluss zu einer großen Breite mit zahlreichen Inseln bis nach Khyan- Nhyat aus . Von da an verjüngt er sich zu einem ununterbrochenen Bach mit einer Breite von etwa 100 Metern, der über 22 Meilen zwischen hohen, dicht bewaldeten Ufern fließt.

Nachdem wir in Tsinuhat Halt gemacht hatten, einem kleinen Dorf südlich eines langen Vorgebirges, auf dem sich die Ruinen von Tagoung und Old Pagan befinden, machten wir einen kurzen Ausflug zu den Stätten dieser alten Hauptstädte. Den burmesischen Chroniken zufolge wurde Tagoung von Abhirája – einem der Shakya-Könige von Kappilawot – gegründet , der vor der Invasion seines Landes durch den König von Kauthala oder Oudh floh. Nach dem Tod von Abhirája war die Nachfolge zwischen seinen beiden Söhnen umstritten. Sie kamen überein, dass jeder sich bemühen sollte, in einer Nacht ein großes Gebäude zu errichten, und dass die Krone demjenigen gehören sollte, dessen Bau bis zum Morgen fertiggestellt sein sollte. Wie in Legenden üblich, überlistete der jüngere Sohn den älteren. Er baute kunstvoll ein Gerüst aus Bambus und Brettern auf, das mit Stoff bedeckt und weiß getüncht war, um den Anschein eines fertigen Gebäudes zu erwecken. Der ältere Bruder glaubte, mit Hilfe von Nats oder Dämonen besiegt worden zu sein, wanderte nach Pegu aus und ließ sich schließlich in der Stadt Arracan (Diniawadee) nieder.

Der jüngere Sohn bestieg den Thron in Tagoung und wurde von 33 Königen abgelöst. Ein Einfall von Tataren und Chinesen, die angeblich aus Kandahar kamen [12], zerstörte die Stadt und vertrieb den letzten Angehörigen der Dynastie, der Nagazein geheiratet hatte , dessen Name auf einen Angehörigen der mythischen Schlangenrasse hinweist. Dieses Ereignis kann auf das Jahrhundert vor der christlichen Ära zurückgeführt werden und muss nach Ansicht des verstorbenen Dr. Mason nach der Eroberung Baktriens durch die Tataren stattgefunden haben. [13]

Nach dem Tod des Tagoung- Königs wanderte ein Teil seines Volkes nach Osten aus und gründete die Shan-Staaten. Ein anderer ließ sich unter der verwitweten Königin Nagazein am Fluss Malé nieder . Nach der Ankunft von Gaudama und dem zweiten Sturz der Städte der Shakya-Könige wanderte einer ihrer Rassen namens Daza- Yázá nach Malé aus und gründete, nachdem er dort Nagazein gefunden und geheiratet hatte , Upper oder Old

Pagan. Ein dichter Wald aus prächtigem Holz und Tausenden von Setzlingen eng Bäume umgeben und bedecken die Stätten und Ruinen der antiken Städte, von denen heute nur noch niedrige Linien und formlose Mauerwerksmassen übrig sind. In ihrer Nähe stehen Pagoden aus späterer Zeit, die noch einigermaßen gut erhalten sind. Von der ältesten Mauer innerhalb der Grenzen von Old Pagan war nur noch eine einzige Mauer hinter einem acht Fuß hohen sitzenden Buddha übrig. Von ersterem erhielten wir kleine Metallbilder von Buddha und von der Pagode aus altheidnischen Ziegeln, die im Relief ein Bild von Gaudama als dem vorhergehenden Buddha trugen. Eine davon war genau die gleiche wie die von Kapitän Hannay beschriebene. Jedes trägt eine Inschrift in der alten Devanagari-Schriftart, die mit „Ye Dhammá " beginnt.

Den alten Namen Tagoung trägt heute ein kleines Fischerdorf mit vierzig Häusern. Zum Zeitpunkt unserer Durchreise befanden sich die Dorfbewohner in provisorischen Hütten auf einer langen Sandbank und waren eifrig damit beschäftigt, Ngapé oder pürierten Salzfisch zuzubereiten. Die Angelpfähle wurden in einem tiefen, schmalen Kanal angebracht, der die Sandbank vom Dorf trennte. Entlang des Flusses gibt es zahlreiche solcher Angelstationen. Jeden Morgen werden große Mengen Fisch gefangen und nach Gewicht an die Hersteller von Ngapé verkauft . Nach dem Reinigen werden die Fische zwischen Salzschichten gepackt und mit den Füßen in langen Körben zertreten, die mit den Blättern des Engbaums ausgekleidet sind . Während dieser Bericht für die Presse vorbereitet wurde, wurde in den Kolumnen einer angesehenen Wochenzeitung der Vorschlag gemacht, dass der Vizekönig von Indien im Falle von Schwierigkeiten mit Burma die Ausfuhr von Ngapé aus Britisch-Burma verbieten sollte, „das importiert werden muss " . von der Küste." Zweifellos gibt es einen großen Export aus unseren Gebieten, aber die Fische, aus denen dieses seltsame burmesische Gewürz besteht, das, wie Yule sagt, „verwester Garnelenpaste" ähnelt, wird im Irawady gefangen . Im Oberlauf des Flusses wimmelt es von Fischen; Vierzehn Arten [14] wurden von uns in Tagoung gekauft , und die zahlreichen Fischerdörfer könnten die Hauptstadt wahrscheinlich von der Versorgung aus Britisch-Burma unabhängig machen.

Die Shuay-mein-toung- Hügel am rechten oder westlichen Ufer, gegenüber von Tagoung , sind sehr hoch und bis zu ihren Gipfeln bewaldet, wobei weiße Pagoden aus dem dichten Laubwerk hervorlugen. Ein paar Meilen nördlich weichen sie vom Fluss zurück, wo am östlichen Ufer die isolierte Bergkette des Tagoung-toung-daw , etwa zwanzig Meilen lang und tausend Fuß hoch, fast parallel zum dazwischenliegenden Fluss verläuft Tal sechs Meilen breit. Der Irawady ist hier mit großen Inseln übersät, die mit langem Gras und Waldbäumen bedeckt sind; Bei Regen stehen sie unter Wasser und werden für herabfahrende Boote sehr gefährlich. Ein Serpentinenkurs, der einem breiten, tiefen Kanal östlich der großen Insel Chowkyoung folgte , brachte uns zur Stadt Thigyain am rechten Ufer, gegenüber dem Dorf Myadoung auf der linken Seite. Letzteres gibt dem Bezirk südlich von Bhamô seinen Namen . Hier wurden wir durch die Nachricht erschreckt, dass der Woon von Bhamô , bei dem wir akkreditiert waren, bei einem Aufstand in Momeit , etwa 36 Meilen südöstlich von Myadoung , getötet worden war . Die Woon waren mit einer Streitmacht von dreihundert Mann dorthin vorgedrungen, um Steuern einzutreiben, als die Shans und Kkahyens in einen Aufstand ausbrachen und die königlichen Truppen umzingelten, von denen viele zusammen mit ihrem Anführer getötet worden waren. Es war unmöglich, nicht die Ahnung zu verspüren, dass dieses ungünstige Ereignis eine Quelle der Verzögerung sein würde, da es uns dazu zwingen würde, es mit schüchternen Untergebenen zu tun, selbst wenn wir bereit wären, zu helfen . Wir passierten, versteckt von einer Insel, die Mündung des Shuaylee , drei Meilen oberhalb von Myadoung , und machten in Katha am rechten Ufer Halt, dem größten Ort, den wir seit Shienpagah gesehen haben . Es ist eine lange Stadt mit mindestens zweihundert gut gebauten Holzhäusern, die in zwei parallelen Straßen angeordnet sind und von Bambuspalisaden mit drei Toren umgeben sind. Es ist der Hauptsitz eines bedeutenden Distrikts , in dem Shan-Burmesen leben. Lange Mulden mit reichem Schwemmland, das für den Reisanbau genutzt wird und von hügeligem Land mit wertvollen Waldbäumen, darunter Teakholz, umgeben ist, trennen die Stadt von den westlichen Hügeln. Auf den Inseln und Sandbänken wird größtenteils Baumwolle angebaut und Tabak angebaut. Zum Zeitpunkt unseres Besuchs waren mehrere Shan-Händler mit gesalzenen Teeblättern und anderen Waren eingetroffen. Einige Yunnan-Chinesen, die wahrscheinlich den Shuaylee heruntergekommen waren , waren ebenfalls in der Stadt. Die Menschen schienen gut gekleidet und wohlhabend zu sein, und die Frauen waren eifrig damit beschäftigt, farbige Baumwollgarne für die Herstellung von Putzos und Tameins zu weben und vorzubereiten .

Ein dichter Morgennebel verzögerte unsere Abfahrt von Katha, und die gesamte Bevölkerung der Stadt strömte an Bord des Dampfers. Nachdem wir ihre Neugier mit den Neuheiten der Maschinerie usw. befriedigt hatten, dachten wir daran, sie mit einer magnetischen Batterie zu unterhalten. Zunächst hielten sich alle zurück, aber ein paar mutigere Geister gingen voran, und die Betreiber wurden schnell von eifrigen Kandidaten für einen Schock belagert. Die Grimassen jedes Patienten lösten Gelächter aus. Die Gutgelaunten Shans entdeckte oder bildete sich ein, dass der Schock für werdende Eltern gut sei; Einige überredeten ihre schüchternen Frauen, an die Front zu gehen, während die Matronen ihre hübschen kleinen Töchter großzogen, um einen Teil der Vorteile zu erhalten. Oberhalb von Katha wird der Fluss durch große Inseln in gewundene, tiefe und schmale Kanäle unterteilt. Fast eine Stunde lang zogen große Gänseschwärme an uns vorbei und die Sandbänke und Küsten der Inseln waren mit Wildentenarten bedeckt. Als der Abend hereinbrach, sah man in Shuaygoo-myo riesige Schwärme von *Herodias garzetta* oder Seidenreihern, die sich im hohen Gras und auf den hohen Bäumen niederließen, die von ihren weißen Formen erleuchtet zu sein schienen.

In dieser Gegend sahen wir mehrere Dörfer verlassen aus Angst vor den Kakhyens , die einige der verlassenen Häuser besetzt hatten.

Zwei aus unserer Gruppe machten sich auf den Weg, diese wilden Hochländer zu besuchen und ihre erste Bekanntschaft mit ihnen zu machen, die sie an die East Karens erinnerten; Sie waren höflich, lehnten jedoch eine Einladung zum Dampfer ab und flehten, sie müssten sich ihrem Häuptling anschließen, in Wirklichkeit aber fürchteten sie Repressalien seitens der Burmesen. Für ihre Entführungsgewohnheiten wurden mehrere Beweise angeführt, einer davon war die Person eines Jungen chinesischer Abstammung, den sie für fünfundzwanzig Rupien an den Dorfvorsteher verkauft hatten. Als wir morgens aufbrachen, rannten junge Frauen und Jungen am Flussufer entlang und hielten mit uns Schritt, um auf dem Weg zu ihren Dörfern Schutz vor den Bergbewohnern zu gewährleisten. Wir wurden auch darüber informiert, dass die Priesterschüler, die Lebensmittel von Dorf zu Dorf sammelten, gezwungen waren, unter den hohen Ufern hindurchzukriechen, um den Entführern zu entkommen. Spätere Erfahrungen haben gezeigt, dass die Dorfbewohner am Ostufer bis nach Bhamô die Gewohnheit haben, in Booten zu schlafen, die im Fluss festgemacht sind; Nur so können sie vor den nächtlichen Überfällen ihrer gefährlichen Nachbarn sicher sein .

Shuaygoo-myo verließen , kamen wir an der großen Insel Shuaybaw mit ihren tausend Pagoden vorbei, deren leuchtend goldene Blätter einen auffälligen Kontrast zu dem satten grünen, massiven Laubwerk bildeten, über dem sie sich erhoben. Die große Pagode ist etwa sechzig Fuß hoch und wird auf zwei Seiten von einem reich geschnitzten Zayat aus Teakholz mit einem kunstvoll verzierten Dach und einem Gesims aus kleinen Nischen mit sitzenden Marmorbuddhas umgeben. Zwei breite gepflasterte Wege, einer bekannt als Shuaygoo-myo und der andere als Bhamô- Eingang, führen zur Pagode, die eine Dreiviertelmeile vom Fluss entfernt ist. Zahlreiche Zayats gruppieren sich um den zentralen Schrein, bis zur Decke gestapelt mit buddhistischen Figuren aus Metall, Holz und weißem Marmor, gespendet von den Gläubigen, die sich jedes Jahr an diesem heiligen Ort drängen, der durch den Fußabdruck von Gaudama geheiligt wird .

Drei Meilen oberhalb der Insel befindet sich der Eingang zum zweiten Defile, wo der Irawady durch eine prächtige Schlucht fließt, die im rechten Winkel eine Hügelkette durchdringt. Fünf Meilen lang wird der tiefe, dunkelgrüne Strom, der sich auf dreihundert Yards verengt, sich aber auf hundertachtzig Fuß und mehr vertieft, von gigantischen Abgründen überragt. Ihre Gipfel sind meist mit spärlichen, verkrüppelten Bäumen bedeckt, aber einige erheben sich kahl, mit splitterigen Gipfeln und roten, felsigen Steilhängen; Weiter unten sind ihre kräftigen Seiten mit dunkelgrünem Wald bedeckt, der hier und da mit dem frischeren Grün geschmückter Bambusbüschel, Palmen und üppiger Musen durchzogen ist . Kleine, von Bambuspalisaden umgebene Fischerdörfer liegen gemütlich in den Mulden. Als wir die Enge betraten, umrundeten wir einen Hügel mit vielen Gipfeln am linken Ufer, der steil vierhundert Fuß hoch anstieg und dessen Umriss von riesigen schwarzen Felsen durchbrochen wurde, die sich vom blauen Himmel abhoben. Die kleine weiße Pagode von Yethaycoo , die vor einer Höhle lag und einen 150 Fuß hohen grauen Kalksteinabhang dominierte, blickte über die Schlucht auf das Haus eines Phoongyee, das hoch oben thront und nur über Bambusleitern zugänglich ist. Das auffälligste Merkmal war der große Kalksteinabgrund, der sich wie eine riesige Mauer achthundert Fuß über dem Wasserrand erhob. Dies ist die Deva-Klippe, die in der mythischen Geschichte von Tsampenago gefeiert wird . An ihrem Fuß thronte die kleine Pagode von Sessoungan auf einer freistehenden Pyramide aus Kalkstein, die von schönen Bäumen bewachsen war. Während des Märzfestes erklimmen viele Gläubige die langen Bambusleitern, die den einzigen Zugang zum Schrein bilden. Die buddhistische Liebe zur Erhaltung des Tierlebens manifestiert sich hier gegenüber den großen Affen (*Macacus assamensis* , M'Lelland), die wie die zahmen Fische kommen, wenn sie gerufen werden, und die Opfergaben der Gläubigen verschlingen. Aus dem Abgrund ragten und hingen riesige Massen von Stalagmiten hervor, die scheinbar jeden Moment herunterfallen könnten. Wasser tropfte über sie, und die Eingeborenen sagen, dass das Wasser während des Regens in einem gewaltigen Wasserfall über die Oberfläche des Abgrunds strömt, dessen Brüllen ohrenbetäubend ist. Das mag durchaus so sein, denn die Echos im Engpass sind wunderbar und hallen immer wieder in fast harmonischem Widerhall wider. Am frühen Morgen ließ das laute Geschrei der Huflattiche im Wald die ganze Luft widerhallen, als es von einer anderen Truppe am gegenüberliegenden Ufer aufgenommen wurde und in einer ständigen Schallwelle über die Hügel und von Klippe zu Klippe hallte. merkwürdig vermischt mit dem schrillen Krähen von Dschungelhähnen. Als die Sonne höher stieg, wurde ein tiefer Bass durch das Summen unzähliger Bienen erzeugt, deren hängende Nester die felsigen Vorsprünge des Abgrunds dicht übersäten. An der nächsten Flussbiegung markierte eine weitere Pagode mit einem hübschen Zayat mit vielen Dächern an ihrer Seite hoch oben auf den westlichen Hügeln den nördlichen Eingang des Engpasses, und wir kamen bald am alten Markt von Kaungtoung vorbei , der für die Abwehr von berühmt war der chinesischen Invasionsarmee im Jahr 1769 und der Vertrag, der fortan Frieden und Handel zwischen Burma und China sicherte. Später wurde es ein Rivale von Bhamô als Handelszentrum für den chinesischen Handel über das Shuaylee -Tal und die Muangmow -Route. Der Fluss breitete sich nun zu einem breiten Strom aus, der durch Inseln und Sandbänke unterbrochen war, aber an einigen Stellen zwischen den Hauptufern nicht weniger als anderthalb Meilen breit war. Vor dem Dorf Sawady befand sich auf einem langen Sandstreifen ein großes Lager von Shan, Chinesen und anderen Händlern, und eine große Flotte von Booten lag bereit, um die Waren flussabwärts zu befördern.

DIE DEVA-GESICHTIGE Klippe, die zweite Verunreinigung der Irawady.

Hier sahen wir in der Ferne Bhamô , das auf einem erhöhten Ufer mit Blick auf den Fluss lag und in dessen untergehender Sonne die Blätter seiner wenigen Pagoden hell glitzerten. Auf der rechten Seite war die hohe Bergkette der Kakhyen- Hügel zu sehen, die sich in einer ununterbrochenen Linie nach Ost-Nordost erstreckte, und auf der linken Seite bog sich eine niedrige Reihe welliger, mit Bäumen bewachsener Hügel ab, um sich mit den westlichen Höhen des Engpasses zu verbinden.

Der fast ebene Landstrich, der zwischen diesen Grenzen etwa 25 Meilen breit war, wurde etwa zehn Meilen nördlich von einem weiteren niedrigen Gebirgszug begrenzt, der den oberen Khyoukdwen oder die erste Engstelle *des* Irawady markierte .

[1] Ausgesprochen „ Bhamaw ".

[2] „Bericht über die Ostgrenze von Britisch-Indien", 1835.

[3] *Vide* „Auswahl von Artikeln über die Berggebiete zwischen Assam und Burmah", Kalkutta, 1873.

[4] Die Handelskammer unter dem fähigen Präsidenten, Herrn M'Call, hatte sich sehr aktiv für die Entsendung der Mission eingesetzt und hatte 3000 Pfund für alle Ausgaben ihrer Vertreter und für den Kauf von Exemplaren dieser Mission bereitgestellt stellt her.

[5] Der *Putzo* ist ein langes, schmales Seidentuch mit Schachbrettmuster , das ein Burmane um sich windet, um einen Anzug zu bilden. Der *Tamein* ist das weibliche Äquivalent, teils aus Stoff, teils aus Seide, mit Zickzackmuster, wobei die seidenen Teile den Rock bilden, der nach altem Brauch beim Gehen ein Bein fast vollständig freilegt.

[6] Diese Brahmanen fungieren als königliche Astrologen, die bei allen wichtigen Anlässen konsultiert werden. Die buddhistischen Priester nahmen an der Zeremonie nicht teil.

[7] Es scheint aus den Blättern von *Elæodendron persicum* , Persoön , hergestellt worden zu sein .

[8] *Kalas* , burmesisches Wort für „Ausländer".

[9] Siehe Anhang I.

[10] Zu dieser Zeit wurden jährlich etwa eine Million Vis Salz flussaufwärts von Shienpagah exportiert und gelangten hauptsächlich nach Bhamô und Tsitkaw zur Versorgung der Kakhyens und Shans . In letzter Zeit beginnt jedoch englisches Salz seinen Platz einzunehmen, und auf meiner letzten Reise den Irawady hinauf beförderte ein Flat aus Mandalay nichts als Salz. Um nach Tsitkaw zu gelangen, wird es in Bhamô auf kleine Boote umgeladen , die jeweils nur fünftausend Vis transportieren , da der Tapeng ein schneller Fluss ist und bei trockenem Wetter eher flach ist. Auf Salz aus Shienpagah wird in Malé , Yuathét und Bhamô zusätzlich zu einer Bootssteuer eine Steuer erhoben , und wenn es den Tapeng hinauf geht , muss in Tsitkaw eine zusätzliche Abgabe und in Haylone und Tsitgna eine Bootssteuer entrichtet werden . (Ein *Viss* = etwa 3 Pfund.)

[11] Hannay, „Selection of Papers", Kalkutta, 1873.

[12] In der in Burma gängigen kirchlichen Übersetzung der klassischen Lokalitäten des indischen Buddhismus nach Indochina wird Yunnan durch Gandhara oder Kandahár repräsentiert . Yules „Marco Polo", ii. P. 59, Ausgabe von 1874.

[13] Oberst Yule bemerkt, dass „Tataren an der indischen Grenze in jenen Jahrhunderten sicherlich den Franzosen zuzuordnen sind, die Brennus nach Rom führte" („Marco Polo", S. 12) .

[14] *Wallago attu* , Bloch und Schn.; *Callichrous bimaculatus* , M'Lelland ; *Macrones cavasius* , HB; *Macrones corsula* , HB; *Labeo calbasu* , HB; *Labeo churchius* , HB; *Cirrhina mrigala* , HB; *Barbus Sarana* , HB; *Barbus apogon* , C. und V.; *Carassius auratus* , Linn.; *Catla Buchanani* , C. und V.; *Rhotee cotio* , HB; *Rhotee microlepis* , Blyth; *Notopterus kapirat* , Bonn.

KAPITEL II.
BHAMÔ.

Ankunft in Bhamô – Unser Quartier – Die Stadt – Das Haus des Woon – Die Shan-Burmesen – Männerdiebstahl der Kakhyen – Die Umgebung – Das alte Tsampenago – Legendäre Geschichte – Die Shuaykeenah -Pagoden – Der Molay-Fluss – Die erste Engstelle – Verzögerungen und Intrigen – Sala – Der neue Woon – Unsere Abreise – Tsitkaw – Bergsäumer – Der Manloung -See – Der Abschied des Phoongyee .

Wir hatten einige Schwierigkeiten, den langen Dampfer durch die Kanäle zu steuern, ankerten aber am 22. Januar gegen 17 Uhr VOR der Flussufer von Bhamô in einem sehr tiefen und breiten Kanal. Unsere Ankunft lockte Menschenmassen an, aber das Pfeifen und der Dampfstoß trieben viele in einen überstürzten Rückzug. Wir hatten nun unseren eigentlichen Ausgangspunkt erreicht. Was auch immer die Unsicherheiten der unerprobten Schifffahrt auf dem Fluss gewesen sein mochten, die wirklichen Gefahren und Schwierigkeiten des Versuchs, in Westchina einzudringen, sollten nun beginnen. Wir trugen die Proklamation des Königs, in der er allen burmesischen Untertanen befahl, uns zu helfen. Aber es gab keinen Gouverneur von Bhamô , der die königlichen Befehle ausführen konnte, und die geheimen Absichten oder Neigungen der Burmesen mussten noch getestet werden. Die Schwierigkeiten der unbekannten Straße über die Kakhyen- Berge, die Feindseligkeit oder Freundschaft der Bergsteiger und der Shan-Bevölkerung zwischen ihnen und Yunnan waren ebenso unerprobt. Darüber hinaus war Yunnan keine wohlgeordnete Provinz des chinesischen Reiches mehr, obwohl unsere eigenen britischen Beamten dies kaum in allen Einzelheiten erkannt hatten ; es wurde durch den erfolgreichen Aufstand der mahommedanischen Chinesen, von den Burmesen Panthays genannt, desorganisiert , die eine Teilsouveränität errichtet hatten, die sich von Momien bis Tali-fu erstreckte. Der Grenzhandel war erheblich unterbrochen worden, teils durch die durch den mörderischen Krieg verursachte Verwüstung, teils durch die Plünderungen kaiserlicher chinesischer Partisanen. Der am meisten gefürchtete Anführer war ein burmesischer Chinese namens Li- sieh -tai, ein treuer Offizier des alten *Regimes* , der sich an den Grenzen von Yunnan niedergelassen hatte und einen Guerillakrieg gegen die Panthays und ihre Freunde führte. Sein Name ist Li und sein sogenannter kleiner Name ist Chunkwo . Da seine Mutter eine Burmesin war, ist er auch als Li- haon -mien oder Li der Burmane bekannt. Da er in der chinesischen Armee in den Rang eines Sieh-tai erhoben wurde, wurde er Li- sieh -tai oder Brigadier Li genannt. [15]

In Bhamô selbst gab es eine Reihe chinesischer Kaufleute, die wahrscheinlich kein Projekt befürworteten , das den verhassten Barbaren einen Teil ihres Monopols und ihrer Gewinne einzuräumen drohte. Dies könnte einen Eindruck vom Zustand der Dinge vermitteln, die wir bei unserer Ankunft vorgefunden haben. Unsere Illusionen über einen schnellen oder einfachen Fortschritt zerstreuten sich bald, und nach einem formellen Besuch der beiden Tsitkays oder Magistraten, die über die nördlichen und südlichen Teile der Stadt herrschten, wurde klar, dass wir uns auf einen langen Aufenthalt in Bhamô vorbereiten mussten . Den königlichen Befehl zur Bereitstellung des Transports hatte der Woon erst am Vorabend seiner Abreise zu seiner tödlichen Expedition nach Momeit erhalten . Daher war nichts unternommen worden; Sie konnten es auch nicht wagen, etwas zu unternehmen, bis der neue Gouverneur eintraf. Das Nächstbeste wäre, darauf zu bestehen, dass sie den königlichen Befehl, ein Haus für uns zu bauen, in die Tat umsetzen, was jedoch nicht geschehen war. Dies taten sie widerstrebend, und in wenigen Tagen wurde in der Nähe des Woons- Hauses ein Bambusgebäude errichtet , das aus einer zentralen Halle mit drei Schlafzimmern auf beiden Seiten und einer Veranda an jedem Ende des Hauses bestand. Ein kleines Nebengebäude beherbergte die Bediensteten und ihr Gepäck, und die Wache war in einem angrenzenden Zayat untergebracht ; ein vor dem Haus aufgestelltes Zelt diente als Refektorium. Bis diese Quartiere hergerichtet waren, blieben wir an Bord des Dampfers und empfingen Scharen von Besuchern. In der Presse fiel ein schwerer Baumstamm auf ein kleines Mädchen und brach ihr den Oberschenkel; Sie wurde sofort an Bord getragen und das gebrochene Glied ordnungsgemäß versorgt. Dieser Vorfall begründete schnell den Ruf des ausländischen Arztes, und für den Rest unseres Aufenthaltes strömten jeden Tag Patienten herbei, einige von weit her, und blind und lahm, die sehnsüchtig darauf warteten, jung und gesund zu werden. Ein großer Teil der Erblindung war auf die Pocken zurückzuführen. Ophthalmie war ebenfalls weit verbreitet. Eine häufige Erkrankung war eine Form von ulzeröser Entzündung, vor allem an den Beinen, bei denen, deren Beruf sie in den Dschungel führte. Dies war so hartnäckig, dass man geneigt war, es giftigen Dornen zuzuschreiben; Aber spätere persönliche Erfahrungen zeigten, dass leichte Prellungen und Schürfwunden hierzulande am ehesten schmerzhaft und lästig werden können. Während der ganzen Zeit wurde kein Fall von Fieber behandelt, und auch bei unserer Truppe von hundert Mann trat kein Fall auf. Dies spricht Bände für die Gesundheit des Ortes während der Trockenzeit. Die höchste gemessene Temperatur betrug 80° Fahrenheit, die durchschnittliche Höchsttemperatur lag bei nicht mehr als 66° Fahrenheit, während die Nächte sehr angenehm waren und sich, wenn man so sagen darf, auf 50 bis 45 Grad abkühlten. Während der Regenzeit kommt es eher zu Fieber, wenn der Irawady eine riesige Wassermenge von anderthalb Meilen

Breite hinunterwälzt und das Tiefland zwölf bis fünfzehn Fuß überschwemmt ist. [16]

Dies ist jedoch ein einigermaßen professioneller Exkurs, und es ist notwendig, auf die Erzählung zurückzukommen und zu versuchen, dem Leser eine Vorstellung von unserer Umgebung und unserem Vorgehen zu vermitteln, bis wir einigermaßen auf dem Marsch davongekommen sind.

Bhamô , von den Chinesen als Tsing-gai bekannt und in Pali Tsin-ting genannt, ist eine schmale Stadt von etwa einer Meile Länge, die eine hohe Anhöhe am linken Ufer des Irawady einnimmt . Anstelle von Mauern gibt es einen etwa drei Meter hohen Palisadenzaun, der aus nebeneinander in den Boden gerammten gespaltenen Bäumen besteht und oben und unten mit Querbalken verstärkt ist. Dieser Lattenzaun wird außen zusätzlich durch einen Wald aus Bambuspfählen verteidigt, die im Boden befestigt sind und in einem spitzen Winkel hervorstehen. Auch wenn sie für barfüßige Eingeborene furchteinflößend sind, schließt die Anlage Tiger nicht immer aus, die gelegentlich Besuch abstatten und während unseres Aufenthaltes eine Frau töteten, als sie mit ihren Gefährten saß. Es gibt vier Tore, eines an beiden Enden und zwei auf der Ostseite, die unmittelbar nach Sonnenuntergang geschlossen werden; An den Nord- und Südtoren ist eine Wache stationiert, während mehrere Wachhütten, die in Abständen auf dem Palisadenzaun stehen, besetzt sind, wenn ein Angriff der Kakhyens erwartet wird. Die Bevölkerung zählt etwa zweitausendfünfhundert Seelen und bewohnt etwa fünfhundert Häuser, die drei Hauptstraßen bilden. Es gibt viele dicht bewaldete Nebenwege und Brücken über einen Sumpf im Zentrum der Stadt, die zu verstreuten Häusern, heruntergekommenen Pagoden, Zayats und Klöstern führen.

Die Straße, die dem Uferverlauf folgt und über hohe Stufen zum Fluss führt, ist auf beiden Seiten von einer Häuserreihe umgeben, in deren Mitte eine Reihe von Teakholzbrettern verlegt ist, um bei Regen einen trockenen Stand zu gewährleisten. Die Häuser im Mittelteil sind allesamt kleine einstöckige Cottages aus sonnengetrockneten Ziegelsteinen mit konkaven Ziegeldächern und tief vorspringenden Dachvorsprüngen. Durch ein offenes Fenster kann man den Besitzer sehen, wie er ruhig hinter einer kleinen Theke raucht, denn dies ist das chinesische Viertel, und die Kolonie von vielleicht zweihundert Himmlischen bietet hier Waren aus Manchester, chinesische Garne, Kugeltee, Opium, Yunnan-Kartoffeln und Blei zum Verkauf an und Zinnoberrot usw. Sie regeln auch den Baumwollmarkt, und der Handel mit diesem Produkt, das sowohl aus dem Süden als auch aus dem Norden gebracht wird, wird auch während der Regenzeit betrieben. Der oberste Chinese, der für die Ordnung unter seinen Landsleuten verantwortlich ist, ist ein Mann von großem Einfluss. Er und seine Kaufmannskollegen, die große Freundschaft bekundeten, luden uns zu einem großen Fest und

Theaterunterhaltung im chinesischen Tempel ein, oder besser gesagt in dem Theater, das einen Teil davon bildete. Wir betraten einen gepflasterten Hof, was für uns in diesem Land ein Novum war: eine runde Tür. Der theatralische Teil des Gebäudes befand sich über dem Eingang zu einem zweiten Hof mit Blick auf das Heiligtum, das sich auf einer höheren Ebene befindet. Eine überdachte Terrasse umgab den heiligen Ort auf drei Seiten, mit Nischen, in denen fast lebensgroße sitzende Figuren mit rubinroten Gesichtern und beeindruckenden schwarzen Bärten und Schnurrbärten standen. Jeder von ihnen wurde sorgfältig vor Staub geschützt, indem er in einer quadratischen Kiste aufbewahrt wurde, die vorne mit einem Mullnetz verschlossen war. Neben der endlosen Theaterunterhaltung wurden wir mit eingemachten Früchten und Süßwaren, Tee und *Samshu* oder Reisschnaps verwöhnt, gefolgt von zahlreichen Gängen Schweinefleisch, Geflügel usw. Im Mittelpunkt des Gesprächs standen die Gefahren und Unmöglichkeiten, nach Yunnan durchzudringen; Jedes Argument, das ihnen einfiel, um uns dazu zu bringen, die Idee des Fortschritts aufzugeben, wurde dann und später eingesetzt. Man kann sich leicht vorstellen, dass die chinesischen Bhamô -Händler die Aussicht, dass die Europäer ihren Handel teilen würden, mit größter Bestürzung betrachteten; Auf ihre Hemmnispläne werden wir noch einmal zurückkommen.

Der Rest der Stadtbewohner sind ausschließlich Shan-Burmesen und leben in kleinen Häusern aus Teakholz und Bambus, die alle freistehend und auf Pfählen errichtet sind. Das Haus der Woon , auf einem niedrigen Vorgebirge, das in den Sumpf hinter dem chinesischen Viertel mündete, war ein großes, verfallenes Bauwerk aus Holz und Bambus; Aber sein Doppeldach und die hohe, mit Bambusmatten bedeckte Palisade verdeutlichten die Würde seines Bewohners. In einem kleinen, von Unkraut überwucherten Garten befanden sich die Überreste eines Steingartens und eines Fischteichs, und eine vernachlässigte Messingkanone unter einem niedrigen strohgedeckten Schuppen bewachte beide Seiten des Tors. In einem großen angrenzenden Raum befand sich das Gerichtsgebäude. Alle öffentlichen Gebäude befanden sich damals in einem Zustand des Verfalls und des Verfalls; Dies führten die Einwohner auf Kakhyen- Überfälle, zerstörerische Brände, den Niedergang des Handels seit den Panthay- Kriegen und Missherrschaft zurück. An den zahlreichen vernachlässigten Pagoden und Holzbrücken sowie den ruinösen und verkohlten Überresten der wohl hübschen Zayats fehlte es nicht an Beweisen dafür, dass Bhamô in reicheren Zeiten die Lobreden verdiente, die Hannay und andere Reisende auf ihm hielten .

Die Shan-Burmesen schienen eine friedliche, fleißige Klasse zu sein. In jedem Haus steht auf der Veranda ein Webstuhl, und den Mädchen wird schon in jungen Jahren das Weben beigebracht. Neben ihren Hausaufgaben sind die

Frauen immer damit beschäftigt, Putzos und Tameins aus Seide oder Baumwolle zu weben , Garne vorzubereiten, Reis zu schälen oder die Büffel zu füttern und zu pflegen. Die Männer bestellen die Felder, sind aber nicht so fleißig wie das sanftere Geschlecht. Einige sind mit dem Schmelzen von Blei beschäftigt, andere verarbeiten Gold oder verhütten das als Währung verwendete Silber. Zu sechs von den Kakhyens gekauften Tickals [17] aus reinem Silber werden acht Annas Kupferdraht hinzugefügt und mit einer Legierung aus so viel Blei geschmolzen, dass das Ganze das Gewicht von zehn Tickals ergibt. Der Vorgang wird in Untertassen aus sonnengetrocknetem Ton durchgeführt, die in Reisschalen eingebettet und mit Holzkohle bedeckt sind. Der Blasebalg wird kräftig betätigt, und sobald die Masse rotglühend ist, wird die Holzkohle entfernt und ein runder, flacher Ziegelknopf, der zuvor mit einer Schicht feuchten Tons bedeckt war, auf das Amalgam gelegt, das einen dicken Ring um die Masse bildet Kante, zu der Blei frei hinzugefügt wird, um das Gewicht auszumachen. Beim Abkühlen entsteht eine weiße Silberscheibe, die von einem bräunlichen Ring umgeben ist. Das Silber wird gereinigt und mit Cutch bestreut, dann gewogen und ist zum Schneiden bereit. Eine andere Industrie ist auf die Frauen beschränkt, die aus einem zähen gelben Ton, der an manchen Stellen vierzig Fuß dick ist, über diesem Teil des Flusstals kapitale Chatties herstellen ; Das Steingut ist rot gefärbt und enthält eine eisenhaltige Substanz, die sich in im Ton eingebetteten Knötchen befindet.

Aus demselben Ton stellen einige Shan-Chinesen aus Hotha und Latha außerhalb der Stadt sonnengetrocknete Ziegel her, und eine Kolonie derselben Menschen hält sich jeden Winter in Bhamô auf und stellt Dahs oder lange *Messer* her, die sehr gefragt sind. In der Nähe der Stadt sieht man oft eine Reihe von Kakhyens , die Reis, Opium, Silber und Schweine zum Verkauf bringen. Ihr Hauptzweck ist die Beschaffung von Salz, wofür sie notwendigerweise von Burma abhängig sind. Es ist ihnen nicht gestattet, innerhalb der Stadt zu lagern, sondern sie sind gezwungen, sich vor den Toren in elenden Wigwams zu verstecken . Als Grund für ihren Ausschluss nannten die Burmesen ihre Furcht vor der Neigung der Kakhyen , Kinder und sogar Männer zu entführen, und auch, weil eine kleine Gruppe der Vorbote eines Überfalls sein könnte. [18] Wenige Tage nach unserer Ankunft wurden vier gestohlene Kinder geborgen. Eines davon wurde von ihrer Mutter mitgebracht, um die großen runden Löcher zu zeigen, die als Zeichen der Knechtschaft in die Rückseite der Ohren gebohrt waren. Die anderen drei waren kleine dicke chinesische Kinder und wurden vom Oberhaupt Tsitkay adoptiert . Außerdem erhielten wir eine merkwürdige Veranschaulichung ihrer Gewohnheiten, Menschen zu stehlen.

Der burmesische Dolmetscher fand unter den Kakhyens außerhalb der Stadt einen Mann, der ihm privat erzählte, dass er ein *Kala* oder Ausländer sei, der zehn Jahre in Sklaverei gewesen sei; Als er von der Ankunft der Kalas hörte , wünschte er sich unbedingt ein Interview. Seine Gesichtszüge zeigten, dass er aus Indien stammte, und seine Geschichte, dargestellt in einem Durcheinander von Burmesisch, Kakhyen und Hindustani , war wie folgt. Deen Mahomed, ein Kleinhändler aus Midnapore, war zehn Jahre zuvor mit neun anderen nach Burma gekommen. Sie blieben ein Jahr in Tongoo und machten sich dann auf den Weg bis nach Bhamô . In diesem Viertel waren während einer Kochpause alle gegangen, um Feuerholz zu holen, außer Deen Mahomed und einem anderen, der für die Waren verantwortlich war. Plötzlich stürmte eine Gruppe Kakhyens aus dem Busch und beschlagnahmte sowohl Männer als auch Waren. Sein Kamerad wurde verschleppt, er wusste nicht wohin, und er wurde als Sklave verschleppt. An einem seiner Beine war ein Holzklotz befestigt, und er wurde zusätzlich durch daran befestigte Seile gesichert und über seinen Schultern abgestützt. Diesen trug er zwei Monate lang, während dieser Zeit musste er nicht arbeiten, sondern wurde von einem Kakhyen bewacht . Anschließend wurde er aufgrund seines Versprechens, zu bleiben, freigelassen. Einige Tage später wurde das Dorf von einem feindlichen Stamm geplündert, aber er und sein Herr flohen in ein anderes Dorf, wo er einem anderen Mann gegen einen Büffel eingetauscht wurde. Sein neuer Herr behandelte ihn gut, erlaubte ihm jedoch nicht, die Berge zu verlassen, und gab ihm nach zwei oder drei Jahren eine Kakhyen- Frau. Er hatte seine Muttersprache fast vergessen, nicht aber sein Heimatland. Sobald er von unserer Ankunft hörte, beschloss er, uns um Hilfe bei seiner Befreiung zu bitten. Wir schickten ihn zu seinen Landsleuten von der Wache, die ihn bekleideten, und er wurde als Stallknecht eingesetzt und als Dolmetscher mitgenommen. Dass seine Geschichte wahr war, wurde uns bestätigt, da sein Quondam-Meister einen Schadensersatzanspruch für seinen Verlust vorzog.

Das Land hinter Bhamô erstreckt sich in Wellen bis zum Fuß der Bergwand, sodass es insgesamt den Eindruck eines ebenen Abhangs vermittelt, der mit Engbäumen und hohem Gras bedeckt ist . Ungefähr eine Meile außerhalb der Palisade wird die Oberfläche von zahlreichen tiefen Jheels zerschnitten , offensichtlich alten Nebengewässern des Irawady , der einst in einer langen Kurve südöstlich der Stadt floss, markiert durch ein altes Flussufer. Der Boden, insbesondere in den Mulden, ist sehr nährstoffreich und bringt jährlich zwei Reisernten hervor. Es werden zahlreiche Hülsenfrüchte, Yamswurzeln und Melonen sowie ein wenig Baumwolle angebaut, und die sandigen Flussinseln liefern erstklassigen Tabak.

Zu den essbaren Früchten gehören Makrelen, Tamarinden, Zitronen, Zitronatzitronen, Pfirsiche usw., und Kochbananen gibt es in Hülle und Fülle.

Etwa eine Meile nördlich der Stadt mündet der Tapeng- Fluss in den Irawady , nachdem er zwanzig Meilen als ruhiger, schiffbarer Bach durch die Ebene geflossen ist und kaum als reißender Strom zu erkennen ist , der durch die benachbarte Schlucht strömt. Während der Trockenzeit ist es 150 bis 200 Meter breit und nur mit Booten befahrbar, die einen ständigen Verkehr zwischen Irawady und Tsitkaw ermöglichen , wo die Waren von und zu Maultieren umgeladen werden. Während der Regenzeit ist der Tapeng mindestens fünfhundert Meter breit und bis hierher für kleine Flussdampfer schiffbar.

An der Ecke zwischen den beiden Flüssen sind noch immer die Überreste einer antiken Stadt zu erkennen, die jedoch vollständig von prächtigen Bäumen und Dickichten aus Bambus und Elefantengras bewachsen ist. Die breite Mauer aus Ziegeln und Kieselsteinen kann von den Flussufern an ihrem nördlichen und südlichen Ende aus verfolgt werden, die eine Meile voneinander entfernt sind. Wir folgten einem Abschnitt eine dreiviertel Meile lang und fanden ihn an einigen Stellen zehn Meter über dem Boden des Grabens, der noch immer erkennbar ist. Die Ruinen, die, dem äußeren Anschein nach zu urteilen, zeitgleich mit denen von Tagoung sind , markieren den Standort des ältesten Tsampenago . Der Überlieferung nach, die von den alten Phoongyee in Bhamô zitiert wird , blühte diese Stadt in den Tagen von Gaudama auf . Auf der anderen Seite des Tapeng gibt es noch eine weitere Ruinenstadt gleichen Namens , die nicht den Anschein großer Antike erweckt. Zwölf Meilen östlich von Bhamô liegen die Ruinen einer weiteren Stadt namens Kuttha , während Bhamô selbst einen Vorgänger im Dorf Old Bhamô am Fuße der Kakhyen- Hügel hat, dessen frühere Bedeutung durch die zerstörten Pagoden bezeugt wird. Hier befindet sich auch das alte Backsteingebäude, das Dr. Bayfield als wahrscheinliche Überreste der alten englischen Fabrik erwähnte, die zu Beginn des 17. Jahrhunderts errichtet wurde. Wir haben nur Vermutungen, die uns über die Wechselfälle dieser alten Städte des Shan-Königreichs Pong leiten können. Wie überall in Burma scheint jeder neue Gründer einer Dynastie den Sitz der Macht an einen neuen Ort verlegt zu haben. Aber die Legende über den Ursprung von Tsampenago , deren Fortsetzung die Geschichte von Bhamô darstellt, könnte interessanter sein als Dryasdust- Details aus der Antike. [12]

Tsampenago ist die burmesische Form eines Pali-Namens, Champa-nagara, von *Nagam* , Stadt, und Champa, dem Sitz eines mächtigen Königreichs, das in der Ära Gaudamas blühte und dessen Ruinen noch immer in der Nähe von Bhaugulpore am Ganges sichtbar sind. Tsampenago bedeutet also die Stadt Champa.

Der Gründer und erste König von Tsampenago war Tsitta , und der Name seiner Königin war Wattee . Sie waren kinderlos, was großen Kummer bereitete, und die Königin betete inständig um einen Erben. Ein Sohn wurde ihr durch einen Traum versprochen, in dem der König der Devas ihr einen wertvollen Edelstein schenkte. Bald darauf rebellierte der Bruder des Königs, Kuttha , und griff die Stadt mit einer großen Armee an. Der König und die Königin flohen um ihr Leben nach Wela, einem dreitausend Fuß hohen Berg, eine Tagesreise nördlich von Tsampenago . Sie wurden verfolgt, aber die Königin entkam und wurde von den Nats auf dem Berg gerettet , wo ihr Sohn geboren wurde und Welatha hieß . Der König wurde gefangen genommen und in Ketten gelegt. Als Welatha sechs Jahre alt war, sah er seine Mutter weinen, und als er sie befragte, erfuhr er, dass er ein Prinz und sein Vater ein Gefangener war. Als er sieben Jahre alt war, gab seine Mutter seiner Aufdringlichkeit nach und schickte ihn mit ihrem königlichen Schmuck zu einem Besuch bei seinem Vater. Als er sich Tsampenago näherte , traf er auf seinen Vater, der zur Hinrichtung abgeführt wurde. Der tapfere Junge stoppte die Prozession, offenbarte sich und bot an, anstelle seines Vaters zu sterben. Kuttha befahl, ihn in den Irawady zu werfen . Aber der Fluss stieg in gewaltigen Wellen an, die Erde bebte und die Henker konnten aus Angst dem königlichen Befehl nicht gehorchen. Als Kuttha davon berichtet wurde , befahl er, den Prinzen von wilden Elefanten zu Tode zu treten, aber die Tiere konnten nicht dazu gebracht werden, ihn anzugreifen. Eine tiefe Grube wurde gegraben und mit brennendem Brennstoff gefüllt, in die der Prinz geworfen wurde, aber die Flammen kamen über ihn wie kühles Wasser, und die brennenden Reisigbündel wurden zu Lilien. Als Kuttha dies hörte, ließ er in seiner Wut den jungen Prinzen zum Berg mit dem Deva-Gesicht (zweiter Engpass) hinabtragen und von dem großen Abgrund in den Fluss werfen, doch er wurde von einem Naga eingeholt und in den Fluss getragen Naga-Land. Die Erde bebte, viele Blitze fielen, der Irawady rollte seine Wellen auf und brach über die Ufer. Kuttha wurde von Schrecken gepackt, und als er aus dem Stadttor floh, öffnete sich die Erde und verschlang ihn. Daraufhin brachten die Nagas den jungen Prinzen und seinen Vater zurück und sie regierten gemeinsam. Ihre erste Sorge bestand darin, nach der Königin zu suchen, doch als sie sich dem Berg Wela näherten, gab es nur noch wenige Blumen, und ihr Duft war verschwunden, und die Königin wurde tot aufgefunden. Die Geschichte sagt nichts über ihre spätere Herrschaft aus, berichtet aber, dass im 218. Jahr der heiligen buddhistischen Ära im Gehorsam gegenüber dem Befehl des universalen Monarchen im Königreich Tsampenago vier Pagoden gebaut wurden – die Shuaykeenah , die Bhamô Shuay -za-tee; Koung-ting und zwei andere. Der nächste Punkt der Geschichte besagt, dass im Jahr 400 dieser Ära (wahrscheinlich der vulgären Ära von 638 N. CHR.) die Nachfolge der Könige zerstört wurde und der Ruhm der ehemaligen Herrscher, der Tsawbwa , abreiste Tholyen wagte es nicht, in der Stadt zu leben; Deshalb gründete er im Dorf Manmau ein neues und machte es zu seiner Hauptstadt. Nun ist *Mann* Shan für Dorf und *Mau* für Topf; So bedeutet Bhamô oder Manmau das Töpferdorf, ein Name, der noch immer durch die dort hergestellten Töpferwaren gerechtfertigt ist. Wie Tsampenago zerstört wurde, ist historisch nicht sicher, aber unter den Shan gibt es eine Überlieferung, dass es von einer Armee von Singhos aus dem Nordwesten gestürzt wurde . Nach Tholyen sollen in Bhamô dreiundzwanzig Tsawbwas nacheinander über einen Bezirk mit einhundertsechsunddreißig Dörfern geherrscht haben. Die Thronfolge wurde dann gebrochen und das Land wurde von Shan-Abgeordneten regiert. Danach wurden Tsawbwas von Momeit erhalten , der über Bhamô herrschte, bis Oo-Myat-bung und seine Familie um 1760 vom großen Alompra versklavt wurden. Seitdem wird der Bezirk von Myowoons regiert, die vom König von Burma ernannt wurden . Der erste, Thoonain , legte die Grenzen des Bezirks fest, der nur achtundachtzig Dörfer umfasste, wobei die östlichen und nordöstlichen Grenzen als China angegeben wurden.

Die Legende von Tsampenago berichtet über die Errichtung der Shuaykeenah- Pagode, deren Name zumindest bis heute von der Pagodengruppe auf einer Anhöhe nördlich von Tsampenago erhalten bleibt . Dies sind immer noch die heiligen Orte der Nachbarschaft und werden beim Märzfest von Pilgern bevölkert. Die große vergoldete Pagode wurde durch königliche Gaben und Opfergaben des Volkes wiederaufgebaut, aber von Zeit zu Zeit werden auch andere von privaten Anhängern hinzugefügt. So hatten wir das Glück, Zeuge der Grundsteinlegung einer Votivpagode in Shuaykeenah zu sein . Ein kleines Quadrat Land, genau so groß wie der Sockel der geplanten Pagode, wurde durch einen fantastischen, 60 cm hohen Bambuszaun abgegrenzt, der mit Blumen und Papierfahnen geschmückt war. In der Mitte war ein Holzstift befestigt, der mit silbernem Lametta bedeckt war und eine leuchtende gelbe Kerze trug, und ein weiterer etwa zwei Fuß von der südöstlichen Ecke des ebenen Grundstücks entfernt; Um den ersten herum wurde ein viereckiger Graben gegraben und neben dem anderen ein tiefes Loch gegraben und mit Wasser besprengt. Es wurden acht Ziegel vorbereitet, von denen jeder genau die Größe einer Seite des Grabens hatte. Auf vier war der Name Gaudama mit schwarzer Farbe eingraviert; Auf den anderen war in der Mitte ein Blatt aus Gold, auf dem zweiten ein silbernes Blatt, auf dem dritten ein Quadrat aus grüner Farbe und auf dem vierten ein rotes Blatt angebracht, jeweils mit einem grünen Rand. Eine runde irdene Vase, die neben Reis und Süßigkeiten auch Gold, Silber und Edelsteine enthielt, wurde vom Erbauer der Pagode, der eine lange wiederholte, mit Wachs verschlossen, in das eine brennende Kerze gesteckt war, und in das südöstliche Loch deponiert Gebet, während die Erde aufgefüllt und mit Wasser besprengt wurde. Dies war eine Opfergabe für die große Erdschlange, in deren Richtung die südöstliche Ecke zeigte. Es handelt sich um ein interessantes Relikt der einst bei der Shan-Rasse im Süden weit verbreiteten Schlangenverehrung, die ebenso wie die Nat- Verehrung in den Buddhismus integriert wurde. Ein weiteres Beispiel finden sich in einigen

Schreinen von Yunnan, wo der Baldachin über Buddha von vielköpfigen Schlangen getragen wird, wie es in einigen indischen Tempeln vorkommt. Im nächsten Teil der Zeremonie, dem Ablegen der Ziegelsteine im Graben, wurde der Shan von seiner Großmutter, seiner Frau und seiner Tochter unterstützt; Er kniete im Norden, mit dem Gesicht seiner Frau, seiner Tochter zu seiner Rechten und der Großmutter zur Linken. Der versilberte Ziegelstein mit einer brennenden Kerze darauf wurde der alten Frau gereicht, die ihn über ihren Kopf hob und ihn, andächtig ein langes Gebet murmelnd, in den Graben legte; Die Frau tat dasselbe mit dem roten Ziegelstein und seiner Kerze, und die Tochter folgte mit dem grünen, während ihr Vater den goldenen nahm. Als das Mädchen ihren Ziegelstein hob, brach sie in schallendes Gelächter aus, denn sie war, wie uns erzählt wurde, amüsiert darüber, dass sie ihre Gebete vergessen hatte. Nachdem die vier Ziegel ordnungsgemäß abgelegt worden waren, wurden die anderen als nächstes in der richtigen Reihenfolge ausgelegt, mit dem heiligen Namen nach unten, und eine Schicht Stoff darüber ausgebreitet. Dann wurde Erde hineingeworfen und mit Wasser besprengt, und nachdem das Loch gefüllt war, war die Zeremonie beendet.

Vier Meilen oberhalb von Shuaykeenah und der Mündung des Tapeng empfängt der Irawady das Wasser des Molay. Es ist ein schmaler Bach, der in den Kakhyen- Hügeln entspringt, mit einer Länge von 96 Meilen, von denen er bei Regen über 30 Meilen schiffbar ist, und es gibt einen kleinen Bootsverkehr, hauptsächlich für den Transport von Salz.

Während unser Anführer gemeinsam mit den Beamten unsere Abreise plante, machten drei von uns einen eiligen Ausflug zum ersten *Khyoukdwen* , oder Engpass. Dieser Teil des Flusses beginnt einige Meilen oberhalb von Bhamô und erstreckt sich über 25 Meilen, fast bis nach Tsenbo .

Zwischen diesen beiden Punkten fließt der Fluss unter hohen bewaldeten Ufern hindurch. Am unteren Eingang ist der Kanal tausend Meter breit, verengt sich aber allmählich auf fünfhundert, zweihundert und sogar siebzig Meter, je näher die parallelen Gebirgszüge einander kommen. Als wir hinaufstiegen, stiegen die Hügel immer höher und näherten sich, ragten abrupt aus dem Bach empor und warfen eine Reihe großer felsiger Landzungen hervor. Wir machten für die Nacht vor einem Phwon- Dorf fest, das auf einer achtzig Fuß hohen Klippe direkt über den ersten sogenannten Stromschnellen stand. Am nächsten Tag, nachdem wir etwa sieben Meilen zurückgelegt hatten, kamen wir an eine Stelle, an der der Fluss träge zwischen zwei hohen kegelförmigen Hügeln dahinfloss, die keinen Abfluss zu bieten schienen. Die ruhige Bewegung und der tiefe olivschwarze Farbton des Wassers ließen auf große Tiefe schließen. [20]

FELSIGE BARRIERE AUF DER ERSTEN ODER OBEREN DEFILE DES IRWADY.

Dieser Bereich erstreckte sich über etwa anderthalb Meilen mit einer Breite von zweihundertfünfzig Yards und endete am oberen Ende, wo der Kanal durch kühn hervorstehende Felsen unterbrochen wurde, die sich innerhalb von achtzig Yards einander näherten. Eine offenbar sehr alte Pagode, die auf einem kleinen isolierten Felsen thronte und sich etwa fünfzehn Meter über dem Bach erhob, schien die Grenze des Wasseranstiegs anzudeuten, da sie der Flut nicht standgehalten haben konnte. Dieser felsige Abschnitt erstreckt sich eine Meile in nordnordwestlicher Richtung und endet abrupt in einem Bogen, von dem aus sich ein weiterer klarer Abschnitt, überragt von steilen, aber grasbewachsenen Hügeln, in Ostnordostrichtung erstreckt.

Diese Flussbiegung ist einer der gefährlichsten Teile, da sich zahlreiche isolierte Grünsteinfelsen über sie erstrecken und im Februar zwanzig Fuß und mehr freiliegen. Aufgrund der plötzlichen Biegung strömt die Strömung mit großer Heftigkeit zwischen ihnen hindurch, aber wir hatten keine Schwierigkeiten, unseren Booten eine Durchfahrt zu verschaffen. Es fehlte nicht an aussagekräftigen Beweisen an der Hochwassermarke, die 25 Fuß über dem damaligen Niveau lag, und an den zersplitterten Stämmen großer Bäume und in wilder Verwirrung zwischen den Felsen aufgetürmten Astresten, dass das Wasser durch die Enge strömte Die Schlucht muss im Regen riesig und von ungeheurer Kraft sein. Die Schifffahrt wäre für Flussdampfer unmöglich, wenn die derzeitigen Hindernisse nicht beseitigt würden, aber technisches Geschick könnte die Wasserstraße bei Bedarf schnell für den Verkehr nutzbar machen. Wir hatten keine Zeit, zum nördlichen Eingang des Engpasses aufzusteigen, wo der Fluss, der nicht durch die Hügel begrenzt wird, wieder ein majestätischer Strom von einer halben Meile Breite ist. Wir konnten nur schauen und sehnten uns nach einer Gelegenheit, seinen Weg nach oben in die unbekannten Regionen zu erkunden, von wo aus er seine mächtige Flut herabwälzt. Das Problem der Quelle und des Verlaufs des Irawady muss noch gelöst werden; aber wir mussten nach Bhamô zurückkehren und erwarteten die Lösung unserer Verwirrung darüber, wie und wann wir Yunnan erreichen sollten.

Vier Wochen hatte unser Anführer nun mit dem erfolglosen Versuch verbracht, die Tsitkays dazu zu bewegen , bei den notwendigen Vorkehrungen mitzuhelfen. Aufgrund der Neuartigkeit ihrer ersten Bekanntschaft mit unternehmungslustigen Engländern, ihrer Angst, bis zum Eintreffen des Woon zu handeln , und nicht zuletzt ihrer Angst, die einflussreichen Chinesen zu beleidigen, konnten sie nichts tun oder irgendwelche Informationen geben. Wie die Ankunft großer Shan-Karawanen und Handelskompanien der Kakhyens bewies, waren nicht alle Routen gesperrt. Die Richter gaben zu, dass auf der Tapeng- und Ponline-Route ein kleiner Handel existierte ; Auf diesem Weg wurde beschlossen, dass wir gehen sollten. Bald wurde unserem Anführer klar, dass die chinesischen Kaufleute, da sie uns nicht von der Weiterfahrt abhalten konnten, aktivere Maßnahmen ergriffen hatten. Sie hatten an die Kakhyen geschrieben tsawbwas forderten sie auf, ihre Hilfe zurückzuhalten, und sie intrigierten außerdem mit dem imperialistischen Offizier Li- sieh -tai, der zu dieser Zeit die Straße nach Momien und Tali-fu bedrohte und ihn anflehte, die Expedition *unterwegs* abzubrechen . Der Wendepunkt unseres Schicksals war nun gekommen. Wir konnten keine genauen Informationen über die politischen Beziehungen der Shans erhalten und wussten nur, dass sich die Panthay- Regierung auf Momien erstreckte , von dem man annahm, dass es sich um die Residenz bedeutender mahommedanischer Häuptlinge handelte.

Major Sladen beschloss schnell und entschlossen, ohne dass es allen bekannt war, die Chinesen zu überlisten. Er sandte Briefe an die Häuptlinge von Momien , in denen er die friedlichen Ziele der Mission und die ihr von der burmesischen Regierung im Rahmen unseres Vertrags erteilte Genehmigung erläuterte und auf die Vorteile der Eröffnung des direkten Handels hinwies. Diese Briefe mit Kopien des Vertrags und der Proklamation wurden heimlich von drei Kakhyens aus den südlichen Hügeln verschickt , die sich unserem Interesse angeschlossen hatten.

Der nächste Charakter, der unsere Aufmerksamkeit beanspruchte, war Sala, der Kakhyen- Häuptling von Ponline , der auf Wunsch von Sladen nach Bhamô kam , nachdem er sich geweigert hatte, dem Befehl der Tsitkays Folge zu leisten . Er besuchte uns in der Kleidung eines Mandarins mit dem blauen Knopf und wurde von sechs oder acht bewaffneten Anhängern begleitet. Er trug einen goldenen Regenschirm, den er vom König von Burma erhalten hatte, mit dem Titel *Papada Raza* , also Bergkönig. Sein Aussehen und seine Haltung hatten nichts Königliches. Er war ein großer, dünner Mann mit zusammengezogener Brust, langem Hals und einer sehr kleinen, zurückweichenden Stirn, während sein ovales und abstoßendes Gesicht mit hohen Wangenknochen, schrägen Augen und einer Vertiefung anstelle einer Nase geschmückt war. Während des Interviews, als alle burmesischen Beamten anwesend waren, saß er unbehaglich da, den Blick auf den Boden gerichtet. Wir empfingen ihn als unabhängigen Häuptling, mit einer zu seinen Ehren unter Waffen aufgestellten Eskorte . Es wurden jedoch nur wenige Informationen eingeholt, da der Dolmetscher, ein Tamone aus dem Dorf , nicht dazu überredet werden konnte, die kurzen und fast einsilbigen Antworten des Häuptlings korrekt wiederzugeben. Also beendete Sladen das Interview angenehm, indem er ihm eine freundliche Tasse *Branntwein anbot* . Das schien dem Häuptling zu gefallen, und er und sein Gefolge tranken eine Flasche Brandy aus und verlangten mehr. Seine Abschiedsworte waren: „Denken Sie an den Brandy und schicken Sie ihn mir schnell.“

Am nächsten Tag legte der Häuptling bei einem privaten Interview seine frühere Zurückhaltung auf, die ihm seiner Meinung nach aufgezwungen worden war, da er es sich nicht leisten konnte, die Bhamô- Chinesen zu beleidigen. Es war sein eigener Wunsch, die Mission zu unterstützen, aber er verlangte eine kleine burmesische Eskorte, um zu zeigen, dass wir die volle Unterstützung des Königs hatten. Er verpflichtete sich, in Tsitkaw , einem 21 Meilen entfernten Dorf am rechten Ufer des Tapeng , hundert Maultiere zu versammeln . Von dort aus verpflichtete er sich, uns sicher nach Manwyne zu bringen , der ersten chinesischen Shan-Stadt, und prahlte damit, der größte Häuptling auf der Route zu sein und mit allen Tsawbwas gute Beziehungen zu pflegen .

Der neue Woon traf am 20. Februar ein, weigerte sich jedoch drei Tage lang zu landen, da es sich um *dies nefasti handelte* . In der Zwischenzeit ließ er uns wissen, dass wir möglicherweise Boote hätten, um das Gepäck nach Tsitkaw zu bringen, riet uns jedoch, zu warten, bis er seine Waffen abgefeuert und die verschiedenen Kakhyen- Häuptlinge hereingebracht hätte . Am Tag nach seiner Landung besuchte ihn Sladen zusammen mit Sala, und der Ponline-Häuptling bat um eine burmesische Wache und behauptete als Präzedenzfall, dass eine Wache mit der Baumwolle des Königs heraufgeschickt worden sei. Der Woon erklärte es jedoch für völlig unnötig und unangebracht und teilte dem Häuptling mit, dass die Fälle ganz anders seien. Der Tsawbwa willigte dann ein, uns ohne die Wache mitzunehmen, teilte dem Woon jedoch mit , dass er Drohbriefe von den Chinesen erhalten habe. Der Woon gab zu, dass er über die chinesische Opposition Bescheid wusste, und versprach, den obersten Chinesen in Bhamô zu ermahnen , dass er für unsere Sicherheit verantwortlich gemacht werden würde. Am Morgen nach der Ankunft des

Woon begab er sich in Begleitung von zweihundert Männern feierlich zum Gerichtsgebäude. Er trug das fantastische Kleid eines burmesischen Prinzen, einen kurzen, engen, farbenfrohen Mantel mit goldenem Lametta, zwei riesigen flügelähnlichen Schulterklappen und einen hohen vergoldeten Hut, der einem Feuerwehrhelm ähnelte und von einem pagodenartigen Turm gekrönt wurde. Nachdem eine Stunde damit verbracht worden war, das Pulver und die Patrone aus grünen Bananenblättern nach Hause zu treiben, wurde seine Ernennung verlesen und die Gewehre abgefeuert. Unser Gepäck wurde am nächsten Tag versandt , aber zwei Schwierigkeiten blieben bestehen. Wir hatten keine Kakhyen- Dolmetscher, und die Rupien, die im Shan-Land angeblich nutzlos waren, waren nicht gewechselt worden, denn in Bhamô war kein Landessilber zu finden , eine mysteriöse und suggestive Tatsache. Diese reichten jedoch nicht aus, um unsere Abreise, die am Morgen des 26. Februar erfolgte, zu verzögern. Unser Mangel an einem Führer wurde durch ein zufälliges Treffen auf der Straße mit dem Obergefängniswärter, einem gutmütigen Shan, beseitigt, den Sladen überredete, uns nach Tsitkaw zu führen , und versprach, ihn vor jeglichem Unmut der Behörden zu schützen. Obwohl die Entfernung nur 21 Meilen beträgt, zwang uns der Zeitverlust, der durch die Überführung unserer Gruppe von hundert Männern über den Tapeng entstanden war , im Dorf Tahmeylon Halt zu machen , wo wir in einem kleinen Kloster übernachteten. Früh am nächsten Morgen machten wir uns auf den Weg und umrundeten den Tapeng durch hohes Gras, mit gelegentlichen Reislichtungen. An der Mündung des Manloung- Flusses in den Tapeng markierten mehrere zerstörte Pagoden den Standort der zweiten Stadt Tsampenago , die viel später als die in der Nähe von Bhamô erbaut wurde .

Gegen Mittag erreichten wir Tsitkaw und wurden im Inneren des niedrigen Palisadenzauns von den burmesischen Beamten und einem elenden, mit rostigen Feuersteinmusketen bewaffneten Wachmann empfangen, der hier als Zollstation stationiert war. Wir wurden zu einem kleinen scheunenähnlichen Zayat geführt , der für unsere Nutzung aufgeräumt worden war. Neugierige Eingeborene versuchten schnell, gewaltsam einzudringen, und mussten, wenn auch mit Vorsicht, von bewaffneten Wachposten in Schach gehalten werden. Und wir wurden gebeten, die ganze Nacht über einen Wachmann unter Waffen zu haben, um unser Eigentum vor Dieben und vielleicht auch uns selbst vor Tigern zu schützen, die gelegentlich über den Zaun springen. Am Morgen der Kakhyen *Tsawbwas* oder Häuptlinge und *Pawmines* oder Häuptlinge von Ponline , Tahlone , Ponsee und Seray, durch deren Ländereien der Weg nach Manwyne führte , schienen sich um uns selbst und unser Gepäck zu kümmern. Da die Shan-Burmesen von Tsitkaw und anderen Dörfern in der Nähe der Hügel gute Beziehungen zu den Hochländern pflegen, zeigten die Häuptlinge gegenüber den burmesischen Beamten keine Scheu; sie machten es sich ganz gemütlich und baten um Schnaps; Unter seinem großzügigen Einfluss wurde unserer Durchreise durch ihre Gebiete bald eine formelle Zustimmung erteilt.

Der erste Vorgang bestand darin, unser gesamtes Gepäck einzusammeln, es einer Überprüfung zu unterziehen und es in kleine Ladungen aufzuteilen. Außerhalb von Tsitkaw waren wir an einem Gehege vorbeigekommen, in dem sich etwa hundert Männer befanden, hauptsächlich Shans und einige Kakhyens . Diese Kerle hatten uns im Vorbeigehen verhöhnt, und es war keineswegs beruhigend zu erfahren, dass dieser unmanierliche Haufen aus Maultierbesitzern bestand, die ebenso unruhig und widerspenstig waren wie ihre Tiere. Jeder Mann besaß ein bis ein Dutzend Maultiere und kümmerte sich um seine eigenen Interessen, ohne Rücksicht auf die seines Arbeitgebers oder des Rests der Karawane. Das anschließende Geschrei, Streiten und fast Kämpfen, das folgte, als jeder sich an den Päckchen bediente, die erstrebenswert schienen, verwirrte die Beschreibung. Schließlich wurde das gesamte Gepäck auf kleine Häufchen verteilt, und jeder Mann markierte die Anzahl der benötigten Maultiere auf einer einfachen Strichliste, die aus einem Stück Bambus bestand, das er in entsprechend viele Stücke brach und vorsichtig an die Lehne legte Tag der Abrechnung.

Am nächsten Morgen kam es erneut zu Verwirrung und Streit, als die Packtaschen oder Packsättel gebracht wurden, um die Ladung anzupassen. Die Rucksäcke sind an Traversen befestigt, die in quer verlaufende Holzstücke passen, die in den Sätteln befestigt sind; und ein Band, das vor die Schultern des Maultiers gelegt wird, hält alles an seinem Platz. Als die Lasten angeordnet waren, stellte sich heraus, dass es mehr Maultiere als Lasten gab, und die enttäuschten Besitzer stritten wütend mit ihren glücklicheren Konkurrenten um den Besitz ihrer Grundstücke; Wiederholt wurden die Hände auf den Griff des Dah gelegt, aber alles endete in Gepolter, und schließlich wurden die Lasten angeordnet. Als alles für den Beginn des morgigen Tages bereit schien, erschien der *Choung-oke* , oder Gerichtsvollzieher des Flusses, in Begleitung mehrerer Kakhyens am Tatort und teilte uns mit, dass der 1. März, der 9. eines Kakhyen- Monats, ein völlig ungünstiger Tag sei. Der Tag, an dem man irgendein Unternehmen beginnen kann. Dieser burmesische Beamte informierte Sladen außerdem vertraulich darüber, dass zwischen den Maultiertreibern und den Häuptlingen ein Streit im Gange sei, der bald ausbrechen würde; aber er war beunruhigt über das schnelle Handeln des Anführers, der die Häuptlinge holen ließ und ihnen sein Vertrauen versicherte und sagte, dass er sich an ihre Vereinbarungen für den Transport halten würde. Darauf antworteten sie, dass wir ihre Brüder seien und dass sie uns für immer treu bleiben würden . Die erzwungene Verzögerung an dieser Stelle ermöglichte uns einen kurzen Ausflug zum etwa anderthalb Meilen entfernten Manloung -See. Ich umrundete es in einem kleinen Kanu, das drei Personen mit Mühe fasste. Das Westufer ist hoch und bewaldet, aber von zwei Kanälen unterbrochen, durch die der Manloung-Strom fließt und sich unterhalb einer kleinen Insel vereinigt, auf der sich ein gleichnamiges Shan-Dorf befindet. Daneben gibt es noch eine weitere Insel und ein Dorf namens Moungpoo . Das hohe Ufer setzt sich im Norden, jenseits des Sees, als markanter, mit hohen Bäumen bewachsener Bergrücken fort, der sich in kühnem Schwung bis zum Fuß der Hügel erstreckt; Es schien sich offensichtlich um ein altes Flussufer zu handeln, und der See markierte den ehemaligen Verlauf des Tapeng . Der Manloung- Strom mündet in einen bemerkenswerten Ableger des Hauptflusses, der anschließend über mehrere Kanäle wieder in den Tapeng mündet . Dieser Bach ist tief und schnell und versorgt mehrere bewässernde Wasserräder. Der See ist zwei Meilen lang und eine Meile breit und den Berichten der Einheimischen zufolge sehr tief. Im Osten erstreckte sich eine Reihe von Sümpfen, die unter üppigem, hohem Graswuchs verborgen waren. Bei sorgfältiger Suche wurden keine Quellen oder Bäche als Versorgungsquellen entdeckt, obwohl erstere zweifellos existieren, da dort ständig Wasser abfließt. Es handelt sich wahrscheinlich auch um einen Stausee, der jährlich durch den Überlauf des Tapeng gefüllt wird, der während der Regenzeit die ebene Ebene häufig für einige Tage bis zu einer Tiefe von zwei Fuß überschwemmt, wobei die Flut plötzlich ansteigt und ebenso plötzlich abfällt.

Manloung umfasste etwa achtzig Häuser, und die Frauen waren zu dieser Zeit alle damit beschäftigt, Stoffe aus Baumwolle zu weben, die sie von den Kakhyens bezogen hatten , die sie auf den Hügeln anbauen. Das Dorf rühmte sich eines großen und blühenden Klosters, das allen in Bhamô weit überlegenen Klostern überlegen war und über eine große Zahl ansässiger Schüler verfügte. Der Schlafsaal wurde vom Häuptling Phoongyee voller Stolz ausgestellt ; Die Betten waren ordentlich an einer Seite des Zimmers angeordnet und verfügten jeweils über eine schöne, saubere Matratze und Bettdecke sowie hochwertige Moskitovorhänge.

Von dort kehrten wir nach Tsitkaw zurück , wo die schmutzige Missachtung des Anstands durch die betrunkenen Hochlandhäuptlinge, die wir dulden mussten, unseren erzwungenen Aufenthalt noch unerträglicher machte; und eine zusätzliche Quelle der Besorgnis lieferte die von Sala übermittelte Information, dass Moung Shuay Yah, unser Chinesisch-Dolmetscher, arbeitete tatsächlich mit den feindlichen Chinesen zusammen.

Bei Tagesanbruch am 2. März waren wir alle in Erwartung eines frühen Aufbruchs im *Quivive* , aber um neun Uhr hatten die Maultiertreiber ihren Reis noch nicht gegessen, und dann kam die Forderung nach einem Vorschuss für die Miete der Maultiere; Einer früheren Bitte um Salzverteilung an die Bewohner der *unterwegs befindlichen* Dörfer war entsprochen worden, aber kaum waren die Körbe mit Salz vor das Haus gebracht worden, bedienten sich die Männer nach Belieben, und man hörte nichts mehr davon . Eine Stunde wurde nun mit der Verteilung von fünfhundert Rupien verbracht, die auf einer Matte ausgelegt wurden, während der Eifer, mit dem sich die Empfänger versammelten und mit dem Silber umgingen, Bände über ihre Gier nach Münzen sprach. Man hatte gesehen, wie einer der Tsawbwas eifrig Sladens Privatkasse bewachte und aufs dringlichste darum bat, die Truhe übernehmen zu dürfen, während ein anderer den Fußstapfen von Kapitän Bowers' Diener folgte und versuchte, ihn dazu zu überreden, die Truhe seines Herrn anzuvertrauen Vogelstück in seine Obhut.

Im Laufe des Morgens traf der Phoongyee eines benachbarten Khyoung ein, um sich zu verabschieden. Er war ein ständiger Besucher gewesen, und der freundliche Empfang, der ihm entgegengebracht wurde, und die Duldung seiner Neugier, die sich darin zeigte, dass er umherwanderte und in alles hineinschnüffelte, hatten sein Herz ganz erobert. Er war den üblichen Shan -Phongyees weit überlegen , die laut burmesischem Buddhismus in ihrer Praxis und Lehre lax und unorthodox sind. Er verbrachte einen Großteil seiner Zeit mit Missionarsbesuchen in den einfacheren Dörfern, deren Bewohner er zur Einhaltung strengerer religiöser Regeln zu bekehren hoffte. Als Abschiedsgeschenk überreichte er jedem von uns etwas süßlich duftendes Pulver und ein paar duftende Samen oder Pellets, die er als ein hervorragendes Heilmittel gegen Kopfschmerzen oder Fieber bezeichnete, „die man sich durch den Geruch kulinarischer Vorgänge zugezogen hat!“ Sein Rat an Sladen zum Abschied war so klug und charakteristisch, dass er es verdiente, zitiert zu werden. „Wir haben uns schon einmal in einem früheren Leben getroffen, und aufgrund der verdienstvollen Taten, die ich dort vollbracht habe, habe ich das Privileg, Sie im gegenwärtigen Leben wiederzusehen und Sie für Ihr Wohlergehen zu beraten. Weisheit und Klugheit sind bei allen weltlichen Unternehmungen notwendig; Gehen Sie daher bei Ihrer jetzigen Expedition mit besonderer Sorgfalt und Umsicht vor. Deine Feinde sind zahlreich und mächtig. Wir alle werden die Wiederaufnahme des Landhandels mit China begrüßen. Der Wohlstand des Priestertums hängt von der Lage des Landes und der Menschen ab; Was für sie gut ist, ist auch gut für die Religion.“

[15] Ein angesehener kontinentalchinesischer Gelehrter hat mir mitgeteilt, dass es sich bei diesem Titel um einen Ziviltitel handelt, der Kommissar bedeutet. Da die chinesischen Schriftzeichen fehlen, kann der genaue Titel dieses Funktionärs nicht angegeben werden.

[16] Die in der britischen Residenz geführten meteorologischen Register zeigen, dass die jährliche Niederschlagsmenge in Bhamô 65 Zoll beträgt.

[17] Ein *Tickal* = etwas mehr als eine halbe Feinunze.

[18] Seit dem Datum dieses Besuchs wurden von den burmesischen Behörden und auch vom britischen Residenten Rasthäuser für die Kakhyens errichtet; und einige dieser Eingeborenen bewohnen sie immer vorübergehend.

[19] Hierfür ist der Autor der Gelehrsamkeit und dem Fleiß des verstorbenen Rev. Dr. Mason zu Dank verpflichtet.

[20] Bayfield fand bei 25 Faden keinen Boden.

KAPITEL III.
KACHYEN-HÜGEL.

Abfahrt von Tsitkaw – Unsere Kavallerie – Die Hügel – Ein falscher Alarm – Talone – Erste Nacht in den Hügeln – Die Tsawbwa-Gadaw – Ponline- Dorf – Ein Totentanz – Die Weissagung – Ein Treffpunkt – Nampoung - Schlucht – Eine gefährliche Straße – Lakong- Biwak – Ankunft in Ponsee – Eine Kakhyen- Kokette.

Fast im letzten Moment vor dem Aufbruch, während Listen der Maultiertreiber erstellt wurden, um ihre jeweiligen Häuptlinge zu ermitteln und um zu wissen, wer im Falle von Zahlungsverzug oder Raub zur Verantwortung gezogen werden sollte, entdeckten die Tsawbwas von Ponsee und Talone dass Sala, als er in Bhamô war , eine Muskete als Geschenk erhalten hatte. Ihr Informant war der verräterische Moung Shuay Yah, der sie dazu anspornte, zu ihrer Würde zu stehen und ein ähnliches Geschenk zu fordern. Die Einhaltung war unmöglich, daher verweigerten sie ihre Dienste und streiften in heimlichem Schweigen umher, wobei sie demonstrativ Listen von uns selbst und unserem Gepäck mitnahmen. Um zwei Uhr war der Start einigermaßen geschafft, obwohl unsere Vorbereitungen noch lange nicht so vollständig waren, wie sie hätten sein können; Aber da beschlossen wurde, dass wir nur bis zum etwa zwölf Meilen entfernten Dorf Ponline weiterfahren sollten , war es besser, anzufangen, als eine weitere Verzögerung zu riskieren. Es lag etwas unfassbar Wildes in der unregelmäßigen Verwirrung unseres Exodus aus Tsitkaw , der, obwohl er nach Kakhyens Vorstellungen vielleicht geordnet war, für unseren uninformierten Geist keine Spur von System bot. Die drei Häuptlinge der Kakhyen gingen voran, gefolgt von der unhandlichen Geldtruhe, die von acht Männern getragen und von vier Sepoys bewacht wurde; Dann kam die lange, streunende Karawane von einhundertzwanzig Maultieren, die so reiste, wie es den Besonderheiten jedes Tieres und seines Fahrers entsprach. Unsere Polizeieskorte marschierte stetig weiter, angeführt vom Djemadar, an dessen Seite seine Frau erschien, die wie eine echte *Vivandière* aussah, ihre schlanke Figur war schick gekleidet in eine blaue Seidenjacke, bis zum Knie hochgesteckte Hosen und ein rotes Seidentaschentuch für Kopfbedeckung; Mit einem burmesischen Dah und einer Tasche über den Schultern und den auf dem Rücken gebundenen Schuhen war sie offensichtlich auf alle Gefahren und Strapazen vorbereitet.

Wir bestiegen unsere Ponys und ritten über die ebene Ebene vor uns; Der lange, wellenförmige Umriss des Kakhyen- Gebirges erstreckte sich nach Nordosten und Südwesten und wurde hier und da von riesigen Kuppeln oder spitzen Gipfeln unterbrochen, die bis zu 1.500 bis 18.000 Fuß hoch waren. Zu unserer Rechten floss der Tapeng und beruhigte sein Wasser allmählich zu einem ruhigen Bach, nachdem er als schäumender Strom aus der Bergbarriere hervorgegangen war. Im Dorf Hentha zweigte die Route vom Fluss ab, und eine halbe Meile weiter passierten wir das lange, verstreute, aber bevölkerungsreiche Dorf Old Bhamô , eingebettet in einen dichten Hain aus Bambus und Waldbäumen. Außerhalb des Dorfes stand eine einsame und fast zerstörte Pagode, der vorgeschobene Außenposten des burmesischen Buddhismus auf dieser Seite des Flusses, denn keines dieser religiösen Bauwerke findet sich in den Kakhyen -Hügeln.

Eine vier Meilen lange Fahrt durch eine Reihe von ebenen, sumpfigen Reisfeldern und Grasfeldern, die von tiefen Nullahs durchzogen sind, brachte uns zum Dorf Tsihet auf leicht hügeligem Boden. An diesem Punkt bog die Route fast im rechten Winkel ab, um die Hügel hinaufzusteigen, und hier saßen die drei Tsawbwas in tiefer und aufgeregter Beratung und warteten offenbar auf uns. Wir hatten den größten Teil des Konvois überholt, und als Sladen heranritt, rief Sala und zeigte auf den Hügelpfad: „Gut, gehen Sie weiter und haben Sie keine Angst." Seine Worte waren weniger verständlich als die des Talone Tsawbwa , der in verletztem Tonfall fragte: „Wann gibst du mir diese Waffe?"

Wir stiegen etwa fünfhundert Fuß über eine Reihe abgerundeter Hügel hinauf, die sich vom Hauptgebirge unterschieden, aber mit diesem durch Ausläufer verbunden waren, und den Hang eines davon erklommen wir langsam, als vor uns ein Schuss zu hören war. Sladen , dessen überlegene Kraft ihn vorangebracht hatte, wartete, bis die anderen sich zu ihm gesellten, und ein weiterer Schuss und dann vier gleichzeitige Schüsse waren zu hören, aber keine Kugel zischte in die Nähe. Auf dem Weg wurde ein Speer aufgehoben, den angeblich ein burmesischer Syce aus dem Dschungel auf die vorbeikommenden Reisenden geworfen hatte ; aber seine Aussage war zweifelhaft.

Wir machten alle weiter, als wäre nichts passiert, aber unsere Kakhyens , von denen etwa fünfzig vor uns waren, versammelten sich um uns herum, schwenkten ihre Dahs und schrien wie Unholde, um uns ihrer Entschlossenheit zu versichern, uns zu beschützen. Etwas weiter stießen wir auf zwei Kakhyens unserer Gruppe, die in einem offenen Feld am Straßenrand standen, einer bewaffnet mit einer Armbrust und vergifteten Pfeilen, der andere mit einer Feuersteinmuskete. Durch Schilder versuchten sie uns mitzuteilen, dass sich einige böswillige Bergsteiger an dieser Stelle versteckt und auf sie geschossen hätten, dass der Feind aber, als sie das Feuer erwiderten, den Hang hinunter „gestürmt" sei. Wir waren der Meinung, dass der angebliche Angriff ein raffinierter Trick war, um unsere Fähigkeiten auf die Probe zu stellen, und dass die meisten Schüsse von unseren halb betrunkenen Maultiertreibern abgefeuert wurden, die keinerlei Angst oder Bedenken zeigten. Einer von ihnen, auf einem Maultier sitzend und mit einem langen Dah und einer Luntenschloss bewaffnet, erwies sich als gefährlicher als alle vermeintlichen Feinde. Er rannte immer wieder hin und her auf einem Pfad, der an manchen Stellen kaum breit genug für ein einzelnes Pony war; Jetzt schwang er rücksichtslos sein Langschwert und feuerte dann seine Luntenpatrone über den Kopf von Sladen , der vorne war, nach, lud nach und feuerte über seine Schulter mit einer Schnelligkeit, die für einen Mann, der so betrunken war, dass man ihn nicht mehr zu schätzen wusste, wunderbar war. Ein wohlüberlegtes Lob für seine Geschicklichkeit und das Versprechen, sein Pulverhorn im nächsten Dorf wieder aufzufüllen, waren notwendig, um zu verhindern, dass er plötzlich streitsüchtig und gefährlich wurde.

Vom Gipfel des fünfzehnhundert Fuß hohen Sporns stiegen wir über einen holprigen, rutschigen Pfad, das Bett eines ausgetrockneten Wasserlaufs, hinab zu einer flachen Schlucht mit reichem Schwemmland und stiegen von dort einen weiteren Sporn auf eine Höhe von zweitausend Fuß hinauf Von hier aus führte uns ein leichter Abstieg zu einem langen Bergrücken, auf dem die Dörfer Talone und Ponline lagen . Als wir uns dem Erstgenannten näherten, wurden wir aufgefordert abzusteigen, da die Kakhyen- Etikette es nicht zulässt, an einem Dorf vorbeizureiten. Wir führten unsere Ponys durch eine grasbewachsene Lichtung, umgeben von hohen Bäumen und heilig für die Nats . An einer Seite stand eine Reihe von Bambuspfosten, deren Höhe zwischen sechs und zwanzig Fuß variierte und an der Spitze in vier Teile gespalten war. Sie trugen kleine Regale, die als Altäre für die Opfergaben von gekochtem Reis, Geflügel und Sheroo dienten, bei denen sich die Dämonen aufhalten besänftigt. Vor jedem Altar wurden große Grasbüschel aufgestellt, und ein paar alte Männer knieten und murmelten einen leisen Gesang.

Wir ließen Talone auf einer Anhöhe zu unserer Linken zurück, stiegen wieder auf und stiegen ein kleines Stück durch tiefe Schluchten in sekundären Ausläufern hinab. Nach einem kurzen Aufstieg überquerten wir einen einigermaßen ebenen Pfad, und ein weiterer kurzer Anstieg brachte uns zu unserem Rastplatz, dem Dorf Ponline , zweitausenddreihundert Fuß über dem Meer gelegen. Die freigelegten Gesteine waren allesamt metamorph und bestanden hauptsächlich aus grauem Gneis oder rotem Granit und einem Hornblend-Glimmerschiefer, von dem riesige runde Felsbrocken an den Hängen verstreut waren. Die Hügel waren mit einem dichten Baumwald bedeckt, der größtenteils mit Bambus durchsetzt war. Es dämmerte bereits, als wir ankamen, aber der Mond schien hell, und eine Pfotenmine führte uns zu einem Haus, das gefegt und für uns vorbereitet wurde. Wie alle Kakhyen-Häuser war es ein länglicher Bambusbau mit dicht verfilzten Seiten, der auf Pfählen einen Meter über dem Boden stand. Das mit Gras gedeckte Dach neigte sich bis auf einen Meter über den Boden; Die von Bambuspfosten gestützten Dachvorsprünge bildeten einen Portikus, der nachts als Stall für

Ponys, Schweine und Hühner und tagsüber als allgemeiner Aufenthaltsraum diente. Gekerbte Baumstämme dienten als Treppe zum Aufstieg zur Tür an der Giebelseite. Auf einer Seite des Innenraums befand sich ein gemeinsamer Saal, der sich über die gesamte Länge des Gebäudes erstreckte. Auf der anderen Seite befanden sich eine Reihe kleiner Räume, die durch Trennwände aus Bambus voneinander getrennt waren. Eine zweite Tür oder Öffnung am anderen Ende war, wie wir später erfuhren, für die Nutzung durch Familien- oder Haushaltsmitglieder reserviert, und niemandem war der Zutritt gestattet, da sonst eine Beleidigung der Haushaltsmitglieder drohte . Es gab weder Schornsteine noch Fenster, und die Wände und Dächer waren vom Rauch geschwärzt. In der Gemeinschaftshalle und in jedem Raum gab es eine offene Feuerstelle, die etwas unter den Bodenbelag eingelassen war; die eng aneinander liegende Bambuskonstruktion war mit einer Schicht hart gepresster Erde bedeckt.

Nur ein Teil der Gepäckträger war eingetroffen, und die Bettwäsche mehrerer Mitglieder der Gruppe gehörte zu den fehlenden Gegenständen. Es gab auch Gerüchte , dass es Räubern gelungen sei, acht Maultiere zu vertreiben, wenn nicht mehr, und insgesamt schien die erste Nacht im Kakhyen- Land einigen Mitgliedern der Gruppe ungünstig zu sein; Aber wir machten das Beste daraus, und nachdem wir unser seltsames Quartier in Besitz genommen hatten, gesellte sich bald Williams zu uns, der beim Aufstieg aufgehalten worden war. Er brachte die Nachricht bei, dass nach dem Verlassen von Talone ein Schuss auf Sala abgefeuert worden sei, der vor ihm stand. Wir spazierten in der angenehmen Nachtluft hinaus und bewunderten eine lebhafte Gruppe schöner Kakhyens , die im Mondlicht eifrig Reis stampften. Das Reisfeld wurde in einen groben Mörser gelegt, oder vielmehr in eine in einen Baumstamm ausgehöhlte Höhle, und zwei Mädchen standen sich gegenüber und schwangen schwere, vier Fuß lange Stangen. Diese wurden abwechselnd gespielt, wobei der schwere, dumpfe Schlag des Stößels einen Bass zu den Höhen eines tiefen musikalischen Schreis formte, den die Jahrmarktsbetreiber bei jedem Schlag ausstießen, während ihre Glockengürtel eine angenehme Begleitung klingelten. Diese Gürtel markierten ihren Rang, nur die Töchter von Häuptlingen durften diese musikalischen Verzierungen tragen.

Eine alte Frau winkte Sladen , ihr zu folgen, und führte ihn zu einem Haus, bei dem es sich um das von Sala handelte, der ihn äußerst gastfreundlich empfing und ihn dazu zwang, seinen Teppich mit ihm zu teilen, während sein Führer, die Frau des Tsawbwa, und ihre Familie nacheinander die Staffeln brachten aus Bambuseimern, gefüllt mit *Sheroo*- oder Kakhyen -Bier.

Nachdem wir schließlich das vorhandene Bettzeug aufgeteilt hatten, legten wir uns schlafen und überließen es dem nächsten Tag, die Befürchtungen zu bestätigen oder zu zerstreuen, die durch das Ausbleiben von Wache, Geldtruhe und Gepäck geweckt worden waren.

Unser Schlaf wurde jedoch durch laute, von Höhe zu Höhe wiederholte Rufe gestört, die wie „Alles gut!" aussahen. von einheimischen Wachen, die rund um das Dorf postiert sind, um für unsere Sicherheit zu sorgen.

Am Morgen kamen ein großer Kapaun und ein Vorrat Bier als Geschenk der Häuptlingin an, und später kam sie selbst mit ihren Töchtern und ihrem Gefolge feierlich. Sie war eine kleine, matronenhaft aussehende Frau mit einem intelligenten Gesichtsausdruck und guten Gesichtszügen, hatte aber hohe Wangenknochen und leicht chinesische Augen. Ihr Kostüm war natürlich die Perfektion eines Hochlandkostüms und, obwohl einzigartig, keineswegs ungebührlich. Der auffälligste Teil davon war der Kopfschmuck, der aus blauem Stoff bestand, der zu einer Art Turban rundherum gewickelt war, so dass er einen umgekehrten Kegel bildete, der mindestens fünfzehn Zentimeter über ihrem Kopf aufragte. Ihr Obergewand war eine ärmellose schwarze Samtjacke, die mit einer Reihe großer geprägter Silberknöpfe verziert war, die um den Hals herum verliefen und sich an der Vorderseite fortsetzten. Darüber hinaus ließen kreisförmige Platten aus ziseliertem und emailliertem Silber mit einem Durchmesser von drei Zoll, die in Reihen entlang der Vorder- und Rückseitennähe sowie um den Rock herum angeordnet waren, das Kleidungsstück fast wie einen Kürass aussehen. Das Kleid wurde durch einen einzelnen, kiltähnlichen Unterrock aus dunkelblauem Baumwollstoff mit einer breiten roten Wollborte vervollständigt, der um die Hüften geschlungen war und bis knapp unter das Knie reichte. Ein Ende war geschmackvoll mit tiefer Seidenstickerei verziert und sorgfältig angeordnet, sodass es anmutig auf einer Seite herabhing. Eine Vielzahl feiner Rattangürtel um die Taille stützten den Kilt und füllten die Lücke zwischen ihm und der Jacke. und als Strümpfe umgab eine Reihe eng anliegender schwarzer Ratan-Ringe ihre Beine unterhalb des Knies. Ihr Rang war durch zwei große silberne Reifen um ihren Hals und eine Halskette aus kurzen Zylindern aus rotem Ton, vermischt mit Bernstein- und Elfenbeinperlen, gekennzeichnet. Diese umständlichen Schmuckstücke sind nur den Ehefrauen und Töchtern von Tsawbwas und Pawmines gestattet . Zwei silberne Armbänder an jedem Arm und lange silberne Röhren, die in den Ohrläppchen getragen wurden, vervollständigten ihre Pracht . Ihre kleinen Töchter trugen neben den markanten Gürteln aus schwarzen Perlen und silbernen Glöckchen, die jeweils ein kleines kostenloses Kügelchen enthielten, das bei jeder Bewegung der Trägerin angenehm klingelte, breite Hüftgürtel, die mit mehreren Reihen Kaurimuscheln verziert waren. Unser Besucher brachte uns Gänseeier und Sheroo und entschuldigte sich dafür, dass wir nicht mehr anzubieten hatten, versprach aber, uns jeden Tag etwas zu essen zu schicken. Ihr Wohlwollen wurde mit Geschenken in Form von seidenen Taschentüchern und rotem Stoff sowie einem prächtigen Tischtuch belohnt, dessen Pracht und ihre Freude, als Sladen es ihr überreichte, sie völlig sprachlos machten.

KACHYEN-FRAUEN.

Nachbarschaft übernachtet hatten , und am frühen Nachmittag marschierte der Wachmann ein, jedoch ohne die Geldkassette. Der Djemadar berichtete, dass er in Talone weiterhin für das Schiff verantwortlich gewesen sei, wo er es zusammen mit den fehlenden acht Maultieren und ihrer Ladung zurücklassen musste. Der Tsawbwa , der mit seinem Volk und dem chinesischen Dolmetscher Moung Shuay Yah, der die Nacht mit Trinken verbracht hatte, weigerte sich, weder die Bargeldtruhe noch das Gepäck herauszulassen. Der Wachmann war bis heute Morgen nicht in der Lage gewesen, etwas zu essen zu bekommen, und einer der Sepoys, der sich vorschnell übermäßig viel Wasser gegönnt hatte, wurde krank und starb innerhalb von zwei Stunden.

Nach Erhalt dieser Nachricht über das unverantwortliche Verhalten des Talone-Häuptlings und von Moung Shuay Yah, Sala schickte seinen eigenen Sohn mit dem positiven Befehl zur sofortigen Freilassung der Träger und Fahrer los, und bis sie eintrafen, machten wir uns auf den Weg, um das Dorf und seine Umgebung zu besichtigen. Die Häuser lagen in geringem Abstand voneinander in einer tiefen Mulde, dicht bewaldet mit prächtigen Eichen und einigen Palmen (Corypha) und sehr schönen Schraubenkiefern oder *Pandani* , von denen ein umgestürzter Stamm volle sechzig Fuß lang war . Unmittelbar über dem Dorf ragte ein kühner, abgerundeter Gipfel des Hauptgebirges zweitausend Fuß über uns empor, auf dessen halber Höhe ein großes konisches Khakyen- Grab ein markantes Objekt bildete; In seiner Form ähnelte es so stark einer burmesischen Pagode, dass es sich um eine Nachahmung handelte. Im Dorf wurden sehr feine Kochbananen angebaut, und die Seiten der Ausläufer darunter wurden weitgehend für Reis und andere Feldfrüchte gerodet. Vom Boden hinter dem Haus der Tsawbwa aus hatten wir einen herrlichen Blick auf die hohen Hügel an der Südseite des Tapeng- Tals, von denen viele bis zu einer Höhe von sechstausend Fuß über dem Fluss zu ragen schienen, bebaut und fast bis zu 500 m mit Dörfern übersät die Gipfel selbst.

Während unseres Streifzugs wurden wir durch den Klang von Trommeln zu einem Haus hingezogen; Außerhalb des Portikus saßen einige Männer und kochten Hühner, die lediglich von den Federn befreit, aber sonst nicht gereinigt worden waren. Nachdem wir darum gebeten und die Erlaubnis eingeholt hatten, betraten wir den Gemeinschaftssaal, um den herum Männer, Frauen und Kinder tanzten, jeder mit einem kleinen Stock, mit dem sie den Takt schlugen, während sie mit gemessenen Schritten umkreisten und seltsamerweise einen Tänzel und einen Seitentanz kombinierten Mischen. Die Instrumentalisten waren ein Mann und ein Mädchen, die kräftig auf zwei Trommeln schlugen, während die Tänzer hin und wieder in lautes Geschrei ausbrachen und ihre Bewegungen beschleunigten. Zuerst saßen wir ernst auf den von einem lächelnden Mädchen gebrachten Baumstämmen, wurden aber bald durch Schilder aufgefordert, unsere Plätze im Tanz einzunehmen; Wir standen dementsprechend auf und gingen umher, aber kaum hatten wir uns zweimal umgedreht, als die ganze Gesellschaft unter lautem Geschrei aus dem Haus stürmte, wobei der Anführer seinen Stock wild schwenkte, als ob er den Weg frei machen wollte. Sehr verwirrt kehrten wir ins Haus zurück und fanden die Leiche eines Kindes, die in einer sorgfältig abgeschirmten Ecke lag, und an deren Seite die arme Mutter bitterlich weinte. Es stellte sich heraus, dass das Fest ein Totentanz war, um den verstorbenen Geist davon zu vertreiben, dass er in der Nähe seines verstorbenen Hauses schwebte, und es wurde angenommen, dass unsere Anstrengungen hauptsächlich zu dem schnellen und glücklichen Ergebnis beigetragen hatten; So wurden wir zumindest von unseren Gastgebern verständlich gemacht, die sich beeilten, uns mit Sheroo zu erfrischen , serviert in raffiniert improvisierten Tassen aus Kochbananenblättern. Wir bezahlten unseren Lebensunterhalt mit Silber und reisten mit dem Gefühl ab, dass selbst die *Entente cordiale, die wir mit den* Kakhyens schließen wollten, kaum eine aktive Teilnahme an Totentänzen verlangte.

Am nächsten Tag kam Salas Sohn mit der Geldtruhe und den fehlenden Maultieren von Talone; aber die Kisten waren geöffnet worden, Sladen und Bowers hatten jeweils eine Feldflasche verloren, die gut mit Messern und Gabeln gefüllt war, und die Maultiermänner hatten sich außerdem an allen Esswaren bedient. Sie hatten jedoch eine lobenswerte Rücksichtnahme an den Tag gelegt, denn in einem von Stewarts Kisten befand sich eine Flasche Portwein, die sie durch Hineindrücken des Korkens geöffnet hatten; Da sie den Inhalt nicht mochten, hatten sie ihn sorgfältig ausgeschnitten und in einem Holzstopfen befestigt, um Abfall zu vermeiden!

Sladen versammelte Sala und die anderen Häuptlinge und verteilte Salz, Stoff und einige gelbe Seidentaschentücher, die sehr wertvoll waren. Sala hielt eine öffentliche Ermahnung ab und forderte alle zur Treue auf; Unter vier Augen teilte er mit, dass es notwendig sei, die Nats zu besänftigen , und bat um unsere Teilnahme an einer Zeremonie, die in dieser Nacht stattfinden sollte, um den Willen der Dämonen durch einen Meetway *oder* Wahrsager festzustellen.

Dementsprechend begaben wir uns nach dem Abendessen alle in die Halle des neuen Hauses des Tsawbwa und unterhielten uns einige Zeit auf den von seiner Frau mitgebrachten Matten mit den Häuptlingen und Häuptlingen, die sich um das Feuer versammelt hatten.

Der Treffpunkt trat nun ein und setzte sich auf einen kleinen Hocker in einer Ecke, der frisch mit Wasser besprenkelt worden war; Dann blies er durch ein kleines Röhrchen, warf es mit einem tiefen Stöhnen von sich und verfiel sofort in einen außergewöhnlichen Zustand des Zitterns, jedes Glied zitterte und seine Füße schlugen ein buchstäbliches „Teufelstattoo" auf den Bambusboden. Er stöhnte wie vor Schmerz, riss sich die Haare, fuhr sich mit den Händen mit wahnsinnigen Gesten über Kopf und Gesicht, dann brach er in einen kurzen, wilden Gesang aus, der von Seufzern und Stöhnen unterbrochen wurde, wobei seine Gesichtszüge vor Wahnsinn oder Wut verzerrt wirkten, während die Töne seiner Stimme verzerrt waren Die Stimme veränderte sich zu einem Ausdruck von Wut und Zorn. Während dieser außergewöhnlichen Szene, die alles, was man über dämonische Besessenheit gelesen hatte, verdeutlichte , sprachen der Tsawbwa und seine Pfotenminen ihn gelegentlich mit leiser Stimme an, als wollten sie ihn beruhigen oder den Zorn des herrschenden Geistes missbilligen; und schließlich teilte der Tsawbwa Sladen mit , dass die Nats mit einer Opfergabe besänftigt werden müssten. Es wurden fünfzehn Rupien und etwas Stoff hergestellt. Das Silber, auf einem mit Wasser besprenkelten Bambus, und das Tuch, auf einer Platte mit Bananenblättern, wurden dem Wahrsager demütig zu Füßen gelegt; Aber mit einem einzigen krampfhaften Zucken der Beine wurden Rupien und Stoff sofort weggeworfen, und das Medium machte durch verstärkte Zuckungen und Stöhnen deutlich, dass die Nats mit der Opfergabe unzufrieden waren. Der Tsawbwa flehte vergeblich um seine Annahme und bedeutete dann Sladen , dass mehr Rupien erforderlich seien und dass die Nats sechzig als Sühnesumme nannten. Sladen bot fünf weitere an, mit der Zusicherung, dass keine weiteren gegeben würden. Das geänderte Angebot wurde erneut, aber sanfter, zurückgewiesen, ohne dass man davon Notiz nahm. Nach einer weiteren Viertelstunde, in der die Krämpfe und das Stöhnen allmählich nachließen, wurde ein getrocknetes, zu einem Kegel gerolltes und mit Reis gefülltes Blatt dem Treffpunkt übergeben . Er hob es mehrmals an seine Stirn und warf es dann auf den Boden; Als nächstes wurde ihm ein Dah, der sorgfältig gewaschen worden war, gereicht und auf die gleiche Weise behandelt, und nach ein paar sanften Seufzern erhob er sich von seinem Sitz und bedeutete uns lachend, auf seine Beine und Arme zu schauen, die sehr müde waren . Das Orakel war zu unseren Gunsten und Vorhersagen aller möglichen Erfolge wurden uns als Äußerungen des inspirierten Wahrsagers interpretiert.

Es darf nicht angenommen werden, dass dies eine feierliche Farce war, die inszeniert wurde, um Rupien aus den Taschen Europas zu zaubern; Unter dem Einfluss vorübergehender Raserei oder, wie sie es nennen, Besessenheit unternehmen die Kakhyens niemals Geschäfte oder Reisen, ohne den Willen der Nats zu konsultieren , der durch einen Meetway offenbart wird. Der Seher im gewöhnlichen Leben ist nichts; Das Medium, von dessen Wort die Möglichkeit unseres Vormarsches abhing, war ein Cooly, der eine unserer Kisten auf dem Marsch trug, aber er war ein ordnungsgemäß qualifizierter Begleiter und gehörte zum Dorf Ponsee . Wenn ein Jugendlicher Anzeichen dafür zeigt, was Spiritualisten eine „Verbindung" oder Verbindung mit der Geisterwelt nennen würden, muss er sich einer ausreichend anstrengenden Prüfung unterziehen, um die Realität seiner Kräfte zu testen. Es wird eine Leiter vorbereitet, deren Stufen aus Schwertklingen mit nach oben gerichteten scharfen Kanten bestehen, und diese wird gegen eine Plattform aufgestellt, die dick mit scharfen Spitzen besetzt ist. Der barfüßige Neuling erklimmt diesen gefährlichen Weg zum Ruhm und setzt sich ohne erkennbare Unannehmlichkeiten auf die Stacheln; Dann steigt er über dieselbe Leiter hinab, und wenn nach sorgfältiger Untersuchung festgestellt wird, dass er frei von jeder Spur einer Verletzung ist, wird er fortan als wahrer Wahrsager anerkannt. Sala verbesserte die Gelegenheit, indem er Sladen warnte, dass eine mächtige Kombination gebildet worden sei, um sich unserem Vormarsch zu widersetzen, und dass viele böse Berichte verbreitet worden seien, schloss jedoch mit der Aussage, dass eine großzügige Silberausgabe viele, wenn nicht alle Hindernisse beseitigen würde. Die praktische Anwendung erfolgte am nächsten Morgen. Als alles zum Start bereit war, erschien der Tsawbwa nicht: Sladen stattete ihm einen Besuch ab und erfuhr, dass nominell sechshundert Rupien als Vorschuss für die Maultiertreiber gezahlt werden müssten, sonst täte er besser zurückzukehren. Diese erpresserische Forderung wurde nach einiger Debatte auf dreihundert Rupien reduziert, die bezahlt wurden, und dann wurde eine zusätzliche Summe von dreihundert Rupien für die Beförderung der lästigen und verlockenden Geldkiste verlangt. Ein Angebot von jeweils einer Rupie pro Tag an zwanzig Träger wurde abgelehnt, und wir beschlossen dann, das Bargeld in Pakete von dreihundert Rupien aufzuteilen, die von den Männern der Eskorte getragen werden sollten. Auf diese Weise wurde vermieden, dass die Häuptlinge ständig „quetschen" oder von den Trägern ausgeraubt wurden. Schließlich machten wir uns von Ponline aus auf den Weg und begannen, nachdem wir eine Meile über eine einfache Straße entlang der Anhöhe gegangen waren, mit dem Abstieg zur Schlucht, in der fünfzehnhundert Fuß tiefer der Nampoung in den Tapeng mündete und die Hügel in zwei Teile teilte parallele Grate. Der zunächst leichte Abstieg wurde allmählich steiler und schließlich steil; Der Weg war in Zickzacklinien geschnitten, wich jedoch so leicht von der geraden Linie ab, wie es die Steilheit des Abhangs erlaubte. Die verwitterte und zerfallene Oberfläche des metamorphen Gesteins war durch Verkehr und Ströme abgenutzt worden, so dass es sich oft um eine tiefe V -förmige Furche mit nur neun bis zehn Zoll Fußweg handelte, und die beladenen Maultiere hatten Schwierigkeiten, die abrupten Kurven darin zu umgehen tiefe Stecklinge; Riesige Felsbrocken, Steine und spitze, freiliegende Quarzmassen machten das Reisen für Mensch und Tier noch schmerzhafter und gefährlicher. Die Bachbetten waren mit feinem Granit gefüllt, und im größten durchquerten Wasserlauf wurde ein kleiner Abschnitt beobachtet, der eine Masse aus gräulichem Glimmerschiefer mit großen Quarzadern aufwies; es war vertikal nach oben geneigt, und es gab deutliche Anzeichen einer Schichtung nahezu in Nord- und Südrichtung. Der Nampoung , dessen Quelle zwischen den Hügeln im Nordosten liegt, ist die Grenze zwischen den Distrikten Ponline und Ponsee und war früher und muss noch heute als Grenze zwischen Burma und der chinesischen Provinz Yunnan betrachtet werden, die zerstörte Grenze Die Festung wurde auf einer Anhöhe angezeigt, die die Furt beherrschte. Wir durchquerten den Nampoung auf unseren Ponys, wo der Bach dreißig Meter breit und einen Meter tief war. Die Tiere konnten der reißenden Strömung kaum Einhalt gebieten, die im Falle eines Sturzes Pferd und Reiter bald in den schäumenden Tapeng geschwemmt hätte . Die Straße schlängelte sich an einem Abgrund entlang, unter dem der Tapeng mit ohrenbetäubendem Tosen und einer Kraft, der nichts widerstehen konnte, eine Reihe von

Stromschnellen hinabstürzte, außer den gewaltigen Granitmassen, die sein Bett bedeckten, während andere sich von ihm abstützten Ufer, als wären sie bereit, in den reißenden Strom zu stürzen.

Die gelegentlichen Blicke auf die ferne Landschaft waren herrlich; Zu beiden Seiten türmten sich Hügel zu Bergen auf, und eine Reihe folgte einer Reihe, bis sie in der blauen Ferne verschwanden. Unsere Freude an der Erhabenheit der Berglandschaft wurde jedoch etwas durch die Schwierigkeit des Weges getrübt, der uns dazu zwang, häufig abzusteigen und die ziegenähnlichen Ponys, so gut sie konnten, die tiefen, schmalen Einschnitte hinaufklettern zu lassen. Die Straße folgte dem Hang, war etwa drei Meter lang in die Felswand eingeschnitten und wies hin und wieder scharfe Kurven auf. Am Rande eines tausend Fuß tiefen Abgrunds gab der äußere Rand unter den Hinterhufen von Williams' Pony nach, und er konnte nur dadurch vor der Zerstörung gerettet werden, dass das Pony sich mit energischer Anstrengung wieder erholte. Kakhyen- Straßen scheinen absichtlich so angelegt zu sein, dass man die höchsten Punkte auf der gegebenen Route erreichen kann, und nachdem wir die Flussufer verlassen hatten, stiegen wir über eine Reihe hoher Ausläufer auf und ab, die vom Hauptgebirge aus an den Fluss angrenzten. Steile Bergrücken, die sie im rechten Winkel miteinander verbanden, boten einigermaßen ebenen Boden, aber mit einer so engen Oberfläche, dass der Reisende in die tiefen Schluchten auf beiden Seiten hinabblicken konnte. In den Tälern und an den Hängen der Ausläufer wurden Bereiche mit reichem Lehmboden für Reisfelder gerodet, und auf jeder Lichtung diente eine kleine strohgedeckte Hütte auf Pfählen als Wachturm. In der Nähe einiger auf Anhöhen gelegener Dörfer waren nur begrenzte Anstrengungen zur Terrassenbewirtschaftung zu erkennen, und an einer Stelle war ein kleiner Bach zur Bewässerung umgeleitet worden. Prächtige Schraubenkiefern und große Baumfarne zeigten ihr exquisites Laub, ergänzt durch die Blüten verschiedener blühender Bäume.

Um zwei Uhr waren die Gepäckmulis so abgenutzt, dass wir, obwohl wir nicht mehr als acht oder zehn Meilen zurückgelegt hatten, im Dschungel anhalten mussten. Hinter unserem Biwak erhob sich ein riesiger Bergrücken, der sich viertausend Fuß über uns erhob und Lakong hieß . Die Luft war angenehm und gemäßigt, das Thermometer zeigte um 21 Uhr dreiundsechzig , und während unsere Lampen an Bambusbäumen aufgehängt waren und unsere Anhänger und Bediensteten das Biwak umstellten, speisten und schliefen wir bequem und sicher *im Freien* , während die Fahrer ihre Streikposten aufstellten Pantoletten oben und unten. In der Nähe unseres Lagers befanden sich auf einem abgerundeten Hügel einige alte Kakhyen -Grabstätten. Jeder bestand aus einem kreisförmigen Graben mit einem Durchmesser von achtunddreißig Fuß und einer Tiefe von etwa zwei Fuß, der einen niedrigen Hügel umgab, der nur einen Körper enthielt. Das hohe, konische Strohdach, das an anderer Stelle neuere Gräber bedeckte, war verschwunden, aber einige der Bambusstützen standen noch. Die Gräben einiger anderer Gräber waren mit Steinplatten rundherum ausgebaut, wobei die Form des Grabes und die Art der Bestattung unwillkürlich an megalithische Grabanlagen erinnerten.

Ponsee fortsetzten , deutete Sala an, dass als Ponsee Vorsicht geboten sei Tsawbwa war sehr empört darüber, dass sie die gewünschte Muskete nicht erhalten hatte. Die Nats hatten auch durch den Treffpunkt signalisiert , dass die Wache vor Beginn eine Salve abfeuern sollte, und die Tsawbwa fügte eine Empfehlung hinzu, doppelte Ladungen Pulver zu verwenden, damit die Nats doppelt erfreut sein könnten. Die Straße führte über einigermaßen leichtes Gelände, da wir uns nun fast auf gleicher Höhe mit dem Ursprung der Hauptausläufer befanden, und am Mittag des 6. März hatten wir das Dorf Ponsee erreicht, dreitausendeinhundertsiebenundachtzig Fuß über dem Meer -Ebene und 43 Meilen von Bhamô entfernt . Da die Tsawbwa nicht erschienen und keine Vorbereitungen für die Unterbringung unserer Gruppe getroffen hatten, wurde das Lager unter einem Bambusbüschel in einer Mulde unterhalb des Dorfes aufgeschlagen. Ponsee mit seinen zwanzig verstreuten Häusern und den terrassenförmig angelegten Hängen kultivierten Bodens befand sich auf einer Seite eines Berges, der bis zu seinem Gipfel, zweitausend Fuß über uns, mit dichtem Dschungel und Wald bedeckt war, außer dort, wo Lichtungen auf die Nähe anderer Dörfer weit über uns hindeuteten.

Unsere Maultiertreiber verteilten sich und ihre Maultiere auf der oberen Terrasse eines tumulusförmigen Hügels mit Blick auf die Straße und bewirtschafteten auf einer Seite eine Reihe regelmäßiger und gleichabständiger Terrassen. Am Nachmittag bekamen wir Besuch von einem Pawmine , begleitet von seiner Frau und mehreren weiblichen Verwandten, die Sheroo und Gemüse als Geschenke mitbrachten. Eine der jungen Damen neigte dazu, fröhlich und kommunikativ zu sein, um Aufmerksamkeit zu erregen und sich ein Perlengeschenk zu sichern. Obwohl sie eine Ehefrau war, war ihr Haar direkt über die Stirn geschnitten und hing in zerzausten Locken nach hinten, unbedeckt von der Kopfbedeckung, die Kakhyen trug Ehefrauen tragen. Das Angebot einer Puggery , den Defekt zu beheben, wurde mit schallendem Gelächter aufgenommen, worüber der Pawmine erschrocken und empört schien , und er tadelte seine schöne Cousine auf eine Weise, die dazu führte, dass sie in beschämtes Schweigen schrumpfte. Im Laufe des Abends zeigte sich das gefährliche Temperament der Kakhyen durch einen unprovozierten Angriff eines der Ponsee Tsawbwas Anhänger über einen burmesischen Diener, aber Sala griff sofort ein, um unseren Mann zu schützen, und erklärte, dass er eine Beleidigung eines unserer Leute übel nehmen würde, als ob sie ihm selbst angetan würde. So zeigte er sich, wie auch in anderen Angelegenheiten, bisher ehrlich, auch wenn seine ständigen Geldforderungen den Anführer zu der Annahme veranlassten, dass seine Freundschaft möglicherweise zu teuer erkauft sei.

KAPITEL IV.
PONSEE CAMP.

Desertion der Maultiertreiber – Unser Lager – Besuch der Berghäuptlinge – Salas Forderungen – Ein Bergausflug – Boten aus Momien – Shans lehnen Geschenke ab – Versorgungsengpässe – Unwohlsein – Tsawbwa von Seray – St. Patrick's Day – Rückzug von Sala – Die Pfotenminen von Ponsee – Eine Grabstätte – Besuch bei den Tapeng – Die Silberminen – Herannahen des Regens – Feindseligkeit von Ponsee – Drohender Angriff – Versöhnung – Ein Fehlstart – Briefe von Momien – Ein Hagelsturm – Rundschreiben an die Mitglieder der Mission – Perlen und Glocken – Freundliche Beziehungen zu Kakhyens – Ihre Bedeutung.

In der ersten Nacht unseres Aufenthalts in Ponsee wurden wir von einem heftigen Gewitter im Freien aus unseren Betten geweckt, das mit einer Durchnässung drohte, uns aber glücklicherweise mit nur wenigen heftigen Tropfen davonkommen ließ. Einer aus der Gruppe stellte sein Bett unter einen kleinen strohgedeckten Schuppen in der Nähe und schlief tief und fest, als er am Morgen aufwachte und feststellte, dass er seinen Unterschlupf mit einem verstorbenen Kakhyen geteilt hatte , auf dessen Grab er geruht hatte. Zu früher Stunde kam Sala und teilte Sladen mit , dass sich eine kleine Armee von Shans und Kakhyens versammelt hatte, um unserem Vormarsch entgegenzuwirken, dass sie ihr Wohlwollen jedoch mit zweitausend Rupien erkaufen könnten. Als ihm mitgeteilt wurde, dass die verfügbaren Mittel eine derart kostspielige Reise nicht zuließen, bemerkte er deutlich, dass die Panthays reich seien und uns gerne helfen würden. Dieses Hindernis mochte eingebildet sein, aber eine äußerst reale Schwierigkeit ließ uns keine Zeit, darüber nachzudenken, denn anstatt sich auf den Start vorzubereiten, gingen die Maultiertreiber ohne ein Wort der Beschwerde oder auch nur eine Mitteilung mit uns dazu über, ihre Lasten auszupacken. das gesamte Gepäck auf den Boden schleudern. Ich ging, um mich um meine Kisten zu kümmern, wurde aber von einem Kakhyen gewarnt , der sein Dah aufblühte und sich so in Wut steigerte, dass mir ein Rückzug als der klügste Weg erschien. In kurzer Zeit marschierten die Maultiere und Fahrer davon und nahmen die Straße nach Manwyne , so dass wir und unser Gepäck keinerlei Transportmittel mehr hatten. Es blieben ein paar Tiere übrig, die Ponline gehörten , aber zu wenige, um berücksichtigt zu werden. Hier lag ein unerwartetes Dilemma vor, das Sir Samuel Baker erfreut hätte, der sagt, er „finde Freude an einer regelrechten Lösung". Sladen machte sich auf den Weg, um, wenn möglich, von Sala, der betrunken im Haus des Häuptlings saß, die Bedeutung des Ganzen herauszufinden. Er erklärte, dass die Maultiertreiber durch Botschaften der Shan Tsawbwas von Sanda und

Muangla beeinflusst worden seien und ihnen mit dem Tod gedroht hätten, wenn sie uns anlocken würden. Als Vergeltungsmaßnahme empfahl er Drohungen, die Shan von den birmanischen Jahrmärkten auszuschließen, aber Sladen teilte ihm empört mit, dass er gekommen sei, um den Frieden und nicht Zwietracht zu fördern, und dass er versöhnliche Briefe schreiben werde, in denen er den Häuptlingen das Ziel der Expedition erläutere der in die Irre geführt worden war. Daraufhin wurde Sala vertraulich und gab etwas preis, was *in vino veritas mit Sicherheit die Wahrheit* über unseren vermissten Dolmetscher Moung zu sein schien Shuay Yah, der zuletzt in Ponline gesehen oder von ihm gehört wurde . Es schien, dass dieser halbchinesische Schurke schließlich versucht hatte , Sala und, nachdem er sich geweigert hatte, den Talone Tsawbwa davon zu überzeugen, Sladen zu ermorden und die Kasse zu plündern. Da seine schurkischen Pläne vereitelt wurden, war er nach Bhamô zurückgekehrt , was einige Tage später bestätigt wurde. Die Dinge sahen aussichtslos aus; Es wurde geflüstert, dass die Maultiertreiber erkannt hatten, dass unsere Inhaftierung in Ponsee sicher war, und nicht bereit waren, eine Verzögerung zu riskieren, deren Gewinne in die gierigen Taschen des Ponline- Häuptlings fließen würden. Abgesehen von dem dunklen Aspekt der Dinge war die natürliche Atmosphäre bewölkt, schwere Wolken kündigten einen Sturm an, und um auf alle Folgen vorbereitet zu sein, verlegten wir unsere Quartiere auf das von den Maultiertreibern geräumte Plateau, wo die drei Sepoy-Palls, oder kleine Zelte, untergebracht waren Während die Sepoys und ihre Anhänger sich daran machten, Bambuszelte zu bauen, die zu ihrem Schutz mit Blättern und Gras gedeckt waren, wurde schnell ein reguläres Lager an einer günstigen Stelle errichtet. Sala zeigte sich später am Tag in einem neuen Licht, als er sehr betrunken herunterkam und ein gelbes Seidentuch anzog, das er Sladens Diener gestohlen hatte. Er war zunächst unbequem zärtlich, und indem er Sladen mit beiden Händen ergriff, schwor er ewige Freundschaft; Dann wurde er neugierig auf unsere Gewehre und Revolver und forderte Sladen auf, seine Treffsicherheit unter Beweis zu stellen, indem er einen Bambus vierzig Meter abspaltete. Die Weigerung, ihn zu befriedigen, verwandelte ihn sofort in einen gewalttätigen Wilden, der eine Flut der übelsten Beschimpfungen auf Burmesisch ausschüttete. Mit Fingerspitzengefühl und Geduld konnte er von der Gewalt abgehalten werden, aber die wahre hinterlistige Natur des Tieres hatte sich unverkennbar gezeigt. Schließlich versicherte er Sladen , dass er sich entschließen könne, Ponsee nicht zu verlassen , bis er zwei Scheffel Rupien bezahlt habe. Angenehmere Besucher kamen in Gestalt der Kakhyen- Häuptlinge von Nyoungen , Wacheoon und Ponwah an, kleinen Bergbezirken an der Straße nach Manwyne . Diese Tsawbwas brachten alle Geflügel und Reis als Geschenke mit, wofür sie als Gegenleistung Stoff erhielten. Der Häuptling von Ponwah war ein drahtiger kleiner Hochländer mit schrägen Augen und stark ausgeprägten tatarischen Gesichtszügen, geschmückt mit zwei spärlichen Schnurrbartbüscheln und einem spärlichen Bart, der sorgfältig auf die Vorderseite seines Kinns beschränkt war. Seine Kleidung unterschied sich von der der anderen Tsawbwas und verdeutlichte eine höhere soziale Stellung. Es bestand aus einem blauen Turban, einer blau wattierten Wolljacke , einem Kilt aus dem gleichen Material und der gleichen Farbe mit einem rot-blauen Rand, abgerundet mit reich bestickten Leggings, und einer kurzen blauen Wollhose mit dicken Sohlen. Ein Leopardenzahn schmückte seinen Dah, und in einem Stoffbeutel befanden sich seine Metallpfeife und die Bambusflasche mit Samshu, die häufig den Weg zu seinen durstigen Lippen fanden. Vor jedem Zug tauchte er seinen Finger in den Schnaps und schüttete ein paar Tropfen auf den Boden als Trankopfer für die Erdnüsse . Die Mutter des jungen Ponsee Tsawbwa kam ebenfalls herunter, begleitet von einer Reihe von Mädchen, die *Sheroo* oder Bier, gekochten Reis, Eier und Gemüse mitbrachten. Perlen wurden verteilt, aber sie bettelten um Rupien; und ein paar Vier-Anna-Stücke befriedigten sie kaum. Einer von uns schenkte einem aufdringlichen Mädchen galant ein hübsches Fläschchen Parfüm, und um ihr die Wertschätzung zu zeigen, schüttete sie ein wenig davon auf ihre Hand und bedeutete ihr, es sich ins Gesicht zu reiben, aber als sie das getan hatte, zeigte sie ihren Ekel durch schiefe Gesichter, indem er die Spenderin anspuckte und beschimpfte, als ob er sie beleidigt hätte, was zu seiner äußersten Verwirrung führte.

UNSER CAMP IN PONSEE.

Auf den Tag der Angst folgte eine Nacht mit Regen und Sturm. Heftige Windböen fegten über den hohen Bergrücken und drohten, die leichten Zelte wegzureißen, und es erforderte unsere ganze Kraft, diese Katastrophe zu verhindern, indem wir uns fest an den Zeltstangen festhielten. Das Innere war natürlich überschwemmt und Betten und Bettzeug waren mit Wasser durchtränkt, aber einigen der Anhänger ging es noch schlechter, da sie keinerlei Schutz hatten. Unsere Probleme begannen jedoch erst. Der Nanlyaw Tamone , [21] dem befohlen worden war, uns als Dolmetscher zu begleiten, was er jedoch versäumt hatte, traf mit dem Befehl des Woon von Bhamô zu den Tsawbwas von Ponsee und Ponline ein , sich sofort nach Bhamô zu begeben und bei einer Untersuchung zu helfen Wiedereröffnung der Silberminen. Sowohl die Nachricht als auch der Bote waren verdächtig, und bald zeigte sich ein hinderlicher Einfluss. Es wurde eine Forderung auf dreihundert Rupien gestellt, eine Entschädigung für fünf Häuser, die angeblich durch einen Dschungelbrand zerstört worden waren, der aus der Glut unseres Lagerfeuers in Lakong stammte . Sala glaubte offenbar, dass allen Forderungen Folge geleistet werden würde, um zu verhindern, dass er uns im Stich ließ, und sprach viel über die zwingenden Befehle des Gouverneurs. Um uns von der Diskussion zu erholen, machten wir einen Ausflug den Berg hinauf auf eine Höhe von etwa sechshundert Fuß über unserem Lager, von wo aus sich ein herrliches Panorama auf die burmesische Ebene bis nach Bhamô und den Zusammenfluss des Tapeng mit dem majestätischen Fluss bot Irland . Wir kamen an zahlreichen Eichen und einem Baumhain vorbei, deren Nüsse genau so waren wie unsere eigenen Haselnüsse. Am höchsten erreichten Punkt wurde ein Kakhyen- Dorf gefunden, das gemütlich in einer wunderbar kühlen Mulde lag und über einen kleinen Bach den Hügel hinunter floss.

Unser Erscheinen erschreckte drei Frauen, die sich daran machten, die Bambusstäbe zu füllen, die als Wasserkrüge dienen und in einem Weidenkorb hinten getragen werden; Sie stürzten in eine Mulde unterhalb der Straße, drehten uns den Rücken zu und warteten, bis wir vorbeigekommen waren. Tausend Fuß unter uns hallte eine tiefe Schlucht vom Schrei der Hufaffen wider, die mit voller Lautstärke heulten. Das Schießen, sei es zum Sport oder zu wissenschaftlichen Zwecken, wurde durch den dichten Dschungel und die steilen Seiten der tiefen Schluchten, in denen sich die Vögel hauptsächlich aufhalten, äußerst erschwert, da ein Vogel, wenn er geschossen wurde, einen steilen Abhang hinunter ins hohe Gras fiel oder verworrener Strauch, wo die Suche nutzlos war.

Bei unserer Rückkehr wurden ein Hahn und ein Rebhuhn einer neuen Art, die zur Gattung Bambusicola gehört, auf dem gerodeten Boden geschossen, und im Wald war oft der Schrei eines Pirols zu hören, aber die Vögel waren unsichtbar. Wir stiegen auf einem anderen Weg ab, vorbei an den Reislichtungen, wo Walderdbeeren den Boden mit Blüten und Früchten bedeckten und auch zwei Sorten Veilchen und verschiedene Brombeersträucher blühten. Wir erreichten das Lager und wurden bald wieder in eine Debatte mit Sala vertieft. Der Mann war mürrisch und wütend, forderte sechshundert Rupien als Erpressung und dreihundert Rupien als Entschädigung für den Dorfbrand und drohte stattdessen damit, uns „in den Bergen verloren zu lassen und nie wieder etwas von uns zu hören". Sladen weigerte sich maßvoll, solchen erpresserischen Forderungen nachzugeben, bot aber, um seine freundschaftlichen Absichten zu beweisen, an, etwaige tatsächliche Schäden zu kompensieren und den Häuptlingen *unterwegs Geschenke zu schicken* . Seine Argumente hatten bei Sala eine solche Wirkung, dass er sich damit begnügte, hundert Rupien zu verlangen, um das „Feuer" zu löschen.

In diesem Stadium des Interviews waren alle überrascht, als plötzlich drei Fremde in prächtigen chinesischen Kostümen auf der Bühne auftauchten und von einem halben Dutzend weiterer Personen begleitet wurden. Zwei ihrer Gesichter waren bekannt und sie begrüßten Sladen mit einer Miene des Wiedererkennens, aber Sala und er waren zunächst gleichermaßen verwirrt über ihre Identität. Die beiden vordersten trugen mit Gold bestickte Schädelkappen aus blauem Satin, wattierte und bestickte Jacken aus feinem blauen Stoff und weite Hosen aus gelber Seide. Sie trugen neue breite Korbhüte und goldbestickte chinesische Schuhe. Die Griffe ihrer Dahs waren jeweils mit dem halben Unterkiefer eines Leoparden verziert, und an ihren Knopflöchern hing eine Verzierung aus einem rosa-blauen Stoffquadrat, in dessen Ecke eine Chiffre eingestickt war. Dabei handelte es sich um eine vollständige Panthay- Uniform, von der einer von ihnen dann abstreifte und darunter sein zerlumptes Kakhyen- Gewand zur Schau stellte, und dann Sladen anerkannt Lawloo , der von ihm von Bhamô zum Gouverneur von Momien entsandte Kundschafter . Er holte sorgfältig aufgerollt ein auf Arabisch adressiertes Päckchen auf einem roten Papierstreifen hervor, das einen Umschlag mit roten chinesischen Hieroglyphen und einen auf Arabisch geschriebenen Brief mit chinesischen Schriftzeichen in Rot und Blau enthielt. Daran lag ein weiterer Brief auf Chinesisch. Letzteres konnte niemand lesen, und ein gemeinsamer Versuch des einheimischen Arztes und des Djemadar, ersteres zu entziffern, schlug ebenfalls fehl, aber Lawloo versicherte uns, dass der Gouverneur von Momien äußerst freundlich sei. Er hatte die Boten mit allem Respekt empfangen und sie mit den prächtigen Kleidern ausgestattet, die sie vor unserer Erkennung verborgen hatten. Er hatte auch Shatoodoo mitgeschickt , einen Offizier in mahommedanischen Diensten, einen großen, hellhäutigen, gut gebauten Mann, gekleidet in eine blaue Uniform, mit einem schönen, intelligenten Gesicht und der ruhigen Selbstbeherrschung eines wohlerzogenen Gentleman. Unsere Kuriere, Männer des Cowlie- Stammes, trugen ihre neuen Ehren mit großer Gelassenheit; Sie ignorierten die Anwesenheit der Ponline völlig tsawbwa , während sie von ihrem freundlichen Empfang berichteten und den Sinn der Briefe erklärten. Der

Gouverneur hatte uns auf der „Botschafterroute" erwartet, die von Bhamô nach Hotha führt, wo er ein Treffen mit uns vereinbart hatte. Sie sagten, wir sollten derzeit nicht über Manwyne vorrücken, es sei denn, wir wären stark genug, um uns an der Mawphoo- Festung, der Festung von Li- sieh -tai , vorbeizukämpfen . Bei ihrer Rückkehr waren die Boten, obwohl sie durch ihre Panthay- Uniform auffielen, offen und unbehelligt durch die Shan- Staaten gereist, die als feindlich gegenüber unserem Vormarsch erklärt worden waren. Die unmittelbare Folge war, dass Sala und die Pfotenminen sich aus unseren Zelten zurückzogen, was eine große Erleichterung war, da sie sie heimgesucht hatten, indem sie stundenlang zusammen auf den Betten hockten, rauchten und Tabak und Betel kauten, während jeglicher Protest sofort verstummte antwortete mit einem wütenden finsteren Blick und einer Bewegung des nackten Dah. Doch der Frieden währte nicht lange. Der Tsawbwa nahm seine Forderungen bald wieder auf, und Tag für Tag wurde die Brandfrage besprochen und Bedingungen für eine Einigung vereinbart, nur um beim ersten Mal unverschämt zurückgewiesen zu werden.

Am nächsten Tag wurden weitere praktische Vorbereitungen für die Eröffnung der Route getroffen, indem Briefe und Geschenke an den Kakhyen- Häuptling von Seray und an die Shan-Häuptlinge oder Häuptlinge von Manwyne und Manhleo verschickt wurden . Zwei der Ponline Der Dolmetscher Moung Mo , der Tamone des Dorfes Hentha , dessen Dienste und Wohlwollen wir gesichert hatten, kümmerte sich um die Geschenke, und als Scheck für die Pfotenminen wurde auch Sladens burmesischer Schriftsteller geschickt . Sie kehrten nach ein paar Tagen mit den Geschenken zurück, die die Häuptlinge jedoch nicht annehmen wollten, da der Tsawbwa von Sanda seine Zustimmung zu unserer Durchreise verweigert hatte und die Manwyne- Leute, obwohl sie wohlwollend gesinnt waren, Angst vor dem *Poogain* oder Häuptling hatten Manhleo , eine Stadt am Südufer des Tapeng , gegenüber von Manwyne . Dieser Beamte war ein eingefleischter Feind der Panthays und hatte einige Jahre zuvor eine Panthay- Karawane friedlicher Kaufleute massakriert. Der Charakter und die Absichten der Expedition waren von den chinesischen Händlern in Bhamô so falsch dargestellt worden , dass die Shans natürlich nicht bereit waren, durch unsere Anwesenheit unter ihnen Risiken einzugehen.

Die Ablehnung der Geschenke veranlasste Sala, seine Forderungen zu erhöhen; „Alle Menschen, Burmesen, Chinesen und Shan ", erklärte er, hätten sich gegen uns verbündet, und wenn wir seinen Schutz nicht sicherten, müssten uns die Köpfe abgeschlagen werden. Dies war seine übliche Argumentation, die er veranschaulichte, indem er mit der linken Hand einen imaginären Kopf hielt und mit der rechten die Bewegung ausführte, den angeblichen Hals abzusägen.

Ein praktischeres Ergebnis der geheimen Opposition war die Einstellung der Lieferungen. Bald nach unserer Ankunft hatten die Shans aus dem Manwyne-Distrikt entdeckt, dass es einen sicheren Markt für ihre Vorräte gab, und in unseren Linien war ein regelmäßiger Basar eingerichtet worden. Sowohl die Dorfbewohner der Kakhyen als auch die Shan brachten Geflügel, Reis, Salz, Gemüse usw. mit, und die Konkurrenz hatte die Preise niedrig gehalten; Es stellte sich heraus, dass leere Bierflaschen sehr wertvoll waren und eine Flasche zwölf Maß Reis wert war. Unter anderem die Manwyne Shans brachte Kandiszucker mit und konservierte Milch in Form dünner Teigklumpen, die wie ein Film aus geronnener Sahne aussahen und über Nacht in eine Tasse Wasser gelegt wurden, um morgens eine Tasse ausgezeichnete Milch zu liefern. Die Zubereitungsmethode konnten wir nicht erlernen, aber das Ergebnis war unbestreitbar erfolgreich. Die Anwesenheit der Shans ging jedoch zurück, da viele von ihnen von den Kakhyens misshandelt wurden , die sich an ihren Gütern bedienten und sie mit Beschimpfungen und Schlägen bezahlten. Daher wurden die Vorräte knapp, und die Preise stiegen entsprechend, und es wurde außerdem unsicher, über größere Entfernungen vom Lager zu wandern. Einmal verspürte einer von uns die Versuchung, in dem kleinen Bach, der unmittelbar darunter floss, ein Bad zu nehmen. Es gab eine vollkommene Dusche, bei der das Wasser über einen riesigen Felsbrocken sprang, der von riesigen Bambusbüschen und prächtigen Farnen umhüllt war, als wäre es für das geheime Bad einer Kakhyen -Waldnymphe geschaffen: doch der unglückliche europäische Eindringling konnte die Erfrischung kaum in vollen Zügen genießen Dann wurde er von einigen Dorfbewohnern, die ihn beobachtet hatten, mit einem Hagel aus Steinen und abgebrochenen Ästen begrüßt. Dies war eine lächerliche Seite der Feindseligkeit der Bevölkerung, aber während die Frage des „Feuers" weiter diskutiert wurde, wurden wir fast täglich gewarnt, dass sich auf den Höhen darüber schlecht gesinnte Kakhyens versammelt hatten, die beabsichtigten, das Lager im Schutz der Nacht anzugreifen.

Eine leichte Veränderung in den Angelegenheiten wurde durch die Ankunft des Tsawbwa von Seray, einem vier Meilen entfernten Dorf, herbeigeführt , der am 13. erschien, begleitet von seinen Pfotenminen und einem zahlreichen Gefolge. Er war ein eher kleiner, kräftiger Mann von etwa fünfundvierzig Jahren, vom Turban bis zu den Schuhen in Blau gekleidet; Sein Verhalten war ernst und respektvoll und seine Bemerkungen vernünftig, aber er zeigte große Neugier auf alle Neuheiten, die sich präsentierten. Als er Zeit fand, geschäftliche Angelegenheiten zu besprechen, fragte er uns nach den Einzelheiten der Brandfrage und sagte, dass er sich verpflichten würde, uns, wenn sie geklärt wäre, über eine Bergroute nach Momien zu führen, um die Notwendigkeit zu vermeiden, über Sanda zu fahren . Sladen erklärte ihm, dass die Brandfrage zwar dreimal geklärt worden sei, er sie nun aber endgültig seinem Schiedsverfahren unterbreiten werde und dass die Forderung, die auf fünfhundert Rupien gestiegen sei, durch seinen Schiedsspruch durch ein Versprechen von zweihundertsechzig befriedigt worden sei. Ungeachtet dieser Einigung kamen an diesem Abend beide Tsawbwas herunter und forderten uns auf, das Feuer am Brennen zu halten und die ganze Nacht über sorgfältig Wache zu halten, da sich über hundert Männer am Hang versammelt hatten, die das Lager befehligten, um ihre Chance in einem Nachtangriff zu versuchen , entsprechend ihrer üblichen Taktik. Sala habe versucht , sie davon abzubringen, sagte er, und schließlich gesagt, er werde zusehen, wie sie von unseren Männern abgeschossen würden. Die Nacht verlief jedoch ruhiger als die Tage, die mit unaufhörlichen Diskussionen beschäftigt waren; Die Frage der Maultiervermietung steht erneut zur Debatte. Sala brachte die absurde Forderung von zwanzig Rupien das Stück für einhundertsechzig Maultiere vor, nämlich diejenigen, deren Besitzer an diesen Ort desertiert waren. Diese Forderung wurde durch fiktive Bilanzen untermauert, und sein Abscheu darüber, dass wir eine genaue Rechnung geführt hatten, war groß, während seine Wut über das Gelächter, mit dem seine Erpressungsversuche beantwortet wurden, in der üblichen pantomimischen Prophezeiung unserer Enthauptung ihren Ausdruck fand. Die Gruppe der Tsawbwas wurde durch die Ankunft des Häuptlings von Wacheoon vergrößert, der Reis und Sheroo als Geschenk mitbrachte ; Der Zweck seines Besuchs bestand darin, die entsprechende Untersuchung darüber durchzuführen, was uns noch in Ponsee festhielt .

Am St. Patrick's Day kam es zur Krise. Den ganzen Morgen über waren die Tsawbwas und Pawmines in unserem Zelt versammelt und stritten sich über den Maultierverleih; Sogar der angesehene Häuptling von Seray hatte sich die Ansteckung der Habgier zugezogen und verlangte zwanzig Rupien pro Maultier für eine mehrstündige Reise. Der Seray-Häuptling wurde von einem Chinesen begleitet, der seit seiner Jugend in seinem Dienst gewesen war und nun als sein Haupthändler fungierte. Er hatte die Momien- Briefe interpretiert und schien nützlich zu sein, aber es war klar, dass er die Expedition als eine militärische Expedition ansah, die darauf abzielte, den Panthays zu helfen . Er erklärte, dass das Volk der Sanda bereit sei, uns aufzunehmen, aber durch die Angst vor Li- sieh -tai zurückgehalten werde. Sladen bot zusätzlich zu dem bereits gezahlten Geld fünfhundert Rupien für eine ausreichende Beförderung nach Manwyne an , wo er auf die Antwort auf seine Briefe warten würde, die die ehemaligen Boten am Tag zuvor an Momien und an die Tsawbwa von Sanda geschickt hatten , wie er es festlegte ohne die volle Zustimmung aller Shan-Häuptlinge nicht voranzukommen. Dann erzählte er in einem glücklichen Gedanken dem versammelten Tsawbwas die Geldsummen und Geschenke, die der Erzräuber Sala von ihm zur Verteilung erhalten hatte. Bei dieser erschreckenden Offenbarung war der Häuptling von Ponsee offensichtlich außer sich, und ein Sturm braute sich zusammen, als plötzlich ein Schuss von einem Haus auf dem Hügel über uns abgefeuert wurde und eine Kugel oder ein Geschoss über das Zelt hinwegzischte, in dem wir saßen , und plötzlich schlug ein anderer gegen das Kopfteil eines darin befindlichen Feldbetts. Natürlich waren alle erschrocken, aber niemand glaubte, dass der erste Schuss absichtlich gezielt worden war, bis nach einigen Minuten der zweite abgefeuert wurde. Sala und die Pfotenminen sprangen hervor und riefen hektisch den Leuten im Dorf oben etwas zu. Der Häuptling von Seray saß schweigend da und verkündete sogleich, er solle in sein eigenes Haus zurückkehren, und die Versammlung wurde sofort aufgelöst.

Getreu seinem Wort reiste der Seray-Häuptling am nächsten Tag ab und hinterließ die Nachricht, dass er zurückkehren würde, sobald wir Ponline los wären ; und die nächste Nachricht war, dass der Häuptling von Ponsee Sala mit sofortiger Rache gedroht hatte und dass unser Freund und Beschützer in sein eigenes Dorf aufgebrochen war, alle Geschenke, die ihm für die Beamten von Manwyne usw. anvertraut worden waren, mitgenommen und gewaltsam getragen hatte von unserem Burmesisch-Dolmetscher Moung Mo.

Die Tsawbwa und Pawmines von Ponsee , die nun als selbsternannte Schiedsrichter unseres Schicksals an die Front traten, soweit es den Fortschritt betraf, wurden noch nicht eingeführt.

Der Tsawbwa war ein achtzehnjähriger Jugendlicher, der keinen Einfluss besaß. Welche natürliche Intelligenz er möglicherweise besaß, wurde durch seine Gewohnheiten der ständigen Trunkenheit und Ausschweifung in Gesellschaft einer Reihe „schneller" junger Kakhyens verdeckt . Er hatte bisher eine Art mürrische Neutralität bewahrt, obwohl er uns gelegentlich nützliche Warnungen übermittelte, aber weder für noch gegen uns handelte. Die wahre Macht schien von seinen Pawmines ausgeübt zu werden , vier Brüdern, die sich im Allgemeinen freundlich gezeigt hatten. Der Älteste war ein nichtsnutziger, lustiger Andreas, der sich in einem chronischen Zustand der Vergiftung befand. Der nächste im Alter war ein ruhiger, vernünftiger Mann, der die Vorteile, die seinem Volk aus der Wiederaufnahme des Handels zwischen Yunnan und Burma entstehen würden, voll und ganz zu schätzen schien, und er erklärte häufig, dass er bereit sei, uns dabei zu helfen seine Macht. Er wurde von uns „Red Pawmine " genannt; und sein nächster Bruder und ständiger Begleiter, ein kleiner, hagerer Mann mit hohen Wangenknochen, tief eingefallenen Augen und von der schlechten Gesundheit geschärften und abgenutzten Gesichtszügen, wurde passenderweise „Totenkopf" genannt. Er war bei weitem der fähigste, aber sein schnelles, nervöses Temperament und sein heftiges Temperament machten es zu einem schwierigen Mann, mit ihm umzugehen. Der Jüngste war zwar aufgeregt, aber weitaus weniger intelligent und wurde von seinen drei älteren Brüdern mit neidischen Augen betrachtet.

Der junge Tsawbwa bekannte sich nach Salas Abreise etwa eine Woche lang zu unserem Freund, und es folgten einige Tage ruhiger und fast geduldiger Erwartung, in denen wir uns bemühten, unsere Bekanntschaft mit dem umliegenden Hügelland, in dem wir bisher gewesen waren, zu erweitern Ich konnte nicht mehr als die Außenbezirke unseres Lagers bzw. Gefängnisses sehen.

Dementsprechend machten sich Stewart und ich auf unseren Ponys auf den Weg zum Berg und nahmen Deen Mahomed als Dolmetscher und einen einheimischen Jungen als Führer mit. Kaum hatte die Gruppe das Haus der Tsawbwa passiert , ertönte ein lautes Geschrei von einem der Pfotenminen , der dem Jungen den Befehl zurief, sofort zurückzukehren. Ohne auf den Aufschrei zu achten, zogen wir weiter auf einem schmalen Reitweg, wurden aber durch die Hartnäckigkeit eines Ponys aufgehalten, das sich weigerte, ein schwieriges Stück Straße in Angriff zu nehmen, und durch die Dorfbewohner, die uns überholten, und der Führer wurde von der Pfotenmine weggezerrt . Der Tsawbwa wurde angerufen, aber er erklärte, dass der Aufstieg nicht sicher sei, da es auf dem Berg ein Dorf mit „bösen Kakhyens “ gäbe, und Deen Mahomed wurde mit einer Geste, die das Durchschneiden der Kehle symbolisierte, vor dem gewarnt, was mit ihm passieren würde wenn er einen anderen Führer hätte. Wir trösteten uns über diesen Misserfolg mit einem Besuch einer Grabstätte auf der Spitze einer dicht bewaldeten Anhöhe, die östlich des Lagers lag. Der Weg, der dorthin führte, war in regelmäßigen Abständen mit gemahlenem Reis bestreut, als Opfergabe für die Nats , und auf zwei der Gräber, die noch recht neu waren, lagen ein wenig Tabak und eine kleine zylindrische Schachtel mit Chilischoten , während außerhalb des umgebenden Grabens die Ein Schweineschädel mit etwas mehr Tabak wurde platziert. Das konische Dach aus Bambus und Gras war mit einem Abschluss aus Holz geschmückt, der in zwei fahnenähnliche Arme geschnitten war und mit Rosetten in Schwarz und Rot bemalt war, die lächerlich an Wegweiser erinnerten.

Der Tsawbwa erwies sich ein oder zwei Tage später als entgegenkommender, als man ihn um einen Führer bat, der uns zum Tapeng- Fluss führen sollte. Der Weg führte entlang des Sattels der langen Ausläufer, die ins Tal hinunterführten, und das Klima änderte sich beim Abstieg von gemäßigt zu tropisch; Der obere Wald bestand aus Eichen, Kirsch-, Apfel- und Pfirsichbäumen, besonders in einer herrlich bewaldeten Schlucht, während ein großer Gebirgsbach über einen felsigen Kanal floss und an einer Stelle einen herrlichen Wasserfall über einer senkrechten Klippe aus Gneis bildete. Entlang der Wipfel der Obstbäume wanderte gemächlich eine große Gruppe Affen *(Presbytis albocinereus)* *umher.*

Beim Abstieg konnten wir nur Halt halten, indem wir uns an den überhängenden Ästen festhielten, da unsere Füße auf den abgefallenen Blättern und Bambussprossen ausrutschten, die aufgehäuft auf dem steilen und schmalen Pfad lagen. Ein weiteres und noch schlimmeres Hindernis waren die ab und zu hervorstehenden Wurzeln. Wo, wie so oft, der Weg auf den Kämmen der steilen Ausläufer einen spitzen Winkel abbog, war große Vorsicht geboten, denn wenn jemand an einer solchen Stelle das Gleichgewicht verloren hätte, hätte er mit Sicherheit alle vor sich liegenden Berge in die Tiefe getrieben senkrechtes Gefälle. Als die untere Ebene erreicht wurde, wirkten die Bäume im Wesentlichen tropisch, vermischt mit Musæ , Bambus, Ratanen und prächtigen Farnen, während riesige, kabelartige Schlingpflanzen ihr Blattwerk miteinander verflochten und Orchideen verschiedener und neuartiger Arten ihre phantastische Schönheit zur Schau stellten und beladen waren die Luft mit Parfüm.

Nach einem langen Abstieg kletterten wir über einen Nebensporn und erreichten an seinem Fuß einen sandigen Strand, der von einem prächtigen Banyanbaum beschattet wurde, der mit den duftenden Blüten einer großen gelben Orchidee (Dendrobium andersoni, Scott) bedeckt *war* . Vor uns rauschte der tosende Tapeng in einem vierzig Meter breiten Strom über ein felsiges Bett, in einer Abfolge von schäumenden Stromschnellen und tiefen, glatten Abschnitten. Zu diesem Zeitpunkt befand sich sein Bett etwa 1300 bis 1400 Fuß über der Ebene von Tsitkaw , 20 Meilen entfernt, so dass sein Abstieg in der Meile fast 70 Fuß beträgt, wobei die Wassermarke den höchsten Anstieg der Flut mit 12 Fuß über ihm angibt gegenwärtiges Niveau.

Die einzigen sichtbaren Vögel waren zwei Bachstelzen, die mitten im Wildbach von Felsbrocken zu Felsbrocken huschten. Bei den Gesteinen handelte es sich um Gneis mit Adern und großen eingebetteten länglichen Quarzitstücken; Der Quarz ragte oft als markantes Relief dort hervor, wo die Gneisoberfläche durch die Einwirkung des Wassers abgetragen worden war. Riesige Felsbrocken aus demselben Gestein und reinem weißem kristallinem Marmor waren über das Flussbett verstreut. Am Ufer entlang führte ein Fußweg zu einer Stelle, wo im tiefen, glatten Wasser über einer Stromschnelle ein Floß bereit lag, um Passagiere zu den Silberminen zu befördern. Das Floß war mit einer Schlaufe an einem Rindenseil befestigt, das über den Fluss gespannt war. Unser Führer brachte seine Bereitschaft zum Ausdruck, uns „gegen Entgelt" hinüberzuführen, aber nicht „an diesem Tag"; So machten wir uns wieder auf den Rückweg, und wenn der Abstieg schon schwierig gewesen wäre, so kann man sich vorstellen, wie viel schwieriger die Rückreise war, die jedoch sicher bewältigt wurde.

Ein paar Tage nach dieser Reise starteten wir, begleitet von zwei der Ponsee Pawmines , für einen Besuch in den Silberminen. Wir erreichten den Fluss über den nächsten Ausläufer, westlich des Weges, der dem vorherigen

Ausflug folgte, und machten uns auf den Weg zum Floß, während wir die Diener unter dem Banyanbaum das Frühstück zubereiten ließen. Das Führungsseil war an einem umgestürzten Baum sechs Fuß über dem Fluss am gegenüberliegenden Ufer befestigt, während es auf unserer Seite über gegabelte Äste getragen, fest im Boden verankert und an einem riesigen Felsbrocken befestigt wurde. Es stellte sich heraus, dass sich das Floß auf der anderen Seite befand, und einer der burmesischen Anhänger ergriff das Seil und schaffte es, Hand in Hand durch die starke Strömung zu gelangen. Ihm folgte einer der Pfotenminen , der eine sorgfältige Geschicklichkeit an den Tag legte, was darauf hindeutete, dass er mit dieser scheinbar gefährlichen Aufgabe gut vertraut war. Dann wurde das Floß hinübergebracht, wobei ein Mann vorn die Schlaufe am Seil entlangführte und der andere hinten mit einem Paddel saß, um das Floß im Fluss zu halten. Es handelte sich um eine einfache keilförmige Plattform aus zusammengezurrten Bambusstämmen, die eine Art Bug bildeten, der gegen das Rauschen des Baches gehalten wurde. Auf beiden Seiten standen Bambussitze aus gespaltenem Bambus, und als das Floß, das sechs Personen beförderte, beladen wurde, stand das „Deck" einige Zentimeter unter Wasser.

Als wir auf der anderen Seite ankamen, waren wir beeindruckt von der Dominanz von weißem Marmor und den außergewöhnlichen gewundenen Falten einer steilen Klippe aus blauem, kristallinem Quarzitgestein, etwa fünfzehn Meter hoch, mit Blick auf die Fähre. Ein schmaler Fußweg nordöstlich dieser Klippe führte zu einem Bergrücken aus reinweißem kristallinem Marmor, der die gleiche Struktur wie der Marmor der Tsagain-Hügel hatte. Der Bergrücken, auf dem es keine Bäume gab, lag etwa 180 Meter über dem Wasserspiegel des Flusses und verlief etwa eine Meile lang fast parallel zu dessen Lauf. Ein kleiner Wasserlauf, der den Bergrücken von einem abgerundeten Hügel trennte, der mit vom Wasser ausgewaschenen Quarzitfelsen bedeckt war, markierte die Grenzen des Marmors, die so abrupt endeten, dass sie sofort sichtbar waren, und die Pfotenmine sagte, dass es jenseits dieser Grenze kein Silber gab. Wir gingen die fast ebene Spitze des baumlosen Bergrückens entlang und fanden an der Ostseite ein angenehmes Tal, wo die bebauten Terrassen Anzeichen der Nachbarschaft eines Dorfes zeigten und eine Bauhinia in voller Blüte mit weißen Blüten mit violettem Zentrum in großer Zahl vorkam Fülle.

Die Minen bestanden aus einer Reihe von Galerien mit einem Durchmesser von etwa vier Fuß, die horizontal in den dem Fluss zugewandten Hang des Bergrückens verliefen. Unsere Führer führten uns den steilen Hang entlang, der mit großen Massen von Eisenpyriten übersät und mit Gras und niedrigem Dschungel bewachsen war, der so dicht war, dass sich jeder Mann mit einem Dah den Weg bahnen musste. Wir passierten etwa dreißig dieser Stollen , die zwei- bis dreihundert Fuß weit in den Hang eindrangen, leicht abfielen und rechtwinklig öffnende Gänge aufwiesen. Ich kroch in einen von ihnen, gefolgt von einem Führer mit einer Laterne, und bahnte mir einen beträchtlichen Weg entlang des Tunnels, dessen Seiten rote Erde zeigten, vermischt mit Marmor- und Quarzitmassen, aber mein Vorankommen wurde aufgehalten, als ich den Tunnel fand Der Durchgang wurde durch das eingestürzte Dach blockiert, da die Bambusstützen, die bei der Arbeit in der Mine verwendet wurden, nachgegeben hatten. Es konnten keine detaillierten Informationen über die Produktivität dieser Minen erhalten werden, und seit Ausbruch des Bürgerkriegs in Yunnan wurden sie nicht mehr betrieben, außer in sehr geringem und zeitweisem Umfang von den Kakhyens . Die Schlackenhaufen in der Schlucht in der Nähe der kleinen Wasserläufe, wo alle Schmelzarbeiten stattgefunden hatten, zeigten, dass früher eine sehr beträchtliche Menge Erz gefördert wurde. Von Professor Oldham untersuchte Proben des Erzes enthielten 0,191 Prozent. Silber im Bleiglanz. Die Minen sind leicht zugänglich und aufgrund ihrer unmittelbaren Nähe zu den Grenzen Chinas würde es kaum oder gar keine Schwierigkeiten geben, Arbeitskräfte für den Betrieb zu finden. Silber soll auch am rechten Flussufer auf einer großen Anhöhe an den Hängen westlich von Ponsee gefunden worden sein ; und es wird behauptet, dass Gold in der Nähe desselben Ortes vorkommt, und in Bhamô wurden mir Exemplare in Körnern gezeigt, von denen einige so groß waren wie kleine Erbsen.

Von den Minen kehrten wir auf der anderen Seite des Flusses zurück und frühstückten am Ufer des Tapeng , wobei wir unsere Kakhyen -Gefährten mit einigen Esswaren verwöhnten, deren Zustimmung sie dadurch zum Ausdruck brachten, dass sie ihre Fäuste mit ausgestrecktem Daumen bewegten, was nachdrücklich bedeutet, dass alles sehr gut ist Gut. Der Zeigefinger wird gerade gehalten, um anzuzeigen, dass ein Mann gut ist, und gekrümmt, um jemanden anzuzeigen, dem man nicht trauen kann.

Also kehrten wir nach Ponsee zurück , wo wir den verworrenen Faden der Ereignisse, die unser Vorankommen beeinflussen, wieder aufnehmen müssen. Seit unserer Ankunft war ein Monat vergangen, und der Beginn der Jahreszeit war durch den Ruf des Kuckucks gekennzeichnet, der in den östlichen Wäldern oft zu hören war. Auf den neuen Lichtungen war der gesamte Dschungel abgeholzt worden, und nächtliche Feuer beleuchteten die gegenüberliegenden Hügel, die durch die Verbrennung des Dschungels über mehrere Hektar Land verursacht wurden. Heftige Gewitterschauer fast jede Nacht trugen nicht zu unserer Behaglichkeit bei und kündigten den baldigen Einbruch des Südwestmonsuns an.

Aber von einer Befreiung aus unserer Haft waren wir offenbar so weit entfernt wie eh und je.

Die Seray Tsawbwa war am 22. März mit der Nachricht zurückgekehrt, dass ein Panthay- Beamter in Sanda angekommen sei und dass das Land bisher offen sei. Er legte auch einen an ihn gerichteten Brief des Gouverneurs von Momien vor, in dem er ihn aufforderte, uns jede in seiner Macht stehende Hilfe zukommen zu lassen, und in dem er versprach, alle Kosten zu erstatten, die ihm in unseren Diensten entstehen könnten. Der Häuptling schien bereit zu sein, zu helfen, und machte sich auf den Weg in sein eigenes Dorf, um Maultiere zu besorgen, mit denen er versprach, in zwei Tagen zurückzukehren, wobei er seinen chinesischen Schreiber zurückließ, der uns als Dolmetscher helfen sollte.

Das war angenehm, und die verbesserte Stimmung des Volkes zeigte sich durch die Ankunft von Boten der Witwe eines Tsawbwa , der einen Bezirk an der Straße nach Manwyne regierte , mit einem Geschenk aus Geflügel, Eiern und einer wenig einladenden Mischung aus Mehl und Chilis ; begleitet von der Nachricht, dass sie und ihre Leute kommen und uns nach Manwyne begleiten würden . Die Witwe des verstorbenen Häuptlings dieser Stadt schenkte Sladen außerdem zwei Kakhyen -Beutel und ein merkwürdiges Gerät, das eine Kombination aus Zahnbürste und Zungenschaber darstellte.

Bhamô eingetroffen seien . Diese Männer gaben an, dass sie geschickt worden seien, um den Bergbaubetrieb in den Silberminen wieder aufzunehmen. Das unmittelbare Ergebnis war, dass der Seray-Häuptling zunächst durch einen Boten und dann persönlich seine Verpflichtung zur Beschaffung von Maultieren aufkündigte und behauptete, der Ponsee- Häuptling habe gedroht, ihn zu töten, wenn er uns dabei helfen würde, das Ponsee- Territorium zu verlassen . Argumente und Vorwürfe waren nutzlos, und er nickte zustimmend, als Sladen seine Änderung des Ziels auf private Anweisungen zurückführte, die er von Bhamô erhalten hatte . Er ging, nachdem er uns gewarnt hatte, vor dem Ponsee- Häuptling auf der Hut zu sein, der beschlossen hatte, das Lager anzugreifen.

Die Feindseligkeit des Ponsee- Häuptlings zeigte sich bald, denn am Tag nach der Ankunft der Burmesen vertrieben seine Kakhyens alle Shans von unserem kleinen Basar; Der Häuptling selbst kam mit gezücktem Dah herab und erschlug einen der Händler, was ihn zu einer Entschädigungszahlung an das Volk der Manwyne machte . Seine Pfotenminen kamen als nächstes mit der Nachricht, dass er zwei Nachbarn herbeigerufen hatte Tsawbwas ihm zu Hilfe kam, dass zwei Büffel geschlachtet worden seien und dass in dieser Nacht ein großes Opferfest abgehalten werden sollte, nach dem die Nats über unser Schicksal befragt werden würden, als, wenn das Orakel es lobte, die Kakhyens , betrunken von Sheroo und Samshu würden das Lager angreifen. Einer der Büffel war von den Burmesen geliefert worden, und das symbolische Geschenk eines Pfunds Fleisch, dessen Annahme Zustimmung bedeutete, war dem *Tsare-Daw-Gye* , dem burmesischen königlichen Sekretär, der dafür verantwortlich war, angeboten und von diesem angenommen worden die Party. Das Pfund Fleisch war ebenfalls zu den Pfotenminen geschickt worden , wurde aber von diesen abgelehnt und sie brandmarkten lautstark ihren Häuptling als unkontrollierbaren Verrückten.

Allmählich wuchs eine heilsame Angst vor den europäischen Fremden; Man glaubte, dass sie übernatürliche Kräfte besaßen. Hinterladergewehre und Revolver sowie „Bryant- und May-Streichhölzer", die nur an der Kiste zündeten und Wind und Regen trotzten, zeugten von einer engen Allianz mit den Nats der Elemente; während die fotografischen Apparate in Kakhyens Augen als Instrumente von Zauberern erschienen, die die Sonne selbst kontrollieren konnten. Daher schlossen sich nur wenige der Kakhyens dem Häuptling an, von dem sie annahmen, dass er auf seine eigene Vernichtung aus war. Während die Verschwörer schwelgten und sich berieten, wurde unsere Polizeieskorte ausgezogen und trainiert, und der bedrohliche Lärm von drei Salven aus fünfzig Kanonen, die zu ihrer allgemeinen Verwunderung und Ehrfurcht alle auf einmal losgingen, erschreckte sie und gab einen deutlichen Hinweis darauf Angreifer würden einen herzlichen Empfang finden. Die Pfandminenarbeiter beteten, dass sie und ihre Häuser bei der allgemeinen Zerstörung, die unsere Feinde treffen würde, verschont bleiben würden, und bald erreichte uns die Nachricht, dass der Treuhänder , der heimlich in unserem Sold war, verkündet hatte, dass die Nats die Verschwörung missbilligten.

Die Pawmines baten dann um Erlaubnis, die beiden feindlichen Tsawbwas vorstellen zu dürfen , die daraufhin eintrafen; Ihre von Natur aus schurkischen Gesichter wurden nicht durch einen Ausdruck verlegener Angst verbessert, aber sie entspannten sich, als Sladen sie freundlich empfing und ihnen ohne Vorwürfe die Vorteile erklärte, die sich für alle ergeben würden, wenn unsere Pläne ausgeführt würden. Das Geschenk einer leeren Keksdose und einer Bierflasche eroberte ihre Herzen und machte sie zu schnellen Freunden. Die Pfotenminen stellten dann dar, dass der junge Häuptling, mit dem sie sich aufgrund seiner Reue angefreundet hatten, Vergebung und Aufnahme in Gunst wünschte . Es wurde argumentiert, dass es ihm sehr leid tat, dass Ponline ihn um seine rechtmäßigen Gewinne betrogen hatte, und man kam überein, dass er als Ausgleich für alle Versäumnisse hundert Rupien erhalten sollte! Er schwor ewige Freundschaft und gelobte, dass wir von nun an seine Verwandten sein würden. Sladen fragte ihn, warum er seine Verwandten bei der späten Rindfleischverteilung außer Acht gelassen habe, woraufhin er grinste und sich unbeholfen, aber immer noch gut gelaunt, entfernte .

In den ersten Apriltagen war die Situation hoffnungsvoll und aufregend, aber der Tsawbwa und seine Pawmines , obwohl sie sich äußerlich versöhnten, machten bald deutlich, dass ihre jeweiligen Interessen zu sehr gegensätzlich waren, als dass sie gemeinsam handeln könnten. Der Häuptling meldete sich freiwillig, um Maultiere zu besorgen, und die Pfotenminen boten an, jede Menge Kulis zu liefern. Der bei unserer Ankunft in Manwyne zu zahlende Betrag wurde auf fünfhundert Rupien festgesetzt, und dieser Betrag wurde von den Rivalen heiß begehrt; Jeder beschuldigte den anderen, das Gepäck plündern zu wollen , und die Pfotenminen erklärten, dass der Häuptling es aufgrund einer privaten Fehde nicht wagte, sein Gesicht in Manwyne zu zeigen.

Sladen weigerte sich, die gesonderten Dienste des Häuptlings oder seiner Untergebenen anzunehmen, und diese geradlinige Politik erzwang eine scheinbare Versöhnung. Der Seray Tsawbwa schickte seine Pfotenminen mit sechzig Mann und sechs Maultieren, viel zu wenig für das Gepäck der Gruppe; Seine Männer erklärten jedoch, sie könnten alles tragen, und rieten uns scherzhaft, Häuser für einen dauerhaften Wohnsitz in Ponsee zu bauen , da der letztgenannte Häuptling nie in der Lage sein würde, Maultiere zu beschaffen.

Für eine amüsante Pause sorgte die Ankunft eines Mischlings, der sich als einer der Anführer der *Tsawbwa-Gadaw* , der Häuptlingswitwe von Manwyne , ausgab . Er kam in einem atemlosen Zustand der Aufregung und verkündete, dass es ihm gelungen sei, zweihundert Maultiere anzuheuern, dass die Karawane jedoch von den Kakhyen- Häuptlingen auf der Straße aufgehalten worden sei, die ihn geschickt hatten, um zu sagen, dass sie sie durchlassen würden einhundert Rupien und hatten ihm als Zeichen ihrer Aufrichtigkeit eine Bernsteinkette im Wert dieser Summe anvertraut. Der Kerl musste eine hohe Meinung von unserer Leichtgläubigkeit gehabt haben, denn als die Kette vorgelegt wurde, hatte sie einen Wert von etwa acht Annas, und er wurde kurzerhand entlassen.

Schließlich wurden die Konditionen vereinbart; Die Pfotenminen sollten Kulis liefern, während die Tsawbwa vierzig Maultierladungen befördern sollte und der 7. April als Starttermin festgelegt war. Wir waren bei Tageslicht auf den Beinen, die Zelte wurden schnell aufgebaut und das Gepäck für den Marsch gepackt. Die Kulis versammelten sich bald, und das Gebiet unseres kleinen Lagers war mit wild aussehenden Kakhyens bedeckt , die bis an die Zähne mit Luntenschlössern, Speeren und Dahs bewaffnet waren und eher wie eine Horde Banditen als wie friedliche Träger aussahen. Ihr Verhalten entsprach ihrem Aussehen, und ihre unehrliche Absicht zeigte sich in der unverhohlenen Rivalität der verschiedenen Parteien, die sich die Pakete aneigneten, die ihnen am wertvollsten erschienen, unabhängig von Größe oder Gewicht. Man hatte die Vorsichtsmaßnahme getroffen und die Eskorte in Gruppen eingeteilt, mit strikter Anweisung, den Austritt jeglichen Gepäcks zu verhindern, bis alle startbereit waren. Auslöser der Krise waren Sladens japanische Blechdosen. Der jüngste Pawmine , der zuerst auf dem

Feld war, hatte sie sich für seine Kulis angeeignet, aber als sein Bruder „Death's Head" erschien, sehr aufgeregt, so früh es war, mit Alkohol, beanspruchte er sie für seine Männer. Als sein Bruder sich weigerte, sie aufzugeben, verlor er jegliche Kontrolle über sich. Nach einem heftigen Ausbruch der Leidenschaft stürzte er sich auf das goldene Schwert, das der König Sladen geschenkt hatte , und entriss es dem burmesischen Diener, der dafür verantwortlich war. Dieser Versuch wurde von Williams vereitelt, der das Schwert mit einem kräftigen Ruck aus dem Griff von „Death's Head" rettete. So vereitelt, griff er den burmesischen Angestellten an, der die Namen der Kulis notierte, und drohte, ihn niederzuschlagen. Es kam zu einem allgemeinen Tumult, in dessen Verlauf er zum Lagerfeuer eilte, sein langsames Streichholz anzündete und weiterging, um sein Luntenschloss zu zünden, bis er in der Nähe von Sladen war, als er seine Waffe in die Luft abfeuerte. Die darauf folgende Bestürzung erreichte ihren Höhepunkt, als ein Hilfsvermesser in törichter Panik seinen Revolver abfeuerte. Die Kakhyens zeigten, dass sie keine Lust auf einen Kampf hatten, warfen ihre Lasten ab und rannten in alle Richtungen davon. Wir blieben natürlich ruhig, während die Tsawbwa mehr Verstand zeigte, als man hätte erwarten können, indem sie die Kakhyens aufforderte , nicht zu fliegen, und nach einiger Zeit wurde die Ordnung wiederhergestellt. Einer von uns folgte „Death's Head", der sich am Ende des Lagers hingesetzt hatte, um seine Waffe nachzuladen, und durch ein wenig Überredung brachte er ihn dazu, seine Waffe ins Dorf zu schicken und zu seinen Pflichten zurückzukehren. Die Ladungen waren alle geordnet und die Eskorte so verteilt, dass jede Kulisgruppe überwacht werden konnte, mit einer Kommunikationskette zwischen dem Transporter und der Nachhut, während die Kulis, die die lackierten Blechkisten trugen, unter unmittelbare Aufsicht gestellt wurden von bewaffneten Anhängern, so dass sie nicht „durchbrechen" konnten, ohne Alarm auszulösen. Es war Mittag, bevor alles fertig war, und dann verkündeten die Tsawbwa und die Pawmines , vielleicht angewidert von diesen heilsamen Vorsichtsmaßnahmen, dass unsere Abreise auf morgen verschoben werden müsse, da Manwyne an diesem Tag nicht erreichbar sei. Das war angenehm, nachdem wir uns sechs Stunden lang in der sengenden Sonne abgemüht hatten, aber wir hatten der einheimischen Launen nichts entgegenzusetzen außer Geduld, stark gemildert von Bedenken, die sich als richtig erwies. Am nächsten Morgen erschienen keine Kulis, und die Pawmines kamen herunter und sagten, dass sie ihr Versprechen nicht erfüllen könnten, da der Tsawbwa seine Kooperation verweigert habe. Bald darauf traf der Häuptling selbst ein und schob die Verantwortung für das Scheitern auf die Pfotenminen . Ein wahrscheinlicher Initiator des gesamten Plans war der Nanlyaw Tamone , der nach langer Abwesenheit plötzlich in unserem Lager auftauchte und den Sladen , nachdem er wiederholt Beweise für seine Machenschaften erhalten hatte, sofort als Spion verhaftete; aber auf die dringende Fürsprache seiner

Freunde, der Pawmines , wurde er mit der dringenden Warnung entlassen, sich nicht noch einmal in unserer Nähe zu zeigen.

Zu diesem Zeitpunkt, als alle Hoffnung auf Befreiung aus unserem Ponsee - Gefängnis verschwunden zu sein schien, trafen Briefe vom Gouverneur von Momien ein, in denen er Sladen darüber informierte , dass er im Begriff sei, persönlich mit einer starken Streitmacht ins Feld zu gehen, um Lisieh anzugreifen – Tai und vertreibe ihn aus seiner Festung Mawphoo . In den Briefen wurde uns außerdem empfohlen, nicht zu versuchen, über Manwyne hinaus vorzudringen, bis uns Hinweise über die Niederlage des chinesischen Partisanen erreichten. Ein zweiter Brief war ein Rundschreiben an die Häuptlinge der Kakhyen , in dem sie ermahnt wurden, der Expedition jede erdenkliche Hilfe zu leisten. Dies bot sofort einen Aussichtspunkt, von dem aus wir uns mit unseren Hochlandfreunden befassen konnten, und dieser wurde von Sladen verbessert . Kakhyens , Burmesen und Shans hatten gleichermaßen übertriebene Vorstellungen vom Wert unseres Gepäcks und zeigten zweifelsfrei, dass die Hoffnung, alles oder einen Teil davon in Besitz zu nehmen, ein starkes Motiv für ihr Handeln oder Unterlassen war. Der Anführer begann daher von allen Seiten zu verkünden, dass wir, obwohl wir Entbehrungen und Verzögerungen in der Hoffnung, die Eingeborenen gründlich zu versöhnen, mit Freude ertragen hatten, sie sich unsere Geduld nicht für unerschöpflich halten dürften . Sollten wir gezwungen sein, unser Gepäck ganz oder teilweise zurückzulassen, würde es vor unserer Abreise gestapelt und verbrannt werden; Dadurch würden sie ihre erwartete Beute verlieren und das Risiko künftiger Repressalien oder Entschädigungsforderungen eingehen, und vor allem würden sie sicherlich diejenigen entfremden, die ihre Freunde sein wollten. Darauf antworteten die Häuptlinge im Wesentlichen wie folgt: „Gib uns nicht die Schuld an deinem Unglück; Aufgrund der vielen Warnungen, die wir erhalten haben, bevor wir Ihren Fortschritt unterstützen, waren wir immer im Zweifel, wie wir vorgehen sollten. *Jetzt* kennen wir dich. Sie waren immer freundlich zu uns und sind ein mächtiges Volk.“

Ponsee auch gewesen sein mag , es ist sicher, dass es vor dieser Zeit völlig unmöglich gewesen wäre, über Manwyne hinauszugehen , und unser Aufenthalt bei diesen halbwilden Stämmen diente dazu, ihren ersten Verdacht in Zuversicht umzuwandeln und sie zu beeindrucken sie mit dem Wert unserer Freundschaft. Die einheitliche Freundlichkeit, mit der alle gerechten Dienste entlohnt wurden, entfaltete im Gegensatz zu der Behandlung, der sie bisher im Umgang mit anderen Rassen, insbesondere mit den Burmesen, ausgesetzt waren, allmählich ihre Wirkung.

Zu dieser Zeit gingen über eine burmesische Agentur Briefe von niemand Geringerem als Moung ein Shuay Yah, von dem man seit seiner heimtückischen Desertion nichts mehr gehört hatte. Plötzlich wurde sein

Name *bis zum Überdruss* von den burmesischen Anhängern erwähnt , und zwei Kakhyens kamen mit Briefen an, die angeblich an einem Rastplatz im Shan-Land geschrieben worden waren; aber die Überbringer widersprachen einander und konnten nicht sagen, wann oder von wem sie die Briefe erhalten hatten. Am nächsten Tag wurde ein weiterer Brief von einem Mitglied der Silberminengruppe gebracht , bei dem es sich, wie er sagte, um Moung handelte Shuay Yah hatte ihm vierzehn Tage zuvor gegeben, aber er hatte *vergessen* zu liefern. Tatsache war, dass der Dolmetscher nach Momien aufgebrochen war , nachdem er von der Änderung unserer Aussichten und unserem wahrscheinlichen Vormarsch in diese Stadt gehört hatte. Da es nötig sei, wenn möglich den Schein zu wahren, Moung Shuay Yah erklärte in seinem Brief, dass er fliegen musste, um sein Leben vor Salas Zorn zu retten. Glücklicherweise war sein Platz zu diesem Zeitpunkt durch Moung Mo gut versorgt, den Sala, wie man sich erinnern kann, mit sich genommen hatte, der aber zurückgekehrt war und sich Sladen zur Verfügung gestellt hatte. Er bestätigte ausführlich alles, was uns zuvor über die Bemühungen des Bhamô -Volkes gesagt worden war, unseren Fortschritt zu behindern. Aus Mandalay waren Befehle eingegangen, die den Unmut des Königs über unsere Inhaftierung in Ponsee zum Ausdruck brachten und Sala ermächtigten , uns nach Manwyne zu bringen , aber er hatte geantwortet, dass er, nachdem er von den Burmesen von Bhamô dazu bewegt worden sei, sich mit uns zu kompromittieren, nichts weiter haben würde damit zu tun.

Unser Anführer ging davon aus, dass der ausdrückliche Zweck der Stationierung der bewaffneten Bergleute in Ponsee darin bestand, die Kakhyens davon abzuhalten , uns zu helfen. Moung Mo versicherte uns außerdem, dass er sich vergewissert habe, dass Li- sieh -tai geschworen habe, sich jedem Versuch unsererseits, in die Shan-Staaten einzudringen, zu widersetzen, und er riet uns, auf keinen Fall ohne eine Andeutung der Panthays nach Manwyne zu reisen dass die Straße offen war. Ein wichtiger Umstand ereignete sich zu dieser Zeit mit der Ankunft von Boten und einem chinesischen Dolmetscher aus Momien . Sie brachten keine Briefe mit, sondern wurden vom Tah- sa - kon [22] beauftragt, persönliche Nachforschungen über die tatsächlichen Ziele der Mission und unsere Umstände in Ponsee anzustellen . Es stellte sich heraus , dass Briefe von Bhamô den Gouverneur darüber informiert hatten, dass wir eine mächtige Nation im Bündnis mit den Chinesen und Feinde der Mahommedaner auf der ganzen Welt repräsentierten und dass unser eigentliches Ziel darin bestand, die Panthay- Herrschaft in Yunnan zu zerstören.

Sladen zerstreute diesen Verdacht gründlich und schickte die Gesandten weg, völlig überzeugt von der Echtheit unserer Friedensabsichten. Die Wahrscheinlichkeit eines Vormarsches war jedoch noch gering und ungewiss, und die Regenzeit hatte bereits begonnen, gekennzeichnet durch eine ständige Abfolge von Donner und heftigen Regenfällen. Dichte Nebelmassen rollten wie riesige, vorrückende Vorhänge das Tal hinauf, hüllten die Berge in ihre riesigen Falten und erzeugten eine künstliche Dämmerung, und drei oder vier Stunden lang strömten ununterbrochen Regengüsse nieder, die die Zelte durchnässten; Allein unsere wasserdichten Decken bewahren die Insassen vor der völligen Sättigung, aber nicht vor dem völligen Unbehagen, in einer Pfütze zu leben.

Ein Sturm verdient eine genaue Beschreibung. Bis zum 12. April, 16 UHR , wehte der Wind in unregelmäßigen kühlen Böen aus Südwest, doch zu dieser Stunde gab es eine plötzliche Flaute; In der Ferne hörte man Donner, der zwischen den Bergen widerhallte, und schwere schwarze Wolken zogen auf; ein paar Regentropfen gaben sozusagen das Signal für den Auswurf von Hagelkörnern bzw. Eisflocken. Der Wind wehte in heftigen Böen und Donner grollte über uns , aber die Blitze waren sehr schwach. Die Hagelkörner waren kreisförmige Scheiben von etwa der Größe eines Schillings, die auf einer Seite flach und auf der anderen konvex waren. Ein weißer Kern mit einem Durchmesser von zwei Achtel Zoll und in vielen Fällen mit einem markanten Vorsprung aus klarem Eis auf der konvexen Seite bildete das Zentrum einer durchsichtigen Zone, die von einer undurchsichtigen Zone umgeben war, die wiederum von klarem Eis umgeben war. Der innere Rand dieser äußeren Zone war mit einer dunklen Substanz gefüllt, die an Schlamm in Kombination mit zarten Eiskristallen erinnerte. die ganze Scheibe ähnelt stark einem Glasauge; Beim Bruch trennte sich der Kern als kleine kurze Säule, die an einem Ende flach und am anderen konvex war.

Während des Sturms, der zwanzig Minuten dauerte, stieg der Aneroid von 26,62 auf 26,65, und das angeschlossene Thermometer zeigte 67° an, wobei die maximale Hitze während des Tages 84° betrug.

Es war offensichtlich, dass die Saison wegen technischer Vermessung und Erkundung geschlossen war, und dies, zusammen mit der geschwächten Staatskasse, veranlasste den Expeditionsleiter, ein Rundschreiben an die Mitglieder der Gruppe zu richten, in dem er ihnen die Fakten vorlegte und schlug vor, dass es im Interesse des öffentlichen Dienstes wäre , die Zahlen zu reduzieren, um die künftigen Transportkosten zu senken. Es war tatsächlich notwendig, das Schiff leichter zu machen, und jeder wurde aufgefordert, zu überlegen, inwieweit er bei dieser notwendigen Arbeit helfen könnte. Sladen hatte beschlossen, *notfalls* einige Monate zu bleiben, bis sich die Gelegenheit bot, Momien zu besuchen und unter allen Umständen persönlich mit den Panthays in Kontakt zu treten ; aber er hatte das Gefühl, dass er es den anderen Mitgliedern der Expedition überlassen sollte, zurückzukehren, zumal die Arbeit, zu der einige von ihnen ausgesandt worden waren , nicht ausgeführt werden konnte. Dieses Rundschreiben wurde am 17. verschickt, und die Nachricht vom Fall von Mawphoo und der völligen Niederlage von Li- sieh -tai erreichte uns am 18. April und wurde später durch Depeschen des Tah- sa - kon vollständig bestätigt . Er verkündet seinen Sieg und schreibt uns, dass wir unter dem Schutz aller Häuptlinge *unterwegs vorrücken sollen* . Unsere Freunde, der Tsawbwa und seine Pfotenminen , die Tag für Tag „vorgetäuscht" hatten, wie Kinder sagen, um Pläne für die Beschaffung von Maultieren zu besprechen, waren davon offensichtlich stark beeinflusst; aber sie konnten nicht umhin, ihre Gier nach Rupien zu zeigen, und ihre ständige Forderung war, dass vor dem Start dreihundert Rupien bezahlt werden sollten.

Erst später erfuhren wir, dass alle diese Kakhyens , insbesondere Sala, immer treue Anhänger von Li- sieh -tai gewesen waren und dass seine völlige Niederlage sie unbedingt darauf bedacht machte, die siegreichen Panthays zu versöhnen .

Der Tsawbwa zeigte sich in einer sehr reumütigen Stimmung und gestand sein gesamtes Fehlverhalten in der Vergangenheit und bekundete seine Entschlossenheit, Alkohol und Ausschweifungen aufzugeben und seine Pflicht als Häuptling zu erfüllen. Mit einem ausdrucksvollen Händeschütteln verschränkte er die Finger und gelobte seinen englischen Freunden, ihnen gute Dienste zu leisten. Anschließend machte er sich mit seiner Hauptpfote auf den Weg nach Manwyne , wo er erwartete, den Seray-Häuptling zu treffen und Mittel für unseren Transport zu organisieren.

Als hätte eine neue Ordnung der Dinge Einzug gehalten, war unser Lager nun täglich von Kakhyens überfüllt , alle in höchster guter Laune . Die Frauen des Dorfes kamen *in Scharen herbei* und brachten Geflügel, Eier, Sheroo und Reis als Geschenke, aber die Schönen hatten ein Auge aufs Geschäftliche; Perlen, Spiegel, glänzende neue Silbermünzen und das, was sie am meisten zu schätzen schienen: rotes Tuch, waren sehr gefragt. Mit den verschiedenen Schmuckstücken wurde ein reger Handel betrieben, und mit großer Freude legten sie ihre Perlenketten und Ratan-Gürtel und Beinlinge ab, und sogar einen Glockengürtel, das charakteristische Schmuckstück der Kakhyen-Aristokratie, das bisher nicht einmal Rupien zu erwerben vermochten, war vorhanden jetzt gegen rotes Tuch erworben; tatsächlich schien es durchaus möglich, einen Kakhyen zu kaufen *Schönheit* , Schmuck und alles für ein paar Meter des begehrten Materials; und sie kehrten mit großer Freude nach Hause zurück, ihrer Dekorationen beraubt, aber reich an Perlen und Stoffen. Einige kamen, um medizinische Hilfe zu erbitten; Fälle schwerer Geschwüre, die wahrscheinlich durch ihre Arbeit im Dschungel verursacht und durch Schmutz verschlimmert wurden, kommen häufig vor. Die Dankbarkeit für die geleistete Hilfe kam rührend in den Geschenken zum Ausdruck, die mit einer furchtbaren Demut überreicht wurden, die den Glauben des Spenders an die enge Verbindung zwischen dem Arzt und den

Nats zum Ausdruck brachte . Jeden Tag strömten sowohl Häuptlinge als auch Leute aus den weiter entfernten Dörfern herbei, und keiner kam mit leeren Händen. Geschenke in Form von Reis, Gemüse, Tabak und Sheroo wurden nicht nur in der Hoffnung auf Gegengeschenke gebracht, sondern offensichtlich als Zeichen der Freundschaft. Es war unverkennbar, dass sie das Gefühl hatten, dass Fremde, die sich freundlich und gerecht verhielten, willkommen waren. Diese armen Bergbewohner hatten kaum jemals gewusst, was es bedeutet, mit Vertrauen behandelt zu werden; Auf beiden Seiten hatten Burmesen und Chinesen ihnen Unrecht getan und sie unterdrückt. Monsig. Bigandet gibt an, dass sie sich früher durch eine freundliche Freundlichkeit und bereitwillige Gastfreundschaft gegenüber Fremden auszeichneten, dass die grausame Behandlung, die sie in burmesischen Städten erfuhren, und die betrügerische Hinterziehung der Bezahlung ihrer Dienste sie jedoch misstrauisch, gierig und verräterisch gemacht hätten . Es ist nicht verwunderlich, ob die Anwesenheit von Fremden einer unbekannten Rasse unter ihnen, begleitet von einer bewaffneten Streitmacht, von ihnen zunächst mit Furcht und Abneigung betrachtet wurde, und wir erinnern uns mit bescheidenem Stolz an die Freundlichen Vertrauen in die Fremden, das gegen Ende unserer langen Haft in Ponsee aufgetaucht war . Die Leute aus den entfernteren Dörfern fragten ständig: „Warum bist du nicht zu uns gekommen? Wir hätten dann einige der guten Dinge haben sollen, die Sie den Ponsee -Leuten gebracht haben ." Das Lager war ständig voll; Nachdem die Männer die vielen Wunder, die sich ihnen boten, neugierig begutachtet hatten, unterhielten und rauchten sie mit unseren Anhängern. und die Frauen, alt und jung, baten eifrig um kleine Handgläser und schwarze oder grüne Perlen, wobei letztere am meisten geschätzt wurden, und verwandelten ihre Preise sofort in persönliche Dekorationen. Die jungen Frauen stellten sich in Reihen auf, jede umarmte ihre Nachbarin kokett, ihre Schüchternheit war verschwunden, sie plauderten und flirteten ungezwungen und schreckten nicht einmal davor zurück, fotografiert zu werden.

Der freundschaftliche Umgang mit diesen Besuchern gab uns willkommene Gelegenheiten, mehr über ihre Bräuche, ihr nationales und gesellschaftliches Leben zu erfahren. Es gab keine Rückständigkeit bei der Beantwortung irgendwelcher Fragen, und die Aufzeichnung von Verzögerungen und Schwierigkeiten kann durchaus durch ein paar Seiten unterbrochen werden, die diesen Bergsteigern gewidmet sind. Diejenigen, die wir am häufigsten sahen, waren allesamt Bewohner nördlich des Tapeng , aber einige der Besucher kamen aus den südlichen Hügeln, und die allgemeinen Merkmale unterscheiden sowohl diese als auch die Clans, die wir auf der Rückreise besuchten, die es zu sein scheinen zivilisierter als ihre nördlichen Artgenossen. Es ist an dieser Stelle anzuerkennen, dass der folgende Bericht über dieses Volk durch die Verwendung einiger Notizen von Major Sladen aus Berichten von Eingeborenen und durch die Verwendung einer wertvollen Abhandlung über die Gebiete, die er verfasst hat, vollständiger und genauer geworden ist Bischof Bigandet , der gelehrte und unermüdliche Missionar , dessen wärmstes Mitgefühl für diese armen Bergsteiger zum Ausdruck gebracht wurde und von dem er sagte: „Es ist von größter Bedeutung, sie, ihren Charakter und ihre Gewohnheiten zu kennen und darauf vorbereitet zu sein, ihr Wohlwollen zu sichern. " , wann immer der Gedanke ernsthaft erwogen wurde, Verbindungen mit Westchina aufzunehmen."

KACHYEN-MÄNNER.

KACHYEN-MATRONEN.

[21] *Tamone* , ein burmesischer Dorfvorsteher.

[22] *Tah -sa - kon* , ein ziviler Titel, der Kommissar oder Administrator entspricht.

KAPITEL V.
DIE KACHYENS.

Die Kakhyens oder Kakoos – Die Clans – Ihre Häuptlinge – Bergdörfer – Anbau und Ernte – Persönliches Erscheinungsbild – Kostüme – Waffen und Geräte – Weibliche Kleidung und Schmuck – Frauenarbeit – Sheroo – Moral – Ehe – Musik – Geburten – Beerdigungen – Religion – Sprache —Charakter – Wie man mit ihnen umgeht – Unsere Partei.

Shitee-doung , der sich gut zweitausend Fuß über unserem Lager befand und den wir im letzten Teil unseres Aufenthaltes besteigen konnten, bot sich eine weite Aussicht. Von dort erstreckte sich nach Norden ein Meer von Hügeln, so weit das Auge reichte; im Süden erstreckten sich mit Wald bedeckte Hügelketten, bis auf kleine Lichtungen, die die Anwesenheit von Dörfern verrieten; im Nordosten schlossen sich hohe parallele Gebirgsketten in einem engen Tal ein, durch das sich ein Fluss schlängelte. Diese Hügel sind das Land der Kakhyens . Diese Bergsteiger gehören zu der weit verbreiteten Rasse, die unter den Namen Singphos , Kakoos usw. bekannt ist. besetzen die Hügel, die das Irawady- Becken definieren, bis zur Wand der Khamti - Ebene und sind wahrscheinlich mit den Bergstämmen der Mischmees und Nagas verwandt. Der Name Kakhyen ist eine burmesische Bezeichnung; Sie bezeichnen sich selbst stets als Chingpaw oder „Männer". [23] Nach eigenen Angaben sind die Hügel nördlich des Tapeng für eine einmonatige Reise von verwandten Stämmen besetzt. Südlich des Tapeng besetzen sie die Hügel bis zur Breite von Tagoung und wurden, wie bereits erwähnt, auf unserer Reise in der Nähe des zweiten Engpasses angetroffen. Im Osten findet man sie in den Hügeln und, vermischt mit den Shans und Chinesen, fast bis nach Momien . Hier treffen sie sozusagen auf die Leesaws , die zwar eine verwandte, aber keine identische Rasse sind. Die beiden Hauptstämme in den Hügeln des Tapeng- Tals sind die Lakone und Kowrie oder Kowlie , es gibt jedoch zahlreiche Unterteilungen von Clans. Alle sollen ursprünglich aus dem Land der Kakoos , nordöstlich von Mogoung , stammen ; und Shans teilten uns mit, dass Kakhyens vor zweihundert Jahren in den Tälern Sanda und Hotha unbekannt waren. Um ein Beispiel ihrer Wanderungen zu geben. Der Lakone- Stamm hat in jüngster Zeit die Kowlies vom nördlichen zum südlichen Ufer des Tapeng vertrieben . Ein Lakone- Häuptling, der die Tochter eines Kowlie geheiratet hatte , bat um Erlaubnis, Land seines Schwiegervaters zu bewirtschaften; Als er eine Weigerung erhielt, nahm er gewaltsam Besitz und trieb die Kowlies über den Fluss zu den Hügeln, wo sie jetzt leben.

Unter diesen Bergstämmen herrschte bisher allgemein das patriarchalische Regierungssystem vor, obwohl den burmesischen oder chinesischen Behörden nominell ein gewisser oder eher unsicherer Gehorsam zuteil wird. So hatten die Häuptlinge von Ponsee und Ponline jeweils einen goldenen Regenschirm und den Titel Papada Raza vom König von Burma erhalten. Jeder Clan wird von einem erblichen Häuptling oder Tsawbwa regiert , der von Leutnants oder Pawmines unterstützt wird , die über alle Streitigkeiten zwischen den Dorfbewohnern entscheiden. Ihr Amt ist ebenfalls erblich und ordnungsgemäß auf den ältesten Sohn beschränkt, während die Häuptlingswürde auf den jüngsten Sohn oder, falls es keine Söhne gibt, auf den jüngsten überlebenden Bruder übergeht. Auch das Land folgt diesem Gesetz der Erbschaft, wobei in jedem Fall die jüngeren Söhne erben, während die älteren ausziehen und wildes Land für sich roden. Zwischen Tsitkaw und Manwyne trifft man auf sieben Clans unter verschiedenen Häuptlingen, wobei jeder Häuptling sich für berechtigt hält, von den Reisenden durch seinen Bezirk einen Zoll von vier Annas pro Maultierladung zu verlangen . Während das Wohlwollen des Häuptlings durch die Zahlung seines Zolls oder durch Erpressung gesichert ist, ergibt sich das Wohlwollen des Volkes aus einer Selbstverständlichkeit. Wenn der Reisende das Land eines Häuptlings verlässt, wird er von seinem Führer dem nächsten Häuptling übergeben und ist bei diesem genauso sicher wie bei dem ersteren. Der Tsawbwa ist der nominelle Eigentümer des Landes, aber ein Vorschlag an einen Dorfbewohner, dass der Häuptling ihn aus seinem Besitz vertreiben könnte, wurde mit einer deutlichen, sägenden Handbewegung an der Kehle beantwortet. Als allgemeine Regel gilt, dass der Häuptling die Sklaven besitzt, die überall unter diesem Volk zu finden sind. Die meisten wurden als Kinder gestohlen, aber auch Erwachsene werden entführt. Die Frauen werden zu Konkubinen, die Männer werden gut behandelt, wenn sie fleißig und willig sind. Die Kinder von Sklaven gehören dem Besitzer, werden aber genauso gut behandelt wie die Mitglieder seiner Familie. Wenn ein Tsawbwa heiratet, wird von ihm erwartet, dass er neben anderen Geschenken auch einen Sklaven seinem Schwiegervater schenkt. Der Marktwert eines Jungen oder Mädchens beträgt etwa vierzig Rupien, der eines Mannes jedoch nicht mehr als zwanzig bis dreißig Rupien oder eines Büffels.

Jedes Haus zahlt dem Häuptling jährlich einen Korb Reis als Tribut. Immer wenn ein Büffel getötet wird, wird ihm ein Viertel geschenkt. Er ist in der Regel ein Händler und erzielt neben den Zöllen auch einen Gewinn aus der Anmietung von Maultieren oder Kulis für den Transport. Abgesehen davon, dass man in dieser Hinsicht an die schottischen Hochlandclans der alten Zeit erinnert wurde, gab es so viele Ähnlichkeiten in den Bräuchen und sogar im Charakter dieser Bergsteiger, doch um jede mögliche Empörung abzuwehren, beeile ich mich Ich möchte hinzufügen, dass keine Parallele gezogen werden soll, insbesondere was ihre Moral oder ihr soziales Leben betrifft.

Die Kakhyen- Dörfer liegen immer in der Nähe eines immerwährenden Gebirgsbaches, im Allgemeinen in einer geschützten Schlucht oder verstreut mit ihren Umzäunungen einen sanften Hang hinauf, der eine Meile Landfläche bedeckt. Die Häuser, die normalerweise nach Osten ausgerichtet sind, sind alle nach dem gleichen Grundriss gebaut wie der, den wir in Ponline gemietet haben . Die gebräuchlichsten Abmessungen sind etwa 150 bis 200 Fuß Länge und 40 bis 50 Fuß Breite. Diese großen Bambusbauten sind wahre Kasernen. Das erste Zimmer ist gastfreundlich für Fremde reserviert; die anderen bilden die Wohnungen mehrerer durch Blut oder Heirat verbundener Familien, die die Hausgemeinschaft bilden. Der Hintereingang ist den Mitgliedern dieser Familien vorbehalten. Eine ernsthafte Schadensersatzforderung entstand aus der Unachtsamkeit eines unserer Diener, der durch die Familientür eintrat und so den Hausrat provozierte. Die vorspringenden Dachvorsprünge, die von Pfosten getragen werden, die mit Büffel- und Schweinsschädeln geschmückt sind, bilden einen Portikus, in dem Männer und Frauen tagsüber faulenzen oder arbeiten und in der Nacht das Vieh – Büffel, Maultiere, Ponys, Schweine und Geflügel – werden untergebracht, während ein Bambuszaun sie vor möglichen Dieben oder Leoparden schützt.

In der Nähe der Häuser befinden sich kleine Gehege, in denen weiß blühender Mohn, Kochbananen und Indigo angebaut werden. Reis und Mais wachsen zusammen auf den angrenzenden Hängen und Hügeln, die sorgfältig in Terrassen angelegt sind und oft den Anschein eines Amphitheaters erwecken . Der Bach wird in der Nähe des höchsten Punktes aufgestaut und so geleitet, dass er über die Terrassen fließt und am Fuß wieder in den Kanal mündet. Manchmal werden Bambusrohre verwendet, um das Wasser zu Reisfeldern oder entfernten Häusern zu leiten. Außerdem werden jedes Jahr neue Rodungen vorgenommen, indem der Wald an den Hängen abgeholzt und verbrannt wird. In der Nähe jedes Dorfes kann man stillgelegte Wege sehen, die in ehemalige Lichtungen geschlagen wurden und entlang derer ein kleiner Kanal verlegt wurde. Der gerodete Boden wird mit einer groben Hacke zerkleinert, auf den bewirtschafteten Terrassen kommen jedoch Holzpflüge zum Einsatz. Am meisten gefürchtet ist übermäßiger Regen, der das Reisfeld schwächt und den Ertrag spärlich macht. Im Allgemeinen entschädigt die natürliche Fruchtbarkeit des Bodens die grobe Bewirtschaftung mit wunderschönen Ernten von Reis, Mais, Baumwolle und Tabak von ausgezeichneter Qualität mehr als. In der Nähe der Dörfer werden Pfirsiche, Granatäpfel und Guaven angebaut; und die Wälder sind reich an Kastanien, Pflaumen, Kirschen und verschiedenen wilden Brombeeren. An den höheren Hängen wachsen Eichen und Birken in Hülle und Fülle, und große Flächen sind mit *Cinnamomum caudatum* und *C. cassia bedeckt*, deren Öl üblicherweise als Zimtöl verkauft wird. Tausende dieser Bäume werden jedes Jahr gefällt, um neues Land für den Anbau freizumachen, und dort verbrannt, wo sie stehen. Eine weitere natürliche Produktion ist die Teepflanze (*Camellia thea*), die frei auf der Ostseite der Hügel wächst und Träume von zukünftigen Teeplantagen nahelegt, die von verbesserten Kakhyens oder importierten Shans und Paloungs angebaut werden.

Unter den Bewohnern der Dörfer, sowohl denen, die unser Lager besuchten, als auch den südlichen Bergbewohnern, die man auf dem Heimweg sah, ist die Vielfalt der Gesichter auffällig. Dies mag wahrscheinlich auf eine Beimischung von Shan- und burmesischem Blut zurückzuführen sein, man kann jedoch sagen, dass zwei Arten vorherrschen; dasjenige mit feinen Gesichtszügen, die an die weiblichen Gesichter der Cacharies und Lepchas von Sikkim erinnerten. Darin ist das schräge Auge sehr stark ausgeprägt, und das Gesicht ist ein längliches, eher zusammengedrücktes Oval mit spitzem Kinn, gebogener Nase und hervorstehenden Backenzähnen. Eine Kakhyen-Schönheit, die man in Bhamô traf, mit großen, glänzenden Augen und heller Haut hätte man fast für eine Europäerin halten können. Der andere und bei weitem am weitesten verbreitete Typ ist wahrscheinlich der echte Chingpaw , der ein kurzes, rundes Gesicht mit niedriger Stirn und sehr hervorstehenden Backenzähnen aufweist. Die Hässlichkeit der leicht schräg stehenden Augen, die durch einen weiten Abstand voneinander getrennt sind, der breiten Nase, der dicken hervorstehenden Lippen und des breiten, eckigen Kinns wird nur durch den gut gelaunten Gesichtsausdruck ausgeglichen. Die Haare und Augen haben normalerweise einen dunklen Braunton und der Teint ist schmutzig. Die durchschnittliche Körpergröße für Männer liegt zwischen 1,50 m und 1,70 m, für Frauen zwischen 1,60 und 1,50 m. Die Gliedmaßen sind zwar schlank, aber wohlgeformt, eine Besonderheit ist die unverhältnismäßig kurze Beinlänge. Dies ist auch bei den Karens zu beobachten, mit denen die Kakhyens eine allgemeine Ähnlichkeit haben, was auf einen gemeinsamen Ursprung schließen lässt, der auch durch ihre Sprache angezeigt wird. Obwohl sie nicht muskulös sind, sind sie sehr beweglich, und die jungen Mädchen hüpfen wie Hirsche über die Hügelpfade, ihre lockeren dunklen Locken wehen hinter ihnen her. Sie holen jede Menge Brennholz und Holzbretter von den Hügeln herunter, von denen wir so viele finden, wie wir heben können. So interessant und malerisch ihre Erscheinung auch sein mag, bei genauerem Hinsehen verschwindet der Zauber, den die Entfernung verleiht. Sowohl Personen als auch Kleidung scheinen nie gewaschen worden zu sein, und das einmal angezogene Kleid wird nie gewechselt, bis es vollständig abgenutzt ist. Weder Männer noch Frauen benutzen Kämme, und der Zustand des dicken, verfilzten Haarfilzes kann man sich besser vorstellen als beschreiben. Obwohl sie scheinbar nie außer Gesicht, Händen und Füßen wuschen, waren einige der Männer gute Schwimmer und Taucher und stellten stolz ihr Können zur Schau, wobei sie die Tatsache preisgaben, dass ihre Körper mit blauen Punkten tätowiert waren, hauptsächlich auf der Brust und dem Rücken. Die Kleidung der Männer besteht normalerweise aus einer Shan-Jacke und kurzen Hosen aus blauem Baumwollstoff, die von einem Baumwollgürtel getragen werden. Das Haar ist zu einem blauen oder manchmal roten Turban zusammengerollt; Der Schnurrbart und der Bart sind sehr spärlich, aber ihre Gewohnheit, den natürlichen Wuchs auszurotten, macht es schwierig, dies zu beurteilen. Sie stecken in das Ohrläppchen ein Stück Bambus oder eine Lasche aus besticktem rotem Stoff, ein Blatt oder eine Blume oder ein Stück Papier, wobei unsere alten Zeitungen sehr gefragt sind; und eine Reihe feiner Rattanringe umschließen das Bein unterhalb des Knies. Es schien uns, dass die Kakhyen- Männer bereit waren, jede Kleidung anzunehmen; einige trugen ihre Haare sogar zu einem chinesischen Zopf. Bei großen Anlässen erschien der „Rote Pawmine " mit einem leuchtend roten Turban, rosa karierten Hosen und einer roten Decke über den Schultern. Die Häuptlinge tragen normalerweise chinesische Steppjacken, Leggings aus blauen Stoffrollen und Shan-Schuhe. Sie zeichnen sich, insbesondere bei denen, die strikt an der alten Kakhyen -Tracht festhalten, durch Halsreifen aus Silber aus, die an keltische Torques erinnern, und durch die Halskette aus Perlen oder Zylindern aus ockerfarbener Erde. Diese sind im Mogoung- Distrikt zu finden und werden sehr geschätzt, da sie als authentische Handarbeit der Erdnats gelten . Einige Kakoos, die man in Sanda traf, trugen ein breites Stück blauen Baumwollstoff mit einem rot bestickten Rand aus Wollstoff , der wie ein Kilt aussah und bis zum Knie reichte. Dies scheint das wahre Kakhyen- Kleid zu sein ; und sie trugen auch ihr Haar unbedeckt und quer über die Stirn geschnitten, wie die Kakhyen- Mädchen. Kein Bergmann wird jemals ohne sein *Dah* oder Messer gesehen; Es ist zur Hälfte mit Holz ummantelt und an einem Rattanreifen aufgehängt, der mit besticktem Stoff bedeckt und mit einem Leopardenzahn geschmückt ist. Dieser wird über die rechte Schulter gehängt, so dass der vordere Griff für den Griff der rechten Hand bereit ist. Es werden zwei Arten von Dahs verwendet: zum einen das Langschwert, wie es die Thibeter verwenden, zweieinhalb Fuß lang, mit einem langen zylindrischen Holzgriff, mit Kordel umwickelt und mit einer roten Quaste versehen. Der andere ist kürzer und breiter und wird vom Griff bis zur abgestumpften Spitze breiter. Dieses Messer nennen die Burmesen „das Häuptling der Kakhyen "; Es wird mit großer Geschicklichkeit eingesetzt, um entweder Bäume oder Menschen zu fällen oder um das feine lineare Maßwerk auszuführen, mit dem ihre Bambus-Opiumpfeifen und Fächeretuis verziert sind. Es wird in jedem Argument angeführt und mit gleicher Bereitwilligkeit auf sichtbare Feinde und unsichtbare Nats zurückgegriffen . Einmal sahen wir eine Frau am Hang, die sich unter offensichtlichen Schmerzen auf dem Boden krümmte. Ein vorbeikommender Dorfbewohner kam ihr zu Hilfe und blitzte sofort mit seinem Dah auf, mit dem er über der am Boden liegenden Frau mehrere Schnitte in die Luft ausführte. Dies sollte den Nat vertreiben , der Besitz ergriffen hatte; Dann warf er Erde über ihren Kopf und rannte ins Dorf, um Hilfe zu holen, um sie nach Hause zu tragen. Während des letzten Teils unseres Aufenthaltes wurde einer der Polizeieskorten während eines hitzigen Streits mit einem Kakhyen- Besucher ohne Vorwarnung durch einen Dah-Schlag getötet. Der Wilde machte sich auf den Weg in den Dschungel und ließ den Sepoy zurück, der aus einer Schnittwunde am Kopf und einer weiteren am Arm blutete, mit der er den Schlag abgewehrt und so verhindert hatte, dass sein Schädel gespalten wurde. Diese Dahs werden von den Shans des Hotha-Tals hergestellt, den umherziehenden Schmieden des Landes. Andere Waffen sind eine lange Lunte und eine Armbrust mit Pfeilen, die mit dem Saft eines Aconitums vergiftet sind. Sie werden häufig bei der Jagd eingesetzt; Das Fleisch um die Wunde wird herausgeschnitten, der Rest des Tieres wird ohne Gefahr gefressen. Ein unveränderlicher Ausrüstungsgegenstand ist eine bestickte Tasche, die über der rechten Schulter getragen wird und Pfeife, Tabak, Limetten- und Beteldose, Geld und eine Bambusflasche Sheroo enthält . Ein äußerst raffinierter Apparat versorgt die konstante Röhre mit Licht. Es ähnelt einer Popgun für Kinder und besteht aus einem kleinen, zehn Zentimeter langen Zylinder, der an einem Ende offen ist und in den sehr fest ein Kolben eingepasst ist, der am unteren Ende einen becherförmigen Hohlraum aufweist. Darin wird ein kleines Zunderkügelchen platziert, der Kolben wird zügig nach unten gedrückt und ebenso schnell wieder zurückgezogen, wenn sich herausstellt, dass der Zunder entzündet ist.

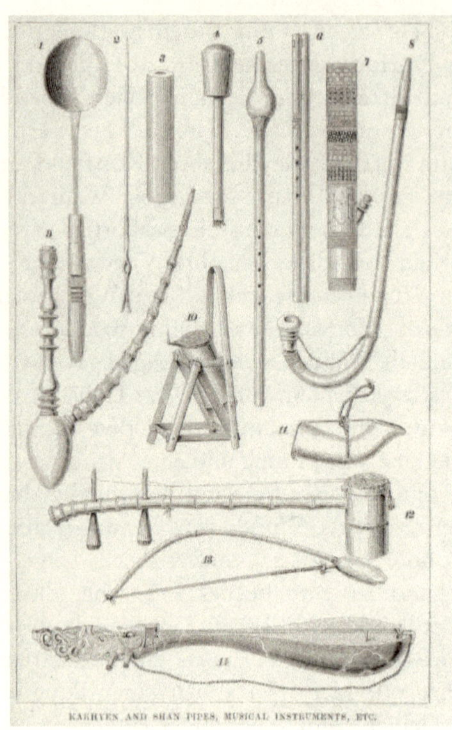

KACHYEN- UND SHAN-PFEIFE, MUSIKINSTRUMENTE USW.

- Abb. 1. Kakhyen- Kelle zur Zubereitung von Opium.

- 2. Kakhyen -Opiumpinzette.

- 3. 4. Kakhyen- Zylinder und -Kolben zum Auslösen von Feuer.

- 5. Shan-Flöte mit Kürbismundstück.

- 6. Kakhyen -Doppelflöte.

- 7. Kakhyen- Opium-Wasserpfeife (Bambus).

- 8. Kakhyen -Opiumpfeife.

- 9. Kakhyen- Opium-Wasserpfeife, das Mundstück aus dem unterirdischen Stamm und der Wasserbehälter aus dem Segment eines bemerkenswerten Bambus mit geschwollenen Internodien.

- 10. Chinesische Bambuslampe.

- 11. Shan-Pulverflasche.

- 12. Shan-Geige.

- 13. Verbeuge dich vor dem Dito.

- 14. Shan-Gitarre.

Es ist erwähnenswert, dass die Männer ausnahmslos Opium rauchen, jedoch nicht im Übermaß; Selten, wenn überhaupt, sahen wir, dass sie Tabak zum Rauchen verwendeten, obwohl sie süchtig danach waren, ihn zu kauen. Der Saft der Mohnblume, der aus Einschnitten in den grünen Kapseln austritt, wird auf getrockneten Wegerichblättern gesammelt und das Opium in dieser Form entweder in Wasserpfeifen aus einem besonders geformten Bambusstück oder in Messingpfeifen geraucht Chinesische Herstellung. Ob sich der Anbau und die Verwendung von Opium von Assam oder von Yunnan aus verbreitet haben, ist ungewiss, aber wir fanden, dass es von der burmesischen Ebene bis nach Momien allgemein verbreitet ist , obwohl die Methode des Opiumrauchens bei den Kakhyens sich völlig von der der Chinesen unterscheidet. Dr. Bayfield bemerkte 1837 über die Singphos auf der Westseite des Irawady- Tals, dass „der Mohnanbau aus welcher Quelle auch immer stammt, mittlerweile allgemein verbreitet ist"; und er beschreibt die Methoden der Sammlung und Verwendung als gleich, mit der Ausnahme, dass anstelle von Blättern grober Stoff verwendet wurde.

Die Männer beschäftigen sich selten mit körperlicher Arbeit ; Einige der Fleißigeren helfen den Frauen dabei, den Dschungel abzuholzen und in Brand zu stecken, aber die meiste Arbeit bleibt den Frauen überlassen. Im Allgemeinen bestellen die Männer das Land; aber zwischen den Jahreszeiten wandern sie von Haus zu Haus und von Dorf zu Dorf, klatschen, trinken oder rauchen. Fahrten zur Entsorgung von Erzeugnissen oder zum Transport von Gütern, Jagdausflüge und gelegentliche Kämpfe oder Streifzüge gelten nicht als Arbeit . Sie bearbeiten keine Metalle, sind aber sehr geschickt darin, Bambus oder Holzgeräte mit Schnitzereien zu verzieren. Die Muster ihrer Maßwerke sind die einfachsten Kombinationen von geraden Linien und groben Vogel- und Tierfiguren, die für die primitivste Kunst charakteristisch sind.

Die Kakhyen- Frauen haben die kurze, lockere Shan-Jacke aus blauer Baumwolle übernommen, die mit rotem Stoff durchzogen ist und je nach den Mitteln der Trägerin unterschiedlich mit Kauris und Silber verziert ist. Dies bedeckt die Arme und die Brust, lässt aber die Taille frei, abgesehen von einer Fülle von Ratan-Gürteln, die mit Linien aus weißen Samen verziert sind. Diese tragen auch den Rock oder Kilt, der von der Hüfte bis zum Knie reicht und dessen Saum in den Farben Rot, Blau und Gelb kariert ist. Kauris sind eine beliebte Verzierung jedes Teils des Kleides, und die Töchter der

Häuptlinge tragen breite Gürtel aus diesen Muscheln. Neben dem markanten Glockengürtel umschließen feine Ratan-Ringe das Bein unterhalb des Knies, es werden jedoch keine Schuhe getragen. Die meisten Matronen wickeln ihre Haare in den Falten des Shan-Turbans, aber der ursprüngliche Chingpaw - Kopfschmuck ist ein Bündel aus besticktem Stoff, das um den Kopf gedreht ist, während das mit Perlen gesäumte Ende anmutig auf die Schulter fällt. Unverheiratete Frauen tragen keinen Kopfschmuck und schneiden ihr Haar auf eine in England nicht unbekannte Weise direkt über die Stirn, während ihr Hinterhaar, das nicht durch irgendeinen Verschluss zurückgehalten wird, nach hinten fällt. Die Ohren werden sowohl durch die Ohrläppchen als auch durch den oberen Knorpel gestochen. In die letztere Öffnung ist eine Lasche aus besticktem Stoff eingesetzt, die mit kleinen grünen und schwarzen Perlen besetzt ist . Silberne Röhren, die bis zur Schulter reichen, werden auch von den wohlhabenderen *Belles getragen* , während die ärmeren frische Blumen oder Blätter zur Schau stellen. Alles scheint in einen Ohrring umwandelbar zu sein: So wird ein Stumpen oder, wie wir sehen, ein frisch gepflückter Lauch ins Ohr gesteckt. Jeder, der es kann, trägt Halsketten aus Perlen, aber silberne Reifen, sogenannte *Gerees* , und Komoung aus roten ockerfarbenen Perlen sind den Hälsen hochgeborener Jungfrauen vorbehalten.

Es wurde bemerkt, dass die Männer der Arbeit abgeneigt sind , aber das Schicksal aller Frauen, unabhängig von ihrem Rang, ist ein Schicksal der Plackerei. Sie dürfen nicht mit den Männern essen und werden als bloße Lasttiere betrachtet, die nur wegen ihrer Nützlichkeit geschätzt werden; aber sie scheinen mit ihrem Los zufrieden zu sein und sind immer fröhlich und unbeschwert. Ihre lebhafte Aktivität bildet einen angenehmen Kontrast zum faulenzen Müßiggang ihrer Herren. Ein großer Teil, wenn nicht der größte Teil der Feldarbeit fällt ihnen zu, und ihr Alltag ist von unaufhörlicher und harter Arbeit geprägt . Ihre erste Pflicht am Morgen besteht darin, den Reis für den täglichen Verzehr zu säubern und zu zerkleinern, und spät in der Nacht sollte der dumpfe Schlag des schweren Stößels zu hören sein, begleitet von ihrem regelmäßigen wilden Schrei und dem Klirren der Glockengürtel gehört. Sie holen Wasser aus dem Bach und Feuerholz aus dem Dschungel. Letzteres ist eine äußerst mühsame Aufgabe, da die Mädchen trockenes Holz suchen, es in Reisig schneiden und auf dem Rücken nach Hause bringen müssen. Ihre nackten Beine werden im Dschungel oft verletzt, und die durch Schmutz und Vernachlässigung verschlimmerten Wunden bilden hartnäckige Geschwüre. Viele dieser Fälle wurden zur Behandlung in unser Lager gebracht. Ein weiterer Effekt der harten Arbeit und der Belastung ist in der Häufigkeit grauer Haare bei jungen Frauen zu beobachten, wobei selbst bei Mädchen im Alter von zehn und zwölf Jahren die verfilzten Locken wie durch vorzeitiges Alter reichlich versilbert sind.

Zu ihren gewöhnlichen Hausarbeiten gehört die Zubereitung von *Sheroo* oder Kakhyen- Bier, einem stets gefragten Getränk. Dies wird als eine ernste, fast heilige Aufgabe angesehen, bei der die Frauen, während sie damit beschäftigt sind, in fast vestalischer Abgeschiedenheit leben müssen. Bestimmte in der Sonne getrocknete Kräuter und Wurzeln werden mit Chilis und Ingwer vermischt, um die Störung durch bösartige Nattern abzuwenden ; Die Mischung wird mit etwas Reis in einem Mörser pulverisiert und zu einer Paste zerkleinert, die sorgfältig in Form von in Matten eingewickelten Kuchen konserviert wird. Zerkleinerter Reis, gemischt mit frischen Kochbananen, wird einen halben Tag lang eingeweicht und trocknen gelassen. Anschließend wird es mit einem angemessenen Anteil der „Medizin" oder des pulverisierten Kuchens in einem *Paungyaung* oder Holzbottich gekocht oder „zerstampft", der in einen Kupferkessel gestellt wird, aus dem es nach dem Abkühlen und der Gärung für eine Woche in einem Kessel entnommen wird Mit Blättern bedeckter Korb, der in ein dicht verschlossenes irdenes Gefäß überführt wird. Nach zwanzig Tagen ist der Sheroo trinkbar, es ist jedoch besser, ihn sechs Monate lang stehen zu lassen. Daraus entsteht die Brühe, zu der Wasser hinzugefügt wird, und das Getränk wird in einem Bambusgefäß serviert, das mit einem frischen Kochbananenblatt verschlossen ist. Dieser Likör ähnelt einem sehr kleinen Bier, ist aber angenehm und erfrischend. Ein ähnliches Getränk gibt es bei den Lepchas von Darjeeling, die es durch ein Schilfrohr trinken, den Looshais und Nagas. Die Khyens und Karens bereiten auch ein Reisbier zu, ähnlich dem *Congee* der Burmesen; die Nagas bereiten auch „ Moad " aus Reis zu, und die Khamtis und Singhos des Hookong - Tals destillieren einen Geist, den letztere *Sahoo nennen* ; aber die Kakhyens beziehen ihren gesamten Vorrat an *Samshu* , oder Reisgeist, von den Shan-Chinesen.

Es ist natürlich die Aufgabe der Frauen, die selbst angebaute Baumwolle zu spinnen, zu färben und zu weben. Ihr Webstuhl hat eine primitive Form, die gleiche, die bei den Khyens , den Munipoories und anderen Stämmen im Nordosten von Assam verwendet wird. Ein Ende der Kette wird durch in den Boden getriebene Pflöcke in Position gehalten, das andere wird durch einen breiten Lederriemen auf der Strecke gehalten, der um den Rücken der Frau befestigt wird, während sie mit ausgestreckten Beinen auf dem Boden sitzt. Ein langes Stück Holz hält die Fäden der Kette offen, so dass das Schiffchen, das dreißig Zoll lang ist und mit beiden Händen bedient wird, leicht passieren kann. Daraus stellen sie ein starkes, dickes Tuch her und weben fantasievolle Muster in Rot, Grün und Gelb. Sie beherrschen auch die Stickerei aus Seide und Baumwolle, die nur zur Verzierung der von den Männern getragenen Taschen oder Rucksäcke verwendet wird .

Der Moralkodex der Kakhyens wurde unterschiedlich dargestellt. Unkeuschheit vor der Ehe gilt sicherlich nicht als Schande. Wenn möglich, bemühen sich die Eltern des Mädchens, die Liebenden zu verheiraten, dies ist jedoch keine zwingende Pflicht. Sollte jedoch ein unverheiratetes Mädchen enceinte sterben , ist der Vater des Kindes verpflichtet, ihre Eltern durch das Geschenk eines Sklaven, eines Büffels, eines Dah und anderer Gegenstände zu entschädigen und den Bewohnern des Hauses ein Festmahl zu geben. Andernfalls droht ihm der Verkauf als Sklave. Dies ergibt sich aus dem Wert, der einer heiratsfähigen Tochter beigemessen wird, sowohl im Hinblick auf ihre gegenwärtige Arbeitskraft als auch auf ihren zukünftigen Preis als Ehefrau, der durch eine Indiskretion nicht gemindert wird.

Untreue nach der Ehe ist ein Verbrechen, das der Ehemann sofort mit dem Tod beider Täter bestrafen kann. Im Falle der Flucht einer Ehefrau hat der Ehemann Anspruch auf Schadensersatz in Höhe des Doppelten des Betrags, den er bei seiner Ehe aufgewendet hat. Hierfür werden die Verwandten und Clanmitglieder des Geliebten bei Androhung einer Fehde haftbar gemacht.

Die Hochzeitszeremonie verbindet neben den religiösen Riten die Idee des Kaufs von den Eltern mit der der Entführung, die so häufig den Hochzeitsriten weit voneinander entfernter Rassen zugrunde liegt. Eine wichtige Voraussetzung besteht darin, den Wahrsager dazu zu bringen, das allgemeine Schicksal der zukünftigen Braut vorherzusagen. Ein Teil ihres Kleides oder Schmucks wird beschafft und dem Seher übergeben, der, wie wir annehmen können, dadurch in *Kontakt* mit ihr gebracht wird, damit fortfährt, Vorzeichen zu befragen und ihr *Schicksal* oder Schicksal vorherzusagen. Wenn es glückverheißend ist, werden Boten mit Geschenken geschickt, um den Eltern des Mädchens Vorschläge zu unterbreiten, die die erforderliche und von den Gesandten vereinbarte Mitgift angeben. Nachdem alles geregelt ist, werden vom Bräutigam zwei Boten geschickt, um die Freunde der Braut darüber zu informieren, dass ein solcher Tag für die Hochzeit anberaumt ist. Sie werden großzügig gefeiert und von zwei ihrer Verwandten nach Hause begleitet, die versprechen, angemessen vorbereitet zu sein. Wenn der Tag kommt, machen sich fünf junge Männer und Mädchen vom Dorf des Bräutigams auf den Weg zum Dorf der Braut, wo sie in einem Nachbarhaus bis zum Einbruch der Dunkelheit warten . In der Abenddämmerung wird die Braut von einem der fremden Mädchen sozusagen ohne Wissen ihrer Eltern dorthin gebracht und ihr wird gesagt, dass diese Männer gekommen sind, um sie in Anspruch zu nehmen. Sie machten sich alle gleichzeitig auf den Weg zum Dorf des Bräutigams. Am Morgen wird die Braut unter einem geschlossenen Baldachin vor dem Haus des Bräutigams platziert. Plötzlich trifft eine Gruppe junger Männer aus ihrem Dorf ein, um, wie es heißt, nach einem ihrer Mädchen zu suchen, das gestohlen wurde. Sie werden aufgefordert, unter den Baldachin zu schauen, und ihnen wird geboten, das Mädchen mitzunehmen, wenn sie wollen; aber sie antworten: „Es ist gut; lass sie bleiben, wo sie ist.“

Während ein Büffel usw. werden als Opfer getötet, der Bräutigam übergibt die Mitgift und zeigt die für seine Braut bereitgestellte Aussteuer. Ein wohlhabender Kakhyen bezahlt seiner Frau eine Sklavin, zehn Büffel, zehn Speere, zehn Dahs , zehn Silberstücke, einen Gong, zwei Anzüge, eine Luntenschloss und einen eisernen Kochtopf. Er überreicht den Brautjungfern auch Kleidung und Silber und übernimmt die Kosten für das Fest. In der Zwischenzeit hat der *Toomsa* , der amtierende Priester, in regelmäßigen Abständen frische Grasbüschel arrangiert und mit Bambussträuchern niedergedrückt, um einen Teppich zwischen dem Baldachin und dem Haus des Bräutigams zu bilden. Dann werden die Nats des Haushalts angerufen und ein Trankopfer aus Sheroo und Wasser ausgegossen. Geflügel usw. Dann werden sie getötet und ihr Blut auf den Grasweg gesprengt, über den die Braut und ihre Begleiter zum Haus gehen und den Hausgottheiten gekochte Eier, Ingwer und getrockneten Fisch anbieten. Damit ist die Zeremonie abgeschlossen, an der der Bräutigam nicht teilnimmt. Es folgt ein großes Fest. Neben der gewöhnlichen Kost aus Reis, Kochbananen und getrocknetem Fisch und Schweinefleisch sind das Rindfleisch des geopferten Büffels und das Wildbret des bellenden Hirsches, alles in großen Eisentöpfen gekocht und aus Yunnan importiert, die Lebensmittel. Reichliche Vorräte an Sheroo und chinesischem Samshu bereiten die Gäste auf den Tanz vor.

Das Orchester besteht aus einer Trommel, die aus einem ausgehöhlten Baumstamm besteht, der an beiden Enden mit der Haut des bellenden Hirsches bedeckt ist, einer Art Maultrommel aus Bambus, die einen sehr klaren, fast metallischen Ton und einen einfachen oder doppelten Klang erzeugt Flöte, mit einem Stück Metall in einem langen Schlitz, den der Interpret mit seinem Mund bedeckt. Er begleitet die Belastung auch mit einem eigenartigen surrenden Geräusch, das in seiner Kehle entsteht. Das Hochzeitsfest endet, wie alle ihre Feierlichkeiten, in großer Trunkenheit, Unordnung und oft in einem Kampf.

Der Bruch eines Versprechens wird zum Grund einer Fehde gemacht, und die Freunde des Geschädigten machen es zur Ehrensache, das Dorf des Täters anzugreifen. Der merkwürdige Brauch besagt, dass eine Witwe die Frau des älteren Schwagers wird, auch wenn dieser bereits verheiratet ist. Am Tag nach der Geburt eines Kindes werden die Nats des Haushalts durch Opfergaben von Sheroo und die Opferung eines Schweins besänftigt . Das Fleisch wird in drei Portionen geteilt, eine für die Toomsa , eine andere für den Jäger und Koch und die dritte für das Oberhaupt des Haushalts. Die Eingeweide mit Eiern, Fisch und Ingwer werden auf die Altäre gelegt, alle Dorfbewohner werden zu einem Fest eingeladen und Sheroo wird in der Reihenfolge ihres Dienstalters herumgereicht. Nachdem alle getrunken haben, erhebt sich der älteste Mann, zeigt auf das Kind und sagt: „Dieser

Junge oder dieses Mädchen heißt so und so." Wenn ein Kakhyen stirbt, wird die Nachricht durch das Entladen von Luntenschlössern verkündet. Dies ist ein Signal für alle, sich in das Haus des Todes zu begeben. Einige schlagen Bambus und Holz für den Sarg, andere bereiten sich auf die Bestattungsriten vor. Ein Bambuskreis wird schräg nach außen in den Boden getrieben, so dass der obere Kreis viel breiter ist als die Basis. An jedem wird eine kleine Flagge befestigt, zwischen diesem Kreis und dem Haus wird Gras platziert, und die Toomsa streut Gras über die Bambussträucher und gießt ein Sheroo als Trankopfer aus . Anschließend wird ein Schwein geschlachtet, das Fleisch gekocht und verteilt, wobei der Schädel auf einem der Bambusstämme befestigt wird. Der Sarg besteht aus dem ausgehöhlten Stamm eines großen Baumes, den die Männer mit ihren Dahs gefällt haben. Kurz bevor es fällt, wird ein Huhn getötet, indem es gegen den schwankenden Stamm geschleudert wird. Die Stelle, an der der Kopf ruhen soll, wird mit Holzkohle geschwärzt und mit einem Deckel versehen. Der Körper wird je nach Geschlecht von Männern oder Matronen gewaschen und in neue Kleidung gekleidet. Etwas Schweinefleisch, gekochter Reis und Sheroo werden davor gelegt, und ein Stück Silber wird in den Mund gesteckt, um die Fährgebühren für die Bäche zu bezahlen, die der Geist möglicherweise überqueren muss. Anschließend wird es eingesargt und unter Schüssen von Schusswaffen zu Grabe getragen. Das Grab ist etwa einen Meter tief, und drei Holzstücke werden ausgelegt, um den Sarg zu stützen, der mit Zweigen von Bäumen bedeckt wird, bevor die Erde aufgefüllt wird. Die alten Kleidungsstücke des Verstorbenen werden auf den Hügel gelegt und Sheroo wird hineingegossen darauf, der Rest wird von den Freunden um ihn herum getrunken. Bei ihrer Rückkehr streuen die Trauergäste gemahlenen Reis auf den Weg, und wenn sie sich dem Dorf nähern, reinigen sie ihre Beine und Arme mit frischen Blättern. Bevor sie das Haus wieder betreten, werden alle an der Toomsa mit einem Grashalm mit Wasser bestrahlt und gehen über ein Bündel Gras, das mit dem Blut eines Vogels besprengt ist, der während ihrer Abwesenheit dem Geist der Toten geopfert wurde. Essen und Trinken runden den Tag ab. Am nächsten Morgen wird dem Geist des Verstorbenen ein Schwein und ein Sheroo geopfert, und bis spät in die Nacht werden ein Fest und ein Tanz abgehalten, die am Morgen wieder aufgenommen werden. Dann findet ein letztes Opfer eines Büffels zu Ehren der Nats des Haushalts statt, und die Toomsa reißt den Bambuszaun nieder, woraufhin der letzte Todestanz [24] erfolgreich den Geist vertreibt, von dem angenommen wird, dass er immer noch um ihn herum weilt ehemaliges Wohnhaus. Am Nachmittag wird ein Graben um das Grab herum ausgehoben und die bereits beschriebene kegelförmige Abdeckung errichtet, wobei die Schädel von Schweinen und Büffeln an den Pfosten befestigt werden.

Die Leichen der durch Schüsse oder Stahl Getöteten werden in Matten gewickelt und ohne Rituale im Dschungel begraben. Über der Stelle wird eine kleine offene Hütte für die Geister errichtet, für die auch ein Dah, eine Tasche und ein Korb aufgestellt sind. Es wird angenommen, dass diese Geister wie die burmesischen *Tuhsais* oder Geister als *Munla* die Wälder heimsuchen und die Macht haben, in Menschen einzudringen und ihnen eine zweite Sicht auf Gewalttaten zu verleihen. Bestattungsrituale werden auch an Pocken Verstorbenen und Frauen, die bei der Geburt eines Kindes sterben, verweigert. Im letzteren Fall wird angenommen, dass die Mutter und ihr ungeborenes Kind zu einem furchterregenden zusammengesetzten Vampir werden . Alle jungen Leute fliehen entsetzt aus dem Haus, und man greift auf Wahrsagerei zurück, um herauszufinden, welches Tier der böse Geist verschlingen wird und mit welchem anderen er weiterwandern wird. Der erste wird geopfert und ein Teil des Fleisches vor den Leichnam gelegt; der zweite wird gehängt und ein Grab in die Richtung gegraben, in die der Kopf des toten Tieres zeigte. Hier wird der Leichnam mit allen Kleidungsstücken und Schmuckstücken begraben, die er zu Lebzeiten getragen hat, und ein Strohhalm wird auf seinem Gesicht verbrannt, bevor die Blätter und die Erde aufgefüllt werden. Der gesamte Besitz des Verstorbenen wird auf dem Grab verbrannt und eine Hütte errichtet darüber. Der Totentanz findet in jedem Fall statt, um den Geist aus dem Haus zu vertreiben. Der frühere Brauch bestand offenbar darin, den Körper selbst zu verbrennen, zusammen mit dem Haus und allen Kleidungsstücken und Schmuckstücken, die der Verstorbene trug. Dies geschah auch, wenn die Mutter im Monat nach der Geburt starb, und einer einheimischen Aussage zufolge wurde auch das Kind mit der Aufforderung „Nimm dein Kind weg" ins Feuer geworfen; Wenn jedoch zuvor jemand das Kind beanspruchte und sagte: „Gib mir dein Kind", blieb es verschont und gehörte dem Adoptivelternteil, wobei der wahre Vater es zu keinem Zeitpunkt zurückfordern konnte.

Diese Zeremonien zeigen den Charakter der Religion des Volkes. Da sie von der buddhistischen Bevölkerung umzingelt sind, halten sie an der alten Form der Verehrung guter und böser Geister fest. Die französischen Missionare konnten bei ihnen keine Wirkung erzielen. Unter ihnen herrscht eine vage Vorstellung von einem höchsten Wesen, da sie von einem Nat in Form eines Mannes namens Shingrawah sprechen , der alles erschaffen hat. Sie verehren ihn nicht, sondern verehren ihn, „weil er sehr groß ist". Wie ihre Bestattungsriten zeigen, glauben sie an eine zukünftige Existenz. Tsojah ist der Wohnsitz guter Männer; und diejenigen, die einen gewaltsamen Tod sterben, und schlechte Charaktere im Allgemeinen, gehen nach Marai. Auf Fragen nach Ort und Bedingungen antwortete ein intelligenter Kakhyen : „Wie kann ich das wissen?" niemand weiß etwas."

Die Kultgegenstände sind gutartige oder bösartige Nats ; der erste wie Sinlah , der Himmelsgeist, der Regen und gute Ernten gibt; Chan und Shitah , die Sonne und Mond aufgehen lassen. Sie verehren sie, „weil ihre Väter es getan und ihren Kindern gesagt haben, dass sie gut sind." Cringwan ist der wohltätige Förderer der Landwirtschaft, aber die bösartigen Nats müssen bestochen werden, damit sie die Ernte nicht ruinieren. Wenn der Boden für die Aussaat frei ist, wird Masoo mit Schweinefleisch und Geflügel besänftigt, die am Fuße der Dorfaltäre begraben werden; Wenn das Reisfeld ährt ist, werden Büffel und Schweine dem Cajat geopfert. Ein Mann, der im Begriff ist zu reisen, wird nach gebührenden Opfern in die Obhut von Muron, dem Toomsa , gegeben und bittet ihn, „den anderen Nats zu sagen , sie sollen diesem Mann keinen Schaden zufügen".

Die Vernachlässigung von Mowlain führt dazu, dass es an *Compraw* oder Silber mangelt, dem großen Wunschobjekt eines Kakhyen , und wenn Jäger auf Opfergaben an Chitong verzichten , wird jemand von einem Hirsch oder Tiger getötet. Chitong und Muron sind zwei von zehn Brüdern, die ein besonderes Interesse an Kakhyen- Angelegenheiten haben, und ein anderer namens Phee ist der Hüter der Nacht. Jeder Hügel, jeder Wald und jeder Bach hat sein eigenes Naturgebiet von größerer oder geringerer Macht; Jeder Unfall oder jede Krankheit ist das Werk eines bösartigen oder rachsüchtigen „dieser rücksichtslosen Geistlichen". Herauszufinden, wer der jeweilige Nat sein könnte oder wie er besänftigt werden kann, ist die Aufgabe der Toomsa . Er schreibt alle Opfer vor und unterstützt sie und ruft die Nats dazu auf , ihren Anteil zu erhalten, der bei sparsamer Frömmigkeit im Allgemeinen aus den Innereien besteht. Die außergewöhnliche Methode, den Willen der Nats durch ein besessenes Medium zu konsultieren, wurde bereits beschrieben. Der Meetway unterscheidet sich von einem Toomsa oder regulären Priester, es gibt jedoch keine Priesterkaste, da die Nachfolge durch natürliche Selektion und Lehrling aufrechterhalten wird. Das Dorf Toomsa praktiziert Weissagungen aus Geflügelknochen, Omen und dem Bruch von verbranntem Nullgras und pflegt außerdem Kommunikation mit der Geisterwelt. Neben den gelegentlichen Opfern wird Ngka , dem Erdgeist, zur Saatzeit ein feierliches Opfer dargebracht . Daran beteiligt sich die ganze Gemeinde, und die nächsten vier Tage gelten als strenger Sabbat, an dem weder Arbeit noch Reisen unternommen werden.

Zur Erntezeit werden Sharoowa und seine Frau vom Häuptling und den Dorfbewohnern auf ähnliche Weise verehrt. Bei allen geopferten Tieren muss es sich um Männchen handeln, dem weiblichen Nat werden jedoch die Kleidung und der Schmuck einer Frau geopfert. Die *Namsyang* oder Schutz-Nats des Dorfes sind ebenfalls Ehemann und Ehefrau; er regierte den westlichen und sie den östlichen Teil; Sie werden zweimal im Jahr zusammen mit anderen Nats von der Tsawbwa verehrt . Alle Leute begeben sich zum Hauptdorf, und der Häuptling bietet Büffel usw. an, und es wird ein großes Fest abgehalten. Die Schädel der angebotenen und verzehrten Tiere werden am Haus des Tsawbwa befestigt , wo sie als Andenken an seine Frömmigkeit und Gastfreundschaft verbleiben.

Diese wiederkehrenden Jahreszeiten der Saatzeit im Mai und Juni und der Erntezeit im Dezember schienen uns die einzigen Zeiteinteilungen zu sein, die diesen Bergsteigern bekannt waren, aber es hieß, sie hätten eine Folge von Monaten. [25]

Die Sprache der Kakhyens ist einsilbig und wird in aufsteigendem Ton gesprochen, wobei jeder Satz mit einem langgezogenen „ ee " in einer höheren Tonart endet, also „ Chingpaw" . poong -doon tan-key- ing *eee* ?" „Tanzen die Kakhyens ?" Monsig. Bigandet sagt: „Es ist das gleiche, das von allen Singpho- Stämmen verwendet wird, und hat große Ähnlichkeit mit dem der Abors und Mishmees und anderen Stämmen der südwestlichen Ausläufer des Himalaya." Die Aussprache ist weich und leicht und der Satzbau einfach und direkt wie im Englischen. Es unterscheidet sich völlig von den Burmesen und gehört zu einer völlig anderen Gruppe." Wir fanden nur sehr wenige, die Burmesisch sprachen, außer den Ponline und anderen Häuptlingen, die an der Ebene säumten; aber fast alle Häuptlinge sowohl nördlich als auch südlich des Tapeng und viele ihrer Clansmitglieder konnten Chinesisch sprechen, und einige, wie die Häuptlinge von Mattin, Seray usw., konnten Chinesisch schreiben; aber die Kakhyens besitzen keine eigenen geschriebenen Charaktere.

Als Krieger können die Kakhyens nicht hoch eingestuft werden. Obwohl sie streitsüchtig und rachsüchtig sind und dazu neigen, bis zuletzt die Wiedergutmachung eines Unrechts oder einer Fehde zu fordern, erfolgen ihre Angriffe stets heimlich und im Allgemeinen nachts – man könnte sagen, dass sie sich wie der Tiger ducken und anspringen. Soweit wir erfahren konnten, sind sie als Jäger nicht sehr gewagt, aber unsere Beobachtungsmöglichkeiten waren begrenzt, und in den Hügeln um Ponsee schien es nicht viel Tierleben zu geben. Ihre Hauptbeute sind bellende Hirsche, aber auch Leoparden und Stachelschweine sollen manchmal anzutreffen sein, und wilde Elefanten wurden als gelegentliche Besucher gemeldet. Die wilde und kämpferische Bambusratte gilt als zierliche und wertvolle Beute. Die jungen Burschen stellen raffinierte Fallen für Dschungelgeflügel und Fasane. Am Hang ist auf einer Länge von 60 Metern ein Miniaturzaun aus hohen Dschungelgrashalmen errichtet, durch den sich kleine Durchgänge öffnen. An jedem Ende ist ein biegsamer Bambus fest befestigt, während das andere Ende leicht am Boden befestigt ist. Eine zu diesem Zweck befestigte Schlinge fängt die Vögel, die wie Maulwürfe in der bekannten Falle in die Luft gehoben werden. Wir beobachteten auch, wie Jungen auf raffinierte Weise kleine Vögel kalkten, indem sie Vogelkalk aus der Wurzel einer Pflanze verwendeten. Dies war auf die Zinken eines hölzernen Dreizacks geschmiert, der in einem Bambusgriff befestigt war und im Dschungel am Rande eines Weges versteckt war. An einer Schnur über dem Dreizack waren mehrere Ameisen so befestigt, dass sie ihre Flügel bewegen konnten; Das ständige Flattern lockte die Vögel dazu, sich auf den Dreizack zu setzen und gefangen zu werden. Die kleinen Jungen wurden durch die Belohnungen für jedes Exemplar zur Jagd auf „kleine Hirsche" und alle Arten von Vögeln angeregt. Das Sammeln und Bewahren aller Arten von Lebewesen war für die Kakhyens eine ständige Quelle des Staunens und des Gewinns. Sogar der junge Tsawbwa erkrankte an der Infektion und brachte, entweder aus Gier oder aus Dankbarkeit für medizinische Hilfe, ein junges Beispiel eines rotgesichtigen Affen mit, der eng mit *Macacus tibetanus* (Milne-Edwards) verwandt war.

Es ist offensichtlich, dass es sich bei ihnen um eine vollkommen wilde Rasse von Bergbewohnern handelt, die sich durch grobe Kultivierung mit den meisten lebensnotwendigen Gütern versorgen. Sie sind völlig auf ihre Nachbarn angewiesen , wenn es um Salz und getrockneten Fisch geht; Und da ihre eigenen spärlichen Ernten wenig Überfluss liefern, besteht ihr großes Ziel darin, sich *einen Kompromiß* zu verschaffen , mit dem sie kaufen können, was sie brauchen. Sie züchten keine Tiere außer Schweinen; und die Büffel, die sie besitzen, wurden aus den Ebenen gestohlen. Diese Gewohnheit des „Viehhebens" führt dazu, dass sie von den Burmesen als natürliche Gesetzlose angesehen werden; Daher der ständige Zustand der Feindseligkeit und Repressalien auf beiden Seiten. Seit unserem Besuch wurden die Bergsteiger in Bhamô besser behandelt , und außerhalb der Palisaden wurde für sie ein Zayat errichtet, zusätzlich zu einem für sie in der Nähe der britischen Residenz gebauten; Aber kein Kakhyen kann die Stadt ohne einen Pass betreten oder verlassen, wofür er Zoll zahlen muss, da diese Lizenz von den Einwohnern in Bhamô bewirtschaftet wird . Man muss zugeben, dass sie gegenwärtig faul, diebisch und unzuverlässig sind, egal, ob ihr Charakter durch schurkische Ungerechtigkeit seitens chinesischer Händler oder durch selbstherrliche Erpressung und Unrecht seitens Burmesen geschädigt wurde. Ihre wilde Neugier führt dazu, dass sie in jedes ihnen anvertraute Paket hineinschnüffeln. Während der Rückreise wurden alle Sammelkästen geöffnet und jedes Exemplar ausgerollt und untersucht, was zu völliger Verwirrung führte. Sie betrachten sich als berechtigt, von allen, die durch ihre Bezirke kommen, Erpressungen zu erheben, und jeder kleine Häuptling versucht, sich als unabhängiger Tsawbwa darzustellen , der die volle Kontrolle über den Streckenabschnitt in der Nähe seines Dorfes hat.

Da jedoch jede Mission oder jeder Handelskonvoi durch ihre Hügel führen muss und starke und unparteiische Gerechtigkeit alle unsere Beziehungen zu ihnen kennzeichnen sollte , wird es nicht als Anmaßung gelten, die scheinbar beste und gerechteste Methode für den Umgang mit ihnen vorzuschlagen .

Es ist durchaus erwiesen, dass die Kakhyens selbst keine Maultiere besitzen oder zumindest so wenige, dass sie nicht ausreichen, um größere Mengen Gepäck oder Güter zu transportieren. Wenn die Häuptlinge mit der Beschaffung von Maultieren beauftragt wurden, heuern sie diese bei den Shan an , fungieren so als Mittelsmänner und machen in unserem Fall einen exorbitanten Gewinn. Ihre unheilbaren Gewohnheiten des Diebstahls und der Einmischung aus Neugier machen sie für den Einsatz als Träger ungeeignet. Alle Lasttiere und Kulis, falls erforderlich, sollten entweder in Burma oder durch direkte Agenten beschafft werden, die in den Shan-Distrikten, die China unterstehen, angeheuert werden; im letzteren Fall sind keine Vorauszahlungen zu leisten. Die Häuptlinge der Kakhyens , die den Teil der Route besetzen, der innerhalb der burmesischen Grenzlinie liegt , sollten von den burmesischen Behörden auf Veranlassung des britischen Residenten nach Bhamô gerufen werden und eine angemessene Summe als Anerkennung ihrer territorialen Abgaben festgesetzt werden, sollten darüber informiert werden, dass diese Gebühr in der Residenz bezahlt wird, sobald die sichere Durchreise durch ihr Hoheitsgebiet abgeschlossen und zertifiziert ist. Ein ähnlicher Weg kann durch die Kommunikation mit den chinesischen Behörden im Hinblick auf diejenigen eingeschlagen werden, die innerhalb der chinesischen Grenze leben. Die von den Häuptlingen zu erfüllenden Pflichten sollten sich auf die Gewährleistung einer ungestörten Durchfahrt und die Bereitstellung der erforderlichen Unterkünfte und Vorräte beschränken. Im Hinblick auf die Bereitstellung einer offenen Handelsroute sollte ein fairer Zolltarif festgelegt werden: Dies wurde von den Chinesen getan und könnte auch von den Burmesen erreicht werden. Von den Berghäuptlingen kann dann verlangt werden, dass sie die Straßen offen und instand halten und jeden Räuberversuch unter Androhung einer Geldstrafe oder anderer Strafen unterdrücken. Bei allem Respekt vor dem politischen Zweig unseres Dienstes muss jedoch angemerkt werden, dass man nicht umhin kann, zu denken, dass es in allen Fällen notwendig sein wird, dass unsere Bewohner den Berghäuptlingen keine unabhängigen Vorladungen und Befehle erteilen. Die Abneigung der Burmesen wurde nicht unnatürlich dadurch geweckt, dass britische Offiziere unabhängig vom Woon mit den Häuptlingen zu tun hatten, die ihm als Offizier des Königs von Burma zumindest nominell unterstellt waren. Es ist sicherlich die Pflicht des in der Stadt einer unabhängigen ausländischen Macht ansässigen Briten, mit den örtlichen Behörden zusammenzuarbeiten , sie anzuerkennen und eine *herzliche Freundschaft* mit ihnen zu pflegen. Wenn diese Politik systematisch befolgt wird, werden die Burmesen am gerechtesten und angemessensten für das Verhalten der Häuptlinge verantwortlich gemacht, von denen sie behaupten, dass sie von ihrer Autorität abhängig sind und die Titel und Insignien vom König von Burma angenommen haben. Es mag phantasievoll erscheinen, Mittel und Wege vorzuschlagen, um die Schwierigkeiten der

Route für einen künftigen Handel zu beseitigen; aber die Durchreise einer Mission oder zukünftiger Entdecker des interessanten Landes jenseits der Kakhyen- Hügel wird nur so ermöglicht. Die Vereinbarungen müssen mit den Burmesen und den Chinesen getroffen werden; Die Kakhyens , die nur als abgelegene Menschen betrachtet wurden, zahlten ihre Schulden, nicht aus Angst, sondern aus großzügiger Gerechtigkeit; während sie streng unterdrückt werden und ihnen ihre eigene Bedeutungslosigkeit und nahezu Nutzlosigkeit beigebracht wird. Diese Bemerkungen scheinen ein Beispiel dafür zu sein, wie man die Tür schließt, nachdem das Ross gestohlen wurde; Aber wenn der vorgeschlagene Plan stark von dem unserer Expedition abweicht, sollten wir uns daran erinnern, dass wir Pioniere in einem unbekannten Land waren und uns durch Stämme und Bevölkerungen kämpften, deren politische Beziehungen zu dieser Zeit ebenso wenig bekannt waren wie die Die körperlichen Schwierigkeiten der Route, die wir mitten in der Stadt erkunden sollten, wurden durchbrochen.

Diese Beobachtungen sind das Ergebnis der im Verlauf dieses ersten Versuchs gesammelten Erfahrungen, und die damals gebildeten Meinungen wurden bei einer neueren Gelegenheit bestätigt, als es nicht in meiner Macht stand, das Wissen über die Wege und Wege praktisch anzuwenden Gewohnheiten der Bergsteiger, die früher erworben worden waren.

Wenn der Leser die Kakhyens etwas satt hat , kann er die ermüdende und ängstliche Zeit, die wir in Ponsee verbrachten, besser verstehen , da wir den ganzen April über abwechselnd hofften und verzweifelten, aus unserem Freiluftgefängnis zu entkommen. Am Ende dieser Zeit wurde unsere Gruppe durch den Weggang von Williams und Stewart zahlenmäßig reduziert, die auf das bereits erwähnte Rundschreiben des Missionsleiters reagierten. Sie starteten unter der Führung von Moung Mo am 29. April und erreichten Bhamô ohne Verzögerung oder Schwierigkeiten.

[23] „ En langue Mou-tse et Kong un homme se dit *Ho -ka* , en langue Kho il se dit *Kasya* .“ – „ Voyage d'Exploration“, Band ich . P. 378.

[24] Siehe *oben* , Seite 77.

[25] Bei einem späteren Besuch erklärte die Tsawbwa von Mattin das Jahr 1874 zum Kakhyen -Jahr 1320; und die folgende Liste von Monaten wurde Père Lecomte übergeben : (Februar) Ra, Wot, Shila , Cheetung , Shenan, Shimerray , Kopes -hay, Kopetang , Kala, Majea , Mahah, Hro (Januar).

KAPITEL VI.
MANWYNE AN MOMIEN.

Abfahrt von Ponsee – Tal des Tapeng – Eine neugierige Menschenmenge – Unser Khyoung – Matins – Die Stadt Manwyne – Besuch im Haw – Die Tsawbwa-Gadaw – Eine bewaffnete Demonstration – Karahokah – Sanda – Der Häuptling und sein Enkel – Muangla – Shan Grabstätten – Tahô – Ein ermordeter Reisender – Mawphoo -Tal – Muangtee – Nantin – Tal von Nantin – Die heißen Quellen – Von Chinesen angegriffen – Hawshuenshan-Vulkan – Tal von Momien – Ankunft in der Stadt.

Nach verschiedenen Berichten und Briefwechseln zwischen uns und den Panthays , die darauf abzielten, jegliche Zweifel in letzteren auszuräumen, erfuhren wir, dass die Vertreter der Shan-Staaten nach Manwyne gekommen waren . Einen leichten Hinweis auf die unveränderte Abneigung des Bhamô -Volkes gab die Inhaftierung von Moung Mo, der Williams und Stewart als Führer gedient hatte; Auf einen heftigen Protest, der jedoch an Woon weitergeleitet wurde , folgte seine Freilassung und Rückkehr ins Lager.

Am 8. Mai trafen die Shan-Vertreter ein. Das Erscheinen dieser schönen, zivilisierten , intelligenten Männer, die vom Schuh bis zum Turban in Dunkelblau gekleidet waren, war eine große Erleichterung. Sie versicherten uns, dass wir weitermachen könnten, und bestritten, feindselige Gefühle gehabt zu haben. Männer wurden nach Manwyne geschickt , um Maultiere zu holen, und wir beschlossen, am nächsten Tag in diese Stadt aufzubrechen.

Es war amüsant zu sehen, wie die Pfotenmine als Cicerone fungierte und den neugierigen Shans die Wunder unserer Lagermöbel zeigte . Sie beklagten sich bitter über den unruhigen Zustand des Landes und erklärten, dass unsere Anwesenheit bereits zur Wiederherstellung der Ordnung beigetragen habe. Eine ihrer Beschwerden war, dass sie wegen der Erpressung und Plünderung, die der Woon und sein Volk gegenüber den Händlern, die dorthin Zuflucht suchten, praktizierten , nicht mit Bhamô Handel treiben konnten.

Der Ponsee Die Pfandminen zeigten ihr bestes Benehmen , und sogar die heikle Frage der Maultiermiete war endlich geklärt. Der Tsawbwa erklärte, dass jeder Mann, jede Frau und jedes Kind das Beste für unseren Aufenthalt sei, und bat uns, ihn zu begünstigen , indem wir diesen als Rückweg wählten und von ihm Gebrauch machten, wie wir wollten.

Die Shan kamen am Morgen des 11. Mai sehr früh an, um zu verkünden, dass genügend Maultiere eingetroffen seien. Wir packten mit gutem Willen ein und um acht Uhr erschienen tatsächlich die Maultiere. Im letzten Moment versuchte „Death's Head" Pawmine , durch ein von seinem Haus aufgenommenes Foto Unruhe zu stiften. Er erklärte, seine Frau und sein Sohn seien seitdem krank gewesen und der Fotograf habe sie aus Rache dafür, dass er unsere Kuh gestohlen hatte, verhext. Eine andere Pfotenmine verlangte einen Zoll von zwei Rupien pro Maultier und drohte mit einem Embargo. Das war zu viel. Eine kurze und scharfe Weigerung, die durch einen Revolver unterstrichen wurde, wirkte wie Zauberei, und die Pawmines schlichen völlig niedergeschlagen davon.

Um halb elf machten wir uns vom Ort unseres langen Nachsitzens auf den Weg. Der Mangel an Maultieren zwang uns, unsere Zelte zurückzulassen und auf die Gastfreundschaft der Stadtbewohner *unterwegs zu vertrauen, um in Zukunft Unterschlupf zu finden* .

Etwa eine Meile lang war die Straße einigermaßen eben, bis Kingdoung , von wo aus ein steiler Abstieg zu einer vergleichsweise flachen Schlucht führte, die bis auf eine auf allen Seiten von Hügeln begrenzt und mit überfluteten Reisterrassen bedeckt war, während hier und da der Boden eben war von Männern und Jungen mit großen Hacken aufgelöst werden.

Der steile Abstieg zu dieser Schwemmmulde konnte leicht umgangen werden, indem eine Straße entlang eines Ausläufers nach Osten führte und zum Tapeng hin abfiel . Hier münden sowohl von Süden als auch von Norden her zahlreiche kleine Bäche in den Tapeng , der größte davon heißt Thamô . Von der nordöstlichen Wasserscheide aus hatten wir einen schönen Blick auf das Tapeng- Tal, das sich nach Ost-Nordosten erstreckte, und stiegen dann über abgerundete grasbewachsene Hügel und ausgetrocknete Wasserläufe über einen allmählichen Abhang auf die Höhe des Flusses hinab . Unterwegs trafen wir auf die Tsawbwa-Gadaw von Muanggan , begleitet von einer Schar Jungfrauen, die gekochten Reis, frisches Sheroo und Blumen anboten. Nach einer kurzen Pause zur Erfrischung und einem freundlichen Gespräch mit der alten Dame, deren Gastfreundschaft gebührend mit Perlen belohnt wurde, gingen wir über eine schöne, sechs Fuß breite Straße weiter. Von einer Anhöhe aus sahen wir, wie der Tapeng durch eine enge, düstere Schlucht in die Berge eindrang, die den breiten, ruhigen Bach verschlang, der von Nordosten zwischen niedrigen weißen Sandbänken herabfloss. Als man flussaufwärts blickte, erstreckte sich das flache Tal, bis sich in der Ferne die drei oder vier Meilen voneinander entfernten Grenzketten im Vordergrund fast zu treffen schienen. Diese prägenden Berge ragten dreitausend Fuß in die Höhe, andere von noch größerer Höhe ragten im Hintergrund empor, während eine höhere Bergkette, die fast im rechten Winkel zu ihnen verlief, den fernen Horizont krönte. Das ebene Gelände auf beiden Seiten des Flusses war in unzählige Reisfelder aufgeteilt, was zusammen mit den zahlreichen Dörfern auf den höheren Hügeln inmitten von Bambus- und Obstbaumgruppen die Anwesenheit einer zahlreichen und fleißigen Bevölkerung bezeugte . Die freigelegten Sandflächen innerhalb der Flussufer

deuteten auf schwere Überschwemmungen während der Regenzeit hin; aber
zu dieser Zeit wurde das Wasser durch viele Kanäle abgeleitet und glitzerte
in kleinen Seen, aus denen die grünen Halme der jungen Reisernte gerade
ihre Köpfe hoben. Die sanften Hänge, die bis zum Fuß der Hügel reichen,
und die unteren Hänge boten großen Rinder- und Büffelherden reichhaltiges
Weideland. In den verschiedenen Dörfern versammelten sich große Scharen
von Shans und Chinesen, die auf die Fremden warteten. Bei einem wichtigen
Ereignis wurden Matten für uns unter den Bäumen ausgelegt und wir wurden
von den Beamten von Manwyne herausgefordert, die unseren Anführer etwa
so ansprachen: „Sie sagen, Sie seien ein Mann mit Autorität, deshalb erlauben
wir Ihnen das." passieren." Es gehörte nicht zur Etikette, auf sie zu achten,
und sie bestiegen ihre Ponys und fielen in den hinteren Teil der Kavalkade,
gefolgt von einer Schar Jungen. Außerhalb von Manwyne selbst umzingelte
eine dichte Menschenmenge aus Männern, Frauen und Kindern unser
Gepäck, das reihenweise auf einem Sandstreifen abgeladen worden war, wo
wir unser Lager aufschlagen sollten. Kaum waren wir abgestiegen, drängte
sich die Menge um uns herum. Sie wirkten keineswegs freundlich, und vor
allem die Chinesen spotteten und johlten, und einer von ihnen hatte die
Unverschämtheit, die Textur des Bartes eines Mitglieds unserer Gruppe zu
spüren . Eine neugierigere Gruppe von Touristen kann man sich kaum
vorstellen, und eine Zeit lang blockierten sie uns regelmäßig, fast bis zur
Erstickung. Während beide Parteien im vollen Glanz der Nachmittagssonne
ungeduldig auf die Beamten warteten, zeigten sie großes Interesse daran, sich
gegenseitig zu begutachten. Für uns wirkte der erste Anblick der
eigentümlichen, aber malerischen Kleidung der gutaussehenden Shan-
Frauen wahrscheinlich genauso attraktiv, wie unsere Physiognomien und
unsere Kleidung auf die Eingeborenen wirkten. Der Kopfschmuck war ein
langer blauer Turban, der mit präziser Präzision in halbmondförmige Falten
gewunden war, fast einen Fuß über den Kopf ragte und in einem
umgekehrten Kegel nach hinten geneigt war, so dass der Hinterkopf mit
großen silbernen Scheiben geschmückt war. Fügen Sie dazu hübsche kleine
weiße oder blaue Jäckchen mit roten Schlitzen hinzu, die mit emaillierten
Silberbroschen befestigt sind und die dicken, mit schweren
Silberarmbändern geschmückten Ärmchen freilegen, blaue Unterröcke mit
tief bestickten Seidenborten, fantasievollen Gamaschen und blauen Schuhen,
und der Leser kann es Stellen Sie sich vor, die neugierige Menschenmenge
von Manwyne wäre malerisch.

Es gab eine ganze Reihe chinesischer Frauen mit Zwergfüßen, aber sie waren
viel ärmer gekleidet als die wohlhabend aussehenden Shans .

Die Männer, Shan und Chinesen, trugen alle dunkelblaue Jacken und Hosen.
Die Shan zeichneten sich durch blaue Turbane aus, in deren Ringen der Zopf
gewunden war, während die Chinesen Schädelkappen trugen. Fast alle trugen

langstielige Pfeifen. Nach einigem Zögern und Einreden mit den Häuptern wurden wir in einen buddhistischen Khyoung oder Tempel eingeführt, der in einem separaten Hof direkt innerhalb der Stadt stand, aber durch ein eigenes Tor in der Stadtmauer betreten wurde. Es war ein niedriges, quadratisches Gebäude mit Blick auf den Fluss, teilweise aus Ziegeln, teilweise aus Holz, auf einem Fundament aus Schutt gebaut und mit gebrannten Ziegeln gedeckt.

Es hatte zwei Dächer, das obere an sich ähnelte einem kleineren Khyoung , das auf dem größeren thronte, mit zwei Gitterfenstern in jeder seiner geschwungenen Seiten und getragen von starken Teakholzsäulen. An beiden Enden schlossen zwei hölzerne Trennwände die Zellen der Priester und ihrer Schüler ab. Eine Küche in einer Ecke vervollständigte die häusliche Einrichtung, es sei denn, wir stellen zwei oder drei neue Särge und Materialien für weitere bereit, die in einer Ecke der Veranda bereitgestapelt sind. Ein langer Tisch war mit Pagodenmodellen bedeckt, auf denen sitzende Figuren von Gaudama standen, wobei in der Mitte ein Hauptbuddha mit einem über dem Kopf hängenden Regenschirm stand. Dieser schien als Altar zu dienen, auf dem während der Abendgebete zwei große Kerzen aufgestellt wurden, die mit Glockenbegleitung angestimmt wurden und stark an die katholische Messe erinnerten. Auf der Veranda gegenüber diesem Altar befanden sich drei quadratische Nischen, von denen eine das Bild eines Pferdes enthielt.

Sobald wir unser Quartier bezogen hatten, drängte sich der Tempel innen und außen von einer neugierigen Menschenmenge, die uns mit ihrer Anwesenheit beglückte , bis wir uns für die Nacht zurückzogen. Das Unwohlsein einiger chinesischer Einwohner fürchtete die Häuptlinge so sehr, dass zusätzlich zu unseren eigenen Polizeiwachen, die von den Behörden aufgefordert wurden, bei einem Angriff auf der Hut zu sein, eine bewaffnete Shan-Wache rund um den Khyoung stationiert war.

Am frühen Morgen weckten uns die Morgenglocke und der Gesang und stellten fest, dass die Wohnung voller präziser alter Matronen und dralle Shan-Mädchen war, die mit ihren Andachten beschäftigt waren. Jeder trug einen kleinen Korb voller Reis und einige brachten Blumen als Opfergabe. Als sie eintraten, knieten sie zunächst vor dem Hauptbuddha nieder, wagten sich aber nicht auf die erhöhte Plattform. Nach einem kurzen Gebet wandten sie sich der Nische mit dem Pferd zu, vor der sie im Stehen ein Gebet wiederholten und dann vor dem Vierbeiner eine Opfergabe aus gekochtem Reis niederlegten. Als nächstes wurden wir Gegenstand ihrer Aufmerksamkeit, aber sie waren zu schüchtern, um uns beim ersten Mal viel davon zu schenken. Nachdem die Priester ihre Gebete beendet hatten, stellten sich alle Frauen in einer Reihe vor dem Khyoung auf . Plötzlich erschien der stämmige, in Gelb gehüllte Oberpriester. Mit gesenktem Blick und ernstem Gesicht ging er langsam die Reihe entlang und hielt eine große Schüssel in der Hand, in die jeder eine Opfergabe aus gekochtem Reis legte. Nachdem dies geschehen war, zerstreute sich die Gemeinde in ihre Häuser.

Diese Praxis, bei der die Phoongyees ihr tägliches Essen von den Gläubigen einsammeln, anstatt es von Haus zu Haus zu erbetteln, *Patta* oder Almosenschale in der Hand, ist ein Beispiel für die unorthodoxe Laxheit, die unter den Shan-Buddhisten vorherrscht.

Eine Verzögerung von zwei Tagen war durch Beratungen über die einzuschlagende Route erforderlich geworden. Die Wahl lag zwischen der Überquerung des Flusses in das Muangla- Territorium oder der Weiterfahrt am rechten Ufer durch den Sanda-Staat bis zur gleichnamigen Stadt. Letzteres wurde schließlich trotz des Widerstands eines Muangla-Abgeordneten namens Kingain beschlossen .

Die Stadt Manwyne oder Manyen gehörte früher selbst zu Sanda, wurde aber als Mitgift einer Sanda-Prinzessin an einen Angehörigen der Muangla - Familie abgetreten . Es ist von einer niedrigen Mauer aus sonnengetrockneten Ziegeln umgeben, die auf einer unteren Schicht aus rauen Steinen errichtet ist. Die Bevölkerung der Shans und Chinesen dürfte auf siebenhundert geschätzt werden, und der Distrikt hat etwa fünftausend Einwohner. Zu dieser Zeit hatten dort zahlreiche Flüchtlinge aus den unruhigeren Bezirken Zuflucht gesucht, da sich der Krieg noch nicht so weit talabwärts ausgebreitet hatte. Das Volk war zwar wohlhabend, aber gesetzlos und unabhängig, die nominelle Autorität der Witwe Tsawbwa-Gadaw , oder Prinzessin, wurde wenig geschätzt und die chinesische Macht lag in der Schwebe. Wir besuchten den Basar, der jeden Morgen außerhalb der Mauer stattfand. Bei den Verkäufern handelte es sich größtenteils um Mädchen, die jeweils vor einem kleinen Korb saßen und ein Tablett hielten, auf dem ihr Vorrat ausgelegt war. Die Esswaren bestanden aus einer merkwürdigen quarkartigen Paste aus Erbsen und Bohnen und waren sehr gefragt; Gekeimte Erbsen, Bohnen, Zwiebeln und verschiedene wilde Pflaumen, Kirschen und Beeren, aber auch Mais, Reis und Gerste sowie verschiedene Tabaksorten wurden zum Verkauf angeboten. Ein Ende des Basars war ungebleichten, selbst hergestellten Baumwollstoffen gewidmet, mit einem kleinen Vorrat an englischer Stückware und rotem und grünem Wollstoff.

Viele Kakhyens , hauptsächlich junge Frauen, waren anwesend und boten Brennholz und billige Bretter zum Verkauf an, und wir waren beeindruckt von der vollkommenen Freiheit, die diese Menschen im Gegensatz zu ihrer Behandlung auf burmesischem Territorium genossen. Das Stadttor führte in eine schmutzige, schmale Straße oder vielmehr Gasse, die etwa drei Meter breit war. Es war mit Felsbrocken gepflastert und auf beiden Seiten von einer tiefen, offenen Rinne dicht unter den Fenstern begrenzt, in der es von

Schweinen wimmelte. Die einstöckigen Häuser waren aus Ziegeln gebaut, mit einem Raum, der sich zur Straße hin öffnete, wobei die Fensterbank als Theke diente, hauptsächlich für den Verkauf von Schweinefleisch. Dies war das chinesische Viertel; Dahinter lag die saubere Shan-Abteilung, jedes Haus war freistehend und von einem hübschen kleinen Innenhof umgeben, in dem Ponys, Büffel und Geräte unter massiven Schuppen untergebracht waren. Einige Dörfer bildeten sozusagen Vororte der sogenannten Stadt, jedes von einem Bambuszaun umgeben und von schmalen, mit Gittern versehenen Wegen durchzogen. Keines der Häuser wurde wie in Burma auf Pfählen errichtet; die besseren waren aus Ziegeln und Ziegeln gebaut, und die kleineren waren bloße Lehmhütten. In einem Dorf sahen wir einen Mann, der Tabak für die Damen schnitt, und wurden höflich eingeladen, Platz zu nehmen, während wir in die Kunst des Tabakhändlers eingewiesen wurden. Die fest zusammengerollten frischen Blätter wurden durch ein rundes Loch in einem Holzpfosten gesteckt und schnell dünne Scheiben abgeschnitten; Diese werden nur teilweise getrocknet und im grünen Zustand geräuchert. Einiges wurde mitgebracht, um die Pfeifen der Besucher zu füllen, und eine halbe Stunde lang saßen wir da und unterhielten uns mit diesen heimeligen Shans . Als wir zum Khyoung zurückkehrten , stellten wir fest, dass es mit zahlreichen Patienten überfüllt war, die alle um medizinische Hilfe baten. Die armen Leute waren überaus dankbar, obwohl einige der Alten und Gebrechlichen Wunder zu erwarten schienen und offensichtlich eher an der Willenskraft als an der Macht des Arztes zweifelten, als sie weggingen.

Während dieser Zeit war unser Anführer damit beschäftigt, die Aufteilung der dreihundert Rupien unter den Kakhyen festzulegen Pfotenminen ; Sie waren in ihren Freundschaftsbekundungen äußerst demonstrativ und drängten uns eindringlich, uns auf dem Rückweg ihrer Begleitung anzuvertrauen. Geschenke wurden auch an die Oberhäupter der Stadt sowie von Sanda und Muangla verteilt , und die Beamten begleiteten uns zu einem feierlichen Besuch beim Tsawbwa-Gadaw . Ihr *Haw* oder Palast, der im chinesischen Stil mit teleskopischen Innenhöfen erbaut wurde, bildete eine Umfriedung im Zentrum der Stadt. Wir durchquerten zwei Innenhöfe, wobei die Seiten des äußeren die Ställe bildeten und die des inneren die Küche und die Dienstbotenzimmer, während das Wohnhaus den Abschluss bildete. Der Eingang vom ersten zum zweiten Hof bildete ein Wartezimmer, in dem eine mit seidenen Vorhängen bedeckte Bank aufgestellt war. Nach ein paar Minuten wurden wir aufgefordert, durch den zweiten Hof zu dem Haus zu gehen, das etwa einen Meter über dem Boden lag und über eine offene Empfangshalle verfügte, die offenbar an einen dritten Hof angrenzte und die Privatwohnungen enthielt. Der Empfangshof war mit Blumen, Zwergeiben und einer über einem Spalier gespannten Weinrebe geschmückt. Hochlehnige Stühle mit roten Kissen wurden aufgestellt, und bald darauf erschien die Witwe aus ihrer Wohnung, begleitet von einigen weißgewandeten buddhistischen Nonnen oder *Rahanees* und drei Dienstmädchen. Eine der Nonnen war ihre Tochter; die anderen hatten Rangun als Pilger zur großen Pagode besucht und starke Eindrücke von der Exzellenz der britischen Herrschaft mitgebracht; Sowohl in Manwyne als auch anderswo leisteten diese frommen Damen anschließend gute Dienste, indem sie positive Berichte über die englischen Besucher verbreiteten.

Aber wir vergessen das Tsawbwa-Gadaw . Sie war eine stämmige kleine Frau von fünfzig Sommerjahren mit ruhiger, selbstbeherrschter Haltung. Über ihrem runden, hellen Gesicht ragte ein riesiger, fünfzehn Zentimeter hoher blauer Turban auf. Ihr Kostüm bestand aus einer weißen Jacke, die mit großen quadratischen, emaillierten Silberspangen befestigt war, und einem blauen Unterrock mit reich bestickter Seidenborte und breiten Seidenstreifen; Auch ihre Leggings und Schuhe waren mit exquisiten Stickereien bedeckt. Sie trat ein, eine lange Pfeife mit silbernem Stiel rauchend, und empfing uns mit angenehmer Freundlichkeit. Sladen führte mit ihr ein langes Gespräch über die Mission, und sie freute sich sehr über die Aussicht auf die Wiederaufnahme des burmesischen Handels und versprach ihr herzliche Unterstützung. Kleine Tassen mit bitterem Tee und Untertassen mit allem, was man zum Betel-Kauen braucht, wurden herumgereicht, der Stil war durch und durch chinesisch, und wir verabschiedeten uns, nachdem wir offensichtlich ihre Wertschätzung gewonnen hatten.

Am nächsten Morgen, dem 13. Mai, versammelte sich die gesamte Bevölkerung des Viertels , um die Abreise der Besucher zu beobachten. Die Schönen trugen ihre Festtagskleidung und ihre Kopfbedeckungen waren mit duftenden Blumen geschmückt. Den Reisenden wurden viele Abschiedsgeschenke überreicht, begleitet von gutmütigem Nicken, Lächeln und freundlichen Wünschen . Mehrere Shan-Beamte begleiteten uns, hoch oben auf riesigen roten Stoffsätteln sitzend und gepolsterte Decken über ihren kleinen Ponys. Die Route verlief am hügeligen rechten Ufer des Flusses entlang, über einen erträglichen, aber schmalen Weg, der die in den Tapeng mündenden Gebirgsbäche mit massiven Granitbrücken überquerte, die aus langen, nebeneinander gelegten Platten gebaut waren, die einen genauen Halbkreisbogen bildeten .

Ungefähr vier Meilen von Manwyne entfernt wurde unsere Aufmerksamkeit auf eine Reihe von Männern gelenkt, die aus einem Dorf am gegenüberliegenden Flussufer stürmten. Obwohl sie alle bewaffnet waren und Drohgeschrei und Gestikulieren ergingen, ahnten wir keine wirklich feindseligen Absichten. Doch plötzlich befanden wir uns genau im Gegenteil zu ihnen, als, pfui! Eine Kugel flog dicht an Sladens Pony vorbei , das heftig zu Boden stürzte. Daraufhin schrieen sie und feuerten weitere Schüsse ab, begleitet von wütendem Dah-Schwingen. Wir achteten nicht darauf, und diese scheinbare Gleichgültigkeit kühlte ihre Begeisterung ab , und die Straße, die vom Fluss abzweigte, führte uns bald außer Sichtweite. Die Tatsache, dass in regelmäßigen Abständen kleine, aber gut bewaffnete Trupps von Shans stationiert waren, deutete darauf hin, dass die Beamten mit einem Angriff gerechnet hatten.

Darüber hinaus war der Marsch nach Sanda ein Applaus, die Leute säumten die Straße und winkten uns mit „ *Kara!*"- *Rufen weiter. Kara!* "Willkommen! Willkommen!" Am beeindruckendsten war das Panorama des fruchtbaren und bevölkerungsreichen Tals, durch das sich das breite Tapeng schlängelt und zu beiden Seiten die prächtigen Bergwände aufragen. Ein Dorf folgte einem Dorf, und jeder verfügbare Hektar wurde bewirtschaftet, der junge Reis ragte jetzt etwa fünf Zentimeter über das Wasser und die Tabakplantagen auf dem höher gelegenen Gelände zeigten ihr zartes Grün.

Auf halber Strecke zwischen Manwyne und Sanda führt die Straße durch Karahokah , die wichtigste chinesische Marktstadt des Tals. Das Dorf besteht aus zwei langen, parallelen Häuserreihen, die durch einen Boulevard getrennt sind , in dessen Mitte sich am wöchentlichen Markttag die Stände und Stände befinden. Als wir vorbeikamen, war gerade ein voller Markt, also gingen wir auf Anraten um das Dorf herum, aber die neugierige Menschenmenge strömte hinaus und blockierte fast die Straße. Ein markantes Merkmal der Landschaft war die leuchtend rote Erde der unteren Ausläufer, die aus dem höheren Gebirgszug herausragen. Im Gegensatz zu den dichten Wäldern oben waren sie, außer an den äußersten Stellen, fast baumlos, und da sie mit üppigem, kurzem Gras bewachsen waren, vervollständigten ihre stark ausgeprägten roten und grünen Farben die einzigartige Schönheit des Sanda-Tals . Um 17 Uhr ERREICHTEN wir Sanda oder Tsandah , 75 Meilen von Bhamô entfernt , und wurden zu einem kleinen provisorischen buddhistischen Khyoung geführt , der an der Stelle eines von den Panthays zerstörten Khyoung errichtet wurde .

Es war kaum besser als eine strohgedeckte Hütte mit dem Boden als Boden. Hier, wie auch in anderen Shan-Städten, wurde ein auffälliger Unterschied zwischen den Phoongyees und denen in Burma beobachtet. Ihre riesigen gelben Turbane, die um gelbe Schädelkappen gewunden waren, ragten jeweils wie ein fester Nimbus oder Ruhm hervor. Sie trugen weiße Jacken und gelbe Hosen, Gürtel, Leggings und Schuhe, was den Vorschriften ihrer Religion widersprach. Jeder trug auf dem Rücken einen breitkrempigen Strohhut, der mit grüner geölter Seide bedeckt war. Ihre Fülle an Silberschmuck, Knöpfen, Ringen und Pfeifen stand in völligem Widerspruch zu den Armutsgelübden Rahans .

Die Stadt Sanda, auf Karten als Santa-fu markiert, liegt am Ende eines Bergrückens in einer nördlichen Biegung oder Bucht des Tals, anderthalb

Meilen vom Tapeng entfernt . Die Überreste einer dicken, mit Schießscharten versehenen Mauer umschließen ein unregelmäßiges Gebiet von etwa 600 Quadratmetern, auf dem 800 bis 1.000 Häuser mit einer Bevölkerung von 4.000 bis 5.000 verstreut stehen. Wir sahen weder Türme, Pagoden noch öffentliche Gebäude, außer dem Haus der Tsawbwa , außer Ruinen. Die Panthays stürmten die Stadt im Jahr 1863 und die zerstörten Verteidigungsanlagen und Gebäude waren noch nicht wiederhergestellt. Tatsächlich hatten die niedergeschlagenen und verarmten Bewohner ihre eigenen, aus Ziegeln gebauten Behausungen nur teilweise repariert.

Vierhundert Meter vom Nordosttor entfernt lag der Basar, ein eigenständiges Dorf, das ausschließlich von Chinesen bewohnt wurde und wie Karahokah aus zwei Häuserzeilen bestand, wobei der Boulevard dazwischen an beiden Enden durch eine Mauer verschlossen war. In der Nähe des Eingangs stand ein chinesisches Joss-Haus, dessen Ruinen seine frühere Bedeutung zeigten. Bei unseren Streifzügen durch den Basar trafen wir zwei Frauen aus den Hügeln nördlich von Sanda, einer völlig anderen Rasse als Shans , Chinesen oder Kakhyens , die sich Leesaws nannten .

Der nächste Tag war einem feierlichen Besuch der alten Tsawbwa gewidmet . Wir betraten seinen Haw, ein hübsches Bauwerk aus blauem Gneis, durch einen dreifachen Torbogen und gingen durch die Innenhöfe. Das gesamte Gebäude hatte den gleichen Grundriss wie der Manwyne- Palast , war jedoch viel größer und schöner. Im Vorraum eines Gebäudes, das direkt zu den Privatwohnungen führte, waren chinesische Stühle mit hoher Rückenlehne aufgestellt, und der Hof davor war voller führender Bürger. Der Tsawbwa , ein gebrechlicher alter Mann mit intelligentem Gesicht und gepflegten Manieren, trug einen langen Mantel in düsterem Shan-Blau und eine schwarze Satin-Schädelmütze. Er war nervös und schweigsam, und die meisten Gespräche wurden von seinen Beamten geführt, die anscheinend gebildete Herren mit beträchtlicher Intelligenz waren. Sie äußerten einstimmig ihre Hoffnung, dass unsere Mission zur Besiedlung des Landes und zur Wiederherstellung des Handels führen würde.

Der kleine Enkel und Erbe der Tsawbwa wurde zur Vorstellung gebracht. Der alte Häuptling spendete offenbar für den Jungen und forderte Sladen dringend auf, ihn als seinen Sohn zu betrachten. Als er erfuhr, dass er bereits einen kleinen Jungen besaß, rief der Häuptling: „Dann sollen sie Brüder sein.“ Es schien, dass die Astrologen bei der Vorhersage des Ereignisses unserer Mission erraten hatten, dass diese Adoption durch unseren Anführer für das zukünftige Wohlergehen des Erben von Sanda von wesentlicher Bedeutung war. Das Gespräch endete mit der Verteilung von Tee und Betel, und nachdem wir den Häuptling um die Annahme eines hübschen Tischtuchs und anderer Geschenke gebeten hatten, verabschiedeten wir uns, wurden aber von Dienern der Tsawbwa, die Vorräte an Reis , Enten, Hühner und gesalzene Wildgänse. Am nächsten Morgen erschien der Tsawbwa in Begleitung seines Enkels und brachte als Geschenke eine seidene Steppdecke und hübsche bestickte Shan-Kissen mit. Im Namen seines frisch adoptierten Sohnes, für den der Großvater seine Zuneigung und Fürsorge dringend erflehte, wurde Sladen ein reich emaillierter silberner Pfeifenstiel geschenkt . Auf seine Bitte hin wurde vereinbart, dass wir beim Verlassen der Stadt am Haus des Tsawbwa vorbeikommen sollten . Als sich die Kavallerie den Toren der Umzäunung näherte, bliesen zwei dort stationierte Trompeter einen kräftigen Ton auf ihren langen Messingtrompeten. Der Häuptling selbst stand auf der Treppe, beschattet von zwei großen Regenschirmen, einer aus goldenem *Chatta* und der andere aus Rot mit dicken Fransen. Seine Anführer umringten ihn, und der kleine Enkel wurde in den Armen eines Dieners gehalten. Wir stiegen ab, um uns die Hand zu geben, was den Häuptling ziemlich verwirrte. Nach einem herzlichen Abschied wurde ein Salut aus drei Salutschüssen abgefeuert, und die Trompeter gingen vor uns her und bliesen sonore Schüsse, bis wir durch das südöstliche Tor gingen.

Die Straße folgte den Böschungen der Reisfelder, über den Eingang zu der hohen, steilen Schlucht, durch die der Fluss Nam-Sanda fließt, der durchfurt wurde. Ein niedriger roter Ausläufer aus der nordwestlichen Gebirgskette, der fast auf einen anderen aus der gegenüberliegenden Gebirgskette trifft, begrenzt hier den Tapeng auf einen schmalen, tiefen Kanal und teilt das Tal in zwei Becken, eines von Sanda und das andere von Muangla . Nachdem wir diesen Ausläufer überquert hatten, durchquerten wir einen kleinen Bach, der recht warm war, da er von den heißen Quellen von Sanda gespeist wurde. Das Muangla- Tal ist eine Wiederholung des Sanda-Tals, mit derselben Richtung und flankiert von ähnlichen parallelen Höhen, bis der Kopf des Beckens erreicht ist. Dort gabelt sich das Tal sozusagen: Die nördliche Teilung hinunter fließt der Hauptstrom des Tapeng von Nordosten durch ein feines Tal, das durch eine dazwischenliegende Reihe grasbewachsener Hügel vom Muangla- Becken getrennt ist. Ein großer Zufluss, der Tahô oder vom chinesischen Sen-cha-ho genannt wird, entspringt von Osten nach Nordosten zwischen den hohen Hügeln, die das Tal vor uns zu begrenzen schienen, sich aber weiter öffnen und das Tal umschließen von Nantin .

Wir passierten zahlreiche Dörfer, deren Bewohner uns herzlich willkommen hießen. In der Nähe des Talschlusses oder der Gabelung verläuft der Tapeng , der jetzt schon hundert Meter breit ist, fast quer durch das Tal, von einer Seite zur anderen. Wir durchquerten ihn in einem Dorf namens Tamon, wo ein großer Basar stattfand. Nachdem wir eine leicht erhöhte, flache Halbinsel am linken Ufer und über dem Zusammenfluss der Flüsse überquert hatten, der mit bezaubernden Dörfern bedeckt war, die von hohen Bäumen und prächtigen Bambuswipfeln umgeben waren, kamen wir zum Tahô, der in gebrochenen Bächen in einem alten, eine Meile breiten Kanal floss , zwischen hohen Ufern. Ein großer Teil des ebenen Geländes ist mit Reisfeldern bedeckt, zu deren Bewässerung die Bäche umgeleitet werden.

Tahô war für uns ein sehr hübscher Bambuspavillon errichtet worden , und nach einer Rast überquerten wir den Kanal nach Muangla , das auf der gegenüberliegenden Seite unterhalb einer Reihe niedriger roter Hügel sichtbar war. Wir stiegen das alte Flussufer hinauf und gelangten durch das südliche Tor, das durch eine Ziegeltraverse abgeschirmt war, in eine kurze, breite Straße, die durch eine Steinmauer verschlossen war. Hier wurden wir zu einem zerstörten chinesischen Tempel geführt, der eilig für unsere Nutzung repariert worden war, und wurden schnell von einer Schar neugieriger Leute umringt, die scheinbar nie genug davon bekamen, sie anzustarren.

Muangla oder Mynela , fast neunzig Meilen von Bhamô entfernt , liegt auf einem hohen Hang am linken Ufer des Tapeng , umgeben von einer neun Fuß hohen Ziegelmauer mit zahlreichen Schießscharten und gelegentlichen Wachhäusern. Die Mauer mit ihren sechs starken, durch Traversen geschützten Toren schien in einem viel besseren Zustand zu sein als die von Sanda. Mit Ausnahme der breiten Basarstraße handelte es sich bei den einzelnen Fahrwegen lediglich um mit Felsbrocken gepflasterte Gassen. Die Bevölkerungszahl innerhalb der Mauern durfte nicht mehr als zweitausend Menschen betragen, was durch die Hinzufügung der großen Vorstadtdörfer in der Nähe der Stadt noch verdoppelt werden könnte. Einer davon enthielt die Überreste einiger hübscher chinesischer Tempel, die von den bilderstürmerischen Panthays zerstört wurden . Ein Tempel, der in einer malerischen Reihe von Terrassen erbaut wurde, bewahrte noch immer Zeugnisse seiner früheren Pracht durch aufwändige Schnitzereien und Farben , eine Reihe lebensgroßer Figuren und eine große Glocke in süßen Tönen auf der höchsten Terrasse. In einem anderen Fall enthielt einer der Höfe eine symbolische Darstellung des Übergangs von Seelen in das zukünftige Leben. Dargestellt war eine Miniaturbrücke mit vielen Passagieren, die von zwei menschlichen Gestalten bewacht wurde und eine schlammige Mulde überspannte. In letzterem wurden Menschen von monströsen Hunden und Schlangen gefoltert. Einige der Passagiere wurden von der Brücke in diesen Abgrund geworfen; andere waren nach Elysium oder Neibban am anderen Ufer übergegangen. In einer anderen Nische stand eine niedrige, quadratische, hohle Säule mit einer Öffnung auf einer Seite, gegenüber einer Struktur, die einem kleinen Backsteinofen mit einer kaminartigen Öffnung ähnelte, über der, wie aus ihr hervorgehend, Menschen und Tiere dargestellt waren. Dies schien darauf abzuzielen, die Seelenwanderungen im Strudel der Existenzen darzustellen, aus dem jeder gute Buddhist nach Neibban fliehen möchte .

In der Nähe der Stadt, aber außerhalb der Sichtweite der Gebäude, stießen wir auf die Grabstätte der Tsawbwas mit Blick auf ein einsames Hügelmeer. Über hübschen Hufeisengräbern mit breiten Terrassen und hohen Portalen aus gut behauenem Gneis standen ein paar verstreute Kiefern als Wachposten. Auf dem gemeinsamen Friedhof zwischen der Stadt und der Mündung des Flusses, wie auch auf vielen anderen im Tal verlaufenden Friedhöfen, sind die Gräber alle erhöht und abgerundet wie auf alten Kirchhöfen zu Hause und liegen in allen Himmelsrichtungen mit einem breiten Stein Platte an der Spitze, aber abgesehen von den Grabstätten der Häuptlinge wird wenig darauf geachtet, wobei sich in diesem Fall die Shans völlig von den Chinesen unterscheiden.

Muangla aus gesehen gipfelt der westliche Bereich des Tals in einem kühnen, steilen Berg, der stirnrunzelnd über dem Tapeng thront, der durch eine enge Schlucht zwischen ihm und den Hügeln, die sich hinter der Stadt erheben und das Tahô -Tal ummauern, herabsteigt . Oberhalb dieser engen Schlucht fließt der Tapeng ein breites, flaches Tal hinunter, von seiner Quelle soll es drei Tagesreisen entfernt sein. Am Ausgang der Schlucht ist es ein ruhiger, tiefer Bach; An dieser Stelle verkehrte eine Bootsfähre, und die Aussicht erinnerte uns eindringlich an die schottische Berglandschaft. Entlang der Ostseite des gegenüberliegenden Hügels verlief ein langes, tiefes Tal, das auf beiden Seiten von Kakhyen- und Poloung- Dörfern und dunkelgrünen Wäldern gesäumt war. Sein Bach wurde durch ein hölzernes Aquädukt über die Tapeng- Schlucht geleitet, um die Felder am anderen Ufer zu bewässern. Wir wurden davor gewarnt, uns weit von der Stadt zu entfernen, sodass wir nicht so viel erkunden konnten, wie wir wollten und Zeit hatten. Bei unserer Ankunft wurde dem jungen Tsawbwa , einem fünfzehnjährigen Jungen, der unter der Regentschaft seiner Mutter den ausgedehnten Bezirk Muangla regierte und den Panthays einen Tribut von fünftausend Scheffel Reis zahlte, ein feierlicher Besuch abgestattet . Die Beamten, die offensichtlich das alte chinesische imperialistische Regime befürworteten , lehnten unser Vorgehen ab, aus Angst vor Banditen, die die Straße nach Mawphoo heimsuchten . Dabei wurden sie vom Tsawbwa von Hotha unterstützt, der sich uns hier auf seinem Weg nach Momien mit einer Karawane von einhundertfünfzig mit Baumwolle beladenen Maultieren anschloss. Er war ein energiegeladener und gebildeter Mann, der sowohl Shan als auch Chinesisch sprach und schrieb. Als einer der größten Händler zwischen Bhamô und Momien genoss er den Respekt und das Vertrauen sowohl der Shans als auch der Panthays . Sladen schickte Briefe an die Gouverneure von Nantin und Momien , auf die unser vermisster Dolmetscher Moung am 21. Mai antwortete Shuay Yah, der von drei gut gekleideten und gut aussehenden Panthay- Offizieren begleitet wurde, außerdem von einem Wachmann, der uns nach Momien begleiten sollte .

Am 23. Mai verließen wir Muangla und überquerten die schlammige Ebene zum Tahô , wo sich das Tal auf eine Breite von knapp zwei Meilen zusammenzog. Hier gesellte sich der Hotha-Häuptling mit seiner gut ausgestatteten Karawane zu uns, aber es wurde Halt gemacht, als von der Front die Meldung eintraf, dass dreihundert Chinesen vor uns stünden und bereit seien, uns anzugreifen. Als wir etwas weiter nach Nahlow vorrückten , erhöhte ein neuer Bericht die Zahl der Feinde auf fünfhundert, und wir wurden gedrängt, eine Salve zu befehlen, die sie abschrecken würde! In Nahlow wiesen die Dorfbewohner auf einen Hügel als Posten der Chinesen hin, die zwei Männer getötet hatten, aber eine sorgfältige Untersuchung mit Feldstechern konnte keine Anzeichen des Feindes entdecken. Einige Männer wurden nun tausend Meter vor ihnen beobachtet, und die Panthay- Offiziere galoppierten zur Erkundung vorwärts . Die Maultiere wurden abgeladen, und die Dorfbewohner brachten Eimer mit Erbsenquark und frittierten Erbsen, die auf Bambusspaten aufgereiht waren. Nachdem unsere Späher alles klar gemeldet hatten, gingen wir über hügeliges, sumpfiges Gelände und stiegen etwa 85 Fuß zum Bett des Tahô in einem langen ovalen Becken hinab, das mit Kies und Felsbrocken bedeckt und an drei Seiten von grasbewachsenen Hügeln umgeben war. Bald darauf trafen wir auf einen Mann, der am Bach lag und eine schreckliche Wunde im Kopf und eine Wunde in der Brust hatte. Er war ein armer Händler, der überfallen, ausgeraubt und, wie sich herausstellte, ermordet wurde, denn trotz unserer Hilfe starb er in kurzer Zeit. An der Spitze des Tals führte ein schlüpfriger Zickzackpfad die steile Wand eines großen Ausläufers des Mawphoo -Berges hinauf, dessen Gipfel eine herrliche Aussicht auf das fruchtbare , mit grünem Reisfeld bedeckte Tapeng -Tal und die Wildnis bot karge Schlucht unter uns. Die Seiten der parallelen Gebirgszüge, die hier nur wenige hundert Meter voneinander entfernt waren, waren von großen Erdrutschen geprägt, von denen viele weiß wie Schnee waren. Unser Weg verlief an einem entlang, der fünfhundert Fuß über dem Tahô einen senkrechten Abgrund bildete . Als Shuemuelong wurde ein hoher Berg gegenüber Mawphoo bezeichnet , der in den Kriegen zwischen Burma und China berühmt war. Vom Gipfel aus führte uns ein ebener Weg nach Nordosten nach Mawphoo , das am Ende eines hochgelegenen Beckens liegt, das auf der Nordseite durch zwei Terrassen gekennzeichnet ist und an der der Tahô unsichtbar in einer tiefen Spalte oder Schlucht fließt Fuß der südlichen Hügel. Auf den ersten Blick ist man geneigt, es für ein altes Seebecken zu halten, denn es ist so von Hügeln umschlossen, dass ein Beobachter, der seinen Lauf nicht vorher verfolgt hat, die Anwesenheit des Flusses nicht einmal vermuten konnte.

Mawphoo , das vor Kurzem die Festung von Li- sieh -tai gewesen sein soll , war ein elendes, von Mauern umgebenes Dorf in Trümmern, das von ein paar Panthay- Soldaten besetzt war. Die verfallenden Mauern und Ruinen waren mit Unkraut und Dschungel überwuchert, und es war kaum zu glauben, dass dieser Ort erst wenige Wochen zuvor von einem Feind besetzt und gestürmt worden war. Von hier aus führte die Straße entlang des ebenen Talbodens, doch zahlreiche tiefe Wasserläufe bereiteten häufig Schwierigkeiten, und der Regen der letzten Tage hatte den Weg gefährlich rutschig gemacht. Die gepflasterte Straße, die zahlreichen massiven Steinbrücken und die häufigen Ruinen von Dörfern wiesen jedoch darauf hin, dass dies in Friedenszeiten eine bedeutende Straße gewesen sein musste; Jetzt schien das ganze Land eine trostlose Wüste zu sein. Einige Meilen lang waren die Anhöhen entlang der Straße von starken Panthay- und Kakhyen-Wächtern bewacht, die eine Fülle von gelb-weißen Fahnen trugen, die in verschiedenen Farben gestreift waren . Alle waren mit Luntenschlössern sowie Speeren und Dreizacken bewaffnet, die auf zwölf Fuß langen Schäften montiert waren. Als wir vorbeikamen, feuerte jeder Pfosten seine Geschütze ab und folgte uns dann mit dem Schlagen seiner Gongs hinter uns. Am Ende dieses bemerkenswerten Tals machten wir einen schnellen Abstieg zum baumlosen Tal von Nantin , das sich nun in einer Kurve nach Nordosten oder vielmehr fast nach Norden öffnete. Am Fuße des Abstiegs wird der Tahô , der das Tal durch eine tiefe Felsschlucht verlässt, von einer Eisenketten-Hängebrücke mit massiven Steinpfeilern und einem gewölbten Tor an beiden Ufern überspannt. Die Spannweite beträgt etwa 30 Meter, und über die Ketten gelegte und mit Erde und Stroh bedeckte Bretter dienen als Fahrbahn, während eine der Ketten von der Oberseite des Tors herabführt und als Geländer dient. Eine kleine kreisförmige Festung auf einer Anhöhe war mit einigen Männern besetzt, die die Brücke bewachten. Wir fuhren weiter am rechten Ufer entlang durch das Nantin- Tal, dessen Seiten drei deutlich markierte Flussterrassen aufwiesen, und gelangten, nachdem wir den Fluss durchquert hatten, in die kleine Shan-Stadt Muangtee oder Myne-tee, einhundertacht Meilen von Bhamô entfernt . Die Mauern waren überfüllt, und die kurze, schmale Straße, durch die wir gingen, war voller Frauen und Kinder. Es waren nur sehr wenige Männer zu sehen, was, wie uns mitgeteilt wurde, auf die unaufhörlichen Kämpfe zurückzuführen war, bei denen der Großteil der männlichen Bevölkerung getötet worden war.

NANTIN VALLEY, STADT MUANGTEE AUF DER LINKEN SEITE.

Eine Meile weiter erreichten wir die kleine ummauerte chinesische Stadt Nantin , die heute von den Panthays gehalten wird . Zwei Beamte auf Ponys trafen sich und führten uns durch das Tor zu einem zerstörten chinesischen Tempel. Dies war einst ein hübsches Bauwerk, aber die Wände waren mit Schüssen durchsetzt, die Bilder verunstaltet und auf der Suche nach Plünderungen aufgebrochen. Nantin selbst zeigte alle Anzeichen dafür, dass es einst eine blühende chinesische Stadt war. Jetzt lag die eine Hälfte davon in Trümmern, und die andere Hälfte wurde von einer dürftigen und erbärmlich armen Bevölkerung bewohnt. Durch seine Lage auf einem Landdreieck zwischen dem Tahô und einem reißenden, tiefen Zufluss, mit dicht dahinter ansteigenden Hügeln, die die Grundlinie bilden, beherrscht es vollständig die Hauptstraße nach Momien und Yunnan. Dementsprechend wurde es von einer starken Panthay- Truppe unter einem Gouverneur gehalten, der den Titel Tutu - du trug .

Der Gouverneur besuchte uns in Begleitung eines chinesischen Häuptlings namens Thongwetshein , der sich kürzlich der Panthay -Sache angeschlossen hatte. Sie verlangten entweder eine Liste der Geschenke, die für Momien bestimmt waren, oder die Erlaubnis, unser Gepäck durchsuchen zu dürfen, was Sladen beides strikt ablehnte, und verwies sie an Momien , um Anweisungen zu erhalten. Im Laufe des Tages kam heraus, dass Berichte die Runde gemacht hatten, dass unsere Kisten lebende Drachen und Schlangen sowie furchterregende Sprengstoffe enthielten. Die Ängste des Tutu - du wurden durch einen Blick auf einige Schlangen und Frösche in Flaschen besänftigt, und er bat uns, ihm einen offiziellen Besuch abzustatten. Dies, sagte er, würde seinen Einfluss auf die Stadtbewohner stärken, die er als Diebe und Raufbolde beschrieb.

In der Stadt lebte ein wahrer Mahommedan Hadji. Er beherrschte ein wenig Persisch und Arabisch und leitete die Andachten der Gläubigen, wobei die Musjid in seinem Haus abgehalten wurde. Unser Jemadar besuchte es und beschrieb es als miserabel ausgestattet, ohne Wasser für die Waschungen und als sehr laxe Anbetung.

Am nächsten Tag machten wir uns mit einer Wache von acht Sepoys und zwei goldenen Regenschirmen im Vorbeigehen auf den Weg. Wir gingen durch den Basar, eine schmale, schmutzige Straße mit einer doppelten Reihe von Ständen, an denen Hacken und Pflüge, ein wenig Stoff, Garn, Papier und Esswaren, darunter fast reife Pfirsiche, ausgestellt waren. In der Residenz wurden wir mit drei Salutschüssen empfangen; Als Zeichen unserer besonderen Ehre wurden die Mitteltore für unseren Einlass geöffnet und wir ritten vorwärts zum zweiten Hof. Im Empfangsraum führte uns der Gouverneur zu einem erhöhten Podest, während er selbst einen niedrigen Platz auf einer Bank an der Seite des Raumes einnahm. Nach ein paar Komplimenten verschwand er plötzlich, nur um wenige Minuten später im kompletten Mandarinenkostüm wieder aufzutauchen. Die Erklärung war, dass er, als er Sladen in voller Stabsuniform sah, das Gefühl hatte, es sei seine Pflicht, seine offizielle Robe anzuziehen. Es wurde Tee in wunderschönen Porzellantassen und Betelnüsse serviert; Nachdem Sladen ihm eine Muskete und einhundertfünfzig Schuss Munition überreicht hatte, begleitete uns der Gouverneur zum Vorhof und entließ uns unter dem Salut von drei Kanonen.

Momien die Anweisung erhalten hatten, unverzüglich fortzufahren, machten wir uns am nächsten Morgen auf den Weg. Die Panthay -Garnison säumte die Straße, und an einer hübschen Steinbrücke, die einen Bach überspannt, der durch die Stadt führt, erwarteten uns der Gouverneur und Thongwetshein mit ihrem Stab zum Abschied, während die Musikkapelle mit den Gongs lebhafte Melodien anstimmte. Vor uns ging eine Wache unter dem Kommando eines Neffen des Gouverneurs von Momien , und eine unbeschreiblichere Menge Freischärler wurde nie gesehen. Die Offiziere waren jedoch gute, intelligente Männer, gut gekleidet in Panthay -Gewand. Es schien so wenig Angst vor Gefahren zu geben, dass sie von einigen weiblichen Verwandten in voller chinesischer Tracht begleitet wurden, die in der Vorhut ritten. Das Tal oder vielmehr die Schlucht, die sich vor uns nach Norden erstreckte, da sie nur eine Meile breit ist, schien ein bemerkenswertes Beispiel für die durch Wasser bewirkten Veränderungen zu sein. Auf seiner gesamten Länge von etwa zwanzig Meilen sind seine Seiten durch zwei gut abgegrenzte Flussterrassen und Hinweise auf eine dritte höhere Terrasse gekennzeichnet, die dem höchsten Teil des Mawphoo -Tals entspricht. Diese

Terrassen schließen sich an der Spitze zusammen, während der Eingang in die tiefe Schlucht der Mawphoo -Schlucht sie abschließt. Dieses gesamte Gebiet, das tausend Fuß über dem Niveau von Sanda liegt, wurde vom Tahô entblößt ; Die zweite Terrasse, die der unteren des Mawphoo- Tals entspricht, liegt fast auf derselben Höhe mit einer ebenen Plattform, die sich vom Talschluss aus erstreckt. Von hier bis zum Fuß der Mawphoo- Schlucht scheint es einst eine ebene Ebene gegeben zu haben, vielleicht ein See wie der von Yunnan, aus dem sich der Tahô als Wasserfall in das Sanda-Tal ergoss. Die Hügel im Osten, an deren Fuße unsere Route verlief, waren anstelle der kühnen, steilen Berge aus metamorphem Gestein runde Trappehügel, deren gelegentliche Blicke uns an die heimische Landschaft erinnerten, da sie in grasbewachsenen Kurven mit dichtem Gras emporstiegen Baumgruppen auf oder in der Nähe ihrer Gipfel. Zahlreiche Wasserläufe säumten ihre Seiten, die Kanäle waren übersät mit vom Wasser ausgewaschenen Granitblöcken, abgerundeten, lavaähnlichen Massen aus Zellbasalt und großen Torffragmenten.

Die Hügel im Nordwesten stiegen viel höher an und bildeten eine hohe, gut bewaldete Bergwand, hinter der sich noch größere Gipfel auftürmten. Sieben Meilen von Nantin entfernt machten wir Halt, um die berühmten heißen Quellen zu besuchen. Der aus ihnen aufsteigende Dampf war aus fast einer Meile Entfernung sichtbar; und die Nam-Mine, ein ziemlich großer Bach, der von ihnen gespeist wurde, war heiß genug, um sowohl Männer als auch Maultiere beim Durchqueren zu erschrecken. Die Felsen, die die Seite des Hügels bildeten, aus dem die Quellen entspringen, bestanden aus einem zellularen Basalt und einem harten Quarzgestein, wobei ersteres teilweise oberflächlich war und letzteres das Gestein war, durch das die Quellen entsprangen.

Von Westen aus gesehen ist die südöstliche Seite des Hügels durch eine offenbar tiefe, kraterartige Mulde gekennzeichnet, was stark darauf hindeutet, dass es sich einst um einen Vulkanschlot handelte, da die benachbarten Felsen fast schlackenhaltig waren und die innere Hitze noch immer zu erkennen ist die kochenden Quellen. Außer denen auf der Westwand kommen auf der anderen Seite, einige Meilen östlich, noch andere, noch größere vor. Von den sichtbaren ist das bedeutendste ein ovales Becken von etwa drei Metern Länge und einer Tiefe von 20 Zoll; Ungefähr sechs Meter davon entfernt befinden sich im Quarzgestein mehrere Trichter mit einem Durchmesser von sechs Zoll, aus denen Dampf austritt. Weiter oben, in fünfzig Metern Entfernung, entsteht ein weiterer starker Dampfstrahl, und auf der anderen Seite einer schmalen Schlucht befinden sich zwei weitere Quellen, die eine beträchtliche Menge kochendes Wasser durch die Erdwand des Hügels strömen lassen. Das Wasser der Hauptquelle strömt mit großer Kraft durch kreisförmige Öffnungen mit einem

Durchmesser von etwa sieben Zentimetern nach oben, und der Boden des Beckens ist mit dickem, nicht fühlbarem weißem Schlamm bedeckt. Aufgrund der Hitze und der Dampfmenge war es nur von der Leeseite aus zugänglich, und der Boden war so heiß, dass unsere barfüßigen Anhänger sich nicht um einige Meter nähern konnten. Es vibrierte auf bemerkenswerte Weise, und das Gefühl war, als stünde man über einem riesigen, in der Erde vergrabenen Kessel, was durch das laute Brüllen des Dampfes aus den Schornsteinen und die undeutlichen Grollen im verborgenen Inferno verstärkt wurde.

Es ist bemerkenswert, dass, obwohl der Dampf brütend heiß ist, die Steine darin mit Massen grüner Gallerte bedeckt sind, die bei einer Temperatur von nur zehn Grad unter dem Siedepunkt gedeihen. Die Analyse einer Gallone Wasser ist wie folgt: 120 Körner Feststoff; 112 Salze von Alkalien, fast ausschließlich Natriumchlorid; 80 erdige Salze, Kieselsäure und Eisenoxid. Es waren keine Salpetersäure und nur sehr wenig Schwefel- und Kohlensäure vorhanden, es wurden jedoch Spuren von Phosphorsäure nachgewiesen. Wir wurden darüber informiert, dass die Quellen häufig von Patienten aus allen Teilen der Welt genutzt werden, die die Quelle zum Kochen ihrer Speisen nutzen und sich im Dampf oder im Nam-Mine-Strom heilen. Nachdem wir unseren Halt genossen hatten, der mit voller Zustimmung der Panthay - Offiziere und des Hotha-Häuptlings eingelegt worden war, begannen wir, die voranmarschierte Kavalkade zu überholen . Gerade als wir uns wieder der Nachhut anschlossen, wurden vor uns vier Schüsse abgefeuert, aber da die Straße nur im Gänsemarsch zugelassen war und an einem dicht bewaldeten Hügel entlang lag, der von den Ruinen vieler Dörfer geprägt war, konnte niemand zur Aufklärung vorrücken . Sofort wurde bekannt, dass die Maultiere angegriffen und zwei Panthay- Offiziere verletzt worden waren; Doch als wir weitergingen, stellten wir fest, dass die Angelegenheit ernster war und dass die beiden Offiziere und ein weiterer Mann getötet worden waren. Bald erreichten wir die Leichen der Offiziere, die in ihre großen Turbane gehüllt und an Bambus gefesselt waren und bereit waren, nach Nantin zurückgetragen zu werden . Die armen Kerle waren beide große Günstlinge ihrer Kameraden und des Gouverneurs von Momien gewesen ; und eine traurige Gruppe umgab die Leichen, darunter auch ihre weiblichen Verwandten, die nur aus Nantin geritten waren, um ihren Mord zu beklagen, denn so war es. Als sie an der Spitze der Maultiere ritten, stürmte an einer Ecke des schmalen Pfades eine lauernde Gruppe Chinesen aus den Bäumen hervor, schoss den ersten nieder, und der zweite, der zur Rettung eilte, wurde durch das Bein geschossen mit einem Dah abschneiden. Acht Maultiere wurden abgeladen, geplündert und dann die Hügel hinaufgetrieben. Ein Stück weiter war der Ort des Unglücks durch die am Straßenrand liegenden geplünderten Pakete markiert, darunter zwei Kisten mit meiner Kleidung und meinen Notizbüchern. Eines davon war ungeöffnet entkommen und wurde einem Panthay- Offizier überlassen , der versprach, dafür zu sorgen, dass es gebracht wird. An der Spitze des Tals wurde ein Halt einberufen, um allen Panthays den Aufstieg zu ermöglichen, da ein zweiter Hinterhalt in einer dicht bewaldeten Senke am steilen Hang darüber vermutet wurde.

An dieser Stelle schlängeln sich die Flussterrassen um und bilden den Talschluss, doch der Tahô hat eine tiefe Schlucht durch sie gegraben. Man konnte sehen, wie sich die zweite Terrasse in einem langen, ansteigenden Hang nach Norden fortsetzte, in abgerundete Hügel überging, auf denen sich kleine Dörfer befanden, und in einer fernen, weiten Ebene endete. Die Hänge waren mit Kiefern bedeckt, und die Straße verlief durch einen Gürtel aus dichtem Wald über die Schulter eines Ausläufers der Haupthügelkette. Hier wurde erwartet, dass der Angriff stattfinden würde, also rückten wir mit wachsamer Aufmerksamkeit auf den Dschungel zu beiden Seiten vor und kamen an zerstörten Dörfern vorbei, die in dichter Vegetation begraben waren, die hauptsächlich aus verwilderten Obstbäumen und Gartenpflanzen bestand. Wir waren unbehelligt und stießen nach einem kurzen Abstieg auf den Tahô , der entlang seines felsigen Kanals schäumte, der von einer breiten Brücke aus Gneis und Granit überspannt wurde. Die Fahrbahn folgte genau der Krümmung des Bogens, und die Ponys konnten auf den glatten Platten, die durch den ständigen Verkehr vergangener Jahrhunderte fast bis auf Hochglanz abgenutzt waren, kaum Halt finden. Am rechten Ufer traf uns ein kleiner Panthay- Wächter und berichtete, dass sie eine Leiche von Chinesen gejagt hätten, die in der gefürchteten Senke lauerte. Bald erreichten wir die Ebene der Ebene, die in der Ferne als der obere Abschluss des Nantin- Tals zu erkennen war. An seiner Ostseite erhob sich ein langer, kegelförmiger Hügel, der sich mit Ausnahme seines abgerundeten, grasbewachsenen Gipfels in einer schwarzen, sterilen Lavamasse fast nach Norden und Süden erstreckte. Dieser bemerkenswerte erloschene Vulkan Hawshuenshan , der sich abrupt aus der Ebene erhebt, sticht in auffälligem Kontrast zu den tumulusförmigen grasbewachsenen Hügeln hervor, die ihn auf allen Seiten umgeben. Ein paar kleine Pflanzen, die in den Zwischenräumen der Felsen wurzeln, verleihen seinen kargen Seiten, die in lange Felskurven geworfen werden, offensichtlich alte Lavaströme, in der Ferne nicht einmal eine Spur von Grün. Wir ritten auf einem breiten, mit langen Gneis- und Granitplatten gepflasterten Weg über das östliche Ende dieses Vulkans und stießen erneut auf den Tahô , einen schmalen, reißenden Bach, der zwischen ihm und den steilen Hängen der grasbewachsenen Hügel im Osten floss. Wir überquerten den Fluss über eine weitere schöne Steinbrücke und kamen an den Ruinen eines ziemlich großen Dorfes vorbei. Der Tahô entspringt an dieser Stelle zwischen einem hohen Ausläufer und dem Vulkan durch eine sehr enge Schlucht; und die Straße schlängelte sich an der Seite des Ausläufers entlang und war mit einer doppelten Reihe von Steinplatten ausgelegt, um den Aufstieg zu erleichtern. Von oben hatten wir einen schönen Blick auf das kleine, kreisförmige, seeartige Tal, aus dem unten der Tahô entsprang, und blickten auf zahlreiche Dörfer hinunter, die das bewässerte Niveau in seiner Mitte umgeben , das mit jungem Reis bedeckt war. Wir setzten einen leichten Anstieg über die grasbewachsenen Hügel fort und bogen auf einer guten breiten Straße an der Flanke eines hohen Hügels ab, der von einer weißen Pagode gekrönt war. und das Tal von Momien lag vor uns, von allen Seiten von abgerundeten Hügeln umgeben, baumlos, aber mit Weideland bedeckt.

ERSCHLOSSENER VULKAN HAWSHUENSHAN; VOM GIPFEL DES MOMIEN HILL.

Mitte fast bis zu den Stadtmauern abzufallen , aber die Fläche dazwischen reichte für einen fast ununterbrochenen Ring großer Dörfer, entweder in Trümmern oder verlassen. Rechts erhob sich das Deebay- Gebirge, hinter dem die Straße nach Tali-fu verlief, und in der Ferne bildeten die hohen Tayshan- Gebirge, die nach Norden und Süden verliefen, einen edlen Hintergrund aus schwarzen, zerklüfteten Bergen. Ein langes, schmales Tal erstreckte sich in nördlicher Richtung und markierte den Lauf des Tahô von seiner Quelle in der Wasserscheide Sinhai oder Paihai , sechzig Meilen entfernt. Zwischen dem Fuß des Hügels und der Stadtmauer markierte eine lange Reihe von Flaggen aller Formen und Farben sowie glitzernden Speeren die Anwesenheit des Tah- sa - kon von Momien . Bald darauf traf ein Adjutant ein und bat uns, abzusteigen und den Gouverneur zu begrüßen, der uns entgegengekommen sei. Wir waren eine bunt zusammengewürfelte Gruppe, deren Aussehen durch den Marsch von einundzwanzig Meilen über schlammige Ebenen und staubige Hügel nicht besser geworden war, aber die drei Europäer rückten unter dem Baldachin vor, voran von den ansehnlichsten Sepoys, mit dem Jemadar, der ein goldenes Schwert an der Spitze trug von zwei goldenen Regenschirmen, durch eine lange Reihe von

Offizieren und Fahnenträgern, bis zum Tah- sa - kon , der in voller Mandarinentracht auf einem reich gepolsterten Stuhl saß, der von drei riesigen roten Seidenschirmen mit goldenen Spitzen gesäumt wurde über ihm. Er stand auf, um uns mit Händeschütteln und höflicher Begrüßung zu begrüßen, und begleitete uns dann zu einem großen, gut gebauten Tempel außerhalb der Stadtmauer, aber dicht unterhalb der Ecke, wo der Gouverneurspalast stand. Hier bezogen wir unser Quartier mit dem Gefühl tiefer Zufriedenheit, nach so vielen Verzögerungen und Schwierigkeiten endlich eine Stadt im Westen von Yunnan erreicht zu haben.

Kapitel VII.
MOMIEN.

Momien – Die Stadt Teng -yue -chow – Aussehen und Zustand – Ein offizieller Empfang – Gegenbesuch – Regierungsgebäude – Eine chinesische Tragödie – Der Markt – Jadeherstellung – Mineralien – Minen von Yunnan – Steinkelten – Vieh – Klima – Umgebung – Der Wasserfall – Pagodenhügel – Shuayduay – Felsentempel – zerstörte Vororte – Stadttempel – vierarmige Gottheiten – Jungenschule – ein großes Fest – der Liebesbecher – der Tsawbwa-Gadaw von Muangtee – Keenzas – die chinesischen Armen.

Ein Rückblick auf die bisherige Reise zeigte, dass wir seit unserer Abreise aus der burmesischen Ebene stetig bergauf gegangen waren. Obwohl die Höhen aufgrund der Ineffizienz der in Rangun bereitgestellten Instrumente nicht genau bestimmt werden konnten, wurden Beobachtungen gemacht, die in unserer Macht standen; Sie wurden später von der Vermessungsabteilung in Kalkutta reduziert, und die Ergebnisse sind annähernd korrekt. Wo man sich auf Spekulationen verlassen musste, wurde darauf geachtet, die scheinbaren Höhen zu unterschätzen. Die Eingeborenen sprechen immer vom Aufstieg nach Momien und vom Abstieg von dort, und auf die westlichen Zugänge angewendet ist dieser Ausdruck völlig berechtigt. Von Bhamô , vierhundertfünfzig Fuß über dem Meeresspiegel, waren wir über die Kakhyen- Hügel zum Sanda-Tal aufgestiegen, das bei Manwyne mindestens zweitausend Fuß über Bhamô liegt . Über die achtundvierzig Meilen seiner Länge steigt dieses Tal so allmählich an, dass es den Anschein einer langen, ebenen Allee erweckt, die in drei Stufen unterteilt ist, bis der Kopf der Muangla-Division erreicht ist . Von hier aus ist es erforderlich, über einen Umweg über die Mawphoo -Höhe aufzusteigen , um die vierte Stufe oder das Tal von Nantin zu erreichen , das tausend Fuß über Manwyne liegt . Vom oberen Ende des Nantin- Tals steigen sozusagen die langen Stufen des Hawshuenshan- Tals 1400 Fuß bis nach Momien an . So liegt die letztere Stadt, einhundertfünfunddreißig Meilen von Bhamô entfernt, auf einem Plateau, das mehr als fünftausend Fuß über dem Meeresspiegel liegt und laut einheimischen Berichten die höchste bewohnte Stelle im Bergland ist Region West-Yunnan.

Die chinesische Stadt Teng- yue -chow, besser bekannt unter ihrem Shan-Namen Momien , soll vor vierhundert Jahren von einem Gouverneur von Yung- chang im Gehorsam gegenüber dem König von Mansi oder Yunnan, das die Shan Muangsee nennen , erbaut worden sein . Es wurde wahrscheinlich als Grenzgarnison errichtet, um die kürzlich eroberten Gebiete des Shan-Königreichs Pong unter Kontrolle zu halten. So wurde es, wie es auch heute noch ist, zum herrschenden Hauptquartier der Nebenflüsse Koshanpyi oder Neun Shan-Staaten, die heute durch die Täler Sanda und Hotha mit Muangtee , Muangmo und Muangmah repräsentiert werden . Wir konnten sowohl eine chinesische Geschichte von Momien als auch von Tali beschaffen, obwohl beide selten geworden waren, da die Rebellen die Holzblöcke zerstört hatten. Diese Kopien wurden von Major Sladen nach England gebracht, um sie im British Museum zu deponieren. Es bleibt zu hoffen, dass einer unserer chinesischen Gelehrten die Zeit findet, diese Werke zu übersetzen, was wahrscheinlich wertvolles Licht auf die wenig bekannte Geschichte dieser Regionen werfen würde.

Der Grundriss und die Bauweise der Stadt zeigen, dass sie als Festung erbaut wurde. Es nimmt eine Fläche von fünf Stadien im Quadrat ein und ist von einer starken Steinmauer mit Zinnen oder Zinnen und einer Höhe von fünfundzwanzig Fuß umgeben. Zwanzig Meter von den Mauern entfernt umgab ein tiefer Wassergraben die einstige Stadt; Auf der Ost- und Südseite war es immer noch perfekt, auf der Westseite war es jedoch zu einer breiten Pfütze verkommen, dem Lieblingssumpf der Basarschweine. Das Mauerwerk ist bewundernswert: Die gut behauenen, zwei bis vier Fuß langen Platten aus Lavagestein sind in Mörtel gelegt und fast auf die Konsistenz des Steins ausgehärtet, während der Wassergraben mit Steinen verkleidet ist, die ohne Mörtel so dicht und authentisch zusammengefügt sind ein Taschenmesser lässt sich kaum dazwischen stecken. Innerhalb der Mauer dient ein etwa zehn Meter breiter und acht Meter hoher Erdwall als Batterie oder Exerzierplatz sowie als Promenade. Es gibt keine Bastionen, aber in regelmäßigen Abständen erheben sich Türme aus dem Wall, die aus blau gebrannten Ziegeln gebaut sind und deren glatte Oberfläche und scharfen Kanten durch die Abnutzung im Laufe der Jahrhunderte unversehrt geblieben sind. Die vier Tore, zu denen jeweils eine mächtige Brücke gehört, die den Wassergraben überspannt, sind hoch und gut gebaut; aber zum Zeitpunkt unseres Besuchs waren zwei dieser Tore bereits gebaut. Das südwestliche oder Basartor war besonders durch eine halbkreisförmige Traverse befestigt, deren seitlicher Eingang in einen tunnelartigen Torbogen führte, über dem sich ein hoher Wachturm mit konkavem Dach erhob, der von starken Säulen getragen wurde. Der innere Eingang war durch schwere eisenbeschlagene Holzventile verschlossen, die bei Einbruch der Dunkelheit sorgfältig geschlossen wurden. Aus der Ferne betrachtet schienen die Mauern und Türme mit einer hohen Pagode und dem Dach des Wachturms auf eine bevölkerungsreiche und blühende Stadt hinzuweisen; aber innerhalb der Mauern war fast Leere. Die breiten rechteckigen Straßen waren vergleichsweise verlassen, bis auf ein paar Panthay- Soldaten, die mit ihren Familien die einzige Stadtbevölkerung bildeten. Aber nur wenige Häuser blieben unversehrt, die besten davon waren die Wohnungen des Gouverneurs und seiner Offiziere. Die zahlreichen Tempel waren entkernt und zur Hälfte abgerissen worden. Die Bilder und riesigen Weihrauchvasen aus Stein waren umgeworfen und zerbrochen worden, während die zerstörten, von Kugeln durchlöcherten Mauern die Heftigkeit des Kampfes zeigten, der stattgefunden hatte. Das Fehlen der gewohnten Hektik und des Lärms einer überfüllten Stadt wurde durch die Beweise auf allen Seiten des früheren Wohlstands und der früheren Bevölkerung noch deutlicher.

Unser Aufenthalt in Momien dauerte über sechs Wochen; Aber der Zustand des Landes und das Wetter ließen uns fast untätig bleiben. Die deprimierende Monotonie des Lebens unter diesen Umständen wurde jedoch durch die unveränderte Freundlichkeit der gastfreundlichen Panthays gemildert. Unser erster Tag war der Organisation von uns selbst und unserem Gepäck gewidmet, wobei uns eine Schar neugieriger Besucher dabei half, indem sie erstaunte „ Iyaws !" von sich gaben. auf alles, was die Ausländer besaßen, deren Personen und Güter jeder unbedingt inspizieren wollte.

INNERHALB DER MAUERN VON MOMIEN ODER TENG-YUE-CHOW.

Am nächsten Tag, den der Gouverneur zu unserem Empfang bestimmt hatte, betraten wir feierlich die Stadt, voran von zwanzig mahommedanischen Sepoys der Eskorte, die die Geschenke trugen. Diese bestanden aus grünen und gelben Wolltüchern, Musselin, bunten Teppichen und Tischdecken, doppelläufigen Gewehren und Revolvern mit allen Geräten, Pulver und Schrot, Taschenmessern, Scheren, einem Fernglas, einem Teleskop und einer Spieluhr und einer Menge davon Die Spiele von Bryant und May.

Eine große, aber wohlerzogene Schar verarmter Chinesen hatte sich versammelt, die gut zu den verfallenen Häusern der Vorstadt passte. Durch das südwestliche Tor betraten wir eine schmale, schmutzige Straße, von der ein Weg zum Haus des Gouverneurs führte, das von einer niedrigen Mauer umgeben war. Das etwa fünfzehn Fuß hohe Tor bestand aus schlichten quadratischen Steinsäulen, über denen andere horizontal angeordnet waren, wie die Querbalken einer Tür. Dies führte zur üblichen chinesischen Abfolge viereckiger Gerichte. In einem kleinen runden Pavillon waren einige zerlumpte Musiker stationiert, die auf Gongs und Becken eine lebhafte Melodie anstimmten. Als wir über den Hof zum Haus gingen, wurde ein Salut aus drei kleinen Kanonen abgefeuert, die mit der Mündung nach oben in den Boden gesteckt waren. Ein Pöbel folgte in die Tür, die zum inneren Hof führte, an dessen Ende, in der Empfangshalle, der Gouverneur saß. Er erhob sich, um uns zu empfangen, und bedeutete uns, zu seiner Linken an einem langen Tisch Platz zu nehmen, auf dem die Geschenke vor ihm ausgelegt waren. Hinter seinem Sitz befand sich eine erhöhte, mit rotem Stoff bedeckte Nische, in der ein kleiner Prunkstuhl stand. Die Seiten des Raumes waren mit langen, schmalen blauen und roten Stoffstreifen behangen, die mit chinesischen Schriftzeichen in Blattgold bedeckt waren. Die Vorgesetzten saßen auf Stühlen an beiden Seiten des Raumes, und eine Menge Untergebener versperrte den Eingang. Der Gouverneur war ein kräftiger Mann mit einer Körpergröße von gut einsachtzig und markanten Wangenknochen, dicken hervorstehenden Lippen, einer leicht gebogenen Nase und leicht schrägen Augen. Sein Gesicht war durch die Sonneneinwirkung gebräunt, und eine tiefe Vertiefung zwischen den Augen sowie weitere Narben zeugten von Feldzügen, bei denen er immer der Erste im Kampf gewesen sein soll. Er trug einen grauen Filzhut, der einem Helm ähnelte, der seitlich angebracht war, wobei die vordere Hälfte des Randes nach oben und der hintere Teil nach unten gerichtet war. Eine goldene Rosette, besetzt mit großen Edelsteinen, bildete einen schönen Schmuck an der Vorderseite, und ein langer Haarknoten aus blauer Seide hing hinten herab. Ein blassblauer, reich gemusterter Seidenmantel, der genau einem Schlafrock ähnelte, vervollständigte sein Kostüm. Sladen drückte unser tiefes Bedauern über den Tod der beiden Offiziere aus und versprach, unserer Regierung vorzuschlagen, ihre Familien zu entschädigen. Der Gouverneur antwortete, wir sollten uns keine Sorgen machen, da sie es für eine Ehre hielten , so zu sterben wie diese Männer. Bezüglich der Eröffnung des Handels erklärte er, dass im darauffolgenden November eine beliebige Anzahl englischer Kaufleute Momien besuchen könnten; dass er mit den Shan Tsawbwas eine Vereinbarung getroffen hatte und die Kakhyens verwalten konnte , damit die Karawanen sicher passieren konnten; Er deutete jedoch an, dass zu diesem Zeitpunkt zu viele Menschen anwesend waren, um zuzulassen, dass diese Frage diskutiert wurde. Er drückte seine große Freude über die Geschenke aus, und die aufgestellte Spieldose erregte allgemeine Bewunderung; die Streichhölzer versetzten das Unternehmen in Erstaunen; aber die aufrichtigste Befriedigung wurde durch die Gewehre und das Pulver hervorgerufen. Rundherum wurden Tee, eingemachte Orangen, Jujuben und Kandis serviert. Im Laufe der allgemeinen Unterhaltung erklärte der Gouverneur, dass der Sultan erfreut gewesen sei, von unserem geplanten Besuch in Momien zu hören ; aber er befürchtete, dass die Straße nach Tali-fu zu sehr von chinesischen Banden bevölkert sei, als dass wir weitergehen könnten.

Der Gouverneur, begleitet von einem bewaffneten Gefolge, stattete am nächsten Tag seinen feierlichen Gegenbesuch ab, trug einen prächtigen Stuhl und war in volle Mandarinengewänder gekleidet, während seine Offiziere fröhlich in weißen Baumwolljacken gekleidet waren, die mit Zöpfen geflochten und mit silbernen Knöpfen verziert waren . Sie präsentierten galant goldene Schwerter, silberne Speere, Banner und andere Insignien. Es wurden Geschenke mitgebracht, darunter ein Ochse, ein Schaf, Tabletts mit Süßigkeiten und vierzigtausend Bargeld. Letztere wurden zunächst abgelehnt, aber der höfliche Tah- sa - kon ließ sich nicht ablehnen, und das Bargeld stellte eine akzeptable Großzügigkeit für die Eskorte und die Gefolgsleute dar und gab jedem etwa eine Rupie. Tatsächlich waren die Missionsgelder zu dieser Zeit eher gering, was, wie man anmerken kann, bis auf einen sehr begrenzten Betrag zu Lasten des Erwerbs von Exemplaren der örtlichen Manufakturen ging. Unter den verschickten Süßwaren befand sich eine Menge feiner, weißer, granulierter Honig, und es wurde eindringlich vor der Verwendung von Zwiebeln gewarnt, da die Kombination von Zwiebeln und Honig in dem System ein gewisses Gift darstellen würde.

Als wir uns verabschiedeten, schlug der Gouverneur vor, dass wir nun, nachdem die Ansprüche der Etikette erfüllt seien, uns vom Regierungsgebäude und der Stadt im Allgemeinen befreit fühlen und kommen und gehen sollten, wie wir wollten, und versprach, dass er uns ohne Besucher besuchen *würde Zeremonie* . Unsere Wache und die Panthays Sie waren völlig verbrüdert , ihr gemeinsamer Glaube vereinte sie, und die chinesischen Mohammedaner behandelten die wahren Gläubigen aus Indien mit großem Respekt. Der Djemadar wurde tatsächlich ständig gebeten, in der Moschee zu fungieren, bis er durch Überanstrengung seine Stimme verlor.

Getreu seinem Versprechen schien der Gouverneur entschlossen zu sein, uns zu einer Unterhaltung in seinem Haus mitzunehmen. Wir wurden im selben Raum wie zuvor empfangen, wurden aber gebeten, mit unserem Gastgeber auf dem Podium am anderen Ende zu sitzen; Ständig wurden Teekuchen und Süßigkeiten serviert, wobei von jedem Mann erwartet wurde, dass er seine Pflicht erfüllte. Von Zeit zu Zeit drangen Gelächter an unsere Ohren, während die Damen, die vier Frauen unseres Gastgebers und ihre

Dienstmädchen, sich in der angrenzenden Zenana mit der Magnetbatterie vergnügten. Zu unserem Kreis gesellte sich bald der Tsawbwa-Gadaw von Muangtee , der den Gouverneur besuchte. Sie wurde von mehreren gut gekleideten Shan-Damen begleitet, und sie plauderten und lachten mit der bezaubernden guten Laune , die für die Shan charakteristisch zu sein scheint .

Dann wurden wir vom Gouverneur selbst durch die privaten Gemächer geführt, der uns zuerst in sein Schlafzimmer führte, ein gemütliches kleines fensterloses Zimmer, das durch zwei einander zugewandte Türen erhellt wurde und ein großes Himmelbett enthielt, an dem blaue Seidenvorhänge befestigt waren Silberketten und ein bequemes Sofa, während die Wände mit einer englischen Acht-Tage-Uhr sowie chinesischen Bildern und alten Rüstungen geschmückt waren . Als wir durch den Raum gingen, gelangten wir in einen kleinen Hof, wo auf einer Veranda eine Reihe von Schneidern eifrig bei der Arbeit saßen. Dies führte zu den Zenana, den Frauengemächern, einer hübschen Reihe von Gebäuden, die einen kleinen Garten umgeben, der mit großen Vasen geschmückt ist, in denen sich Zwergobst- und Kiefernbäume sowie mit Goldfischen gefüllte Steinbecken befinden. Zu den Bäumen gehörten Pfirsiche, Pflaumen, Orangen, Buchsbäume usw. mit einer Höhe von etwa zwei bis vier Fuß, die durch Knoten im Stamm des Schösslings in den Schatten gestellt worden waren. Auf unserem Rückweg kamen wir durch einen Raum, der mit Kriegshüten behangen war, die prächtig mit den Schwanzfedern der Lady Amherst und goldenen Fasanen sowie mit dem hübschen fuchsähnlichen Pinsel des *Wah* (*Ailurus fulgens* , F. Cuv .) verziert waren. Nach dieser Besichtigung wurden wir in einen offenen Saal geführt, in dem eine Theateraufführung stattfinden sollte. Es wurden noch mehr Tee und Kuchen zubereitet, während in unserer Nähe große kupferne Vasen mit Weihrauch brannten und die schweren Dämpfe ein schläfriges Gefühl hervorriefen. Die Bühne war ein etwa sechs Meter langer, an drei Seiten geschlossener Pavillon mit zwei Türen dahinter, eine für den Eingang und eine für den Ausgang der Spieler. Das Orchester aus Geigen, Gongs und Becken besetzte den hinteren Teil der Bühne und spielte äußerst eintönige Musik, die an das Klappern von Geschirr erinnerte, mit gelegentlichem Knallen und Kreischen. Ein kleines getäfeltes Bild mit Vögeln und Blumen diente als Kulisse, und die Objekte waren ein Tisch wie eine umgekehrte Pyramide mit einem Stuhl auf beiden Seiten. Die Charaktere wurden alle von männlichen Darstellern unterstützt, die bei dieser Gelegenheit eine Tragödie darstellten, die sich mit der chinesischen Tugend des kindlichen Gehorsams beschäftigte. Dies erforderte, dass der Held seiner Mutter gehorchte, indem er gegen seinen Schwiegervater rebellierte und die Prinzessin, seine Frau, tötete; aber dieser löste das Problem durch Selbstmord, und Mutter und Sohn weinten gemeinsam über sie. Das Gesicht des Helden war rot bemalt und mit einem langen schwarzen Bart und

Schnurrbart geschmückt. Er trug einen prächtigen Mantel, der reich mit Drachen und Blumen bestickt war, einen Hut mit einem feinen buschigen Schwanz aus *Ailurus fulgens*, rote Hosen und schwarze Satinstiefel. Er brüllte und tobte und schritt auf der Bühne umher, als würde er den Stechschritt üben ; Der Schluss jeder Rede wird durch einen Luftsprung betont. Während das Stück lief, wurde von uns erwartet, den Inhalt von acht Schüsseln zu verzehren, die mit gesalzener Gans gehacktes Geflügel, getrocknete Garnelen, Pilze, Gemüse usw. enthielten, wobei jedes Gericht offensichtlich ein erlesenes Exemplar der chinesischen Küche war. *Ahyek* oder Samshoo wurde dann rundherum serviert, aber der Gouverneur, als guter Muslim, verzichtete auf den verbotenen Alkohol; Als nächstes kamen kleine Untertassen mit Reis und Gewürzen, aber nach drei Stunden Essen zogen wir uns von dem immer noch endlosen Fest und Drama zurück.

Der gastfreundliche Gouverneur erneuerte seine Einladung am nächsten Nachmittag, als eine komische Komödie gespielt wurde, die sehr ausführlich, aber glücklicherweise kurz war. Da es Markttag war, wurden zwei Beamte abkommandiert, um uns durch den Basar zu geleiten, dessen Hauptstraße sich eine halbe Meile direkt von den südwestlichen Stadttoren erstreckte. Auf jeder Seite befanden sich feste Geschäfte, und eine doppelte Reihe von Ständen, geschützt durch riesige Sonnenschirme, säumte die gesamte Länge der Straße. Eine dichte Menschenmenge aus Chinesen, Shans und Panthays , mit einer kleinen Prise Leesaws und Kakhyens , drängte sich in jeder Allee; Die Leute waren ziemlich gut gelaunt , aber ihre Neugier wäre ohne die Anwesenheit der Offiziere sehr lästig gewesen. Dies geschah jedoch nur zunächst; Während unseres Aufenthalts streiften wir nach Belieben durch die Straßen des Basarvororts und auch innerhalb der Mauern. Die Läden waren kleine, einstöckige Hütten, die jeweils einem bestimmten Gewerbe gewidmet waren. Tuchmacher, Buchhändler, Drogisten, Tabak- und Nusshändler, Lebensmittelhändler stellten ihre verschiedenen Waren zur Schau, aber außer am Markttag gab es wenig Brauchtum. Zahlreiche Gasthäuser waren von der besseren Klasse der Kunden überfüllt, während die ärmeren Dorfbewohner von Jungen versorgt wurden, die Lebensmittel feilboten. An den Ständen gab es eine reichhaltige Auswahl an Gemüse und Obst; Zu ersteren gehörten Erbsen, grüne und getrocknete Bohnen, Kartoffeln, Sellerie, Karotten, Zwiebeln, Knoblauch, Süßkartoffeln, Bambussprossen, Kohl und Spinat sowie Ingwer; Zu den Früchten gehörten Äpfel wie goldene Pippins, Birnen, Pfirsiche, Walnüsse, Kastanien, Brombeeren, Hagebutten und drei Arten unbekannter Früchte. Pilze waren sehr gefragt, ebenso wie getrocknete, fast schwarze Flechten; An fast jedem Stand waren schwarze Pfeffer-, Betelnuß- und Mohnkapseln zu sehen, und Salz wurde in gepressten Kugeln verkauft, die mit einem Regierungsstempel versehen waren. Andere Abteilungen enthielten farbige chinesische Stoffe und Garne sowie Knöpfe, lange und breite englische Stoffe, Nadeln und Messingknöpfe, mit Goldfäden bestickte mahommedanische Schädelkappen, Ringe, Mundstücke und Broschen aus Bernstein und Jade, Opiumpfeifen und vieles mehr Chinesische Wasserpfeifen. Im rechten Winkel zur Hauptstraße verläuft eine weitere Straße, die Schneidern und Konfektionsgeschäften sowie Kupferschmieden gewidmet ist, die alle Küchengeräte liefern und die Kupferscheiben herstellen, die zum Schneiden von Jade verwendet werden. Auf dieser Straße kamen wir zum Laden des wichtigsten chinesischen Kaufmanns, der uns einlud und sehr gastfreundlich war. Seine Klagen über den durch den Bürgerkrieg verursachten Verfall des früheren Handels mit Burma zeigten deutlich, welcher Seite seine Sympathien zuneigten; und es war offensichtlich, dass er, ebenso wie alle nicht-mahommedanischen Chinesen, nur durch die starke Hand in ihrer gegenwärtigen Loyalität gehalten wurden. Der gesamte Basarvorort war von einer niedrigen Backsteinmauer mit mehreren Toren umgeben, die nachts von einem Wachposten bewacht wurden, und die Chinesen wohnten hier, da sie offensichtlich von der Stadt ausgeschlossen waren. Obwohl sich die Manufakturen in einem sehr schlechten Zustand zu befinden schienen, waren die Quartiere der verschiedenen Kunsthandwerker immer noch auffindbar; In einer Seitenstraße hatten wir Gelegenheit, die Herstellung von Jadeornamenten zu besichtigen. Die verwendeten Kupferscheiben mit einem Durchmesser von anderthalb Fuß sind sehr dünn und lassen sich leicht biegen; die Mitte wird in eine Schale ausgestanzt, die das Ende des sich drehenden Zylinders aufnimmt. Wir sahen zwei Männern bei der Arbeit zu, einer mit dem Fräser und der andere mit einem Bohrer, dessen Spitze mit einer Zusammensetzung aus Quarz und kleinen Partikeln versehen war, die an Rubinstaub erinnerten. Beide wurden mit Treträdern angetrieben; Der Stein wird unter der Scheibe gehalten, unter der sich ein Becken mit Wasser und feinem, kieselhaltigem Schlamm befindet, in den der Stein gelegentlich getaucht wird, wobei der Bediener eine Handvoll Schlamm aufnimmt. Die Steine werden in Scheiben mit einer Dicke von einem Achtel Zoll geschnitten, wenn sie für Ohrringe bestimmt sind, und dem Bohrer zum Lochen übergeben. Die wertvollste Jade ist von intensiv leuchtendem Grün, etwa smaragdgrün; aber rote und blassrosa Qualitäten werden hoch geschätzt. In den ausgedehnten Ruinen außerhalb des Basars gab es anhand der zurückgewiesenen Jadefragmente zahlreiche Beweise dafür, dass die Herstellung früher in viel größerem Umfang betrieben worden sein musste. Die Jade wird in den Minen im Bezirk Mogoung gewonnen , wo große Mengen in Form runder Felsbrocken aus den Gruben gegraben werden; Früher wurden jährlich große Mengen nach Momien importiert . Einhundert Rupien war der Preis, der für ein Paar Armbänder aus feinster Jade verlangt wurde, und bei Bhamô kaufte man für vier Rupien Ringe im Wert von 2 Pfund bei Canton.

Von Bernsteinarbeitern, die Rosenkränze, Ringe, Mundstücke usw. aus dem Bernstein herstellten, der aus den Minen im Hukong -Tal in der Nähe von

Mogoung gebracht wurde , waren zum Zeitpunkt unseres Besuchs nur wenige übrig. Der am meisten geschätzte Bernstein ist vollkommen klar und hat die Farbe von sehr dunklem Sherry. Ein dreieckiges Exemplar, einen Zoll lang und einen Zoll breit, kostete zehn Schilling.

Auf dem Basar wurde der Mineralreichtum West-Yunnans reichlich präsentiert, der reich an Gold, Silber, Blei, Eisen, Kupfer, Zinn, Quecksilber, Arsen und Gips ist. und wir erhielten kleine Exemplare der meisten dieser Mineralien, darunter ein gelbes Orpiment, das in großen Mengen von Tali nach Mandalay exportiert wurde, wohin auch jährlich eine große Menge Zinn geschickt wird. Das Kupfer wird von einer Hügelkette in der Nähe von Khyto , drei Tagesmärsche nordöstlich, gebracht. Es wird vor Ort geschmolzen und in flache Schweine gebracht. Dieselben Hügel sollen das gesamte in West-Yunnan verwendete Eisen und Salz liefern; aber das wertvollste Produkt der Khyto- Minen ist Bleiglanz. Davon wurde ein kleines Exemplar von Dr. Oldham untersucht, der es als eines der reichhaltigsten Exemplare bezeichnete, die er je gesehen hat; es ergibt 0,278 Prozent oder 104 Unzen. Silber pro Tonne Blei. Feuersteine und große Mengen Kalk werden aus Tali-fu gebracht, wo es große Steinbrüche für feinen weißen Marmor gibt. Schwefel wird in der Nachbarschaft beschafft , die Lokalität konnten wir jedoch nicht erfahren. Später wurde berichtet, dass Lisieh -tai im Südwesten Schwefel förderte , und ein alter Einwohner [26] in Westchina erwähnt eine reiche Schwefelmine der nördlichen Grenzstadt Atenze hinter einer kleinen Salpetermine . Der chinesische Bericht über die Minen von Yunnan, der den Aufzeichnungen der französischen Expedition beigefügt ist, besagt, dass im Jahr 1850 die Kupferminen von Yunnan, deren Hauptdepot Tali-fu ist, über elftausend Tonnen produzierten und der Silbergehalt zwei betrug Millionen Franken. Der alte Bewohner sagt jedoch, dass es vor Ausbruch der Rebellion einhundertzweiunddreißig Kupferminen gab, von denen die Regierung nur siebenunddreißig wusste; und da die obige Rechnung auf der Grundlage der an die Regierung gemachten Erträge berechnet wurde, die zwischen dreißig und fünfzig Prozent verlangen. Angesichts der Ernte wird deutlich, dass der Mineralreichtum Yunnans sogar noch größer ist, als in diesem Bericht dargelegt wird. Gold wird aus den Dörfern Yonephin und Sherg -wan, fünfzehn Tagesmärsche nordöstlich, nach Momien gebracht ; Über die gefundene Menge konnten jedoch keine Angaben gemacht werden. Es wird auch in Blättern eingeführt, die nach Burma geschickt werden, wo eine große Nachfrage besteht.

In den Drogerien wurde ein Pulver als Nervenstärkungsmittel verkauft, das aus zermahlenem Antilopenhorn hergestellt und für eine Rupie pro Tick verkauft wurde ; [27] und das Arzneibuch umfasste auch die pulverisierten Panzer einer Schildkröte (*Testudo platynotus* , Blyth), die aus Oberburma

importiert wurden, und Schnupftabak aus Sambur- Horn, der als Styptikum
bei Nasenbluten verwendet wurde. Wir waren sehr überrascht, Steinkelten
offen zum Verkauf angeboten zu finden. Als bekannt wurde, dass wir kaufen
würden, wurden Zahlen mitgeteilt, und wir erwarben eine Sammlung von
einhundertfünfzig Exemplaren zu Preisen zwischen zwei Schilling und sechs
Pence. Ihre Armut und nicht ihr Wille zwangen die Besitzer, sich von ihnen
zu trennen, denn es wird angenommen, dass sie dem Besitzer Glück bringen
und heilende Eigenschaften besitzen, wenn sie in Medikamente getaucht
werden, und dass sie ausgestellt werden, um eine leichte Geburt zu bewirken
. Sie werden normalerweise mit dem Pflug umgegraben; und der weit
verbreitete Glaube besagt, dass sie als Blitze vom Himmel fallen und neun
Jahre brauchen, um an die Oberfläche zu gelangen. Die hohe Wertschätzung,
die ihnen zuteil wird, lässt darauf schließen, dass ein chinesischer Flint Jack
ein lukratives Geschäft mit der Nachahmung echter Geräte oder der
Herstellung gleichartiger Amulette machte. Bei einem großen Teil der
gekauften Stücke handelt es sich um kleine, wunderschön geschnittene
Formen mit wenigen oder keinen Gebrauchsspuren, die aus einer Art Jade
hergestellt sind. aber es gibt keinen Grund, an der Echtheit der uns
vorgelegten größeren Formen zu zweifeln. Man findet auch Bronzekelten,
die jedoch nach ihrem Gewicht in Gold bewertet werden; Auf der Rückreise
gelang es uns jedoch, in Manwyne eines zu kaufen. Es gehört zu den
gesockten Kelten ohne Flügel. Die Zusammensetzung der Bronze ist die
gleiche wie bei den Kelten in Nordeuropa: Zinn 10, Kupfer 90.

Aufgrund einer langen Dürreperiode vor unserer Ankunft war das
Schlachten von Tieren verboten, da man befürchtete, der Regen würde als
Strafe zurückgehalten, ein seltsames Beispiel buddhistischen Aberglaubens,
der die Panthays und Chinesen betraf ; aber nach zwei Tagen setzte der
Regen ein und das Verbot wurde aufgehoben. Die Märkte waren fortan gut
mit Ochsen, Büffeln, Schafen, Ziegen und Schweinen versorgt. Die Büffel
werden hauptsächlich in der Landwirtschaft genutzt; Die Bienen haben
keinen Höcker und sind klein, aber gut gemacht, im Allgemeinen von
rotbrauner Farbe , die sich zu Schwarz vertieft. Die zahlreichen Schafe
gehören zu einer großen Rasse mit schwarzem Gesicht und konvexen
Profilen. Zwei Arten von Ziegen kommen häufig vor; einer mit langen,
zottigen weißen Haaren, die fast bis zum Boden reichen, und abgeflachten,
spiralförmigen Hörnern, die nach hinten und außen gerichtet sind; Die
andere Art hat sehr kurzes dunkelbraunes Haar, eine kurze Schulterlinie und
einen Vollbart mit ähnlichen abgeflachten Spiralhörnern, aber nicht so
tiefliegend. Die Schweine schienen ganz schwarz zu sein. Bemerkenswert
schöne Ponys waren weit verbreitet; aber die Maultiere, die viel zahlreicher
waren, sind wertvoller. Vögel, Enten und Gänse sind reichlich vorhanden
und groß; Und zu guter Letzt fühlten sich überall Katzen heimisch, alle in
einem einheitlichen Grauton mit schwachen dunklen Flecken. Aber wir

bemerkten nur sehr wenige Hunde, die wir sahen waren schwarz mit struppigem Fell, das den Schäferhunden im Süden Schottlands ähnelte.

Es wurde erwähnt, dass es bald nach unserer Ankunft zu regnen begann. Ab dem 1. Juni herrschte der Südwestmonsun mit sehr wenigen schönen Abständen. Der Himmel war von dicken, nebligen Wolken verdeckt, die die Hügel in dichte Falten hüllten. Der Regen fiel in der Regel sehr stark; Aber es gab Tage, an denen es kaum mehr als dichter schottischer Nebel in absoluter Windstille war. Gelegentlich tobten Gewitter von ungeheurer Stärke über dem Tal, begleitet von starken Böen aus Südwesten; Aber das charakteristischste Merkmal des Wetters war die im Allgemeinen vollkommene Stille der Atmosphäre, während niedrige bleierne Wolken unaufhörlichen Regen niederprasselten, im Allgemeinen heftig, manchmal aber nur leicht nieselnd, was alles zusammengenommen eine hinreichend deprimierende Wirkung auf uns hatte. Die Temperatur war keineswegs drückend, der mittlere Höchstwert im Juni lag bei 74 Grad und der Tiefstwert bei 62 Grad. Die Eingeborenen behaupten nachdrücklich, dass das Klima für Fremde ungesund sei und wir alle mehr oder weniger unter hartnäckigem Durchfall litten . Auch Pocken waren weit verbreitet; und einer unserer Sammler und ein Kakhyen -Unterhäuptling, der uns begleitet hatte, starben daran. Wir wurden dringend vor der Nutzung des Flusswassers gewarnt, dem die Eingeborenen das Vorherrschen von Kropf zuschreiben , der bei Männern, Frauen und Kindern am unangenehmsten auffällt, da einige Kropfe so groß sind, dass sie besonderer Unterstützung bedürfen; Sogar junge Säuglinge wurden davon betroffen, und in ihrem Fall muss es angeboren gewesen sein. Ansonsten schienen die Kinder trotz ihrer Lumpen und Drecks sehr gesund zu sein, und es wurde kein einziger Fall von Fieber beobachtet, obwohl etwa sechzig oder siebzig Patienten wegen anderer Krankheiten behandelt wurden.

Die Tatsache, dass bei weitem der größte Teil des Tals sechs oder sieben Monate lang unter Wasser steht, von denen es in drei Monaten kaum mehr als ein riesiger Morast ist, scheint es nicht als heilsam zu empfehlen; aber es muss daran erinnert werden, dass es mehr als fünftausend Fuß über dem Meeresspiegel liegt, auf dem vierundzwanzigsten Breitengrad nördlicher Breite, und ein verhältnismäßig trockenes und gemäßigtes Land ist, das außerordentlich baumlos ist, und die Bedingungen würden es hier begünstigen es außerhalb der Reichweite von Miasma.

Der würdige Gouverneur zeigte große Sorge um unsere Gesundheit. Aus Sicherheitsgründen gegen umherstreifende Räuber weigerte er sich, uns unser Quartier zu verlegen, schickte aber Wachen, die uns gelegentlich auf einem Streifzug durch die Bezirke der Stadt begleiteten. Die Unsicherheit war so groß, dass wir es nicht wagten, uns unbeaufsichtigt weiter als ein paar hundert Meter von den Mauern zu entfernen. Ein beliebter Spaziergang führte zu einem Ort, der weniger als eine Meile nordwestlich der Stadt liegt. Hier stürzt der Tahô , nachdem er durch das Tal geflossen ist, in einer fast ununterbrochenen Wasserfläche über eine hundert Fuß hohe Klippe; von dort strömt es eine steile Schlucht hinab zum kleinen Tal von Hawshuenshan . Unmittelbar über dem Wasserfall wird der Bach von einer massiven Steinbrücke aus drei Bögen mit überdachten Zugängen überspannt. Darunter ist das dicke Basaltbett, über das der Fluss springt, zu einem Miniaturhufeisen geformt; und die überhängende üppige Vegetation aus Farnen und Brombeersträuchern sowie Wildrosen mit gefüllten Blüten bildeten ein auffallend schönes Bild. Bei den Regenfällen war das Wasser so groß, dass eine Gischtsäule aufstieg, die zwei Meilen weit sichtbar war. Von diesem Punkt aus vervollständigten die zinnenbewehrten Mauern von Momien mit dem fernen Hintergrund hoher Gebirgszüge ein eindrucksvolles Bild. Oberhalb der Brücke fließt der Tahô in einem gewundenen Bach mit einer Breite von zwanzig Metern hinab, der reich mit großen Goldkarpfen (*Cavasius auratus* , Lin.) bestückt ist und dessen Ufer zehn Fuß hoch sind. und die Reisfelder auf beiden Seiten werden durch große Räder bewässert, die das Wasser in langen Bambuseimern anheben, die sich in Holzrohre entleeren, die zu den Feldern führen. Diese Räder gibt es im Tal zahlreich.

WASSERFALL DES TAHÔ; MOMIEN IN DER FERNE.

Nachdem wir den Wasserfall besichtigt hatten, stiegen wir den Pagodenhügel hinauf, etwa 300 Meter über der Stadt. Der Weg führte durch jetzt in voller Blüte stehende Kartoffelfelder, deren Pflanzen auf Hügeln wuchsen und deren Erde eine heimelige Wirkung hatte. Das Blatt ist kleiner als das der heimischen Pflanze und die auf dem Markt erhältlichen Knollen hatten eine dünne rote Schale; aber sie waren sehr gut und für vier Pence für dreieinhalb Pfund sehr gefragt. Über die Einführung dieser Pflanze konnte man nichts erfahren, ebenso wenig über den Sellerie, der ebenfalls weitgehend angebaut wird, und schien ebenso fehl am Platz zu sein. Die Kartoffel wird jedoch *yan -gee* genannt , offensichtlich dasselbe wie *yang- yu* , eine fremde Wurzel, die laut Herrn Cooper [28] ihr Name in Sz-chuen ist , wo sie angeblich eingeführt wurde die ausländischen Lehrer, also die französischen Missionare, schon lange. Der untere Hang des Hügels war mit steinernen Tumulus-Gräbern bedeckt, deren gewölbter Kopf jeweils eine Tafel mit einem Epitaph enthielt. Ruder-Gräber waren einfache Erdgräber, deren gewölbte Öffnung jeweils durch einen großen Stein verschlossen war. Die Hänge der Hügel rund um das Tal sind mit ähnlichen Friedhöfen übersät – stumme Zeugnisse der Bevölkerung, die einst die zerstörten Dörfer darunter bevölkerte. In der Nähe des Gipfels stand eine Pagode, ein weiß getünchter runder Backsteinturm auf einem Steinsockel mit sechs vorspringenden Ringen. Der Hügel selbst war wie alle umliegenden Anhöhen mit feinem Gras bedeckt, und eine Anzahl Maultiere grasten unter dem Schutz eines Panthay-Wächters. Ein erfreuliches Beispiel für die vorherrschende Unsicherheit lieferte ein paar Tage später der Angriff dieser Wache und die Vertreibung von vierzig Maultieren durch imperialistische Chinesen. Wir blieben unbehelligt und kletterten zum Gipfel, wobei wir aus den Farnbeeten einen prächtigen Hahnfasan (*Phasianus sladeni* , And.) mit langen Schwanzfedern aufscheuchten, die einigen ähnelten, die man an einem Panthay-Kopfschmuck gesehen hatte. Anschließend erlegte Sladen die Henne; und wir bekamen auch einen jungen Fuchs mit goldgelbem Fell und weißem Pinsel, der offenbar der Himalaya-Rasse angehörte. Als wir zurückkamen, sahen wir eine große gewölbte Höhle, die sich als alter Steinbruch aus Trachytgestein erwies, das wahrscheinlich die Stadtmauern gebildet hatte. Einmal durften wir einen längeren Ausflug in das Tal von Hawshuenshan unternehmen . Unsere Gruppe muss aus fünfunddreißig Männern bestanden haben, alle bewaffnet, die mit Speeren und Musketen ausgerüstete Panthay-Wache unter dem Kommando des Neffen des Gouverneurs und mehrere andere Offiziere; all dies war für die Sicherheit bei einem bloßen Vorstadtspaziergang notwendig. Als wir von Momien nach Süden abbogen , kamen wir bald in Sicht auf die Stadt Yay-law, deren verlassene Ruinen sich über mehr als eine Meile am Fuße des Deebay- Gebirges erstreckten. Wir gingen um den Pagodenhügel herum und bemerkten einen merkwürdigen, isolierten Lavahaufen; Im Umkreis von mehreren Kilometern war kein anderer Felsen zu sehen, und es sah aus wie ein kleiner Vulkanschlot, und der Felsen war identisch mit dem des erloschenen Vulkans.

Um die Hügel herum, zwei Meilen von Momien entfernt, führte ein leichter Abstieg nach Westen zu einer kurzen, schmalen Schlucht im südöstlichen Winkel des kleinen kreisförmigen Tals von Hawshuenshan . Das einst wohlhabende Dorf Shuayduay befindet sich an einem steilen Abhang an der Spitze der Schlucht und erhebt sich in einer Reihe von Terrassen, die mit mörtellosen Mauern aus sehr poröser Lava verkleidet sind, die so dicht wie die Auskleidung des Momien-Grabens liegen und durch Brüstungen aus Sonnenlicht geschützt sind. getrockneter Ziegelstein. Ein kleiner Bach fließt die Schlucht hinunter, die nicht mehr als eine Viertelmeile lang und fünfzig Meter breit ist, zu einem großen Becken, das von einer breiten Steinplattform überquert wird, die auf einer Seite gewölbt ist, damit der Überlauf abfließen kann. Mit Blick auf das Hawshuenshan- Tal erweitert sich die Plattform zu einer hübschen, halbmondförmigen Terrasse, die von einer eleganten Steinbalustrade umgeben ist und den Eingang zu einem Tempel bildet, der am Südhang gegenüber von Shuayduay errichtet wurde . Dieser Tempel, der sich terrassenförmig am steilen Hang erhebt und sich wunderschön vom Hintergrund der grünen Hügel abhebt, war der einzige, der von den Mohammedanern verschont blieb, deren strenge Bigotterie seiner Schönheit nicht widerstehen konnte. Der Zugang zu den Tempelgebäuden erfolgte über zwei geschwungene Innenhöfe mit schönen Torbögen. Die erste Einfriedung war ein offener Platz mit drei Seiten auf gleicher Höhe, auf der nächsten Seite befanden sich die Wohnungen der Priester; rechts und links lag ein gepflegter Garten mit Zwergobstbäumen, in dessen Mitte ein paar verkümmerte Bäume standen, die mit einer Fülle gelber Orchideen in voller Blüte und einer prächtigen Hortensie in einer riesigen Vase bedeckt waren; Die am weitesten entfernte Seite des Hügels war auf einer Steinterrasse vier Fuß über dem Niveau des Rests errichtet. Auf dieser höheren Plattform standen lebensgroße vergoldete Götterfiguren, in denen in kleinen Vasen aus schwarzem Stein stets Weihrauch brannte, und auf einem Tisch vor den Bildern lagen eine große Trommel und groteske hohle Holzfische, die die Priester und Gläubige mit kurzen Schlägen schlugen Stöcke. Ein Durchgang führte durch jede Seite des Hofes zu Steintreppen, die zur darüber liegenden Terrasse führten und in deren Mitte in einem sechseckigen Turm zusammenliefen, der auf sieben Fuß hohen Steinsäulen ruhte; Diese bildeten einen Torbogen, von dem aus eine kurze Treppe hinaufführte, die sich nach rechts und links teilte, um zur höchsten Terrasse zu gelangen, fast auf einer Höhe mit der sich eine Kapelle befand, die die obere Kammer des sechseckigen Turms bildete. Der obere Tempel nahm die gesamte Terrasse ein und war bis auf die Rück- und Stirnwände vollständig aus Holz gebaut. Die Vorderseite war mit reich vergoldeten Gitterwerken vertäfelt , während die Traufe und Decken in Porzellanimitationen gefärbt waren. Hinter einem Paravent, der mit farbenprächtigen Schnitzereien von Vögeln und Blumen geschmückt war, saßen drei lebensgroße vergoldete Figuren auf Altären, offenbar aus Porzellan. Die zentrale Figur aus Marmor stellte eine auf einer Lotusblume sitzende Frau mit einer Lilienblüte unter ihren Füßen dar; Sie hielt ein nacktes männliches Kind vor sich, das auf einer Hand saß und von der anderen vorne gestützt wurde, wobei das Geschlecht des Kindes deutlich gekennzeichnet war. Dies war die Göttin Kwan-yin, die Göttin der Barmherzigkeit und Empfängnis, und ihre Anwesenheit scheint den Schrein als taouistischen Tempel zu kennzeichnen. Diese terrassenförmig angelegten Felsentempel ähnelten denen, die Herr Cooper beschrieben hatte, als er ihn in Chung Ching besuchte. Die Steinwände des Schreins wurden nicht bis zum Dach getragen, sondern mit einer Holzvertäfelung versehen , die mit runden Fenstern aus elegantem Maßwerk durchbrochen war. Diese waren so angeordnet, dass das Licht voll auf die sitzenden Figuren fiel . Von der Mitte dieser Terrasse führte eine schmale Treppe hinunter zur Kapelle auf der Spitze des sechseckigen Turms, in der eine schöne buddhistische Figur saß, deren Kopf aus weißem, braun gefärbtem Marmor bestand.

Auf einem gut gepflasterten Weg entlang des Hügels östlich des Tals gelangten wir nach einer Viertelmeile Fahrt zur ummauerten chinesischen Stadt Hawshuenshan , die am Hang des Hügels erbaut wurde. Das Tal wird an drei Seiten abrupt von abgerundeten, grasbewachsenen Hügeln begrenzt, die sich plötzlich um die tote Ebene des Zentrums erheben und dann für den Reisanbau überschwemmt werden. Die Südwestseite wird durch den langen, niedrigen Gebirgszug des erloschenen Vulkans begrenzt, auf dessen schwarzer und karger Seite sich eine weiße Pagode deutlich abhebt.

Hawshuenshan war offensichtlich ein Ort von großer Bedeutung, da es eine viel größere Stadt als Shuayduay war und mindestens dreitausend Einwohner gehabt haben musste. Zu dieser Zeit hatten hier zahlreiche Flüchtlinge Zuflucht gefunden, die aus den verlassenen Dörfern Shangnan , Tahinshan usw. geflohen waren. Uns wurde ein offenes Rasengrundstück am südlichen Stadtrand gezeigt, das erst wenige Monate zuvor mit den Leichen imperialistischer Chinesen übersät war. Das Volk von Hawshuenshan hatte sich gegen die Panthays ausgesprochen und sich dem chinesischen Partisanen Low- quang -fang angeschlossen; Auf diesem Grundstück waren sie angegriffen und besiegt worden. Wie üblich wurde kein Gnade gewährt, und alle, die nicht flohen, wurden massakriert und anschließend dort begraben, wo sie gefallen waren. Ein schöner Tempel überblickte einen kleinen Bach, der von Shuayduay herabfließt und nun etwas außerhalb der Stadt einen kleinen See bildete. Dieses Wasser wurde von einer schönen Steinbrücke mit malerischen Torbögen überquert. Von hier aus folgten wir einem erhöhten Damm zum Talschluss und passierten den Tahô Der Wasserfall auf der linken Seite stieg allmählich 120 Meter nach Momien an . Dieses Tal von Hawshuenshan war einst von großen Dörfern umgeben, obwohl es nicht mehr als zwei Meilen lang und eine Breite breit war, deren Ruinen noch immer bezeugten, dass sie vor dem Krieg Orte von nicht geringem Reichtum gewesen sein mussten.

Mit Ausnahme des ummauerten Basars lagen die einst bevölkerungsreichen *Vorstädte* von Momien in Trümmern; Die Ziegelhaufen, die von Seilspuren tief eingekerbten Steinwände der alten Brunnen und die langen Reihen freistehender Hügel mit kleinen grasbewachsenen Quadraten definierten die Lage der südlichen und nordöstlichen Vororte. Die Häuser im Norden, die eine kleinere Fläche einnahmen, von schönen Gärten umgeben und zwischen dem Fluss und der Stadtmauer eingeschlossen waren, schienen dem Abriss entgangen zu sein.

Inmitten der allgemeinen Verwüstung innerhalb der Stadtmauern standen gleichsam zwei bemerkenswerte Kunst- und Naturobjekte als Mahnmale der Vergangenheit. Eine davon war eine große, weißgetünchte Pagode mit einer Höhe von sieben Stockwerken und der üblichen und vertrauten chinesischen Form. Der andere war eine prächtige Tanne, die volle hundert Fuß hoch war, obwohl ihre Spitze durch einen Sturm gebrochen worden war; In einer Höhe von vier Fuß über dem Boden hatte der Stamm einen Umfang von fünfzehn Fuß.

In Ermangelung anderer Ressourcen verbrachten wir viel Zeit damit, zwischen den zerstörten Tempeln und Klöstern umherzuschlendern, von denen es sowohl in der Stadt als auch in den Vororten zahlreiche gab; Die weit überwiegende Mehrheit lag in Trümmern, aber einige wenige, nur teilweise zerstörte Häuser, wurden immer noch von ein paar armen Priestern bewohnt, die trotz der Mahommedaner den Weihrauch vor den Göttern ihrer Vorfahren brennen ließen. Die massiven Steintore, die reich geschnitzten Dächer und die aufwändigen Verzierungen der Altäre und Bilder waren Beweise für ein hohes künstlerisches Können. Kombinationen aus Pflanzen und Vögeln lieferten viele der Dekorationen, die entweder in gut gemeißelten Schnitzereien oder in farbenprächtigen Gemälden ausgeführt wurden. In den Schnitzereien sind häufig Drachen und Monster zu sehen; Alle sind im Allgemeinen farbig , die Standardtöne sind Rot, Blau, Grün und Gelb. Die Außenseiten der Hauptwände sind häufig mit Medaillonbildern kleiner Tiere und Vögel in Schwarz, Grau und Weiß verziert, die sich mit Quadraten oder Kreisen aus komplexen geometrischen Figuren abwechseln. Soweit man anhand der Bilder der verschiedenen Gottheiten beurteilen konnte, schienen diese Tempel Schreine einer Mischung aus Buddhismus, Taoismus und Konfuzianismus zu sein, obwohl keine buddhistischen Priester zu sehen waren – oder zumindest war ihre gelbe religiöse Kleidung nirgends zu sehen – Die Priester hatten keine besondere Tracht und lebten im Allgemeinen in ihren eigenen Häusern in den Vororten. Die Bilder der Gottheiten sind fast alle lebensgroß, der Ehrenplatz wird manchmal von einer, manchmal von drei Personen eingenommen, die auf einem Podest in der Mitte der Haupthalle sitzen. Um die zentralen Figuren herum sind Statuen niederer Gottheiten, Weiser und

Gelehrter angeordnet. In einem Tempel, dessen zentrale Bilder zweifellos buddhistischen Ursprungs waren, waren die Wände des Außenhofs von fünfzig lebensgroßen männlichen und weiblichen Figuren umgeben, die alle saßen und die Armee der Thagyameng darzustellen schienen . In einem anderen war die Hauptgottheit ein kolossales Sitzbild mit einem Drachen an jedem Knie und dem Körper eines schlangenähnlichen Drachens, der unter dem Doppelgürtel nach oben reichte und an der Brust in mehrere Köpfe zerbrach, was an die siebenköpfigen Kobras erinnerte Hindu-Mythologie; Unter jeder Achselhöhle ragten auch Kopf und Hals eines schlangenförmigen Drachens hervor. Einige der weiblichen Figuren sitzen auf Löwen, andere Formen haben Stier- und Vogelköpfe, es kommen auch vierarmige Figuren vor. Im Khyoung , der unsere Residenz bildete, saß eine Figur von Puang- ku , dem Schöpfer, auf einem Bett aus Blättern, die denen des heiligen *Padma* oder Lotus ähnelten. Diese bemerkenswerte vierarmige Figur war lebensgroß und nackt, abgesehen von Blätterkränzen um Hals und Lenden. Er saß mit gekreuzten Beinen wie Buddha, die beiden obersten Arme waren ausgestreckt und bildeten jeweils einen rechten Winkel. Die rechte Hand hielt eine weiße Scheibe und die linke eine rote. Die beiden Unterarme befanden sich in der Haltung des Schnitzens, die rechte Hand hielt einen Hammer und die linke einen Meißel. Mit Ausnahme der Shuayduay- Bilder, die aus Stein bestanden, wurden fast alle auf folgende Weise konstruiert: Ein Holzrahmen, der eine Art Laienfigur darstellt, wird grob zusammengesetzt und anschließend mit fest umwickelten Strohschichten auf die richtigen Proportionen gepolstert Es; Über das Ganze wird eine Tonschicht gestrichen, und wenn es trocken ist, werden die Fleischtöne mit ausgeprägter realistischer Genauigkeit aufgetragen und die Kleidungsstücke entsprechend gefärbt . Die Tatsache, dass die Brust jedes wichtigen Bildes aufgebrochen war, schien zu zeigen, dass darin ein Juwel oder Gold deponiert worden war, wie es in Burma Brauch ist.

Während unseres Aufenthalts fand das Fest der Göttin der Landwirtschaft statt. Der Stängel einer Iris und ein Zweig wilden Indigos wurden über jeder Tür aufgehängt und ein allgemeiner Feiertag begangen; aber nichts anderes kennzeichnete den Anlass, außer dass die Priester darauf bestanden, den Weihrauch in unserem Khyoung anzuzünden , ein Akt der Hingabe, der an anderen Tagen zum Wohle unserer Lungen vorbestimmt worden war. In einem der wenigen noch von Priestern bewohnten Khyoungs – die alle an abgelegenen Orten außerhalb der Stadt lagen – fand ich eine Jungenschule, die von einem intelligenten Priester geleitet wurde. Ein heftiger Regenschauer trieb mich hierher, um Zuflucht zu suchen, und der Meister, der an einem niedrigen schwarzen Schreibtisch saß, lud mich höflich ein, Platz zu nehmen. Die Schüler verließen sofort ihre Schreibtische und drängten sich um uns. Einem Zeichen, das sie aufforderte, ihren Schreibtisch und ihre Aufgaben wieder aufzunehmen, wurde nur soweit Folge geleistet, dass alle begannen, mit voller Stimme ihre Lektionen zu schreien; Ein Wort des Meisters löste sie jedoch schnell auf. Ich holte Stumpen hervor, und der Priester ließ Tee holen, und wir unterhielten uns eine Stunde lang. Auf dem Schreibtisch lag ein flaches Stück Holz, das einem riesigen Papierschneider ähnelte. Um seine Verwendung zu erklären, rief er einen kleinen Jungen herbei, nahm eine seiner Hände und rieb auf geheimnisvolle Weise die Handfläche mit dem Instrument. Plötzlich hob und senkte sich der Papierschneider jedoch schnell, und dem Jungen traten Tränen in die Augen, die jedoch durch ein freundliches Wort des Meisters getrocknet wurden, der erklärte, dass es sich nur um eine Zurschaustellung und nicht um eine Strafe handele. Den Jungen, die zwischen sechs und fünfzehn Jahre alt waren, schien der Unterricht dort Spaß zu machen. Die Schulstunden dauerten von neun bis fünf Uhr mit anderthalbstündigen Pausen, in denen jeder Junge sein Abendessen bei einem Händler kaufte, der kleine Schüsseln mit chinesischen Leckereien verkaufte. Jeder Junge hat seine eigenen Bücher und ruft, an einem Tisch sitzend, seine Lektion laut, bis er glaubt, sie zu kennen, und versucht dann, sie dem Meister vorzutragen, dem er während der Wiederholung den Rücken kehrt. Sie lernen das Schreiben gleichzeitig mit dem Lesen, denn jeder Junge kopiert zuerst seine Lektion und erhält vom Meister die genaue Aussprache jedes Buchstabens und Wortes – so werden ganze Bücher dem Gedächtnis eingeprägt; Aber das Stimmengewirr während des Prozesses ist ohrenbetäubend, und der Plan wird unseren Schulbehörden nicht zur Annahme empfohlen, obwohl die Bestrafung durch das Papiermesser ihnen ein gutes Vorbild für die Nachahmung bieten könnte.

Ein aufgeweckter kleiner Momien-Junge war ein großer Favorit ; Er war der Lieblingssohn des obersten Militäroffiziers, der ihn als Taubstummen mitbrachte, um zu sehen, was getan werden konnte. Als das Kind versuchte, Geräusche nachzuahmen, war es nicht taub, und eine sorgfältige Untersuchung ergab, dass es sprachlos war. Eine erfolgreiche Operation beseitigte das Hindernis, sehr zum Erstaunen und zur Freude seines Vaters. Letzterer, dessen Titel Tah- zung - gyee war , war ein guter junger Panthay-Soldat von eher fröhlichem Temperament. Er lud uns zu einem großen Fest in seinem Haus ein, das eines der wenigen war, die innerhalb der Mauern noch unversehrt blieben. Die Einladung wurde jedem ordnungsgemäß auf einem rosafarbenen Blatt Papier überbracht; und zur festgesetzten Stunde – gegen 13 Uhr – traf ein Bote ein, um uns mitzuteilen, dass das Fest bereit sei. Der Zugang zum Haus erfolgte über einen Vorhof, in dem sich die Ställe befanden. Es bildete einen großen Platz, der einen zentralen Hof umschloss. Das dem Eingang zugewandte Hauptgebäude stand auf einer etwa einen Meter hohen Terrasse und hatte an beiden Enden eine Treppe, die jeweils in eine offene Halle führte. Von hier aus führten zwei Türen zu den Frauengemächern. Die Gebäude auf den anderen drei Seiten des Platzes erinnerten durch ihre tiefen Dachvorsprünge und die großen Gitterfenster im zweiten Stock an Schweizer Cottages. Im Erdgeschoss befanden sich eine Küche und Lagerräume, und auf einer Seite befand sich ein Taubenschlag. Die Traufe des Hauses war reich mit Schnitzereien verziert, die Landschaften mit fließendem Wasser, Brücken und Bäumen darstellten. Ein Hof draußen enthielt einen sehr erlesenen Garten voller Zwergbäume in Vasen; außerdem gab es hohe purpurrote Stockrosen und Passionsblumen. Zwei kleine Steinbecken enthielten Goldfische mit bemerkenswerten doppelt geteilten Schwänzen; und in einer Ecke befand sich ein grob in Stein gemeißeltes Modell eines Hügels mit Höhlen und einer Pagode. Die Wände der Räume waren mit chinesischen Landschaften und Vogelbildern in Sepia und Farben geschmückt , die wie Landkarten an einer Schulzimmerwand auf Rollen montiert waren. Die Unterhaltung begann wie üblich mit Tee und Kuchen, gefolgt von köstlichen Nektarinen und Pflaumen; Danach folgten die festeren Speisen der Mahlzeit. Eine Abkochung von Samshoo, gewürzt mit aromatischen Kräutern, wurde wie ein liebevoller Becher herumgereicht, wobei unser Gastgeber zunächst einen kräftigen Zug nahm und ihn herumreichte, bis der Krug geleert war. Die Flüssigkeit war warm und recht angenehm; aber es war meine Aufgabe, den Inhalt aufzubrauchen, und zu meinem großen Ekel entdeckte ich zwischen den Kräutern und Gewürzen unverwechselbare Stücke von Schweinefett . Unser mahommedanischer Gastgeber trank nicht nur Samshoo, sondern ließ auch zu, dass sein Getränk auf diese Weise mit Schweinefleisch gewürzt wurde! Er war äußerst freundlich und erklärte, er würde uns seine Schwestern am liebsten zur Frau geben; und als Zeichen der Freundschaft erhielt jeder einen Jadering und Kamelien. Die Frauen beobachteten die Fremden neugierig von den mit Vorhängen versehenen Türen aus; und gegen Ende des Abends bat der Gastgeber um Heilmittel gegen Unfruchtbarkeit, von der einige Frauen seines Haushalts betroffen waren. Nach einigem Zögern nahmen die drei Patientinnen den Mut auf, sich zu zeigen, und waren schöne, junge, dralle Frauen mit Zwergfüßen. Offensichtlich herrschte eine gewisse Enttäuschung über die Weigerung, Patienten wie diesen ein Rezept zu verschreiben.

Der eifersüchtigen Zurückhaltung der chinesischen Damen stand stets ein angenehmer Kontrast zu den Manieren der Shan, die vollkommene Bescheidenheit mit einem offenen und angenehmen Auftreten verbanden . So besuchte uns die Tsawbwa-Gadaw von Muangtee mit ihrem Gefolge von Damen. Die alte Dame war prächtig gekleidet, ihr hoch aufragender Turban war vorne mit der Panthay- Rosette aus grünen, blauen und rosa Steinen in Gold geschmückt und an den Seiten mit kleinen silbernen Dreiecken, die mit kleinen emaillierten Blumen besetzt waren. Ihr Rock war reich mit Seide und Goldfäden bestickt und ihre hellblaue Seidenjacke war mit schwarzem Satin besetzt, der einen guten Kontrast zu ihren massiven Goldarmbändern bildete. Sie trug Fingerringe aus Bernstein und Jade und ein hübsches silbernes Chatelaine und ein reich besticktes Fächeretui an ihrer Seite. Eine ihrer Jungfrauen trug eine kleine chinesische Wasserpfeife und eine andere ihre geprägten silbernen Schachteln mit Betelnüssen usw. Sie freute sich sehr über das Geschenk eines schönen Teppichs, Nadeln, Scheren usw.; und ihre Mägde waren von kleinen runden Spiegeln bezaubert, die sie sofort als Schmuck an ihren Jacken befestigten. Diese *Keenzas* , wie sie sie nannten, wurden außerordentlich geschätzt; und ein paar Tage später, als ich unterhalb der Stadtmauer nach Landgranaten suchte, rief mich eine der Shan-Damen von den Zinnen herab. Die Besitzerin des hübschen Gesichtes, die über die Mauer spähte, bettelte offensichtlich um etwas, was ich zuerst für Stumpen hielt, und bat sie durch Zeichen, die sich weiter unten an ihrem langen Kopfschmuck befanden, in dessen Ecke ich ein paar Stumpen gebunden hatte, aber diese erwies sich als unbefriedigend; und das Wort *keenza* , *keenza* , machte endlich klar, dass die junge Shan-Dame einen Spiegel wollte, und einer musste gebracht und zu ihr hinaufgeschickt werden; und ihre Freude war am amüsantesten, als sie das Tuch hochzog und die Keenza und ein Päckchen Nadeln fand. Im Vergleich zu den hübschen Gesichtern und der malerischen Kleidung dieser Shan-Mädchen waren Kleidung und Aussehen der chinesischen Frauen sehr miserabel. Alle Frauen, die auf der Straße auftauchten, waren hässlich und schlecht gekleidet, obwohl die Kinder pausbäckige, rote Wangen hatten. Die Mehrheit trug Porkpie-Hüte. Alle außer den Sklaven hatten winzige Füße und trugen bei regnerischem Wetter holländische Holzschuhe. Das Kostüm bestand aus einer Hose, die eng um die Knöchel geschnallt war, einem langen, weiten blauen Kleidungsstück und einer großen blauen Doppelschürze vorne. Ungeachtet ihrer winzigen Füße gingen die Frauen mit schweren Lasten drei bis vier Meilen zum Markt und schienen sich nichts dabei zu denken, zwei Eimer Wasser zu schultern, die an einem Bambus befestigt waren. Jeden Tag wurde unser Khyoung von Scharen von Bettlern jeden Alters belagert, von kleinen zerlumpten Bengeln bis hin zu alten Männern und Frauen, die vom Alter gebeugt waren. Ihre Lumpen und ihr Dreck ließen sich kaum beschreiben, und schmutzige Armut in unterschiedlichem Ausmaß kennzeichnete alle elenden Bewohner der zerstörten Vororte, die die fast leere Stadt umgaben. Es muss ermüdend erscheinen, auf der völligen Verwüstung und Verwüstung herumzureiten, die der lange andauernde Krieg zur Folge hatte, und der Leser mag es vorziehen, einige Informationen über die rebellischen Mahommed-Chinesen und ihre Taten zu sammeln.

[26] „Pioneer of Commerce", Anhang V. S. 464 und 466.

[27] Ein *Tickal* ist etwas mehr als eine halbe Feinunze.

[28] „Pionier des Handels", S. 186.

KAPITEL VIII.
DIE MAHOMMEDAN VON YUNNAN.

Ihr Ursprung – Ableitung des Begriffs „ Panthay " – Frühgeschichte – Anstieg der Zahl – Adoption von Kindern – Die Toonganees – Körperliche Merkmale – Ausbruch der Revolte – Tali-fu – Fortschritt der Revolte – Die französische Expedition – Ouvertüren aus Lowquang -fang – Ressourcen der Panthays – Eroberung von Yunnan-fu – Aussichten auf ihren Erfolg – Unsere Position – Die Geschenke des Gouverneurs – Vorbereitungen für die Rückkehr.

Die Mohammedaner von Yunnan haben eine merkwürdige, aber mythische Herkunftstradition. Der Gouverneur und der Hadji von Momien erklärten im Wesentlichen, dass ihre Vorfahren vor tausend Jahren aus Arabien nach China kamen, während der Herrschaft des Kaisers Tung- huon - tsong , der seinen obersten Minister Khazee nach Tseeyoog geschickt hatte (?), um Hilfe gegen den Rebellen Oungloshan anzuflehen . Dreitausend Mann wurden entsandt, und der Aufstand wurde durch ihre Hilfe niedergeschlagen. Ihre ehemaligen Landsleute weigerten sich, sie zurückzunehmen, weil sie durch einen Wohnsitz unter schweinefleischfressenden Ungläubigen besudelt worden waren, und so ließen sie sich in China nieder und wurden die Vorfahren der chinesischen Mohammedaner. Diese Informationen wurden in Form einer sorgfältig verfassten und ins Chinesische übersetzten Antwort auf die von mir gestellten Fragen bereitgestellt, und Sladen beschaffte außerdem ein chinesisches Dokument, das im Wesentlichen den gleichen Bericht enthielt. [29] Es ist ersichtlich, dass die Abweichungen von dem Bericht an General Fytche wichtig sind; [30] Da sich der Name des Kaisers Tung- huon - tsong jedoch nur geringfügig von dem Namen Hiun-tsong aus der Tung-Dynastie unterscheidet, gegen den Ngan-Loshan [31] rebellierte, scheint es möglich, diesen Bericht mit der chinesischen Geschichte in Verbindung zu bringen. Sein Sohn Sutsung , 757 N. CHR ., wurde durch die Ankunft einer Botschaft des Kalifen Abu Jafar al Mansur, des Gründers von Bagdad, in Begleitung von Hilfstruppen, denen sich Ouigooren und andere Kräfte aus dem Westen anschlossen, aus seinen Schwierigkeiten gerettet . Es muss hinzugefügt werden, dass meine Informanten zwar behaupteten, arabischer Abstammung zu sein, aber klar zum Ausdruck brachten, dass ihre unmittelbareren Vorfahren vor etwa 150 Jahren von Shensi und Kansu nach Yunnan ausgewandert seien. Die Geschichte zeigt jedoch das frühe Wachstum und die schnelle Zunahme einer großen mahommedanischen Bevölkerung in China, die die Chinesen Hwait -ze nennen; der Name Panthay oder Pansee ist burmesischen Ursprungs.

Zur Ableitung dieses Begriffs wurden mehrere Theorien vorgeschlagen. Major Sladen gibt Puthee als burmesischen Begriff für Mohammedaner im Allgemeinen an. Garnier sagt, dass das Wort Pha-si , das die Burmesen laut Oberst Phayre in Panthé verfälscht haben , dasselbe ist wie Parsi oder Farsi, das in Indien für die Mahommedaner verwendet wird, und dass diese Bezeichnung sehr alt ist Oberst Yule wies darauf hin, dass in einer von A. Remusat übersetzten Beschreibung des Königreichs Kambodscha eine religiöse Sekte namens Pâssi beschrieben wird, die sich dadurch auszeichnete, dass sie weiße oder rote Turbane trug und sich weigerte, berauschende Getränke zu trinken oder zu essen in Gesellschaft mit den anderen Sekten; aber dieser angesehene chinesische Gelehrte, Sir T. Wade, leitet den Begriff Panthay von einem chinesischen Wort Pun-tai ab, das die Ureinwohner oder ältesten Bewohner eines Landes bedeutet; und Garnier erwähnt, dass ein Volk namens Penti auf der Ostseite des Tali-Sees und in der Ebene von Tang- tchouen nördlich von Tali lebt. Sie sind eine gemischte Rasse und stammen von den ersten Kolonisten ab, die von den Mongolen nach der Eroberung des Landes durch die Generäle von Kublai Khan nach Yunnan geschickt wurden.

Herr Cooper erzählt uns, dass der Begriff Pachee oder Partei mit weißer Flagge im Unterschied zu Hungchee oder roter Flagge oder Imperialisten auch zur Bezeichnung der Rebellen im Norden von Yunnan verwendet wurde und Garnier diesen häufig verwendet Konditionen an die streitenden Parteien weiter. Die Endung -ze im Namen Hwait- ze, wie in Mant-ze, Thibetaner , Miaout -ze, Bergstämme, und Khwait -ze, Ausländer, scheint immer eine politische und Stammestrennung vom eigentlichen Chinesen zu implizieren. Diese Namen kommen in der seltsamen Prophezeiung der Vier- Ze-Kriege vor, die von Cooper zitiert wird. [32]

Aus dem Bericht über China, den Abu Zaid Mitte des 9. Jahrhunderts zusammenstellte, und aus den Berichten arabischer Händler geht hervor, dass seine Landsleute schon lange nach China Zuflucht genommen hatten. Schon damals war die arabische Gemeinschaft von Hang-chew-fu (Khanfu) von großer Bedeutung: Sie verfügte über einen eigenen Richter, der vom Kaiser von China ernannt wurde, und wir erfahren, dass die mahommedanische, christliche, jüdische und parsische Bevölkerung im Jahr n. Chr. massakriert WURDE 878 waren einhundertzwanzigtausend. Der Mahommedanismus war unter den Tataren vor der Zeit von Dschengis - Khan wenig bekannt, aber seine Eroberungen waren das Mittel, eine beträchtliche Bevölkerung von Uiguren nach Schensi und Kansu zu bringen; und der Glaube des Propheten hatte sich unter diesem Stamm lange vor der Eroberung Chinas durch die Tataren verbreitet.

Der lebhafte Handel und der politische Verkehr zwischen China und ihrem Mutterland hielten das religiöse Leben und die soziale Individualität dieser Einwanderer am Leben. Diese große Bevölkerungszunahme zu ihren Glaubensgenossen, die bereits aus den Kontingenten der Kalifen und arabischen Händler stammten, erklärt die Zahl der Mohammedaner, die Marco Polo während seines Aufenthalts in China (1271–1295) verzeichnete. In seiner Beschreibung der Menschen an der Westgrenze von Shensi, wo sich der berühmte Markt von Singui befand, und in seinem Bericht über Singan und Carajan , einen Teil von Yunnan, beschreibt er die Mahommedaner als einen beträchtlichen Teil der ausländischen Bevölkerung.

Welche starke Stellung diese Sekte unter der Herrschaft Kublais erlangt hatte, geht aus Marco Polos Aussage hervor, dass die Provinzregierungen Tataren, Christen und Mohammedanern anvertraut wurden. Die Invasion Burmas und die Belagerungen von Singan und Fun-ching wurden mahommedanischen Generälen anvertraut. Die Geschichte von Bailo Achmed, dem großen Finanzminister, ist das eindrucksvollste Beispiel für den Einfluss Mohammeds, obwohl die Entdeckung seiner Verbrechen den Zorn des Khans auf die Sarazenen auslöste und dazu führte, dass ihnen die Praktiken der Eheschließung und des Tötens verboten wurden Tiere, vorgeschrieben durch ihre Religion. Diese Kontrolle konnte nur vorübergehender Natur gewesen sein, und da wir feststellen, dass Mahommedaner sowohl im zivilen als auch im militärischen Bereich hohe Vertrauenspositionen einnehmen, kann man durchaus vermuten, dass sich diese unternehmungslustigen Soldaten und Händler nach der Eroberung Yunnans in den Kolonien niederließen, die in der neuen Provinz gegründet wurden .

Zu Beginn des 14. Jahrhunderts erwähnt Rashid- ood - deen , Wesir von Persien, Karajang oder die Provinz Yunnan und gibt an, dass die Einwohner allesamt Mahommedaner waren. Ibn Batuta , der Mitte des gleichen Jahrhunderts China besuchte, fand in jeder größeren Stadt Mahommedaner, die meist reiche Kaufleute waren. In allen Provinzen gab es eine ihnen gehörende Stadt, von denen jede gewöhnlich eine Moschee, einen Markt, eine Zelle für die Armen sowie einen Kadi und Scheich ul Islam besaß, während sie in einigen Bezirken außerordentlich zahlreich waren.

Die Jesuitenväter erwähnen im 17. Jahrhundert häufig die chinesischen Mohammedaner. Le Compte schrieb 1680 an Kardinal de Bouillon: „Sie waren sechshundert Jahre lang ungestört im Land gewesen, weil sie in aller Stille ihre Freiheit genossen hatten, ohne zu versuchen, ihre Religion zu verbreiten, nicht einmal durch Heiraten, nicht einmal innerhalb ihrer eigenen

Verwandtschaft." an Orten, an denen sie am zahlreichsten und am längsten ansässig waren, wie in den Provinzen nördlich des Hoang Ho und in Städten entlang des Kanals, wo sie Moscheen gebaut hatten, die sich völlig von der chinesischen Architektur unterschieden. Sie galten als Ausländer und wurden von den Chinesen häufig beleidigt."

Die Unterdrückung, der sie nach der zweiten tatarischen Eroberung ausgesetzt waren, zeigte sich bereits zu Beginn des 18. Jahrhunderts, als ihre Moscheen trotz der Bemühungen der Behörden von der Bevölkerung von Hang-chow in der Provinz Huquang zerstört wurden um sie zu beschützen. Zu einem früheren Zeitpunkt jedoch, um 1651, hatte ihnen der Tatarenkaiser Chunchi die Ehrungen entzogen , die einige ihrer Mitglieder im Zusammenhang mit der Fakultät für Mathematik genossen hatten. Diese so eingeleitete Änderung der Politik löste einen Aufstand aus, der unter Kien-hung (1765–71) an der Westgrenze ausbrach und sich auf die Provinz Kansu ausbreitete. Die Rebellen leisteten mit großer Tapferkeit Widerstand gegen die kaiserlichen Streitkräfte , wurden aber letztendlich unterworfen. Der Abbé Grosier schreibt im Anschluss an dieses Ereignis : „Die Mahommedaner scheinen seit einiger Zeit besonders auf die Ausweitung ihrer Sekte bedacht zu sein." [33]

Die Methode, auf die sie zurückgriffen, war die freie Verwendung ihres Reichtums, um Kinder zu kaufen, die sie als Mahommedaner erziehen sollten. Während der schrecklichen Hungersnot, die 1790 die Provinz Quangtong verwüstete , kauften sie zehntausend Kinder von armen Eltern; Diese wurden erzogen und, als sie erwachsen waren, mit Frauen und Häusern versorgt, so dass ganze Dörfer aus diesen Konvertiten entstanden. Dieses System wird von ihnen bis heute befolgt, so dass ein großer Teil der Gläubigen chinesischer Herkunft ist; und wir haben Beispiele davon in Momien gefunden . Laut Garnier war der Sultan von Tali ein chinesisches Waisenkind, das von einem wohlhabenden Mohammedaner adoptiert und erzogen wurde. Dem *Pekin Gazette* zufolge scheint Yunnan von 1817 bis 1834 Schauplatz fast ununterbrochener Aufstände gewesen zu sein, die aller Wahrscheinlichkeit nach dem mahommedanischen Element in der Bevölkerung zuzuschreiben waren. Während einer Rebellion im Jahr 1828 ließ der Anführer ein kaiserliches Siegel eingravieren und erließ Manifeste, in denen er das Volk aufrief, sich seiner Standarte anzuschließen. Gleichzeitig scheint sich die gemischte Bevölkerung dieser Provinz seit jeher durch einen unabhängigen und aufsässigen Geist auszuzeichnen, der sich oft der Zentralgewalt widersetzte. Einige Städte wurden sogar von gewählten Gemeinderäten regiert, die nur nominell von den Mandarinen regiert wurden.

Grutzlaff erwähnt, dass sie während seines Aufenthalts in China in den Jahren 1825–1832 mehrere Moscheen in Chekiang, Pechili , Shensi und

Shansu hatten ; aber da sie sich gelegentlich den Rebellen Turkistans angeschlossen hatten, betrachtete die Regierung sie mit neidischen Augen. Dennoch bekleideten einige von ihnen Ämter mit hohem Vertrauen. Er gibt auch an, dass viele von ihnen die Pilgerreise nach Mekka unternommen und arabische Manuskripte mitgebracht hätten. vom Koran, den einige nur unvollkommen lesen konnten, dass sie keineswegs bigott waren oder missionierten und dass sie Konfuzius verehrten. Zu diesen Mahommedanern aus Nordchina und Turkistan gehört das Volk der Toonganees , das seinen Ursprung auf eine große Gruppe von Uiguren zurückführen soll, die unter der Herrschaft der Thang-Dynastie zwischen dem siebten und dem 7. Jahrhundert in die Nähe der Nordmauer verpflanzt wurden zehnten Jahrhundert. Diese Siedler wurden ermutigt, mit den chinesischen Frauen zu heiraten, und als sie danach, dem Beispiel ihrer Stammesgenossen folgend, den Islam annahmen, behielten sie diese Praxis bei, obwohl sie darauf achteten, alle ihre Kinder im Glauben zu erziehen. Obwohl sie eine gemischte Rasse sind, unterscheiden sie sich von Mandschu und Chinesen durch ihr intelligentes Aussehen und ihre überlegene Stärke. Sie haben wie ihre Brüder im Süden schon immer eine besondere Begabung für kaufmännische Spekulationen bewiesen. Sie haben sich auch beim erfolgreichen Aufstand in Turkistan und dem Aufstand, der 1861 in Kansu ausbrach und unter Abdul Jaffier ebenso erfolgreich zu sein drohte wie der Aufstand in Yunnan, als hervorragende Krieger erwiesen.

Im Laufe dieses Jahrhunderts scheint sich die Zahl der Gläubigen in Yunnan schneller vermehrt zu haben als in den nördlichen Provinzen. Oberst Burney erzählt uns, dass im Jahr 1831 fast alle chinesischen Händler, die die burmesische Hauptstadt besuchten, Mohammedaner waren, mit Ausnahme einiger weniger, die Schinken importierten. Einige von ihnen konnten ein wenig Arabisch, und einer las ihm Passagen aus dem Koran vor; aber keiner von ihnen konnte ihm sagen, woher sie ihren Ursprung hatten.

Was das Aussehen angeht, so sind bei den heutigen Mahommedanern Westchinas deutliche Spuren einer Abstammung von einer nichtchinesischen und, so könnte man sagen, türkischen Abstammung erkennbar. Garnier bemerkt, dass „die Muslime arabischen Ursprungs ziemlich zahlreich sind, und es gibt viele, die die Hauptmerkmale der Araber sehr deutlich aufweisen, wobei einige den Ahnentypus in großer Reinheit bewahren." Aber die Mehrheit kann von Chinesen nur durch ihre überlegene Statur, größere Körperkraft und energischere Physiognomie unterschieden werden. Obwohl sie Ehebündnisse nur mit Angehörigen ihres eigenen Glaubens eingehen, nehmen sie chinesische Frauen häufig als Konkubinen auf. Daher eine große Menge chinesisches Blut, obwohl sie fast alle kriegerischen Eigenschaften ihrer Vorfahren bewahrt haben." Herr Cooper beschreibt einen Händler, der ihn aufsuchte, als „ein prächtiges Exemplar des Yunnan Mahommedan, über sechs Fuß hoch; Sein Gesichtsausdruck war einzigartig hochmütig und edel und sein Verhalten besonders sanft und würdevoll." Besonders auffällig sind auch sein langer schwarzer Schnurrbart und seine Haare, die in einem riesigen Schwanz fast bis zum Boden herabhängen.

Die führenden Männer, die wir in Momien trafen , waren gut gebaut, athletisch und von stattlicher Größe; der Gouverneur war 1,80 Meter groß. Sie waren hellhäutig, hatten hohe Wangenknochen und leicht schräg gestellte Augen, und ihre Gesichtszüge unterschieden sich deutlich von denen der Chinesen. Tatsächlich erinnerte der allgemeine Gesichtstyp an den der Händler, die aus Buchara und Herat nach Kalkutta kamen. Sie trugen im Allgemeinen Schnurrbärte, aber den Rest ihres Gesichts enthaarten sie, während ihr langes Haar in den Falten riesiger weißer Turbane aufgerollt war. Das einzige andere auffällige Kleidungsstück war ein leuchtend orangefarbener Hosenbund , der normalerweise einen silberbeschlagenen Dolch trug. In der Regel verzichteten sie auf berauschende Getränke und das Rauchen von Opium oder Tabak; aber einige waren in diesen Einzelheiten lax. Unsere strengen Muslime verachteten sie eher, weil sie auch im Gottesdienst lax waren, und der einheimische Arzt, der ein Fanatiker war, erklärte, dass sie überhaupt keine wahren Gläubigen seien. Im Großen und Ganzen lässt sich hinsichtlich ihrer Herkunft durchaus der Schluss ziehen, dass zu den Nachkommen eines möglichen arabischen Stammes eine beträchtliche Zahl türkischer Auswanderer hinzugekommen ist, die in Wahrheit den Hauptstamm der mahommedanischen Bevölkerung bilden in Yunnan. Zu dieser Gemeinschaft, zu der offenbar überall die wohlhabendste und beste Klasse der Bevölkerung gehörte, kam von Zeit zu Zeit eine Anzahl echter Chinesen hinzu. Der Aufstand in Yunnan scheint allein durch die Unterdrückung der Mohammedaner durch die Mandarinen ausgelöst worden zu sein . Ihr stolzer, unabhängiger Geist duldete die Tyrannei und Erpressung, die von der offiziellen Klasse, aus der sie ausgeschlossen waren, allgemein praktiziert wurde , nicht. Die Mandarinen hetzten, ihrer Gewohnheit entsprechend, den Pöbel heimlich zu ihren reichen und angesehenen Feinden, es kam zu Aufständen und ihre Moscheen wurden zerstört, wie in Momien , wo zuvor ein hübsches Gebäude existierte, das nach aus Mekka mitgebrachten Plänen errichtet worden war der Krieg. So wurde ihr religiöser Hass geweckt, wie die zerstörten Tempel und buddhistischen Klöster bezeugten, und sowohl Interesse als auch Rache für Beleidigungen ihrer Religion führten zu einem weltweiten und gut geplanten Aufstand. Als sich der 1855 ausgebrochene Aufstand ausweitete, wurden die chinesischen Städte und Dörfer, die Widerstand leisteten, geplündert und die männliche Bevölkerung massakriert. während die Frauen verschont blieben, um sich den Leidenschaften der undisziplinierten Soldaten zu widmen, und

Kinder gefangen genommen wurden, um als Muslime erzogen zu werden; aber alle Orte, die nachgaben, wurden verschont.

Dass das Land in dem Kampf furchtbar gelitten hat, beweisen uns die stummen Zeugnisse der verlassenen Städte und Dörfer, und von der südlichsten Grenze der Provinz bis zum äußersten Norden haben wir die Berichte von Augenzeugen der schrecklichen Verwüstung. Die streitenden Parteien riefen die Bergvölker wie die Lolos, Loutse und Kakhyens zur Hilfe auf , und diese mussten für ihre Dienste durch lizenzierte Plünderungen belohnt werden. So kam es, dass Orte an den umstrittenen Grenzen dreimal geplündert wurden, von der Roten Flagge, von der Weißen Flagge und von den Plünderern. Auf diese Weise waren die Städte Sanda und Muangla nach der Panthay- Invasion von den Kakhyens geplündert worden . Die Offiziere von Momien erzählten viele Geschichten über das Verhalten ihrer Soldaten, die Bände über das Elend sprachen, das über die friedlichen Bewohner herrschte. Aber der chinesische Soldat ist allen Berichten zufolge im Frieden für die Städte, in denen er stationiert ist, genauso gefährlich wie jeder Feind, und Szenen von Gewalt und Empörung begleiten den Marsch der undisziplinierten Raufbolde unter den kaiserlichen Bannern, wo auch immer sie hingehen.

Die genaue Reihenfolge der Ereignisse, die zur Gründung des mahommedanischen Königreichs führten, ist etwas ungewiss; Aus Mangel an Dolmetschern konnten wir keine vertrauenswürdigen Informationen erhalten. Im Bericht über die französische Expedition [34] führt M. Garnier den Beginn des Aufstands auf einen Ausbruch der Mohammedaner zurück, dessen Ursache nicht angegeben wird, und beschreibt, dass sie 1856 einen Aufstand angezettelt und die Stadt geplündert hätten von Yunnan-fu. Die kaiserlichen Behörden beschlossen daraufhin, sich dieser widerspenstigen Untertanen durch ein allgemeines Massaker zu entledigen, das an einem bestimmten Tag stattfinden sollte. Dies begann in Hoching , einer Stadt zwischen Li-kiang-fu und Tali-fu, als über tausend Mahommedaner ermordet wurden; während ähnliche verräterische Massaker an verschiedenen Orten folgten. Ein einfacher Junggeselle oder Literat von Moung -ho, namens Tu-win- tsen oder Dowinsheow , ein chinesisches Waisenkind, das von Mohammedanern adoptiert worden war, scharte seine Glaubensbrüder um sich . Seine Anhänger zählten zunächst nur vierzig, aber schnell schlossen sich ihnen Flüchtlinge aus Hoching , Yung-pe und anderen Orten an, bis er mit sechshundert Mann die alte und heilige Stadt Tali-fu angriff, die sich 1857 ergab Tali-fu ist eine kleine Stadt, deren Einwohnerzahl zu dieser Zeit nicht mehr als 35.000 betrug. Die reiche Ebene ist von Bergen umgeben und verfügt über einen See voller Fische, der sich über vierzig Meilen in der Länge und zehn in der Breite erstreckt eine Bevölkerung, die vor dem Krieg auf vierhunderttausend geschätzt wurde. Garnier gibt an, dass es einhundertfünfzig Dörfer gab, aber der Old Resident beziffert sie auf zweihundertdreiundfünfzig. Die Berge im Norden und Süden schließen sich an den See an, und die Ebene und die Stadt sind nur über zwei stark befestigte Pässe erreichbar, Hiang- kwang und Hia-kwang , oder, wie die Burmesen sie nennen, Shangwan und Shagwan . Daher war Tali von Anfang an eine starke Stadt; Es war die Hauptstadt eines Königreichs bei der Invasion von Kublai Khan und wird von den Thibetanern , die in die Umgebung pilgern, immer noch als die alte Heimat ihrer Vorfahren angesehen. Die Mahommedaner machten es zu ihrem Hauptquartier, und es schien wahrscheinlich, dass es erneut die Hauptstadt eines unabhängigen Königreichs werden würde. Ihr Erfolg wurde durch die Eifersucht zwischen den reinen Chinesen, die hauptsächlich von Einwanderern aus Sz-chuen abstammten , und den Mischrassen der Minkia und Penti, die von den frühen Kolonisten abstammten, die von den Mongolen und wahrscheinlich von der späteren Tataren-Dynastie im Jahr 1679 gepflanzt wurden, erleichtert Diese Stämme, die in den östlichen Ebenen von Tali und anderen angrenzenden Bezirken lebten, wurden von den Chinesen verachtet, da sie aus Mischehen mit den Shan und barbarischen Rassen hervorgegangen waren, da die wahren Kreolen auf jeden herabschauten, in dessen Adern Negerblut floss. [35] Daher standen sie im Kampf zwischen den Chinesen und den Mohammedanern abseits; Letzteren gelang es sogar, Yunnan-fu für kurze Zeit zu besetzen, sie wurden jedoch schnell vertrieben. Dort wurde jedoch ein örtlicher Aufstand von einem angesehenen Mahommedan-Hadji namens Lao-Papa organisiert, der den Vizekönig Pang ermordete und zum Kaiser oder Sultan ernannt wurde, sich aber nur für kurze Zeit seiner Würde erfreute . Ein anderer Mohammedaner namens Makien , der vor dem Krieg ein Gerstenzuckerverkäufer gewesen war, dann aber Soldat geworden war und sich auf die imperialistische Seite begab, unterwarf Lao-papa im Jahr 1861 und etablierte die Autorität eines anderen Laoten. der zum Vizekönig ernannt worden war. Makien wurde zum *Ti -tai* , also Befehlshaber der Streitkräfte, ernannt, aber ein Offizier namens Leang im Süden der Provinz weigerte sich, seinen Befehlen Folge zu leisten, und es kam zu einem kleinen Bürgerkrieg zwischen ihren jeweiligen Partisanen . Die Mohammedaner nutzten diese Spaltung im Lager des Feindes aus, um ihre Macht unter ihrem gewählten Häuptling Tu-win-tsen zu festigen , der im Jahr 1867 zum Sultan oder Imam ernannt wurde. Momien war drei Jahre vor unserem Besuch gefangen genommen worden , und die Shan-Staaten am Tapeng , die dem mahommedanischen König unterstellt waren, dessen Autorität sich über einen beträchtlichen Teil der Provinz erstreckte. Zu Beginn des Jahres 1868 stellten die Franzosen fest, dass die Regierung von Yunnan-fu *ad interim* von einem Mandarin vom Blauen Knopf namens Song verwaltet wurde, da der Vizekönig Lao kürzlich verstorben war und sein Nachfolger, obwohl ernannt, nicht gewagt hatte, das Gefährliche auf sich zu nehmen Post. Das

Amt des Oberbefehlshabers wurde von Makien besetzt , unterstützt von einem Stab mahommedanischer Offiziere, deren Kleidung und Physiognomie sie von den Chinesen unterschieden. Lao-papa residierte ebenfalls in Yunnan und war als religiöses Oberhaupt aller Mohammedaner mit Rang und Ehren ausgestattet. [36] Es ist nicht ersichtlich, wie dies mit der religiösen Autorität von Sultan Suleiman in Einklang gebracht werden könnte, und es ist klar, dass die Mohammedaner selbst in zwei Parteien gespalten waren.

Es ist interessant, diesen Bericht mit dem zu vergleichen, den Herr Cooper aus Informationen abgeleitet hat, die er im Norden der Provinz über die rebellische Haltung des kaiserlichen Vizekönigs erhalten hat, der selbst ein mahommedanischer Proselyt war und tatsächlich einen Teilungsvertrag mit der Provinz geschlossen hatte Sultan von Tali und korrumpierte die kaiserlichen Truppen, die den Aufstand niederschlagen sollten, mit vom Sultan bereitgestellten Mitteln. Wir verfügen jedoch nicht über solche Informationen, die es uns ermöglichen würden, die beiden Berichte, die so viele Übereinstimmungen und Unterschiede aufweisen, in Einklang zu bringen. Durch einen merkwürdigen Zufall wurde dieser äußerst unternehmungslustige Reisende , der durch die Unmöglichkeit, nach Tali vorzudringen, abgewiesen worden war, genau zur Zeit unseres Aufenthalts in Momien im 120 Meilen entfernten Weisee -fu festgehalten . Der völlige Mangel an Kommunikation sorgte dafür, dass wir überhaupt nicht wussten, dass er verhältnismäßig nahe bei uns war, und er war sich unserer Anwesenheit in West-Yunnan ebenfalls nicht bewusst. Unsere Informationen über den Verlauf der französischen Mission waren eher noch schlimmer, da eine hinderliche Unwahrheit vielleicht ärgerlicher ist als völlige Unwissenheit. In der ersten Juliwoche übermittelte der Gouverneur die Nachricht, dass die französische Expedition etwa sechs oder acht Monate zuvor in der Nähe von Kiang-hung mit feindlichen Stämmen zusammengestoßen war und schwere Verluste erlitten hatte; Einige von ihnen waren umgekommen, und der Rest war in einem Zustand der Erschöpfung und Not an einem Ort namens Thela angekommen, wo sie freundlich aufgenommen worden waren. Diese Informationen erklärte er für authentisch und stammte von einem Verwandten, der in Thela wohnte und einige der Waffen und anderen Besitztümer von den Franzosen erworben hatte. Da die letzten Nachrichten, die wir einige Zeit vor unserer Abreise aus Burma erhielten, besagten, dass sich die Gruppe in Kiang-tong oder Xiang-tong, einem Nebenfluss des laotischen Staates zu Burma, aufgehalten hatte, konnten wir uns der Befürchtung nicht erwehren, dass ihnen eine Katastrophe widerfahren sein musste. Bei der Aussage handelte es sich möglicherweise um eine verzerrte Darstellung der Inhaftierung, die die Franzosen vor ihrer Ankunft in Kiang-hung erlitten hatten, und der Tatsache, dass sie gezwungen waren, ihr Gepäck zu reduzieren. Einige der von den Panthays als positive Beweise bezeichneten Artikel stammten möglicherweise aus dem überflüssige Vorräte, die den Laoten geschenkt oder eingetauscht wurden. Es erscheint, wie M. Gamier bemerkt, unwahrscheinlich, dass der Gouverneur, der ein vertrauenswürdiger Offizier des Sultans war, keine Informationen über den Besuch der Partei in Tali-fu im vorangegangenen Monat März erhalten haben sollte. [37] Andererseits ist es schwierig, sich einen Grund vorzustellen, weshalb er sein Wissen darüber verheimlichte, es sei denn, er befürchtete, dass wir dadurch dazu neigen würden, den Briefen des Sultans zu misstrauen. Was Garniers Theorie angeht, dass die scheinbare Begrüßung, die uns zuteil wurde, dazu gedacht war, jeglichen ungünstigen Eindruck zu beseitigen, der in den Köpfen von Ausländern durch die Weigerung des Sultans, die französische Gruppe zu sehen, und die Anordnung ihrer sofortigen Abreise, entstanden sein könnte, so ist dies viel mehr wahrscheinlich, dass die Franzosen mit starkem Misstrauen betrachtet und für Spione gehalten wurden. Die Tatsache, dass sie mit Peking-Pässen gereist waren und *interimistische* Gäste des Vizekönigs in Yunnan-fu gewesen waren, war nicht zu ihren Gunsten ; aber noch schlimmer war ihre Verbindung zu den französischen Missionaren, die der Sache Mohammeds überall am feindlichsten gegenüberstanden. Einer von ihnen war mit der priesterlichen Aufgabe beschäftigt gewesen, Schießpulver für den Vizekönig herzustellen, und war von seiner eigenen Petarde in die Luft gesprengt worden; andere hatten durch Vermittlung des französischen Ministers ein Denkmal zugunsten Makiens an den Kaiser gerichtet , da er der einzige Mann war, der in der Lage war, die Provinz vor den Rebellen zu retten. Eine kaiserliche Antwort darauf, in der versprochen wurde, ihm mit Truppen und Vorräten zu helfen, ging ein, bevor Garnier Yunnan verließ. Es ist mehr als wahrscheinlich, dass dies den Behörden in Tali bekannt war und, selbst unabhängig von dem von Herrn Cooper geschilderten Umstand, einem herzlichen Empfang der französischen Besucher entgegengewirkt hätte.

Bei unserer ersten Einreise in das Land, ohne jeglichen Reisepass, hatten wir als Handelsreisende an die bestehenden Behörden appelliert und uns geweigert, weiterzukommen, bis ihr sicheres Geleit erhalten worden war. Unsere Neutralität zwischen den beiden streitenden Parteien war sorgfältig durch Briefe und Gesandte geprüft worden, bevor wir in Momien willkommen geheißen wurden, und kaum mehr als eine Woche nach unserer Ankunft wurde sie auf die Probe gestellt, wenn nicht durch die Erfindung, so doch auf jeden Fall durch deren Wissen Gouverneur. Eines Abends Moung Shuay Yah machte auf mysteriöse Weise die Anwesenheit eines wichtigen Besuchers bekannt, nämlich eines von Low- quang -fang gesandten Offiziers, des Offiziers, der zusammen mit Li- sieh -tai die kaiserliche Sache unterstützte. Er hatte ein Pony als Geschenk mitgebracht und wollte unsere Freundschaft schließen und uns auf dem Rückweg eine sichere Begleitung bieten, immer vorausgesetzt, dass wir nicht von den Panthays begleitet wurden . Unser Anführer lehnte ein Interview ab und lehnte das Pony mit der Begründung ab, dass wir Gäste des Gouverneurs seien und daher nicht mit seinen Feinden sprechen könnten, außer mit seiner Zustimmung. Wir erfuhren bald, dass der Gouverneur sich der Mission dieses Gesandten bewusst war und dass im Laufe der Zeit ein Vertrag unterzeichnet wurde, in dem sich Low-quang-fang verpflichtete , die Panthay- Besitztümer nicht anzugreifen oder uns bei unserer Rückkehr zu belästigen, und dies auch tun sollte ungestört im Besitz einer kleinen Zollstation gelassen werden; Ob dies ein Trick der chinesischen Partisanen war, um unsere Unterstützung zu gewinnen, oder der Panthays , um unsere wahre Meinung zu äußern, lässt sich nicht sagen. Auf jeden Fall bestätigte es die Überzeugung des Gouverneurs in unserem guten Glauben. Die Bedingungen der Vereinbarung waren, wenn sie wahr waren, ein weiterer Beweis für das Bestreben der Panthays , die westlichen Handelsrouten wieder zu öffnen, dem wir zweifellos hauptsächlich unseren freundlichen Empfang verdankten.

Sz-chuen aufrechtzuerhalten , und Mr. Cooper habe festgestellt, dass mahommedanische Kaufleute im chinesischen Yunnan unbehelligt blieben. Der König von Burma, nicht nur als Verbündeter, sondern als Tributpflichtiger Chinas, konnte den rebellischen Sultan weder anerkennen noch politische oder kommerzielle Beziehungen mit ihm aufnehmen. Der Sultan, der als Pilger nach Mekka Rangun und Kalkutta besucht hatte, war möglicherweise geneigt, die Gunst jener Feringhees zu erbitten, deren Macht und Reichtum er in der Stadt der Paläste gesehen hatte. Es ist möglich, dass der gastfreundliche Gouverneur von Momien seine Gäste nur mit höflichem Spott belustigte und dass er nicht die Absicht hatte, uns nach Tali weiterreisen zu lassen, um den wahren Stand der Dinge im Landesinneren, die Verwüstung der Provinz usw. zu sehen die spärlichen Kräfte, die der neuen Macht zur Verfügung stehen. Nachfolgende Ereignisse haben die Instabilität des Panthay- Königreichs gezeigt, sobald es von der kaiserlichen Regierung regelmäßig und entschlossen angegriffen wurde. Aber was ihren damaligen Zustand anbelangt, ist es bei größtem Respekt vor dem Andenken dieses angesehenen Entdeckers, Leutnant Gamier, unmöglich, die Tatsache zu übersehen, dass er starke Vorurteile gegenüber den Panthays hatte, sowohl durch ihre Behandlung als auch durch die Franzosen Missionare, von denen einer vom „verabscheuten Joch der Mohammedaner" spricht. Garnier führt die Schließung des Westverkehrs sogar auf die Raubüberfälle der Kakhyens und die willkürliche Unterdrückung der Panthays zurück ; die, wie unsere Beobachtung zeigte, alles taten, was sie konnten, um die Burmesen und Shans zu ermutigen , den früheren Verkehr fortzusetzen. Es ist möglich, dass wir durch Freundlichkeit voreingenommen waren und durch den äußeren Anschein von Stärke in die Irre geführt wurden; Doch was auch immer die Ursache für den Ursprung und den Fortschritt dieser Rebellion sein mag, es ist sicher, dass die Rebellen von Anfang an auf wenig direkten Widerstand seitens der kaiserlichen Behörden stießen und die Beamten mit ihren wenigen Anhängern nach und nach aus den fruchtbaren Tälern des Westens vertrieben wurden Yunnan zu unzugänglicheren Festungen; Von da an führten sie weiterhin einen Guerillakrieg, wobei keine Seite jemals auch nur annähernd eine große oder gut ausgerüstete Armee ins Feld brachte. Die imperialistischen Kommandeure wie Li- sieh -tai und Low- quang -fang, die von den Panthays als Räuberhäuptlinge bezeichnet wurden , konnten ihre Feinde, obwohl sie in Wirklichkeit Beamte der Pekinger Regierung waren, nur durch flüchtige Angriffe belästigen. Wenn ihre Anhänger gefangen genommen wurden, wurden sie schnell als Räuber vor Gericht gestellt und hingerichtet. Wir waren Zeugen von mehr als sechzehn Hinrichtungen dieser armen Kerle. Der Verbrecher wurde von einer kleinen Eskorte mit Musik und wehenden Bannern zum Rand des Basars geführt und musste mit auf dem Rücken gefesselten Händen am Straßenrand knien. Der Henker schlug ihm meist mit einem Schlag den Kopf ab; Der Körper wurde an Ort und Stelle begraben und der grässliche Kopf am Stadttor aufgehängt.

Die überlegene Tapferkeit der Panthays und die Einstimmigkeit ihrer vom Sultan von Tali-fu geleiteten Räte trugen offenbar alles voran. Während unseres Aufenthalts in Momien wurde die scheinbar authentische Nachricht über die Einnahme der großen Stadt Yunnan-fu durch seine Armee überbracht. Der Zustand Zentral- Yunnans kann man sich anhand der Aussagen in der Proklamation vorstellen, die den Fall der Hauptstadt ankündigte. Darin wird aufgezählt, dass vierzig Städte und einhundert Dörfer eingenommen und zerstört wurden und über dreihundert Menschen verbrannt wurden; während sich die Verluste der Chinesen in verschiedenen Kämpfen auf über zwanzigtausend Mann beliefen. Die Kommunikation wurde jedoch durch ständige Kämpfe auf der Straße zwischen Momien und Yung- chang unterbrochen , wobei zwei von drei Boten mit Depeschen von Tali getötet wurden, während die Mahommedan-Konvois mit Arten und Geschenken, die uns vom Sultan geschickt wurden, wurden in Sheedin in der Nähe von Yungchang angehalten . Während unseres Aufenthalts marschierte eine Truppe von einigen Hundert sogenannten Soldaten unter dem Kommando unseres Freundes, des Obersten Militäroffiziers oder *Tah-zung-gyee , um einen Angriff auf die Stadt und die Minen von* Khyto abzuwehren ; und als Beweis für den Sieg, den sie innerhalb weniger Tage errungen hatten, wurden zweihundert Ähren nach Momien geschickt , während sie einen Verlust von vierzig Mann zugeben mussten.

Obwohl die Panthays im Krieg gnadenlos waren – nur diejenigen Einwohner der Städte und Dörfer, die sich sofort unterwarfen, wurden verschont – waren sie bestrebt, eine feste und geordnete Regierung zu errichten: In allen

Fällen schützten ihre Offiziere den Durchgang von Kaufleuten und handelten viel ihnen gegenüber gerechter, als es die Mandarinen gewohnt waren; Dies wurde von den Chinesen und Shans zugegeben , die zwar äußerlich unterwürfig waren, aber im Grunde entschieden gegen das neue *Regime waren* . Eine ähnliche Aussage machen die beiden bereits zitierten Reisenden hinsichtlich der Karawanen, die mit Sz-chuen und Thibet Handel trieben. Zu dieser Zeit schien es fast sicher, dass Yunnan ein unabhängiges Königreich werden würde, wenn Sz-chuen und die nördlichen Provinzen nicht ebenfalls zu einem großen mahommedanischen Reich geformt würden, und Mr. Cooper berichtet, dass die gleiche Idee das Ergebnis gewesen sei seiner Beobachtungen über den Zustand des Landes im Norden.

Für uns war der Versuch, voranzukommen, jedoch unmöglich; Selbst wenn der Fortschritt sicher gewesen wäre, wäre er unpolitisch gewesen. Unabhängig davon, ob unsere Anwesenheit in Momien einen Verstoß gegen den chinesischen Vertrag darstellte oder nicht, war es notwendig, Informationen über den tatsächlichen Zustand des Landes zu erhalten, und dies war das in den Anweisungen dargelegte Hauptziel der Expedition .

Der Leser wird dringend gebeten, sich vor Augen zu halten, dass dieses Grenzland Chinas vor unserer Ankunft in Momien politisch, sozial und fast geografisch nahezu eine *Terra incognita war* . Wir erkannten die Tatsache, dass wir uns tatsächlich in China befanden, aber in einer Provinz, die durch den Aufstand fast in ein unabhängiges Königreich umgewandelt worden war; und es schien fast sicher, dass die verbliebenen Reste des Gehorsams gegenüber dem Kaiser in Peking bald vollständig ausgelöscht werden würden. Unser Anführer wollte daher sehr bald eine Rückkehr herbeiführen, aber der Gouverneur verschob unsere Abreise unter verschiedenen Vorwänden, um unsere Sicherheit zu gewährleisten und mit Tali in Verbindung zu treten. und das, obwohl er darauf bestand, die ganze Gruppe während unseres gesamten Aufenthalts mit allem Notwendigen zu versorgen . Der freundliche Tahsakon war wirklich damit beschäftigt, so viele Geschenke wie möglich für seine englischen Freunde vorzubereiten. Als *faktischer* Herrscher des Landes vereinbarten wir mit ihm die Zölle, die künftigen Karawanen auferlegt werden sollten, und erhielten Briefe, in denen der Wunsch der Regierung des Panthay- Sultans zum Ausdruck gebracht wurde, freundschaftliche Beziehungen mit unserer Regierung aufzunehmen und den gegenseitigen Handel zu fördern. Der Gouverneur verlangte und erhielt zwei Siegel, mit denen er seine zukünftigen Briefe authentifizieren konnte, und gab im Gegenzug ein offizielles Siegel und eine Vase mit roter Tinte, deren Verwendung, wie er sagte, die sichere Zustellung aller an ihn weitergeleiteten Briefe gewährleisten würde.

Unsere Abschiedsbesuche fanden am 11. Juli statt, und der gutmütige Gouverneur, dem es aufrichtig leid tat, sich von seinen Gästen zu trennen, brachte seine Geschenke mit. Diese bestanden aus siebzig weißen Jacken und Bambushüten für unsere Männer, einem Mandarinenanzug , gemusterten Seidenjacken, drei feinen Strohhüten, die mit Wachstuch bedeckt waren, damit wir sie im Regen tragen konnten, mit Silber besetzten Dolchen und Speeren, einer Chatelaine aus Gold und Jade, und Rosenkränze aus Bernstein. Der Anzug des Mandarins gehörte ihm, und er hatte zuvor darauf bestanden, die Ringe von seinen Fingern abzunehmen und sie in der gleichen Reihenfolge an die Finger seines „englischen Freundes" zu stecken, den er darum bat, sie ihm zuliebe immer zu tragen.

Unsere Abreise war für den 12. Juli anberaumt. Der letzte Rat des Gouverneurs war, dass wir *unterwegs nicht herumlungern* und auf jeder Etappe nur eine Nacht verbringen sollten. Eine Truppeneinheit sollte uns vorausgehen und eine weitere in unserem Rücken folgen; Als weitere Vorsichtsmaßnahme hatte man beschlossen, zum Tragen des Gepäcks keine Maultiere, sondern Kulis einzusetzen, da der Einsatz von Maultieren den feindlichen Chinesen mehrere Tage Vorwarnung gegeben hätte; Aus dem gleichen Grund waren die Träger bis zuletzt nicht engagiert worden – so dass sich unser erwarteter Start verzögerte, da es nicht genügend Träger gab und die alten Dachsparren zerschnitten werden mussten, um Stangen für die wenigen, die erschienen, anzufertigen. Der Gouverneur war sehr wütend auf seine Offiziere, und einer von ihnen, ein alter Chinese, kein Panthay , entschuldigte sich, dass wir eine Reihe von Kisten voller Schlamm und wertlosem Unkraut und Häuten wegtragen würden – das Streben nach Naturgeschichte sei der Fall Von den Menschen überhaupt nicht geschätzt, außer von den Kakhyens , die bereit waren, jedes Tier oder Reptil, das sie fangen konnten, mitzubringen. Derselbe chinesische Beamte versuchte darzustellen, dass wir eine Reihe von Kisten mit Pulver zurückbrachten. Da es ihm offensichtlich darum ging, Verzögerungen und Unheil zu bewirken, wurden andere Beamte mit der Aufsicht über unsere Abreise beauftragt, und Sladen hielt es für richtig, den gütigen Gouverneur von jeglichem Unmut zu befreien, indem er ihm zeigte, dass der Munitionsvorrat nur so groß war war für die Eskorte notwendig; und wir trennten uns im besten Einvernehmen.

[29] Siehe Anhang II.

[30] 'Wie. Soc. Proceedings", 1867, S. 176.

[31] Du Halde, ich . P. 199.

[32] „Pionier des Handels", S. 352.

[33] Grosiers „China", Bd. iv. P. 270.

[34] „Voyage d'Exploration ", Band 1 . P. 455 usw.

[35] „Voyage d'Exploration ", Band 1 . P. 518.

[36] „Voyage d'Exploration ", Band 1 . P. 455.

[37] „Voyage d'Exploration ", Band 1 . P. 514, Anmerkung.

KAPITEL IX.
DAS SANDA-TAL.

Abfahrt von Momien – Räuber überrascht – In Nantin – Unsere Ponys gestohlen – Wir rutschen nach Muangla – Ein angenehmes Treffen – Die Tapeng- Fährleute – Eine Tallandschaft – Verhandlungen in Sanda – Die Leesaws – Eine Shan-Hütte – Buddhistische Khyoungs – Aus Angst vor den Nats – Der Kalksteinhügel – Heiße Quellen von Sanda – Der Fußabdruck Buddhas – Ein Priesterdieb – Die Exkommunikation – Der Abschied des Häuptlings – Überschwemmungen und Erdrutsche – Manwyne-Priester – Eine Shan-Dinnerparty – Das Nonnenkloster – Abreise aus Manwyne – Der Sumpf der Verzweiflung.

Zuletzt schien unsere Abreise aus Momien zweifelhaft, da es schwierig war, Träger zu finden, und Männer wurden gewaltsam in den Dienst gezwungen. Jeder Einwand gegen eine bestimmte Kiste oder jede Beschwerde über das Gewicht ihrer Ladung wurde durch eine Flut von Beschimpfungen seitens der Panthays zum Schweigen gebracht , die diesen Überredungen manchmal noch heftige Schläge hinzufügten. Am 13. Juli machten wir uns gegen 8 UHR MORGENS auf den Weg und winkten dem Gouverneur, der auf die Stadtmauer gekommen war, um uns zu verabschieden, zum Abschied zu. Der Wachmann jubelte ihm schwach auf Hindustani zu, was er noch einmal wiederholte, als wir aus dem Basartor marschierten und unsere Gesichter nach Westen richteten. Zwei Panthay- Offiziere, die unsere ständigen Besucher gewesen waren, begleiteten uns fast eine Meile lang und brachen beim Abschied in Tränen aus. Nachdem wir einen langen Weg zurückgelegt hatten und uns umdrehten, um einen letzten Blick auf Momien zu werfen , sahen wir die beiden Gestalten, die an derselben Stelle standen und uns wehmütig nachblickten.

In kurzer Zeit begann es in Strömen zu regnen, und die Straßen wurden besonders für Männer mit schweren Lasten sehr rutschig, so dass wir den Trägern bald voraus waren. Beim Abstieg ins Nantin -Tal wirkte die Straße wie gut geölt. Ponys und Fußgänger rutschten in wilder Verwirrung den steilen Hügelpfad hinunter, viele aus der Gruppe gerieten in große Trauer. Ein kleines chinesisches Mädchen, das dem Jemadar und seiner Frau als Gegenleistung für seine Anstrengungen im Gottesdienst in der Moschee geschenkt worden war, begleitete uns, in einem kleinen Bambusstuhl an ein Pony gefesselt. Da das Tier völlig frei war, seinen eigenen Weg zu wählen, waren der Schrecken und die Schreie des kleinen Neulings äußerst erbärmlich. Am Ort des Angriffs auf dem Weg nach oben – der noch immer von einigen unserer leeren Kisten markiert war – kamen wir an den Leichen zweier Männer vorbei, die kürzlich getötet und am Straßenrand geworfen worden waren. Als wir an der heißen Quelle anhielten, um auf die Träger zu warten, erfuhren wir, dass es sich dabei um die Leichen chinesischer Räuber handelte, die von der Panthay- Vorhut gefangen genommen worden waren, wie sie mit langen Speeren im Dschungel kauerten und bereit waren, das erste vorbeikommende Maultier niederzustechen, und das hatten wir auch getan wurden von ihnen kurzerhand entsorgt. In der Nähe von Nantin wurden alle gebeten, zu warten und der Nachhut den Vormarsch zu gestatten, da wir im Begriff waren, an einem beliebten Versteck für Räuber vorbeizukommen.

Wir bildeten eine lange Linie, mit Panthay- Soldaten davor und dahinter, und marschierten mit vorangehenden Gongs unversehrt nach Nantin , das wir um sechs Uhr erreichten. Es stellte sich heraus, dass unser früherer Wohnsitz, der Khyoung , bereits von einem Panthay -Wächter und einem Kakhyen gemietet wurde Tsawbwa stöhnt vor Fieber. Eine Dosis Sulfatmagnesia, gefolgt von Chinin, sorgte dafür, dass er schlief und wir, soweit es ihn betraf, ruhig blieben; Aber wir wurden auf der Hut gehalten, da das Gepäck in Gruppen ankam, ein Großteil davon, einschließlich Bettzeug, erst am nächsten Tag auftauchte und einige Gegenstände, wie ein tragbares Bettgestell und eine Zeitschriftenschachtel, erst am nächsten Tag auftauchten alle. Am Abend kam der Gouverneur, um uns zu begrüßen, begleitet von einem Wachmann, von dem einer eine riesige Gazelaterne trug, die auf einem Stativ hing. Er war voller Bedauern darüber, dass er nicht über unser Kommen informiert worden war, um eine bequeme Unterkunft für uns vorzubereiten, und traf uns unterwegs. Der Hotha -Tsawbwa erschien nicht, wie er es versprochen hatte, und soll sich Berichten zufolge noch in seinem eigenen Tal aufgehalten haben. Seine Abwesenheit hinderte uns daran, den Botschaftsweg über Shuemuelong ins Hotha-Tal zu nehmen. Als sich später herausstellte, dass der unbändige Li- sieh -tai und seine Truppen ihr Quartier in einem starken Posten auf dem Shuemuelong- Berg bezogen hatten , war es nur gut, dass dieser Weg nicht versucht wurde. Wir sahen uns daher gezwungen, die frühere Straße nach Muangla , Sanda und Manwyne zurückzuverfolgen .

Die erfreuliche Nachricht erreichte uns, dass eine Gruppe von hundert Burmesen in Muangla eingetroffen sei , die von Bhamô mit der Aufgabe beauftragt worden war, fünftausend Rupien zu überweisen und uns dorthin zurück zu geleiten. so dass wir trotz aller Unannehmlichkeiten in unserem Quartier alle zufrieden und vorbereitet eintrafen, um früh nach Muangla aufzubrechen .

Unser Morgenschlaf wurde unsanft von einem Polizisten unterbrochen, der kurz und bündig berichtete: „Von den drei Ponys ist keins mehr übrig.“ In der Nacht hatten Diebe ein Loch in die Hofmauer gebohrt, das gerade groß genug war, um einem Pony den Durchgang zu ermöglichen, und durch dieses

Loch waren die Tiere unbemerkt von den im Umkreis von zwanzig Metern postierten Wachposten davongetragen worden. Die Untersuchung ergab, dass die Tiere mit Mais versorgt worden waren und eine Getreidespur zu einer weiteren Öffnung in der Stadtmauer führte. Beim vorherigen Besuch hatte man uns gewarnt, sorgfältig auf jeden Versuch zu achten, die Ponys zu stehlen. aber die Warnung war leider vergessen worden. Als der Tah-Sa-Kon im Khyoung wohnte, war auf die gleiche Weise ein Raubüberfall versucht worden . Die Diebe entwendeten eine Waffe und ein Schwert, es wurde jedoch Alarm ausgelöst und letzteres wurde auf der Flucht abgeworfen. Wir liehen uns Ponys, um uns nach Muangla zu tragen , und machten uns um halb elf auf den Weg. Nach wie vor bereitete das Fehlen von Trägern erhebliche Schwierigkeiten, da fast alle Kulis aus Momien weggelaufen waren. Als Ersatz mussten Maultiere gefunden werden, und der sprichwörtliche Charakter dieser Tiere wurde durch die Tiere von Nantin voll und ganz bestätigt , die sich eine Stunde lang hartnäckig weigerten, beladen zu werden. Während dieser Pause taten die Panthays ihr Bestes, um die Männer für die leichteren Lasten zu beeindrucken. Die Recusanten wurden von Soldaten mit gezückten Schwertern nach oben gezogen, und jeder wurde, sobald er beladen war, von einem Speerkämpfer verfolgt, der bereit war, ihn mit seinem Speer anzufeuern, wenn er versuchte, zurückzubleiben. Als wir durch Muangtee fuhren , waren alle Stadtbewohner aufgetaucht, und unsere alte Freundin, die Tsawbwa-Gadaw , und ihre Gefolgsleute, Männer und Frauen, standen vor ihrem Haw und winkten zum Gruß und zum Abschied. Außerhalb der Stadt wurde eine starke Shan-Ehrenwache aufgestellt , die uns zur Kettenbrücke über den Tahô begleitete , drei Meilen von der Stadt entfernt.

Während der Regenzeit ist der Fluss nicht befahrbar und die Straße folgt dem linken Ufer entlang der Böschungen der Reisfelder bis zur Brücke. Vom rechten Ufer aus erwies sich der Aufstieg zum hohen Mawphoo- Tal als äußerst beschwerlich, da die Straße so rutschig war, dass ständig Menschen und Tiere stürzten und viele Fußgänger schwere blaue Flecken erlitten. Es regnete ununterbrochen, und als Mawphoo erreicht war, waren alle eine große Erleichterung und genossen eine einstündige Ruhepause vor dem Abstieg in den Kopf des Muangla- Tals. Die Straße führte zunächst einen Abhang hinab, wo die Ponys nur durch Rutschen vorankamen; und dann folgte eine Reihe von Zickzackkursen, einige davon über schreckliche Abgründe, wo ein Ausrutschen des Ponys den sicheren Untergang bedeuten würde. Zu dieser Jahreszeit strömt der Tahô als gewaltiger Strom aus der tiefen Schlucht in den Mawphoo- Hügeln, und der entfernte Tapeng erschien bei trockenem Wetter fast so groß wie der Irawady . Wir erreichten Muangla in der Abenddämmerung und waren erstaunt, als wir die Stadt betraten, einen Engländer in Begleitung einiger Shan zu treffen . Er eilte auf unseren Anführer zu und stellte sich als Mr. Gordon vor, ein Bauingenieur aus Prome

, der vom Chief Commissioner mit zusätzlichen Mitteln geschickt worden war, um den Posten des Ingenieurs für die Expedition zu besetzen. Er hatte am 9. Mai per Telegraph die Anweisung erhalten, der Partei so schnell wie möglich zu folgen, und war ihnen mit lobenswerter Energie gefolgt. Er war von Bhamô aus mit einer Wache von fünfzig Burmanen angereist und hatte *unterwegs keine Schwierigkeiten* . In Manwyne hatte er sich mit dem Hotha-Tsawbwa getroffen , der wünschte, er solle ein oder zwei Tage bleiben; aber als er weiterfuhr und ohne anzuhalten an Sanda vorbeikam, erreichte er am Tag unserer Ankunft Muangla . Die Wache von einhundert Burmesen, die für den ersten Rupienvorrat entsandt worden war, war zehn Tage zuvor dort eingetroffen; aber der verantwortliche Tsare-Daw-Gyee hatte Angst gehabt, weiter vorzudringen.

Von hier aus sollten unsere Panthay- Wachen zurückkehren, und der burmesische Offizier erwartete, dass seine Eskorte ihren Platz einnehmen würde. Er schien tatsächlich sehr bestrebt zu sein, zu Diensten zu sein, und war sehr verärgert, als er von der Absicht unseres Anführers erfuhr, die Route am südlichen Ufer des Tapeng zu erkunden . Es war eine äußerst angenehme Überraschung, Herrn Gordon kennenzulernen, dessen Wohlwollen und Energie unerschöpflich waren. Die Bereitstellung der Mittel kam auch gerade rechtzeitig, um es uns zu ermöglichen, komplette Kollektionen von Shan-Produkten zusammenzustellen, und hat auch die Schwierigkeiten der Rückreise wunderbar gemildert. Also machten wir uns von Muangla aus auf den Weg trotz des unaufhörlichen Regens in bester Stimmung. Es waren Nachrichten von unbekannten Parteien eingetroffen, die anboten, die gestohlenen Ponys für dreihundertzwanzig Rupien zurückzugeben, aber da die örtlichen Behörden nicht geneigt zu sein schienen, in dieser Angelegenheit tätig zu werden, blieben die Diebe im Besitz ihrer Beute. Unsere mahommedanische Eskorte verabschiedete sich offensichtlich widerstrebend von uns, und ein Offizier äußerte den starken Wunsch, uns nach Rangun zu begleiten, und sagte, wenn er einmal dort wäre, würde er nie mehr nach Yunnan zurückkehren.

Am 20. Juli machten wir uns auf den Weg nach Sanda. Die üblichen Schwierigkeiten mit den Trägern hatten mich gezwungen, die Sammelboxen für die Exemplare unter der Aufsicht von zwei meiner Sammler zurückzulassen, bis die Beförderung beschafft werden konnte. Wir überquerten den Tapeng oberhalb seiner Mündung in den Tahô mit Fähren. Die Bootsführer weigerten sich zunächst, uns zu befördern, es sei denn, sie zahlten vorher fünftausend Dollar in bar. Dieser Erpressungsversuch wurde abgewehrt, und der Streit wurde dadurch beendet, dass wir die Boote gewaltsam in Besitz nahmen, woraufhin die Bootsleute sofort nachgaben und mit vollkommenem Wohlwollen und Tatendrang arbeiteten, bis die ganze Gruppe sicher vorbei war. Dann machten wir uns gemeinsam auf den Weg nach Sanda. Die Straße führte zunächst über einige alte Flussterrassen, die tief von Gebirgsbächen durchzogen waren und von zwei schmalen, nebeneinander gelegten Brettern überquert wurden. Unsere Ponys kreuzten sie jedoch mit Leichtigkeit, mit Ausnahme des einen, den Gordon aus der Prärie mitgebracht hatte und der an solche akrobatischen Heldentaten nicht gewöhnt war; So wurde es auf einer Brücke, über die es geführt wurde, nervös und verschwand Hals über Kopf in der tiefen Schlucht darunter. Das lässt sich wunderbar erzählen: Das Tier brach sich keine Gliedmaßen und tauchte kurz darauf zitternd, aber unverletzt, etwas weiter unten auf der Flussterrasse wieder auf. Zwei Meilen hinter der Stelle, an der der Tapeng auf dem Weg nach oben durchquert worden war, stiegen wir hinab zur ebenen Mitte des Tals, das zu dieser Jahreszeit unter Wasser stand und die Straße entlang einer dicken Böschung führte, die gebaut wurde, um die Überschwemmungen zurückzuhalten. Die gesamte Ausdehnung des Tals war in herrlich frisches Grün gehüllt, ein schöner Kontrast zu den dunklen Bergen, die auf beiden Seiten wie eine schützende Mauer aufragten, während abwechselnd Wolken und Sonnenschein die Schönheit der Landschaft voll zur Geltung brachten. Jetzt huschten tiefe Schatten riesiger Wolken die Berge hinunter und über die sonnigen Ebenen, während gelegentlich flauschige Nebel die höchsten Gipfel einhüllten und wieder schwarze Stürme die Hügel wie mit einem Vorhang verhüllten.

„Mit schrägem Sturm an der Basis festgezurrt"

Der Rest des Tals sonnt sich im Sonnenlicht. In der Nähe von Sanda musste ein Bach überquert werden, der so stark anschwoll, dass die Ponys der Strömung, die über die Sättel floss, kaum standhalten konnten. Um 18 UHR waren wir sicher in unseren alten Quartieren in Sanda untergebracht, und der Häuptling der Tsawbwa traf schnell mit einem Vorrat an Geflügel, Reis und Feuerholz ein, der für alle unsere Bedürfnisse ausreichte.

TAL VON SANDA, BLICK WESTEN VOM HÜGEL HINTER DER STADT.

Als wir morgens aufwachten, machten wir die unangenehme Entdeckung, dass zwei Pakete von unserem Bett gestohlen worden waren. Eines war nur eine Angelrute und eine Bambuspfeife und -stiele, aber das andere enthielt den massiven silbernen Pfeifenstiel, den die Tsawbwa Sladen geschenkt hatten , und einige andere Geschenke. Der Diebstahl wurde ordnungsgemäß der Tsawbwa gemeldet , die sofort eine Belohnung von zweihundert Rupien für die Wiederbeschaffung der gestohlenen Gegenstände aussetzte. Tagsüber drängten sich viele Menschen im Khyoung und hatten Kleidung und Schmuck zum Verkauf. Die Priester waren sehr empört , als sie sahen, wie Frauenkleidung in den heiligen Bezirken verkauft und ausgestellt wurde, und erwirkten schließlich einen Befehl der Tsawbwa , der den Frauen verbot, zu diesem Zweck zu kommen.

Wir blieben bis zum 8. Juli in Sanda und wurden teils durch den Regen, teils durch Verhandlungen mit der Bevölkerung des Bezirks Muangla , der auf der anderen Seite des Tapeng lag , bezogen auf unseren Heimweg, aufgehalten. Die Anführer, ein Dorfvorsteher namens Kingain , und der Poogain von Manhleo , einem Ort gegenüber von Manwyne , durch dessen Gerichtsbarkeit die Route verlief, waren uns auf der Reise nach oben beide feindlich gesinnt. Es stellte sich heraus, dass der Tsawbwa von Hotha selbst einen Streit mit dem Volk der Sanda hatte, der ihn daran hinderte, uns entgegenzukommen, während die Häuptlinge der Sanda sich gegen unsere Überfahrt nach Hotha sträubten, aus Angst, dass zukünftiger Handel von ihrer Stadt abgelenkt werden könnte. Im Verlauf der Verhandlungen teilten zwei Shan-Dorfvorsteher Sladen mit, dass sie uns sicher über eine gute und einfache Bergstraße zum Molay-Fluss bringen könnten, der in zwei Tagen erreicht werden könne und von dem aus er während der Überschwemmungen schiffbar sei , für große Salzboote, hinunter zum Irawady .

Die geschickte Geduld unseres Anführers wurde schließlich durch die Bekehrung von Kingain und den Manhleo belohnt Wir schlossen uns zu festen Freunden zusammen, und es wurde vereinbart, dass wir nach Manwyne weiterfahren und dort den Fluss überqueren sollten, von wo aus sie unsere Sicherheit gewährleisten würden. Der Sohn des Poogain kam, um als unser Dirigent zu fungieren, und wir erhielten einen Brief vom Hotha Tsawbwa , der uns versprach, uns in Manwyne zu treffen .

Während unseres Aufenthaltes hatten wir uneingeschränkte Gelegenheit, die Manieren der Shan kennen zu lernen. Jeden fünften Tag fand der reguläre Markt statt und die breite Straße war voller Landleute. Zu beiden Seiten der Fahrbahn, die mit schirmartigen Strohhüten gepflastert zu sein schien, standen Stände. Neben Kakhyens aus den Hügeln gab es zahlreiche Leesaws , die Öl, Bambus und Brennholz zum Verkauf brachten. Sowohl Männer als auch Frauen rasieren einen Kreis um den Kopf herum und lassen nur eine große Stelle am Ober- und Hinterteil übrig, von der aus die Haare zu einem kurzen Zopf zusammengefasst werden. Beide Geschlechter waren so ähnlich gekleidet, dass Jungen und Mädchen kaum voneinander zu unterscheiden waren. Einige von ihnen ließen sich überreden, uns einen Besuch abzustatten und Wörter und Ausdrücke aus ihrer Sprache vorzutragen, die sich von der Kakhyen- Sprache deutlich zu unterscheiden schien und der Burmesischen in gewisser Weise verwandt zu sein schien.

Als ein angesehener alter Shan, der bereits einige Geschäfte mit uns gemacht hatte, unser Interesse an diesen Leuten sah, lud er uns in sein Haus ein, wo er behauptete, einige Leesaw- Kleidung zu entsorgen. Es stellte sich heraus, dass er vorschlug, seine eigenen alten Kleider an die leichtgläubigen Fremden weiterzugeben; Daher war unser Besuch nur noch ein Zeichen der Höflichkeit. Wir saßen ordnungsgemäß und seine Töchter servierten uns geschnittene Mangos und Pflaumen, die wir mit Salz aßen. Die beiden Frauen unseres Gastgebers waren anwesend, und aus den benachbarten Cottages strömten andere Matronen mit indigoblauen Händen herein. Wir fragten, ob es für Shans üblich sei , mehr als eine Frau zu haben, und uns wurde gesagt, dass dies nicht der Fall sei, sondern dass jeder Mann sich selbst gefalle. Wir erfuhren auch, dass das übliche Heiratsalter zwischen 18 und 20 Jahren liegt und allein die Zustimmung der Eltern erforderlich ist, um den Vertrag verbindlich zu machen, da es keine religiöse Zeremonie gibt und die Priester in dieser Angelegenheit überhaupt kein Mitspracherecht haben.

Das Haus war, wie alle Shan-Cottages, von einem Innenhof umgeben und bestand aus drei Räumen – einem zentralen Wohnzimmer und einem Schlafzimmer auf beiden Seiten. An der Wand des „Aufbewahrungsraums", gegenüber der Tür, stand der Familienaltar, ein kleiner Tisch, auf dem eine Räucherstäbchenvase und eine Ahnentafel standen. Entlang der Vorderseite des Hauses verlief eine breite Veranda, an deren einem Ende ein großer, aus einem massiven Block ausgehöhlter Indigobottich stand. Von diesem Haus aus besuchten wir die Shan und chinesischen Khyoungs . Bei beiden handelte es sich um schlichte Bambusbauten, die an den Stellen früherer Gebäude errichtet wurden, die einige Jahre zuvor von den Panthays zerstört worden waren und als reiche und prächtige Bauwerke beschrieben wurden. Im Shan-Tempel gab es nur eine Gaudama -Figur , und während die Phoongyees an ihrem Reistisch um einen kleinen Bambustisch saßen, gingen wir zu dem der Chinesen nebenan. Hier befand sich ein Hauptbuddha, gekleidet in ein gelbes Gewand und gekrönt von einem Nimbus, der Straußenfedern ähnelte. Auf dem Altar standen ein paar kleine, frisch vergoldete Buddhas und eine Reihe alter Bilder. Auf einem kleinen Tisch lag ein hölzerner Fisch, wie er im Momien häufig vorkam khyoungs . Die Überlieferung besagt, dass Gaudama in einem seiner früheren Leben Schiffbruch erlitt, aber von einem großen Fisch an Land gebracht wurde, den er anschließend während seines Lebens fütterte. Eine seltsame Mischung aus Arion und Jona durchzieht diese Legende; aber der Fisch ist wahrscheinlich ein mystisches Erbe der älteren Religionen, denen Kwan-yin und andere Gottheiten angehören. Der Häuptling Phoongyee war sehr höflich und ließ mit roten Teppichen bedeckte Sitze herbeischaffen, während sein Kellner die Gäste mit Tee und Obst bediente. Er stellte eine Reihe von Bildern aus, die das Gericht und die Bestrafung von Sündern darstellten. Eine Gestalt, offensichtlich der Richter, saß an einem Tisch, mit einem Buch vor sich und Federn und Tintenfass an seiner Seite, während an beiden Händen zwei Gestalten standen – eine ein abscheulich aussehendes Monster, die andere eher menschlicher Natur sanfter Aspekt. Letzterer war der gute, ersterer der schlechte Aufnahmeengel. Vor dem Richter wurden die Frommen und Bösen in fleischlicher Gestalt auf dem Weg zu ihren verschiedenen Zielen dargestellt. Von den Letzteren wurden einige von Teufeln verschleppt; während andere im Vordergrund den Qualen ausgesetzt waren, die ihren Fehlern im Leben angemessen waren. Dem Besitzer einer falschen Zunge wurde diese mit der Wurzel herausgerissen, während der Tiervernichter mit dem Kopf nach unten und weit gespreizten Beinen in zwei Teile gehackt wurde.

Diese schrecklichen Bilder hatten einen grotesken Humor , der sogar den Priester zum Lächeln brachte, als er sie ausstellte und beschrieb; aber er wurde sehr ernst, als er von der früheren Pracht der zerstörten religiösen Gebäude von Sanda erzählte.

Es gab wenig zu tun, was das Sammeln zoologischer Exemplare anging, und nichts, was den Sport betraf. Ein dichter Tannenhain, der die Grabstätte der Familie des Tsawbwa markierte, war der einzige Versteck, aber man ging davon aus, dass das Schießen dort mit Sicherheit Krankheit und Tod über den Häuptling und seinen Haushalt bringen würde. Nach einem Versuch wurde offiziell beantragt, nicht auf den Hügeln hinter der Stadt zu schießen. Es heißt, dass ein Nat in einem Einschnitt haust, der die von der chinesischen Armee im Jahr 1767 angelegten Schanzen markiert, und die Shan glauben, dass der beleidigte Dämon als Tiger herabstürzen und Kinder entführen würde, wenn eine Waffe abgefeuert würde. Der Häuptling selbst kam eines Tages, klagte über Husten und Kopfschmerzen und bat um Medikamente, um den Nat , der ihn ergriffen hatte , loszuwerden , aber Magnesiumsulfat erwies sich als zu viel für den Dämon. Ein burmanischer Hilfsvermesser, der mit der Vermessung des Flusses beauftragt worden war, wurde von den Dorfbewohnern daran gehindert, sie fürchteten den Zorn der Nats , und als die Tsawbwa dazu aufgefordert wurden, unterstützten sie diese Ansicht nicht nur, sondern fragten auch privat nach der Dolmetscher, wenn wir nicht ein geheimes Ziel bei der Untersuchung des Landes hätten und nicht die Absicht hätten, nächstes Jahr mit einer starken Streitmacht zurückzukehren, um es in Besitz zu nehmen. Es stand uns völlig frei, durch die Umgebung zu schlendern, und einer der führenden Männer verpflichtete sich, uns zu dem Hügel zu führen, von dem aus der auf dem Markt verkaufte Kalk beschafft wurde. Die Straße verlief entlang der Reisfelder und war entweder knietief im Schlamm oder bis zu den Sattelgurten im Wasser. Wir überquerten den Nam-Sanda, einen tiefen, starken Bach, der von Norden durch eine kurze, schmale Schlucht floss, auf deren anderer Seite der Kalksteinhügel in einem sanften Abhang anstieg. Als wir durch die Baumwollfelder ritten, die jetzt blühten und so sauber gehalten wurden, dass kein Unkraut zu sehen war, schauten Shan-Mädchen, dunkelblau gekleidet, mit kurzen Hosen und Unterröcken mit kleinen Schürzen darüber, von ihrer Feldarbeit auf mit stummer Verwunderung, die auf ihren runden, pausbäckigen Gesichtern abgebildet ist. Ungefähr vierhundert Fuß über dem grasbewachsenen Hügel, auf dem kein Baum zu sehen war, liegen die bläulich-grauen Massen harter, kristalliner Kalksteine, die in unregelmäßigen, mit langem Gras bewachsenen Haufen liegen, wie sie von den felsigen Höhen darüber herabgefallen sind. Mit dem Vorkommen des Kalksteins an diesem Ort sind einige abergläubische Vorstellungen verbunden, die uns als übernatürliche Kuriosität gezeigt wurden. Die Massen werden aus dem Boden gegraben und in die Dörfer getragen, wo sie kalziniert werden, wobei Gras anstelle von Holz als Brennstoff verwendet wird. Uns wurde ein alter Brennofen gezeigt, der früher von einigen chinesischen Kalkbrennern errichtet worden war, die aus Tali-fu stammten. Bei unserer Rückkehr wollte der Tsawbwa unbedingt wissen, ob der Hügel Silber enthielt, da die Shans den Eindruck hatten, dass unser Fernglas es uns ermöglichte, bis ins Herz der Berge zu blicken und die darin verborgenen Edelmetalle zu entdecken. Im Bett eines kleinen Baches, der das kleine Tal hinunterfließt, befinden sich die heißen Quellen, die aus zwei getrennten Gruppen bestehen, die etwa eine Viertelmeile voneinander entfernt sind. Im östlichsten Teil fanden wir nur eine Quelle in einem etwa sechs Zoll tiefen Becken mit einem Durchmesser von einem Yard; Das Wasser sprudelt durch einen kiesigen Boden, über dem sich feiner schwarzer Glimmerschlamm abgelagert hat. Wir stellten fest, dass die Temperatur 204 °C betrug, zwei Grad unter dem Siedepunkt von Sanda, d. h. 206°; aber bei kaltem Wetter, wenn keine Überschwemmungen auftreten, ist die Temperatur höher. Als Beweis dafür sahen wir Vogelfedern und Zickleinhaare, die im Frühling gekocht worden waren, überall an den Ufern des Baches herumliegen. Die Eingeborenen vertiefen das Becken, indem sie am Rand Steine aufschichten, nutzen die Quelle als Heilbad und trinken manchmal das Wasser. Die andere Gruppe hatte fünf Öffnungen, durch die das Wasser im Bachbett emporstieg, das umgeleitet worden war, um sie freizulegen. Bis auf eines waren alle Becken durch die Überschwemmungen zerstört und die Wassertemperatur stark gesunken; aber als man die Glühbirne in die Löcher einführte, stellte man fest, dass die Temperatur dieselbe war wie die im ersten Frühling. Die Atmosphäre rund um die

Quellen war angenehm warm und der Boden an manchen Stellen so heiß, dass unsere barfüßigen Begleiter nicht darauf stehen konnten. Es war ein eigentümlicher schwerer Geruch wahrnehmbar, der nach dem Kochen auch im von uns mitgebrachten Wasser wahrgenommen wurde. Dies ist wahrscheinlich auf das Vorhandensein empyreumatischer Materie zurückzuführen. [38] Unser Führer teilte uns mit ernstem Gesicht mit, dass die Hölle in unmittelbarer Nähe sei und dass, als Gaudama über diese Stelle ging, die Flammen hervorbrachen und versuchten , ihn zu verschlingen, aber die Quellen kamen hervor und löschten sie, indem sie erhitzt wurden im Wettbewerb. Er erzählte uns auch, dass in der Nähe ein Fußabdruck von Gaudama in einer romantischen Schlucht zu sehen sei, durch die ein Gebirgsbach namens Chalktaw floss . Der Bach wurde von einer doppelspannigen Bambusbrücke überquert, die in der Mitte des Baches von einem großen Felsbrocken getragen wurde und an beiden Enden an zwei in den Boden gerammten Bambusbäumen hing, so dass die Brücke teilweise gewölbt und teilweise hängend war. Viele Kakhyen- und Leesaw- Männer und -Frauen kamen auf dem Weg zum Sanda-Markt den Hügel hinunter und brachten große Ladungen Gemüse, Brennholz und drei Fuß lange, fünfzehn Zoll breite und anderthalb Zoll dicke Holzbretter mit. Ein Korb mit Gemüse und ein Brett, das so schwer war, dass einer von uns es kaum heben konnte, bildeten die Ladung eines Bergmädchens den steilen Hang hinunter. Ungefähr eine Viertelmeile weiter oben in der wilden Schlucht, übersät mit riesigen, vom Wasser geschliffenen Granitblöcken, wurde uns der riesige Fußabdruck an einer Stelle gezeigt, die von einigen schönen alten Banyanbäumen umgeben war. Der Abdruck befand sich am Ende eines Felsbrockens, der das Tal hinaufblickte, und es war offensichtlich, dass die Mulde, die die Ferse darstellte, durch die Reibung eines darüber liegenden Felsbrockens entstanden war. Mit der Zeit änderte der Fluss seinen Lauf und der Felsblock wurde den Blicken einiger gläubiger und fantasievoller Buddhisten zugänglich gemacht. Er war beeindruckt von der Ähnlichkeit der Höhle mit einem riesigen Fersenabdruck, schnitzte den Umriss eines menschlichen Fußes und verkündete die wundersame Entdeckung. Sein großes Alter wird durch die Existenz zweier Tafeln auf der anderen Seite des Felsens belegt; Die eingravierten Umrisse sind noch erkennbar, aber die Inschriften sind so abgenutzt, dass es unmöglich ist, die Form der Schriftzeichen zu entziffern. Auf dem Rückweg kamen wir an einem Mädchen aus Leesaw vorbei, das eine große Auswahl an Perlen trug, und es gelang uns, sie dazu zu überreden, sich für eine Rupie von vier Schnüren und sechs Reifen von ihrem Hals zu trennen. Etwas weiter entfernt trafen wir weitere Mitglieder ihres Stammes, die sich unter einem Baum ausruhten, aufstanden und uns Reisschnaps aus ihren Bambusflaschen anboten; im Gegenzug gaben wir ihnen etwas verwässerten Whisky, der ihnen offenbar sehr gefiel. Diese Leesaw- Frauen trugen einen eigenartigen Turban mit hängendem Ende, aus grobem weißem Stoff, mit blauen Quadraten geflickt und mit Kauris besetzt. Ihre eng anliegenden Beinlinge bestanden aus blauen und weißen Stoffquadraten, und ihre Verzierungen bestanden aus großen Messingohrringen, Halsketten aus großen blauen Perlen und Samen sowie einer Fülle von Rattan-, Bambus- und Strohreifen um die Lenden und den Hals . Diese ähneln dem von Cooper beschriebenen Kleid der Moso-Frauen, und ähnliche Kleider und Ornamente werden in Mons gezeigt. Garniers Illustrationen des Leisus in Nord-Yunnan.

Am 29. August um drei Uhr morgens wurden wir alle durch einen lauten Aufschrei und einen Pistolenschuss aus dem Schlaf gerissen. Es stellte sich heraus, dass ein Dieb die Tür geöffnet und eines der schönen Silberstücke gestohlen hatte Panthay -Speere, aber das Klirren der Ornamente hatte Sladen geweckt , der im Dunkeln einen Schuss auf den sich zurückziehenden Räuber abfeuerte und vergeblich Alarm schlug. Der Verdacht fiel sofort auf einen Phoongyee , der in einem Zimmer nahe der Tür schlief; Der diensthabende Wachposten hatte kurz zuvor gehört, wie sich der Priester bewegte, und während er ein paar Meter ging, um eine an einem Pfosten hängende Wache zu konsultieren, wurde der Raub durchgeführt . Der Tsawbwa und seine Häuptlinge zeigten große Besorgnis, und alle waren sich darin einig, den Priester zu verdächtigen, dessen Charakter offenbar bereits schlecht war. Sie besteuerten ihn des Diebstahls und sagten ihm, dass es eine äußerst schändliche Tat sei, ein Geschenk eines Beamten an einen anderen zu stehlen; Sie drohten auch damit, ihn vom Priestertum zu entwürdigen, wenn der Speer nicht zurückgegeben würde. Diebstahl, sogar im Wert von sechs Annas, sei eines der Verbrechen, vor denen der Rahan bei seiner Ordination besonders gewarnt wird, da er ihn ipso *beraubt Faktisch* seines heiligen Charakters.

Der Tsawbwa war äußerst erzürnt und bat uns, unsere Reise zu verschieben, damit er, wenn möglich, den Speer finden und wiederherstellen und den Verbrecher bestrafen könnte. Früh am nächsten Morgen kam eine alte Frau weinend zum Khyoung , und als sie eintrat, warf sie ihre Pfeife weg und stürmte mit gefalteten Händen auf Sladen zu, während die Tränen über ihre faltigen Wangen liefen. Der Dolmetscher erklärte, dass sie die Mutter des verdächtigen Priesters sei und gekommen sei, um für ihn Fürsprache einzulegen. Ein weiterer ihrer Söhne schloss sich ihr sofort an, aber ihnen wurde geraten, zur Tsawbwa zu gehen , in deren Händen die Angelegenheit ruhte. Während ihr die Tür gezeigt wurde, durch die der Dieb hereingekommen war, kam der Phoongyee selbst herein, und die alte Frau versetzte ihm in einem heftigen Ausbruch von Beschimpfungen mehrere Schläge mit ihrer geballten Faust und schlug ihn regelrecht aus dem Khyoung .

Die Exkommunikationszeremonie fand zu gegebener Zeit statt und war recht kurz, sie dauerte nur fünf Minuten. Er wurde von allen Häuptlingen hereingebracht und von seiner Mutter und seinem Bruder begleitet, wobei letzterer die Kleidung eines gewöhnlichen Shan trug, die der Täter annehmen sollte, wenn er degradiert wurde. Alle setzten sich, und die arme alte Frau appellierte rührend an ihren Sohn, zu gestehen, wenn er schuldig sei; aber er bewahrte ein beharrliches Schweigen und begann, vor dem Altar seinen Turban abzunehmen. Dann zog sie sich zurück, verschränkte die Hände über dem Kopf und sprach Gebete aus. Nachdem der Priester seinen Turban abgenommen hatte, nahm er eine Seerose aus einem Blumenopfer vor dem Bildnis von Gaudama, stellte sie auf ein Stativ und legte sie erneut vor das Bildnis. Der Oberpriester erschien nun auf dem Podium, und der Täter kniete hinter seiner Lilie nieder, murmelte ein paar Sätze, erhob sich gelegentlich von den Knien und beugte sich anbetend vor der Gestalt und zog sich nach jeder Niederwerfung allmählich zurück, bis er sich hinter dem Rand der Statue befand den Priestern eigentümliche Dais. Dann kniete er vor dem Häuptling Phoongyee nieder und wiederholte ihm eine Formel nach, woraufhin er sich in sein Zimmer zurückzog und bald als Laie verkleidet wieder herauskam. Dann wurde er von den Häuptlingen weggebracht und einige Stunden später an einer Kette, die an einem eisernen Halsband um seinen Hals befestigt war, zurückgebracht. Am Abend wurde er erneut an der Kette zum Khyoung geführt, eskortiert von den Häuptlingen, die erklärten, sie hätten keinen Hinweis auf den fehlenden Speer gefunden oder die Schuld des Gefangenen feststellen können. Während der anschließenden Besprechung über unsere Abreise wurde er jedoch an eine Säule gekettet und von zwei Männern bewacht. Nach einem weiteren Tag des Verzögerns und Tauschens mit den Leuten, die sich in den Khyoung drängten, wobei der einzige nennenswerte Kauf ein erstklassiger Tabak zum Preis einer Rupie für dreieinhalb Pfund war, machten wir uns am 4. August auf den Weg. Der alte Tsawbwa und sein Enkelkind kamen mit einem Abschiedsgeschenk aus Stoff und der Bitte, dass wir nicht aufsteigen würden, bis wir an seinem Haus vorbeigekommen wären; und eine silberne Uhr, die Sladen seinem Adoptivsohn schenkte, bereitete sowohl dem Häuptling als auch seinem Erben große Freude. Als wir uns dem Haw näherten, bliesen drei Trompeter einen kräftigen Ton, und die drei Salutschüsse wurden abgefeuert, als wir die Stufen hinaufstiegen, die zum Tor führten, wo der Häuptling und sein Enkel auf uns warteten. Nach einem herzlichen Händeschütteln und einem formellen Abschied stiegen wir unter einem zweiten Gruß auf und ritten aus der Stadt, begleitet von den Trompetern mit vollem Geschrei.

Die Straße verlief zu dieser Jahreszeit entlang der Böschungen der Reisfelder näher am Fuß der Hügel. Die Verläufe der zahlreichen Gebirgsbäche zeigten die Spuren der Verwüstung durch die beispiellosen Überschwemmungen der vergangenen Woche; Ganze Reisfelder waren weggeschwemmt worden, auf anderen lag die Ernte hoffnungslos im Schlamm begraben. Überall blockierten Wurzeln und Stämme großer Bäume die Kanäle, und an den Berghängen waren rote Flecken zu sehen, die wie Wunden aussahen, wo es zu Erdrutschen gekommen war. Diese waren äußerst zerstörerisch gewesen; Neun Dörfer im Sanda-Tal sollen überwältigt worden sein, eines davon, ein Dorf mit vierzig Häusern, mit allen Bewohnern bis auf neun, die abwesend waren, wurde völlig zerstört. Die neunzehn Meilen nach Manwyne waren um 17 Uhr zurückgelegt , und wir bezogen unser Quartier im selben Khyoung wie beim vorherigen Besuch; Etwas Mühe und ein wenig sanfte Gewalt waren erforderlich, um die hartnäckigen und neugierigen Chinesen auszuschließen, die sogar einen Wachposten drängten. Diese Manwyne - Leute (die Shans nicht eingeschlossen) waren zwar nicht so feindselig wie bei unserem ersten Besuch, waren aber offensichtlich unzufrieden und können nur als „Rowdies" eingestuft werden. Bei Sonnenuntergang wurde vor dem Altar eine Glocke geläutet und eine riesige Kerze angezündet, während die Priester, die auf dem oberen Podest knieten und von den Chorsängern auf dem unteren unterstützt wurden, ihre Vesper sangen.

Glockenläuten und Matinen weckten uns früh am Morgen, und wie zuvor strömten die frommen Frauen mit ihren Opfergaben aus Reis und Blumen herein. Die Phoongyees und einige andere waren sehr daran interessiert, etwas über Eisenbahnen, Telegraphen und andere Wunder der westlichen Zivilisation zu erfahren . Einer der Sanda-Häuptlinge bemerkte, dass es für sie ein großes Privileg sei, von solchen Dingen zu hören, und dass wir uns alle schon einmal in einem früheren Leben getroffen haben müssten und uns zweifellos wiedersehen würden. Sie waren beeindruckt, als sie den Mond durch ein gutes Teleskop betrachteten; und eine Vorhersage der bevorstehenden Sonnenfinsternis beeindruckte sie offensichtlich mit einem tiefen Gespür für unsere astrologischen Kräfte, der Häuptling Phoongyee fragte mit angehaltenem Atem, ob dies ein Vorbote von Krieg oder Hungersnot sei.

Unser erster Besucher war der „Todeskopf" von Ponsee , der mit der Idee kam, dass wir uns seiner freundlichen Führung anvertrauen sollten, und sich über die Nachricht, dass wir von Hotha zurückkehren sollten, ärgerte. Der Hotha -Tsawbwa war durch die Schwierigkeit, den von den Überschwemmungen hinterlassenen Schlamm zu überqueren, aufgehalten worden, und als er schließlich erschien, war er zunächst geneigt, die physischen und sonstigen Schwierigkeiten, sein Tal zu erreichen, noch größer darzustellen. Als er feststellte, dass wir entschlossen waren, nahm er die Schwierigkeiten auf die leichte Schulter und arrangierte den Manhleo Poogain sollte sich um das Gepäck kümmern, während er selbst vor uns herging, um sich auf unseren Empfang vorzubereiten. In der Zwischenzeit wurden wir bei einem Abendessen vom Tsawbwa-Gadaw bewirtet , wobei der Hotha-Häuptling die Ehre erwies. Wir wurden von den beiden buddhistischen Nonnen, die eine eine Tochter unserer Gastgeberin und die andere eine Schwester von Hotha, begrüßt, begleitet von einer Schar von Mägden und Dienern, und wurden sofort aufgefordert, unsere Plätze am Tisch einzunehmen. Dann wurde Tee serviert, gefolgt vom Abendessen, bestehend aus gut gekochtem Geflügel, gebraten und gekocht, Schweinefleisch usw., mit kleinen Tellern mit Zwiebeln, Erbsen und geschnittenen Mangos; Dann kamen Reis und Soße, gefolgt von einer weiteren Portion Tee. Alle Gerichte wurden auf chinesischem Porzellan serviert und das Samshu wurde aus einer Teekanne aus Birmingham in winzige Tassen aus Jade gegossen. Wir wurden von Männern bedient; aber gerade als das Abendessen auf den Tisch gestellt wurde, kam die Gastgeberin für ein paar Minuten herein und hielt eine Begrüßungsrede und entschuldigte sich dafür, dass sie nichts Besseres anzubieten hatte; und als es vorbei war, schloss sie sich der Party wieder an. Die beiden Rahanees und ihre Dienstmädchen schenkten uns die ganze Zeit ihre Gesellschaft. Als ich von den rot gefärbten Nägeln der Damen beeindruckt war, bat ich ein Mädchen mit rosigen Wangen, mir die Farbe zu zeigen. Sie meldete sich freiwillig, eine praktische Illustration zu geben, und holte sofort aus einem inneren Raum eine breiige Masse aus Blütenblättern und Blättern eines roten Springkrauts, die mit Cutch zerschlagen worden waren. Nachdem sie zunächst um einen kleinen Ring als Andenken an unseren Besuch gebettelt hatte, umhüllte sie meine kleine Fingerspitze mit einem Teil des Fruchtfleisches und bedeckte es mit einem sauber mit einem Faden zusammengebundenen grünen Blatt.

Nach dem Abendessen unterhielt uns der Hotha-Häuptling mit einem Auftritt auf der Shan-Gitarre oder dem Banjo, denn das Instrument hatte nur drei Saiten und der Resonanzboden bestand aus gespannter Schlangenhaut. Der Häuptling galt offensichtlich und zu Recht als geschickter Künstler, und unter seinen Fingern gab das Instrument süße, angenehme Töne von sich, während die Melodien zwar einfach, aber melodisch waren. Nach unserer Rückkehr zum Khyoung kamen die beiden Nonnen und ihre Dienstmädchen mit einigen Geschenken vom Tsawbwa-Gadaw an und blieben zwei Stunden lang, stellten intelligente Fragen über unser Land und unsere Religion und nahmen uns beim Verlassen das Versprechen ab, sie auf eigene Faust zu besuchen khyoung . Am nächsten Nachmittag kam ein Bote, um uns an unser Versprechen zu erinnern, und zwei aus der Gruppe gingen zum Nonnenkloster. Es bestand aus zwei nebeneinander stehenden Bambushäusern, die von einem Zaun umgeben waren. Das eine diente als Wohnsitz und war ein gewöhnliches Shan-Haus mit drei Zimmern; der andere, der als Kapelle diente, war ein Pavillon mit einer Fläche von 24 Fuß im Quadrat, der auf Pfählen in einer Höhe von 4 Fuß über dem Boden stand und auf allen Seiten mit Matten abgeschlossen war, mit Ausnahme der

Vorderseite des Wohnhauses. Die einzigen Dekorationen waren ein paar kleine Bilder von Gaudama und in Zierfiguren geschnittene weiße Papierstreifen, die wie Banner von den Dächern hingen. Die Hotha-Nonne war mit dem Weben beschäftigt, was einen Verstoß gegen die buddhistischen Vorschriften darstellte und es den Ordensleuten verbot, sich irgendeiner nützlichen Arbeit zu widmen . Wir wurden in das Wohnhaus eingeladen und mit Mangos und Frauentabak bewirtet und aufgefordert, unsere Pfeifen anzuzünden. Es folgte ein langes und interessantes Gespräch , hauptsächlich über religiöse Themen. Die Nonnen, insbesondere die junge Dame von Manwyne , zeigten großes Interesse am Thema Christentum und baten uns abschließend, sie als Schwester zu betrachten. Dann begaben wir uns alle zum Nachmittagstee bei ihrer Mutter. Die alte Dame äußerte den großen Wunsch, ein Porträt unserer gnädigen Königin zu besitzen, das wir ihr aus Rangun schicken wollten. In der Zwischenzeit boten wir ihr einen vorübergehenden Ersatz in Form von vier brandneuen Rupien an, worüber sie sich sehr freute.

Am 9. August waren wir bereit für einen frühen Start von Manwyne , aber der Mangel an Trägern verzögerte uns bis 8.30 Uhr, als wir uns auf den Weg zum Tapeng machten . Vom Tsawbwa-Gadaw kam ein Abschiedsgericht aus Reis und Spirituosen, „um uns für die Reise zu stärken" , während der Häuptling Phoongyee jedem von uns etwas Stoff überreichte und herzlich seine guten Wünsche für unser Wohlergehen zum Ausdruck brachte. Die Stadtbewohner winkten zum Abschied, einige riefen *„Kara!"* *Kara!* und andere das Shan-Äquivalent für *Au revoir!* Es war Mittag, als die Ponys sicher den Fluss überquerten, der mittlerweile sechshundert Meter breit ist und auf dessen anderer Seite sich ein Wattenmeer über zwei Meilen erstreckte. Die glatte Oberfläche war von der Sonne hart verkrustet, hatte aber viele Risse, durch die die Beine der Ponys in den hartnäckigen Sumpf darunter rutschten. Schließlich war ein wahrer Sumpf der Verzweiflung erreicht, und die Gruppe war ziemlich festgefahren ; Die Ponys zappelten und stolperten so sehr, dass sie absteigen mussten. Die nächste halbe Stunde werde ich nicht so leicht vergessen, als ich, die Zügel in der einen Hand und meinen Hund in der anderen festgehalten, mich durch den schleimigen Schlamm stürzte und kämpfte, der bei jedem Schritt die Beine fest zu umklammern schien. An einer Stelle stolperte das Pony plötzlich und verschwand im Schlamm, während die Anstrengung mich nach vorne rollte, bis es von zwei unbelasteten Eingeborenen auf die Füße gezogen wurde. Der kräftigste unserer Gruppe wurde von Männern, die mit Rupien stimuliert wurden, buchstäblich durchgeschleppt, während sein Pony von einigen Shans aus dem Schlamm gegraben werden musste . Ein Fehler unseres Führers hatte uns in diesen Schlammstreifen geführt, der erst kürzlich durch das Überschwemmen des Flusses abgelagert worden war; und die Menge des angeschwemmten Bodens kann man sich aus der Tatsache vorstellen, dass das Gebiet etwa sechs Quadratmeilen umfasste und eine durchschnittliche Tiefe von vier Fuß hatte. Wir folgten den Böschungen der Reisfelder etwa drei Kilometer lang und machten dann zum Frühstück Rast auf einem grasbewachsenen Hang am Fuße der Hügel, im Schatten weitläufiger Banyan- und Mangobäume, umgeben von eifrigen Scharen von Dorfbewohnern, die die Fremden anstarrten .

KAPITEL X.
DAS HOTHA-TAL.

Der Berggipfel – Ein riesiges Tal – Leesaw- Dorf – Der falsche Weg – Priesterliche Ungastlichkeit – Stadt Hotha – Ein freundlicher Häuptling – Die Namboke Kakhyens – Der Hotha-Markt – Das Shan-Volk – Die Koshanpyi – Die Tai von Yunnan – Ihr persönliches Aussehen – Kostüme – Ausrüstung – Die chinesischen Shans – Silberner Haarschmuck – Ohrringe – Torques, Armbänder und Ringe – Textilstoffe – Landwirtschaft – Soziale Bräuche – Landbesitz – Altes Hotha – Ein Shan-Chinesischer Tempel – Shan-Buddhismus – Das Feuerfest – Sonnenfinsternis – Pferdeverehrung – Antike Pagoden – Straßen von Hotha.

Um 14 UHR begannen wir mit dem Aufstieg auf die Hügel, die von Manwyne aus nicht mehr als 300 Meter hoch zu sein schienen, sich aber als dreimal so hoch über dem Fluss erwiesen. Der holprige Reitweg führte geradewegs den steilen Abhang hinauf, und in der sengenden Hitze einer ungetrübten Sonne war der Aufstieg für Mensch und Tier, die von den Anstrengungen im Sumpf bereits erschöpft waren, äußerst anstrengend. Die Maultiere waren voraus, aber unsere Männer begannen bald zurückzubleiben, obwohl wir so langsam gingen, wie es mit der Aussicht vereinbar war, vor Einbruch der Dunkelheit Manloi auf der anderen Seite zu erreichen. Ein kurzes Stück den Berg hinauf ragten markante Klippen aus weißem, kristallinem Marmor hervor, der zu einem matten Braun verwitterte. Darauf folgte Quarzgestein; und noch höher bildete ein bläuliches Gneisgestein die obere Masse des Gebirges. Wir durchquerten mehrere Kakhyen- Dörfer und zahlten ein paar Rupien als Maut an die Häuptlinge, die am Straßenrand saßen und auf uns warteten. In der Nähe des Gipfels hatten wir einen herrlichen Blick auf den Lauf des Tapeng bis zur burmesischen Ebene. Ein hoher Wolkenvorhang im Westen hing über der Mündung des Flusses in die Schlucht der Hügel, während darunter und dahinter deutlich die weite Ebene des Irawady zu erkennen war, die von hohen Hügeln gesäumt war und durch die sich der große Fluss schlängelte ein breites silbernes Band. Zur Rechten erstreckte sich ein herrliches Panorama des Tals bis zum Ausläufer oberhalb von Sanda, und wir blickten lange zum Abschied auf das schöne Tal, das von seinen Schutzbergen umgeben und reich an allen möglichen Effekten war, die die Gruppierung im Sonnenuntergang hervorrief Lichter und Schatten, von Überschwemmungen und Niederschlägen und grünen Feldern. Nachdem wir den Gipfel mehr als fünftausend Fuß über dem Meer überquert hatten, blickten wir auf das schmale Hotha-Tal hinab, das keine tausend Fuß tiefer lag und sich zu unseren Füßen über fünfundzwanzig Meilen erstreckte, wobei die gegenüberliegende oder südliche Bergkette nach Norden abzweigte. Im

Osten verbanden wir uns mit der Bergwand des Sanda-Tals durch einen verbindenden Grat, der viel niedriger war als die Höhe, von der aus wir hinüberblickten, und im Süden sahen wir aufeinanderfolgende entfernte Höhen, die Täler wiegten, deren Wasser zum Shuaylee floss .

Es ist etwas schwierig, einen passenden Begriff für dieses erhabene, von Bergen umgebene Viertel zu finden. Es handelt sich um eine riesige Schlucht mit einer Breite von kaum mehr als zwei Meilen, die kein ebenes Gelände aufweist, sondern eine Abfolge zerklüfteter Flächen, die durch grasbewachsene Hügel aus roter Erde abwechslungsreich gestaltet sind und hier und da mit Dörfern übersät sind, von denen jedes seine eigene Obstbaumplantage hat. Ein schmaler Bach, der Namsa , schlängelt sich auf der Südseite hinab, bis er durch eine Ansammlung höherer, mit Farn bedeckter, grasbewachsener Hügel seinen Weg zum Tapeng erzwingt . So ist das Tal von Hotha, wie es lächelnd vor uns im schnell verblassenden Licht lag, mit seinen hundert Dörfern, bewohnt von vierzigtausend friedlichen und fleißigen Chinesen- Shans , die die beiden Staaten Hotha und Latha oder Muangtha und Hansa bilden.

Als wir begonnen hatten, den Bergkamm hinabzusteigen, trafen wir auf einige Leesaws , die einen frisch getöteten Hirsch trugen, von dem sie sich jedoch trotz eines Angebots von zehn Rupien nicht trennen konnten. Es waren viele Abschnitte mit Bäumen aus gemäßigten Klimazonen wie Eichen und Buchen zu sehen, und darunter ausgedehnte Abschnitte eines neuartigen, kurz- und dünnstämmigen Bambus. Wir durchquerten bald das Dorf unserer Leesaw- Freunde, das malerisch auf einem steilen Felsvorsprung zwischen prächtigen Bäumen und riesigen grauen Felsbrocken thront, von denen einige so groß waren wie die Häuser, die sich durch ihre kleinen Quadrate völlig von den Kakhyen- Behausungen unterschieden Strukturen ohne Boden außer dem Boden, der durch einen Graben, der um die Lehmwände herum geschnitten wurde, trocken gehalten wurde. Wir betraten die Dorfstraße durch ein hölzernes Tor und gelangten durch einen langen überdachten Gang, der von üppigen Schlingpflanzen gesäumt war, wieder hinaus.

Die Sonne war fast untergegangen, als wir mit dem Abstieg begannen, und auf halber Strecke überkam uns die Dunkelheit. Bei einer Teilung des Weges bestand ein hartnäckiger Maultiertreiber darauf, den Weg zu wählen, der sich als falsch herausstellte, und die Hälfte unserer Gruppe, einschließlich des Manhleo- Häuptlings, wurde auf diese Weise in die Irre geführt. Wir stolperten über einen holprigen Reitweg, der mit losen Steinen bedeckt und von Wasserläufen durchzogen war. Vergebens riefen wir, um die Aufmerksamkeit der anderen auf sich zu ziehen und herauszufinden, wo sie sich befanden. Es kam keine Antwort außer den Echos von den Hügeln, die jetzt in Dunkelheit gehüllt waren. Schließlich trafen wir einige Shans und erfuhren, dass wir uns in der Nähe eines Dorfes namens Mentone in der Latha oder westlichen Division und einige Meilen von Hotha entfernt befanden . Es wurde besprochen, welche Alternative die schlechteste sei: im Dunkeln nach Hotha weiterzufahren oder ohne Abendessen und ohne Abendessen ins Bett zu gehen. Letzteres schien das geringste Übel zu sein; Also machten wir uns auf den Weg zum Dorf Khyoung , das wir um 20.50 UHR erreichten. Wir konnten nichts zu essen bekommen; und völlig müde sattelten wir die hungrigen und erschöpften Ponys ab, nahmen ihre Sättel als Kissen und schliefen auf dem Boden vor dem Altar ein. Unser Schlaf wurde jedoch bald von den Phoongyees gestört , die dicht neben unseren Köpfen hockten und ihre Abendgebete riefen. Der Häuptling Phoongyee , ein schrumpeliger alter Mann, saß im Schneidersitz, sein Gebetbuch auf einem kleinen Hocker vor sich, und ein kleiner Akolyth saß an seiner Seite und fuhr mit einem hölzernen Zeiger über die Zeilen, um zu verhindern, dass der Blick des Priesters abschweifte. Vor ihm saßen sechs Chorsänger und schrien in unterschiedlichen Tonarten und in der Höhe ihrer Stimmen. Die Andachten des Phoongyee wurden von unserem Shan-Dolmetscher unterbrochen, der ihm zurief, er wolle Reis im Wert von vier Annas kaufen. Der Priester unterbrach sofort den Gottesdienst, um über die Menge Reis zu verhandeln, die er für die für ihn neue Münze geben sollte; Nachdem dies geklärt war, nahm er sein Amt wieder auf, wurde jedoch erneut unterbrochen, da er niemanden geschickt hatte, um den Reis zu servieren.

Nachdem die Gebete beendet waren, baten wir um etwas zu essen und erfuhren, dass draußen auf einem Baum einige Birnen stünden, von denen wir uns frei bedienen könnten, ein großzügiges Angebot, das höflich abgelehnt wurde. Der Priester gab uns jedoch Decken zum Liegen; und da es uns dadurch auf jeden Fall wärmer wurde, schliefen wir ein, obwohl wir immer noch hungrig waren, und als wir vor Tagesanbruch aufwachten, waren wir bei Sonnenaufgang auf dem Weg nach Hotha.

Die Ungastlichkeit dieser Phoongyees stand in einzigartigem Gegensatz zu den Lehren und Praktiken der burmesischen buddhistischen Priester, die es als fromme Pflicht betrachten, Fremde zu empfangen und zu erfrischen. Es herrschte jedoch ein Unmut gegen uns, der in der Frage einiger Dorfbewohner zum Ausdruck kam: „Warum waren wir in ihr Tal gekommen, um fliegende Drachen und andere Übel über sie zu bringen?" Grund dafür waren die böswilligen Berichte, die das Volk der Muangla verbreitet hatte. Die beispiellosen Überschwemmungen wurden auf unsere Anwesenheit zurückgeführt, und es wurde erklärt, dass unserem Aufenthalt an jedem Ort der Tod gefolgt sei. Sogar der Hotha-Häuptling war nicht frei von der abergläubischen Angst, die dadurch hervorgerufen wurde; und sein Schwiegervater, der alte Latha tsawbwa , lehnte einen Besuch strikt ab, obwohl er die ihm geschickten Geschenke annahm, da er fürchtete, die

Fremden würden ihn und seinen Haushalt verhexen. Sein pflichtbewusster Schwiegersohn weigerte sich, Druck auf ihn auszuüben, da er „ein alter Büffel" sei, der immer in die entgegengesetzte Richtung ging, als er getrieben wurde.

Wir kehrten dem unwirtlichen Dorf den Rücken und folgten einer ausgezeichneten gepflasterten Straße, die am Ende der Ausläufer entlangführte und an vielen Stellen entlang der Hänge ausgeschnitten war. Die Gebirgsbäche wurden über Granitbrücken überquert, einige davon waren mit Drachen geschmückt. Zahlreiche von schönen Bäumen umgebene Dörfer wurden passiert; und ein neuartiges Merkmal wurde durch das Auftreten von Trinkbrunnen am Straßenrand eingeführt, wobei die Brunnen überbaut und mit Steinen verkleidet waren, die mit einem weißen Marmorfries verziert waren. Eine vergoldete Pagode auf einem Hügel gegenüber von Manloi brachte unsere Gedanken zurück nach Burma, da es die erste Pagode burmesischen Typs war, die wir seit unserer Abreise aus der Ebene gesehen hatten.

Am 10. August um 8 UHR MORGENS kamen wir in der Stadt Hotha an, die aus etwa einhundertfünfzig Häusern bestand, die von einer niedrigen Mauer umgeben waren, etwas zerstört und baufällig, nicht das Ergebnis einer Panthay-Invasion, sondern einer Rebellion der Tsawbwa Untertanen, die ein Jahr zuvor, verärgert über die Einführung einer neuen Steuer, aufstanden und seine Stadt angriffen. Der Tsawbwa und sein Sohn in Staatskleidung, ersterer als Mandarin mit dem blauen Knopf gekleidet, empfingen uns in ihrer Residenz, und aus vier in den Boden eingelassenen mörserförmigen Kanonen wurde ein Salut abgefeuert. Uns wurden Quartiere im Haw zugewiesen, in der Nähe der Privatgemächer des Häuptlings; und alle unsere Leute versammelten sich im Laufe des Tages. Das gesamte Gepäck wurde sicher eingebracht, obwohl die Gruppe beim Abstieg vom Berg geteilt worden war und einige der Gefolgsleute gezwungen waren, im Leesaw-Dorf zu bleiben, da die einfachen Bergsteiger ihnen für die Nacht zwei Rupien pro Kopf berechneten Unterkunft! Der Manhleo Poogain und Kingain , der Häuptling von Muangla , dem der Konvoi mit dem Gepäck anvertraut worden war, waren sehr stolz auf die Lobpreisungen, die ihnen für die erfolgreiche Erfüllung ihrer Aufgabe verliehen wurden, und forderten eine entsprechende Bescheinigung und versprachen außerdem, allen zukünftigen Reisenden zu helfen Vielleicht möchten Sie von Manwyne nach Hotha überqueren .

Wir blieben bis zum 27. als Gäste des höflichen und gebildeten Häuptlings Li-lot-fa, oder, um ihn auf Chinesisch zu nennen, Li- yinkhyeen ; und die Erinnerung an unseren Aufenthalt bei ihm und an sein angenehmes Tal ist die angenehmste aller Erinnerungen an das Land jenseits der Kakhyen-Hügel. Unser Gastgeber zeigte nicht nur den gastfreundlichsten Wunsch, allen Komfort zu bieten, sondern sorgte auch dafür, dass wir uns wie zu Hause fühlten. Wir lebten in inniger Vertrautheit mit seiner Familie, und seine beiden Frauen und zwei Töchter legten eine bezaubernde Freiheit der Manieren an den Tag, gepaart mit der raffiniertesten Anstandlichkeit, die einem Salon zu Hause alle Ehre gemacht hätte. Der Häuptling freute sich, über die verschiedenen modernen Erfindungen zu sprechen, von denen er von den Chinesen gehört hatte, die Rangun besucht hatten. Ihre Berichte waren jedoch, *noch schlimmer*, voller wunderbarer Übertreibungen, darunter Flugmaschinen, Teleskope, die es dem Anblick ermöglichten, Berge zu durchdringen, und andere, die Menschen ihrer Kleidung beraubten! Der Chef hatte einige vage Vorstellungen über Eisenbahnen, Dampfschiffe und Gas und wünschte sich vor allem umfassendere und genauere Informationen.

Wir drängten ihn, Rangun und Kalkutta zu besuchen, aber er schien den unruhigen Zustand des Landes für ein unüberwindbares Hindernis zu halten; Stattdessen besprach er den Plan, seinen Sohn, einen dreizehnjährigen Jungen, nach Rangun zu schicken. Li-lot-fa konnte Shan und Chinesisch lesen und schreiben, und er begann nun, Burmesisch zu lernen, und es war ein seltsamer Anblick, ihm dabei zuzusehen, wie er mit seinem Notizbuch, das er von uns erhalten hatte, Wörter und Sätze aufschrieb so geschäftig, als wäre er ein Wettkampf- Wallah gewesen , der sich auf eine Prüfung vorbereitete.

Die Tatsache, dass es diesem Tsawbwa gelungen war, freundschaftliche Beziehungen sowohl zu den Panthays als auch zu den imperialistischen chinesischen Häuptlingen aufrechtzuerhalten, denen seine wahren Sympathien galten, sodass sein Tal den Übeln des Krieges entgangen war, sprach ein gutes Zeichen für sein diplomatisches Taktgefühl . Sein Gespräch zeigte, dass er von Anfang an gut über unsere Fortschritte und Schwierigkeiten informiert war, die er ohne zu zögern auf die Machenschaften der Bhamô- Chinesen zurückführte. Er behauptete, dass der Vormarsch nach Ponsee und die Desertion der Maultiertreiber an diesem Ort Teil eines gut abgestimmten Plans der Kakhyen- Häuptlinge gewesen sei, unser Gepäck anzugreifen und zu plündern. Unsere Flucht vor dieser Gefahr wurde vom Häuptling auf „eine übernatürliche Macht gegen das Böse zurückgeführt, die als Belohnung für gute Taten in früheren Existenzen gegeben wurde".

Als energischer Händler war er sehr darauf bedacht, herzlich an der Wiedereröffnung aller Handelswege mitzuwirken, wobei sein besonderes Ziel natürlich die Wiederherstellung der zentralen oder Botschaftsroute war, die einige Jahre lang durch Fehden zwischen ihnen gesperrt worden war Kakhyens der Hügel auf der Südseite des Tapeng und die burmesischen

Beamten. Als Grund für den Streit wurde ein unprovozierter Angriff der Burmesen auf einige Kakhyens angegeben .

Die Tsawbwa besaßen großen Einfluss auf die Häuptlinge der Kakhyen , durch deren Territorium diese Route führt. Ein Beweis dafür war die Ankunft des Häuptlings von Namboke , begleitet von seinen Pfotenminen und einer starken bewaffneten Wache, wobei der Häuptling und seine Offiziere beritten waren auf Ponys. Sobald er Sladen sah , ging er zur Begrüßung respektvoll auf ein Knie nieder und erinnerte sich daran, dass er uns in Bhamô besucht und einen Kopfschmuck als Geschenk erhalten hatte. Dieser Häuptling ähnelte kaum einem Kakhyen , sein natürlich tatarischer Gesichtsausdruck wurde durch seine chinesische Schädeldecke und sein chinesisches Kleid noch verstärkt. Nachdem er eine Nacht geblieben war und sich über die Vorteile der Botschaftsroute informiert hatte, machte er sich auf den Heimweg. Er trug einen Brief von Li-lot-fa an alle Kakhyen-Häuptlinge bei sich, den die Pawmines weitertragen sollten, und forderte sie auf, hereinzukommen und alles zu arrangieren für unser sicheres Weiterkommen nach Bhamô .

Der Basar oder Markt, der jeden fünften Tag stattfindet, fand am 12. statt. Es gibt keine Geschäfte oder Ladenbesitzer, außer dort, wo die Chinesen wohnen, unter den Shans , und alle Verkäufe oder Tauschgeschäfte werden zwangsläufig auf diesen regelmäßigen Märkten oder Jahrmärkten abgewickelt, auf denen sich die Menschen des Tals und der angrenzenden Hügel drängen. Die Hotha-Messe fand auf einem grasbewachsenen Hang statt, etwa eine halbe Meile von der Stadt entfernt. Es gab keine permanenten oder temporären Stände, die Verkäufer saßen einfach in langen Schlangen mit ihren Waren vor ihnen. Ein Abschnitt war dem Verkauf von Schwertklingen gewidmet, deren Herstellung eine Spezialität dieses Tals ist, und ein anderer den hölzernen Scheiden und Griffen. Nachdem ich zwei feine Klingen für jeweils vier Schilling gekauft hatte, wurde mir versichert, dass der Verkäufer ein Drittel über dem Wert verlangt hatte.

Ein weiteres Viertel war dem Verkauf von Samshu gewidmet, und in der Nähe befanden sich die *Restaurants* , in denen sich die hungrigen Kunden mit heißem Schweinefleisch, Fadennudeln oder einem ähnlichen Artikel, verschiedenen Gemüsesorten und Erbsen erfrischten, alles heiß und hübsch in kleinen Portionen serviert weiße Schalen. Das Metzgerviertel war reichlich mit Schweine- und Rindfleisch versorgt, und Geflügel und Enten gab es in Hülle und Fülle. Lange Schlangen von Kakhyen- Frauen aus den Hügeln boten Räucherstäbchen, Birnen, Äpfel, Pflaumen , Pfirsiche, Senfblätter und verschiedene Berggemüse sowie Körbe voller Brennnesseln als Futter für die Schweine an, die eine unveränderliche Ergänzung sind eines Shan-Haushalts.

In der Mitte des Marktes wurden an einer doppelten Reihe von Ständen verschiedene Arten von Shan-Stoffen, Shan-Mützen, chinesischem Papier, Reispapier, Feuerstein und Kalk ausgestellt, die aus Tali-fu, weißem Arsen, gelbem Orpiment usw. stammen. &C. In einem anderen Viertel wurden englische grüne und blaue Wollstoffe für zwanzig Schilling pro Yard verkauft, zusammen mit rotem Flanell, für das die Kakhyens eine besondere Vorliebe haben. Es schien uns jedoch, dass trotz des hohen Preises einige wenige Stücke „den Markt überschwemmen" würden.

Indigo, der universelle Farbstoff der dunkelblau gekleideten Shans , Kakhyens und Chinesen im westlichen Yunnan, hatte ebenfalls ein eigenes Viertel. Der Jahrmarkt war voller Menschen, die Älteren waren damit beschäftigt, über ihre wenigen Waren zu feilschen, und die Jüngeren schlenderten umher und schwatzten. Fast alle waren sauber und gut gekleidet, und die von Armut geplagte Klasse, die in den verschiedenen Städten des Sanda-Tals so zahlreich gewesen war, fehlte, und ihrem Aussehen nach zu urteilen schien es ihnen allesamt wohlhabend zu sein . Die Frauen waren in der Regel klein und eher gedrungen, mit runden, flachen Gesichtern mit hohen Wangenknochen und leicht schräg stehenden Augen. Einige der jüngeren Frauen mit heller Haut und rosigen Wangen galten vielleicht als gutaussehend, wurden aber durch den seltsamen Brauch, ihre Zähne schwarz zu färben, entstellt, wie es bei Shans der besseren Klasse üblich ist . Bei dem Farbstoff handelt es sich wahrscheinlich um eine Zubereitung aus Cutch, und laut Tsawbwa entstand der Brauch aus dem Wunsch, die Zähne vor Karies zu bewahren.

Zum ersten Mal fiel uns die eigenartige und malerische Kleidung der chinesischen Shan-Frauen auf. Die Männer waren, mit Ausnahme eines gelegentlichen roten Turbans, im universellen Dunkelblau gekleidet. Die Tracht der Hotha Shan-Frauen unterschied sich von der im Sanda-Tal üblichen nur durch die vorherrschenden dunkelgrünen Jacken und die Anzahl der großen silbernen Ringe, die um den Hals getragen wurden.

An dieser Stelle ist es gut , unsere Beobachtungen über die Shan-Bewohner dieser Täler, die zu den Tayshan oder Großen Shans der Tai-Rasse gehören, deren Zweige sich unter verschiedenen Namen erstrecken, zusammenzufassen, auch auf die Gefahr einer Wiederholung hin bis zum elften Breitengrad, wobei ihre verschiedenen Staaten Siam, Burma oder China tributpflichtig sind. Die Shan-Bevölkerung, die in das burmesische Königreich aufgenommen wurde, hat sich in Sprache und Bräuchen mit der vorherrschenden Rasse assimiliert, von der sie kaum zu unterscheiden ist. Im gesamten Tal des oberen Irawady oberhalb von Bhamô , aber mit den Kakhyen -Hügeln, die ihre Schicht von Bergvölkern zwischen sich und ihren Brüdern in den chinesischen Staaten stellen, herrscht das Shan-Element vor, obwohl es westlich des Tals mit den wilderen Singphos konkurriert . Obwohl die Einwohner Burmesisch sprechen, bewahren sie immer noch die Shan-Sprache und behalten die physischen und anderen Merkmale ihrer Rasse bei.

Die kleinen Staaten Manwyne und Sanda, Muangla , Muangtee , Muangtha oder Hotha und Latha sowie Muangwan und Muangmow , die am rechten Ufer des Shuaylee liegen , sind die Überreste der Koshanpyi- oder Neun-Shan-Staaten und bilden die Hauptbestandteile des Shan-Königreichs Pong, das im 14. Jahrhundert von den Chinesen erobert wurde. Bhamô oder Tsinggai, wobei sich das Land bis Katha oder vielleicht bis Tsampenago erstreckte , und der obere Teil des Irawady- Tals mit Mogoung als Hauptort waren die letzten verbleibenden unabhängigen Überreste dieses Staates und wurden einbezogen in Burma seit der Annexion des halbunabhängigen Staates Mogoung durch Alompra im Jahr 1752 .

Am wahrscheinlichsten ist, dass die ummauerte chinesische Stadt Muanglon Muang Maorong , die alte Hauptstadt des Pong-Königreichs, darstellt und die chinesischen Shan-Staaten Sehfan und Muangkwan sowie möglicherweise der Staat Kaingmah , der zu den Koshanpyi gezählt wird , darunter liegen Die Zuständigkeit liegt bei seinem chinesischen Gouverneur, da die von uns besuchten Staaten von Momien abhängig sind . In ganz Yunnan und laut Garnier bis in die Grenzen von Tong-king ist die Tai-Rasse weit verbreitet. Die Namen der Städte und Bezirke scheinen darauf hinzudeuten, dass diese Region mit ihren hohen Hügeln und großen Tälern einst der Sitz des Shan-Königreichs war und sich auch heute noch – wenn auch vermischt mit wilden Bergstämmen und den Nachkommen der chinesischen Kolonisten – dort niederließ die neu erworbenen Eroberungsgebiete – die Shans , unter dem Namen Pa-y – behaupten ihr altes Territorium. Mons. Garnier erwähnt, dass er in Muang-Pong Dörfer mit Taya - Siedlern fand, die vor den Verwüstungen Mahommedans geflohen waren und sich außerhalb der Grenzen von Yunnan niederließen. Seine Beschreibung ihrer charakteristischen Kleidung und Silberornamente würde fast genau auf die Chinesen- Shans des Hotha-Tals zutreffen. Er beschreibt einige Flüchtlinge aus Taineua [39] , die man in Kiang-hung oder Xien-hong selbst traf , und bemerkt die Ähnlichkeit zwischen diesen beiden Divisionen der Shan . Sobald er in das Land gelangt war, in dem die laotische Sprache nicht mehr verstanden wurde, an die Grenzen von Yunnan, in der Nähe von Semao , „stellten die Einwohner einen Zwischentyp zwischen der chinesischen und der Tai-Rasse dar.“ Dieser Mischtyp repräsentiert getreu den der alten Bevölkerung von Yunnan oder den Tai, die von den Chinesen erobert wurden.“ Und zu Yuen-kiang bemerkt er: „Die Tai, die die Chinesen Pa-y nennen, sind die alten Bewohner des Landes Muong-Choung, das heute Yuen-kiang heißt.“ Sie werden zahlreicher und unabhängiger, je näher man der Grenze von Tong-king kommt.“ So gibt es in der chinesischen Provinz Yunnan auf der einen Seite und im oberen Teil des Irawady- Tals auf der anderen Seite einen weitgehend überwiegenden Teil der Shan-Bevölkerung, deren nationale Merkmale jedoch durch den Einfluss der jeweils herrschenden Rassen allmählich ausgelöscht werden. Aufgrund ihrer örtlichen Lage, die ihre untergeordnete Unabhängigkeit bewahrt hat, hat das kleine Nest von Tälern, das in den parallelen Nebengebieten liegt, die zwischen Salween und Irawady liegen, die Relikte des alten Shan-Königreichs nahezu unvermischt bewahrt Soweit unsere Beobachtungen reichten, haben wir es mit ihren Bewohnern zu tun. Es ist mit einer gewissen Unsicherheit verbunden, dass die Begriffe „ eigentlicher Shan" und „chinesischer Shan" verwendet werden. nicht so sehr als Hinweis auf eine Rassentheorie, sondern als praktische Unterscheidung zwischen den beiden Abteilungen, die, obwohl sie behaupten, in der Rasse wie in der Sprache eins zu sein, merkwürdige Unterschiede aufweisen; während die Chinese- Shans oder Sino- Shans , wie manche sie nannten, den Beweisen der französischen Entdecker zufolge tatsächlich die ursprüngliche Tai-Rasse direkter repräsentieren könnten als die Shans des Tapeng- Tals und des Irawady- Tals.

Die eigentlichen Shans dieser Täler sind eine schöne Rasse, etwas blasser wie die Chinesen, aber von einer etwas dunkleren Farbe als die Europäer, wobei die Bauernschaft in der Regel durch die Witterung stark gebräunt ist; Sie haben rote Wangen, dunkelbraune Augen und schwarzes Haar. Bei Jugendlichen und Kindern ist das wächserne Aussehen der Chinesen leicht zu beobachten. Das Shan-Gesicht ist normalerweise kurz, breit und flach, mit hervorstehenden Backenzähnen , einer leichten Schräge und einer Verengung des äußeren Augenwinkels, die bei echten Chinesen viel ausgeprägter ist. Die Nase ist gut geformt, der Nasenrücken ist hervorstehend, fast adlerförmig, ohne die Breite und Vertiefung, die für das Burma-Merkmal charakteristisch ist. Der Unterkiefer ist breit und gut entwickelt; aber ein spitzes Kinn unter schweren, hervorstehenden Lippen ist keine Seltenheit. Ovale, seitlich zusammengedrückte Gesichter mit zurückgezogener Stirn, hohen Wangenknochen und scharf zurückgezogenem Kinn sind nicht selten; und die Mehrheit der höheren Klassen schien sich vom einfachen Volk durch länglichere ovale Gesichter und ein entschieden tatarisches Gesichtsausdruck zu unterscheiden. Die Gesichtszüge der Frauen sind verhältnismäßig breiter und runder als die der Männer, aber sie sind feiner gemeißelt und haben einen gutmütigen Ausdruck, während ihre großen braunen Augen nur sehr spärlich mit Augenbrauen und Wimpern geschmückt sind. Sie werden mit zunehmendem Alter stark faltig und scheinen, gemessen an der Zahl der alten Menschen, eine langlebige Rasse zu sein. Sie sind keineswegs große Menschen, die durchschnittliche Körpergröße der Männer beträgt kaum 1,70 m, während die Frauen kleiner und gedrungener sind. Der einzige Unterschied zwischen den Shans und den Poloungs scheint, soweit meine begrenzte Beobachtung reicht, darin zu bestehen, dass die letzteren dunkler und kleiner sind; aber die chinesischen Shans oder Sino- Shas des Muangtha- Tals unterscheiden sich stark von ihren Artgenossen. Sie sind eine viel kleinere Rasse, ihre kleinen, gedrungenen Figuren und breiten, kurzen, flachen Gesichter erinnern an Lappländer. Die Wangenknochen sind sehr ausgeprägt und ihre Gesichter sind viel flacher und kürzer als die der anderen Shan . Der Abstand zwischen den deutlich schrägen Augen ist beträchtlich, und die Münder sind schwer und weisen hervorstehende Lippen auf. Bei den Frauen sind diese Zeichen stärker ausgeprägt und ihr Teint ähnelt stark dem der Chinesen.

In der gewöhnlichen Kleidung sind die Shan , mit Ausnahme der chinesischen Shan , fast einheitlich in düsterem Dunkelblau gekleidet, wobei der Farbstoff aus wildem Indigo gewonnen wird. In voller Kleidung zeigen die Frauen jedoch einen Sinn für Farben , der einen Künstler begeistern würde. Der eigentümliche Kopfschmuck, der einem umgekehrten Kegel ähnelt, wurde bereits erwähnt. Es besteht aus einer Reihe langer blauer Schals mit einer Breite von einem Fuß und einer Gesamtlänge von vierzig bis fünfzig Fuß, die in einem riesigen Turban um den Kopf gewickelt sind und mit einer nach hinten gerichteten Neigung nach oben ragen, wie der Kopf des Parsen. Kleid. Die Falten sind mit höchster Präzision halbmondförmig über der Stirn angeordnet; Das freie Ende ist mit Gold und Seide bestickt und manchmal mit silbernen Anhängern verziert und hängt anmutig über den Hals. Das in der Vertiefung dieser Struktur unbedeckte Haar ist mit silbernen Haarnadeln geschmückt, deren Köpfe reich emailliert sind und Blumen und Insekten darstellen. Die blaue oder grüne und manchmal rosafarbene Jacke ist kurz und locker und hat einen schmalen, hochstehenden Kragen. Dünne quadratische Plaketten aus emailliertem Silber befestigen es am und unterhalb des Halses, zu denen manchmal drei Reihen großer runder Silberbuckel hinzugefügt werden, die mit in verschiedenen Farben emaillierten Vögeln und Blumen verziert sind . Die losen Ärmel sind vom Ellenbogen nach hinten gefaltet und tragen massive Armbänder aus Silber oder Silbervergoldung. Ein enger, dicker Rock aus Baumwollstoff, tief eingefasst mit Quadraten aus bestickter Seide oder Satin, eng anliegende Leggings und bestickte Schuhe vervollständigen die Toilette, ein reich bunter Stoff, der manchmal als Gürtel getragen wird. Eine so gekleidete Shan-Dame ist unvollständig ohne eine silberne Duftflasche in Form einer Flasche mit einem Durchmesser von etwa sieben Zentimetern, geschmückt mit silbernen Nieten und Anhängern, die in runden silbernen Glöckchen enden, die klingeln, wenn sich die Trägerin bewegt. Es werden auch silberne Chatelaines getragen, und ein Nadeletui aus einem emaillierten und mit Nieten versehenen Silberrohr, das ein Kissen umschließt, das an der Taille befestigt wird. Silberne Halsreifen, Ohrringe und Ringe, die einer besonderen Beschreibung bedürfen, vervollständigen den Schmuck der Shan *Belle* , die zudem selten ohne ihre langstielige Pfeife mit ihrer kleinen Schale aus glasiertem Ton zu sehen ist.

Die männlichen Bauern tragen eine lange zweireihige Jacke aus blauer Baumwolle, die auf der rechten Seite zugeknöpft ist, oft mit Jade-, Bernstein- oder Silberknöpfen. Aus dem gleichen Material sind ihre kurzen, weiten Hosen und dicken Turbane, mit einer langen Franse am freien Ende, die meist mit dem Zopf nach außen zusammengerollt ist. Lange, um die Schienbeine gewickelte blaue Stoffstreifen dienen als Gamaschen, und ihre Schuhe bestehen aus filzähnlichem Stoff, sind mit schmalen Borten bestickt und haben eine Ledersohle. Ein sehr breiter, mit geölter Seide überzogener Strohhut dient als Regenschirm gegen Regen oder sengende Sonne.

Die besseren Klassen, wie die Oberhäupter der Städte, tragen lange blaue chinesische Mäntel, die bis zu den Knöcheln reichen, und schwarze Satin-Schädelkappen, die mit chinesischen Figuren aus Goldborten verziert sind. Die kleinen Jungen tragen blaue, geflochtene Baumwollmützen mit einem roten Haarknoten und geschmückt mit einer Reihe silberner Wächter- Nats-Figuren . Die Männer tragen häufig eine silberne Chatelaine mit einer Reihe kleiner Instrumente wie einer Pinzette zum Enthaaren des Gesichts, Ohren und Zahnstochern. Es hängt an einer langen Silberkette am Knopfloch und ist mit Perlen aus Jade, Bernstein oder Glas oder mit grotesken Tierfiguren aus Jade oder Bernstein verziert. Zwei wesentliche Bestandteile der Ausrüstung eines Shan sind sein Dah und seine Tabakpfeife. Die Klinge des Dah ist zweieinhalb bis drei Fuß lang und erstreckt sich vom Griff bis zur fast quadratischen Spitze, die fast drei Zoll breit ist. Der Holzgriff ist mit einer mit Silberfolie überzogenen Kordel umwickelt und mit einer Quaste aus Ziegenhaar verziert. Die hölzerne Halbscheide ist an einem Rattanreifen befestigt, der über der rechten Schulter getragen wird. Diese Dahs werden hauptsächlich von den Muangtha hergestellt Shans aus aus Yunnan importiertem Eisen. Sie verwenden Holzkohle als Brennstoff und einen Blasebalg aus einem großen Bambussegment mit einem Kolben und einem Ventil an jedem Ende. Sie versorgen alle Bergstämme mit Waffen und ziehen, wie bereits erwähnt, in den Wintermonaten nach Bhamô und anderswo, um dort zu arbeiten. Diese Waffen ähneln genau denen der Khampti Shans sind wie sie scharfsinnig und gutmütig . Die Tabakpfeifen zeichnen sich durch ihre kunstvollen silbernen Stiele aus, die oft einen Meter lang sind und mit emaillierten Blumen und silbernen Drehungen verziert sind. Manchmal schwillt der Stiel in Abständen zu länglichen silbernen Kugeln an. Ein langer Bambusstiel liegt zwischen dem Silber und der Schale aus glasiertem Steingut. Die wohlhabenderen Shan benutzen häufig die chinesische Wasserpfeife und die ärmeren die chinesischen Messing- oder Eisenpfeifen mit kleinen Köpfen. Der Tabak, selbst angebaut und von sehr guter Qualität, wird in kleinen runden Kisten aus Büffelleder transportiert, die mit rotem Lack überzogen sind. Sie bestehen aus zwei Hälften, wobei die obere die untere überlappt. Die Haut wird angefeuchtet und über eine Holzform gespannt .

Die Tracht der chinesischen Shan-Frauen von Hotha und Latha unterscheidet sich deutlich von der bereits beschriebenen. Sie tragen die Shan-Jacke und weite Hosen wie die Männer und sind normalerweise barfuß. Der hintere Teil der Jacke ist in einem halben Rock bis zu den Knien verlängert und wird vorne von einer doppelten chinesischen Schürze überlappt, um das Kleid zu vervollständigen. Neben den großen Silberplaketten werden Schulterklappen getragen, die aus kleinen halbkugelförmigen Scheiben bestehen und durch eine Reihe silberner Knöpfe von Schulter zu Schulter verbunden sind. Der breite Bund der Schürze geht hinten in ein reich besticktes Stück über, was ein besonderes Merkmal dieses Volkes ist. Ein noch markanteres Merkmal ist der Kopfschmuck, bei dem der hohe Turban fehlt. Das Haar wird geteilt und auf dem Scheitel des Kopfes zusammengerafft und dann zu den Enden eines flachen Chignons geflochten, der von einem mit rotem Stoff bedeckten Ratan-Reifen umgeben ist. Dies wird durch 25 bis 30 silberne Stifte in Position gehalten, deren Kopf mit dünnen Silberplättchen versehen ist, in die Blätter und Blumen eingeprägt oder eingraviert sind, und die so angeordnet sind, dass sie eine silberne Krone bilden. Außen ist ein leichter blauer Turban umwickelt, an dessen Anhängerfransen mehrere silberne Ringe hängen. In voller Kleidung werden vier viel größere Haarnadeln mit kunstvollen Köpfen von 20 cm Länge und 7,6 cm Durchmesser getragen. Sie sind mit kunstvoll gearbeitetem Silberdraht überzogen, um die Stängel und Blätter von Pflanzen darzustellen, die grün, braun und gelb emailliert sind, und mit Blumen aus demselben Material bereichert, wobei die Blütenblätter aus roten und blauen Steinen bestehen und kleine silberne Kugeln dies darstellen die ungeöffneten Knospen. Manchmal wird noch ein weiterer innerer Kreis aus kleineren Stiften hinzugefügt, die jeweils mit einer Gruppe von vier kleinen Kappen versehen sind; und ein kunstvoller Kopfschmuck bildet einen Kreis oder eine Aureole aus silbernen Blumen mit einem Durchmesser von einem Fuß. Die verschiedenen Haarnadelmuster sind von äußerst komplizierter Konstruktion. Die einfachsten bestehen hauptsächlich aus Silberdraht und flachen Silberstücken, die in fantastische Figuren oder Formen von Pflanzenranken in voller Blüte geschnitten sind, wobei die Farben in Grün, Blau, Lila und Gelb emailliert sind . Einige sind in feinster Filigranarbeit gearbeitet, ein wunderschönes Exemplar stellt einen schwanenähnlichen Vogel dar, der auf seinen ausgebreiteten Flügeln inmitten eines Blumenbeets ruht. Die Federn der Flügel sind sehr wirkungsvoll aus Silberdraht gearbeitet, und zwischen den Blättchen stehen kleine Windungen aus Silberdraht, die jeweils in zwei quadratischen, spitz zulaufenden Silberscheiben enden. Diese ähneln stark den gekapselten Stängeln von Moosen; und das allgemeine Erscheinungsbild dieser Stecknadelköpfe lässt vermuten, dass sich der

Künstler von der Untersuchung einer mit Blumen und Moos bedeckten Grasnarbe inspirieren ließ; Tatsächlich besteht die modischste Form dieses Ornaments aus zwei Schichten Blattwerk, von denen die oberste auf feinem Draht gehalten wird, während durch ihre Zwischenräume die gekapselten Stängel aus der unteren Reihe emporragen, während Blumen über dem Gras emporragen.

Dieser charakteristische Kopfschmuck der chinesischen Shan scheint die Pa-y- oder Tai-Frauen im Süden von Yunnan zu charakterisieren . M. Garnier beschreibt, dass diejenigen von Yuenhiang lange silberne Haarnadeln trugen, an deren Enden eine Fülle von Anhängern hingen. Ihr Kostüm besteht aus einem auffälligen Korsett mit einem kleinen Jäckchen darüber, einem Unterrock mit breiter farbiger Borte und einer Schürze; und er beschreibt insbesondere einen hohen Kragen aus rotem und schwarzem Stoff, auf dem kleine silberne Nieten in Mustern angeordnet sind, die ihn an den bewaffneten Kragen eines „ Bouledogue " erinnern. Auch die Vorderseite der Weste ist dicht mit ähnlichen Ornamenten besetzt. Die Pa-y-Ohrringe sind von sehr feiner Verarbeitung. Das übliche Muster besteht aus einem großen Ring, der eine kleine quadratische Platte mit zahlreichen Anhängern trägt, die denen der chinesischen Shans sehr ähneln . Insbesondere die verheirateten Frauen der letzteren tragen ausnahmslos einen Ring aus Silber oder vergoldetem Silber, der mit Nieten oder filigranen Arbeiten besetzt ist und an dem eine Jade- oder emaillierte Silberscheibe befestigt ist. Die chinesischen Shan-Mädchen tragen eine Röhre aus Silber, an der eine umgekehrte Rosette hängt, die mit einem Kreis aus keulenförmigen Anhängern besetzt ist. In der Mitte dieses blütenähnlichen Ornaments hängt eine filigrane Kugel und eine Rosette, besetzt mit einem Granat. Der Ohrschmuck der eigentlichen Shans besteht aus zwei Arten, von denen nur einer, der von den jungen Mädchen getragen wird, als Ohrring bezeichnet werden kann – der große Kreis aus Silberdraht, an dem ein flaches Spiralornament hängt, das einem beliebten Muster der Römerzeit ähnelt in Europa. Es gibt drei Formen des zweiten oder des zylindrischen Typs, die eine große Öffnung im Ohrläppchen erfordern, aber keineswegs so groß sind wie die Ohrschmuckstücke der burmesischen Schönheiten, die manchmal einen Durchmesser von anderthalb Zoll haben . Die ersten bestehen aus einem Stück Bambus, das mit Silberfolie bedeckt ist. Ein Ende ist mit einem Stück Stoff abgeschlossen, das mit den grünen Flügelgehäusen eines Käfers, roten Samen und chinesischen Symbolen aus Goldfäden bestickt ist. Die zweite Form ist ein kurzer Zylinder aus Silber mit einem Kreuzstück, in das chinesische Figuren eingraviert sind. Der dritte ist fast fünf Zentimeter lang, erweitert sich zu einer Scheibe mit einem Durchmesser von etwa einem Zentimeter und endet in einem silbernen Knopf. Die Vorderseite besteht aus offenem Silberfiligran.

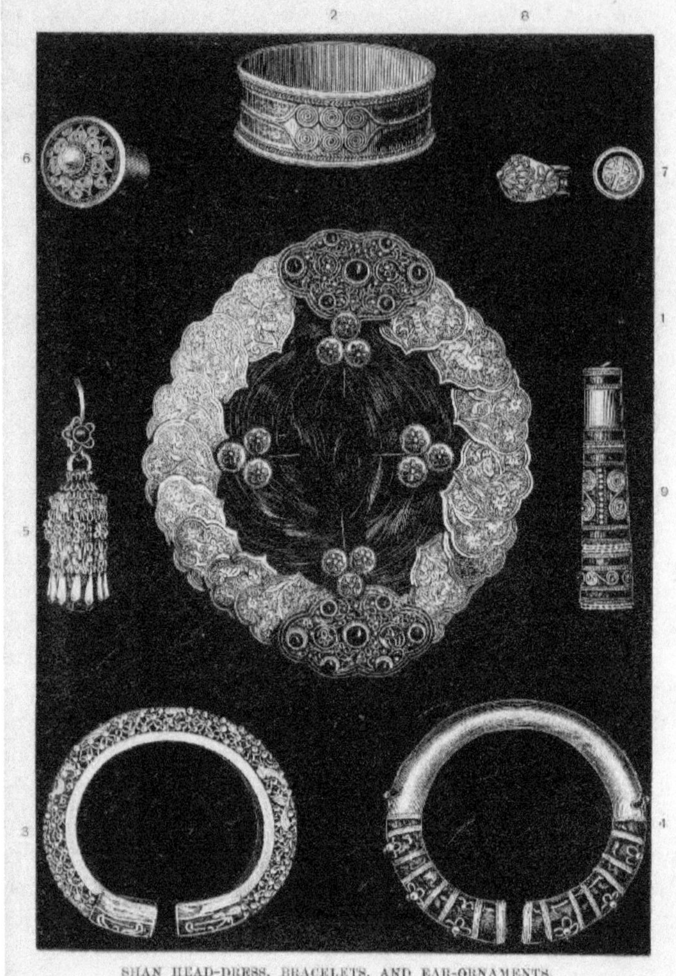

SHAN-KOPFSCHMUCK, ARMBÄNDER UND OHRENVERZIERUNG.

- Abb. 1. Chinesischer Shan-Chignon, umgeben von silbernen Haarnadeln.

- 2. Shan-Silberarmband.

- 3. „" „" in Filigran.

- 4. „" „" emailliert .

- 5. Ohrhänger eines chinesischen Shan-Mädchens.

- 6. 7. Röhrenohrschmuck der Shan-Frau.

- 8. Shan-Fingerring.

- 9. Silberrohr zum Umschließen eines Nadelkissens.

Diese Silberornamente sind durchaus charakteristisch für die Shan , die, das muss man nicht erwähnen, erfahrene Silberschmiede sind, deren einfache Werkzeuge aus kleinen zylindrischen Blasebälgen, einem Tiegel, einem Stempel, einem Stichel, einem Hammer und einem kleinen Amboss bestehen. Im Sanda-Tal sind die Phoongyees die wichtigsten Kunsthandwerker; aber in Hotha ist der Handel immer noch den Laien vorbehalten. Ihre Emails, deren Materialien wir nicht entdecken konnten, sind sehr brillant und werden mit wunderschöner Wirkung in den Blumenmustern eingesetzt, die den Hauptbestand der Muster bilden. Die einzigen anderen Formen der Verzierung, die seilförmigen Filets und abgerundeten Noppen oder Noppen, ähneln auf einzigartige Weise denen, die man auf den Diademen und Armbändern der frühen historischen Perioden der skandinavischen Kunst findet. Die vor allem bei den Hotha Shan verwendeten einfachen Torques oder Halsringe unterscheiden sich vom altirischen Typ nur durch ihre abgerundetere Form und dadurch, dass die spitzen Enden nach außen gebogen sind, anstatt sich zu beckenförmigen Flächen auszudehnen. Eine andere Art von Torque hat die gleiche Form, ist jedoch mit Blattornamenten und Zapfen aus Filigran und Emaille bedeckt, die sich mit roten und blauen Steinen oder Glasstücken abwechseln. Als Armbänder werden drehmomentartige Hohlringe getragen, die mit floralen Verzierungen bedeckt sind; manchmal sind sie mit sehr rotem Gold vergoldet und emailliert , wobei in der Regel ein Juwel in die Mitte eingesetzt ist . Eine andere Form ist ein silberner Reifen mit einer Breite von fast fünf Zentimetern, abgerundeten Kanten und filigranen Rändern, der äußerst kunstvoll mit floralen Rosetten aus drei Kreisen und Reihen von Blättern in Braun, Grün und Dunkelviolett besetzt ist und in der Mitte einen großen silbernen Nieten trägt .

Die Fingerringe bestehen im Allgemeinen aus Seildraht, entweder mit konischen oder flachen Spiralwindungen; aber ein merkwürdiger Typ besteht aus einer länglichen, verzierten Silberplatte, die einen Zoll lang und so breit wie der Finger ist. Ein Halbkreis auf beiden Seiten ermöglicht das Tragen an jedem Finger jeder Größe. Viele der Ringe sind mit Granaten, Mondsteinen und dunkelgrünen Jadestücken besetzt , es wurden jedoch keine wertvollen Edelsteine gefunden. Die Männer tragen üblicherweise gewöhnliche chinesische Ringe aus Jade oder Bernstein.

Die Frauen sind ständig mit dem Weben und Färben beschäftigt, denn das Garn aus selbst angebauter Baumwolle wird von ihren fleißigen Fingern gesponnen, gefärbt und gewebt. Sie beherrschen Handarbeiten und

Seidenstickereien; und alle Kleidungsstücke , die man trägt, werden von den Frauen jedes Haushalts hergestellt und verziert. Das Strohflechten ist ein weiterer Industriezweig, und die breitkrempigen Strohhüte, die im Tal hergestellt werden, konkurrieren mit den feinsten Livorno-Stoffen. Eine andere Kunst, in der sie sich auszeichnen, die offenbar den Chinesen entlehnt ist, ist die Herstellung aufwändiger Haarverzierungen aus den saphirblauen Federn des Rollvogels (*Coracias affinis*). Diese werden auf zugeschnittenem Papier befestigt, um Kränze und Blumen zu imitieren; und aus Kupferdraht, Goldfäden und Federn, die mit größter Feinheit aufgetragen werden, werden sehr hübsche einfache Ornamente hergestellt, die oft durch die Zugabe eines Rubins oder eines anderen Edelsteins aufgehellt werden.

Die Stoffe, die auf einem Webstuhl gewebt werden, der dem der Kakhyens ähnelt, haben alle Texturgrade, wobei die feineren Arten, die für Jacken verwendet werden, sehr weich sind und normalerweise mit großen rautenförmigen Mustern derselben Farbe gemustert sind . Ein hervorstechendes Merkmal der Textilstoffe und Stickereien der Shan und ihrer Ornamente im Allgemeinen ist die Reproduktion konventioneller Muster, die von ihren Vorfahren weitergegeben wurden, ohne dass versucht wurde, sie zu verbessern oder zu variieren. Die Shan-Designs des 19. Jahrhunderts sind wahrscheinlich mit denen des 14. Jahrhunderts identisch und stellen einfache Modifikationen der Rauten-, Quadrat- und Streifenmuster dar; Diese Modifikationen können und sind nahezu endlos, und die Kombinationen der elementaren Formen sind äußerst kompliziert, während der Grund der Stoffe, in die die Muster eingearbeitet sind, normalerweise mit zahlreichen kleinen, mandelstumpfförmigen, abgerundeten Rauten bedeckt ist, durchsetzt mit Figuren der heilige Henza oder brahmanische Gans. Die Schönheit ihrer textilen Stoffe liegt vor allem in der wunderbaren Gruppierung und Harmonie der Farbgebung ; und im Einsatz ihrer lebhaften Voll- und Halbtöne Blau, Orange, Grün und Rot sind sie nahezu konkurrenzlose Künstler.

Der Großteil der Shan-Bevölkerung ist in der Landwirtschaft tätig; und als Kultivierende können sie sogar den Belgiern in den Rang treten. Jeder Zentimeter Boden wird genutzt ; Die Hauptkulturen sind Reis, der auf kleinen quadratischen Feldern angebaut wird, die von niedrigen Böschungen umgeben sind und über Durchgänge und Schleusen zur Bewässerung verfügen. Bei trockenem Wetter wird das Wasser des nächstgelegenen Baches abgeleitet und in unzählige Kanäle geleitet, so dass jeder Block oder jedes kleine Quadrat nach Belieben bewässert werden kann. Im Tal des Tapeng wird die Neigung des Bodens ausgenutzt, um Kanäle zu Feldern zu führen, die mehrere Meilen vom Punkt der Divergenz entfernt sind. Bei unserer Ankunft Anfang Mai schien das Tal von einem Ende bis zum anderen ein riesiger Wasserstreifen aus Reisplantagen zu sein, der im Sonnenschein glitzerte, während das Flussbett durch die Entwässerung halb trocken blieb. An den gut entwässerten Hängen der Hügel werden Tabak, Baumwolle und Opium angebaut, die beiden ersteren für den Eigenbedarf; Aber der weißblumige Mohn wird angebaut, um den Bedarf von Chinesen, Kakhyens und Leesaws zu decken . Eine beträchtliche Menge Shan-Opium gelangt nach Bhamô und von dort nach Mandalay und auch nach Mogoung , von wo aus es unter den Singhos verteilt wird .

Das Land wird mit einem Holzpflug mit Eisenschar gepflügt, der von einem einzelnen Büffel gezogen wird. Männer und Frauen arbeiten zusammen, aber die schwere Bodenbearbeitung wird von den ersteren übernommen, während das schwächere Geschlecht nur zum Jäten und Ausdünnen eingesetzt wird. Gemüse wird rund um jedes Haus angebaut und ist ein wichtiger Bestandteil der Ernährung. Zahlreiche schöne Rinder und Schweine werden zum Verzehr gezüchtet und getötet, wobei ihr Fleisch, wie auch alle Arten von Geflügel, größtenteils verwendet und auf den Märkten frei verkauft wird, denn die Shan haben keine buddhistischen Vorurteile . Die Milch wird jedoch nicht verwendet. Die Eingeweide von Tieren, wie sie bei den Burmesen vorkommen, werden in der Shan- *Küche häufig verwendet* ; eine sehr schöne Suppe aus Geflügeldärmen, ein Lieblingsgericht des Hotha Tsawbwa , der beim Essen mit uns darauf bestand, unsere Suppe durch diese zu ersetzen, was ihm jedoch nicht gefiel. Die großen Larven einer Riesenwespe und gedünstete Tausendfüßler sind Shan-Köstlichkeiten, die wir nicht schätzen konnten.

Ihr wichtigstes Stimulans ist *Samshu* oder Reisgeist; aber während unseres Aufenthaltes unter ihnen bemerkten wir kaum einen Fall einer Vergiftung. Das bei allen Nachbarn übliche Laster der Trunkenheit und Zügellosigkeit scheint bei dieser fleißigen, selbstversorgenden Rasse nahezu unbekannt zu sein. Sie sind gesellig und gut gelaunt , aber keineswegs so fröhlich wie die Burmesen, im Vergleich zu denen sie ein ruhiges, eher gelassenes Volk sind.

In der Regel ist jeder Mann mit einer Frau zufrieden, aber Polygamie ist denjenigen gestattet, die über genügend Vermögen verfügen; So hatte der Hotha-Häuptling mehrere Frauen in verschiedenen Dörfern. Für eine gültige Ehe ist lediglich die Zustimmung der Eltern, gegenseitiges Einvernehmen und der Austausch von Geschenken zwischen den Vertragsparteien erforderlich, jedoch wird anlässlich der Hochzeit kein religiöser Ritus eingehalten.

Sie sind eine musikalische Rasse und besitzen viele einfache wilde Arien, die sie auf Saiten- und Blasinstrumenten spielen. Von den ersteren, die wie eine Gitarre gespielt werden, ist eine etwa drei Fuß lang, mit drei Saiten und einem breiten Resonanzboden; ein anderer ist nur halb so groß, der Resonanzboden ist ein kurzer trommelartiger Zylinder, über den eine Schlangenhaut gespannt ist. Dieses Instrument war auch bei den Momien sehr beliebt und ist wahrscheinlich chinesischen Ursprungs. Das gebräuchlichste Blasinstrument ist eine Art Flöte aus Bambus mit einem flaschenförmigen Kürbis als Mundstück, und der Klang ist voll, weich und angenehm. Die langen ehernen Trompeten, die eine Art Staatsanhängsel des Tsawbwa darstellen , werden nur geblasen, um seine Ankunft anzukündigen oder seinen Gästen Ehre zu erweisen.

Obwohl die Häuptlinge den Behörden von Momien jährlich Tribut zollen , üben sie in ihren Staaten die volle patriarchalische Autorität aus; Sie werden von einem Rat aus Häuptern unterstützt und entscheiden über alle zivil- und strafrechtlichen Fälle. Der Tsawbwa ist der nominelle Eigentümer des gesamten Landes, aber jede Familie besitzt ein bestimmtes Land, das sie bewirtschaftet, und zahlt dem Häuptling einen Zehnten der Erträge. Diese Siedlungen werden selten gestört, und das Land geht nacheinander über, wobei der jüngste Sohn erbt, während die älteren Brüder, wenn die Farm zu klein ist, nach einem anderen Grundstück Ausschau halten oder Händler werden; Daher sind die Shan bereit, auszuwandern und sich auf fruchtbarem Land wie in Britisch-Burma niederzulassen. Die Häuptlinge sind damit natürlich nicht einverstanden, und es ist zu befürchten, dass die jüngste Auswanderung dieser Shan in unsere Provinzen in den letzten Jahren den bösen Willen der Tsawbwas gegen die britischen Beamten geweckt hat, denen sie vorwerfen, sie dazu angestiftet zu haben Menschen, die sie verlassen. In gewöhnlichen Zeiten des Friedens und Wohlstands müssen die Bewohner dieser Täler sehr wohlhabend und die Häuptlinge sehr wohlhabend gewesen sein, was sich in ihren Haws bemerkbar machte, obwohl die meisten von ihnen vor unserem Besuch schwer verletzt worden waren; aber zu dieser Zeit waren sie sicherlich verarmt, und zweifellos gehörten viele der wertvollen Kleidungsstücke und Schmuckstücke , die uns zum Verkauf angeboten wurden, den Häuptlingen und ihren Familien. Die große Sorge der friedfertigen Shan galt der Wiederherstellung der Ordnung, und obwohl sie sich alle ernsthaft nach der Wiederherstellung des kaiserlichen chinesischen *Regimes sehnten* , waren sie in der Zwischenzeit am ehesten bereit, sich mit denen anzufreunden, deren Aufgabe es war, einen Weg festzulegen für den Handel, der Frieden und Ordnung als Bedingungen für seine Aufrechterhaltung erfordert.

Wir fanden es unmöglich, einen Führer zur Südseite des Hotha-Tals jenseits des Namsa zu bekommen , einem sehr kleinen Gebirgsbach. Die Tsawbwa erklärten, die Brücke sei weggespült worden und die Straße sei tief im Schlamm; aber er selbst plante für uns einen Ausflug zu einem anderen Haus, das ihm in Tsaycow gehörte , einige Meilen östlich von Hotha. Der Häuptling machte sich früh am Morgen auf den Weg, um sich auf unseren Empfang vorzubereiten, und wir folgten ihm mittags. Die mit Felsbrocken und in der Nähe der Dörfer mit langen Granitplatten gepflasterte Straße schlängelte sich über die grasbewachsenen Ausläufer, deren Hänge mit Tabak und Baumwolle bebaut waren. Die Gebirgsbäche, die über felsige Kanäle fließen, die von großen, mit grünem Moos und Flechten gefärbten Felsblöcken bedeckt sind, wurden von Brücken aus Gneis oder Granit überspannt, wobei die Brücken über den größeren Bächen hübsche Bogenkonstruktionen mit einer Spannweite von 20 bis 25 Fuß und einer Stütze waren -Haus an beiden Enden und die Brüstungen werden oft von Steindrachen bewacht. Zu jedem Dorf führte eine lange, schmale Gasse, die von Bäumen und gefiederten Bambusbüschen gesäumt war, in einem malerischen Tor endete und von steinernen Trinkbrunnen gesäumt war. Die Häuser waren mit Bäumen, Birnen, Äpfeln, Kastanien, Pfirsichen und süßen Linden überwuchert und bildeten Obstgärten rund um die Dörfer, und die dreifachen Dächer aus massiven Khyoungs und gelegentlichen Pagoden, die die Hügel krönten, vervollständigten das ländliche Bild mit einem Hintergrund aus grünen Hängen Weideland, das bis zur rückwärtigen Wand nebelverhangener Berge reicht. Eine kleine Pagode namens Comootonay unterschied sich völlig vom gewöhnlichen burmesischen Typ durch ihre besondere Form und den schmalen langen Turm, der eine Höhe von fünfzig Fuß erreichte. Fünf Meilen angenehmer Fahrt vorbei an einer Reihe blühender und malerischer Dörfer, Obstgärten und Khyoungs führten uns nach Tsaycow oder Old Hotha, einem viel größeren Ort als die heutige Stadt gleichen Namens, umgeben von Bäumen und herrlich auf einem Felsvorsprung gelegen an der Öffnung eines kleinen Tals, durch das ein schöner Gebirgsbach floss. Das Haus des Häuptlings, früher sein Hauptquartier, das im chinesischen Stil erbaut wurde, obwohl kleiner als unsere Residenz, hatte den Vorteil einer besseren Lage und eines besseren Zustands, wobei vor allem die Privatwohnungen reich mit kunstvollen Schnitzereien verziert waren. In der inneren Empfangshalle wurden wir vom Tsawbwa begrüßt und, nachdem wir uns mit Tee erfrischt hatten, von ihm zu zwei Khyoungs geführt , einem Shan und einem Chinesen, die nach seinen eigenen Entwürfen übereinander gebaut waren Hang hinter dem Dorf. Der chinesische Tempel, der die höchste Stelle einnahm, war von einer hohen Mauer umgeben, mit einem Tor, das in einen Hof führte, der auf beiden Seiten von Kreuzgängen begrenzt war, während sich am Ende ein erhöhter Pavillon befand, gegenüber dem und über allen anderen Gebäuden Der Schrein ragte empor und krönte die höchste der beiden mit Granit verkleideten Terrassen. Überdachte Treppen führten vom Kreuzgang auf die höhere Ebene und endeten jeweils in einem kleinen runden Turm mit einer großen Glocke. Der Tempel nahm die gesamte Terrasse ein, mit steingepflasterten Veranden an der Vorder- und Rückseite. Ein kleiner Bach sprudelte in ein kleines Becken an der Vorderseite und bildete dann einen Wasserfall von Terrasse zu Terrasse in den darunter liegenden Hof. Von der Veranda führten zwei Eingänge in den Tempel, zwischen denen ein großes Fenster genau dem Altarbild zugewandt war. Auf einem Tisch vor dem Fenster standen Vasen mit Weihrauch und Blumen sowie mehrere Kisten mit der Bibliothek. Das etwa zwanzig Fuß hohe Altarbild, ein bewundernswertes Beispiel offener Holzschnitzerei, ähnelte einem riesigen Triptychon und enthielt drei Nischen etwa zehn Fuß über dem Boden. Es war von einem einfachen vier Fuß hohen Holzgeländer umgeben, und davor stand ein kleiner Tisch, auf dem Weihrauch verbrannt wurde, und an beiden Enden zwei weitere, auf denen jeweils ein hölzerner Fisch und ein Trommelstock lagen. In den drei Nischen befanden sich lebensgroße Figuren, vor denen sich jeweils ein Gazevorhang befand. Ein Balken, der von beiden Seiten zur Vorderwand ragte, trug zwei lebensgroße Figuren, und entlang jeder Seitenwand waren achtzehn kleine Figuren auf einer Plattform aufgestellt, vor jeder standen eine Vase und Räucherstäbchen. Der Tsawbwa fungierte als Cicerone und erklärte, dass die zentrale Figur Chowlaing-lon war , der König aller Nats , der vor Gaudama existiert hatte . Die Figuren auf beiden Seiten werden Coonsang genannt und fungieren als seine Pfotenminen oder Agenten, um seine Befehle auszuführen; und die vier stehenden Figuren sind die Herrscher der vier großen Inseln oder Viertel der Erde, die alle Handlungen ihrer Untertanen aufzeichnen. Nach dem Tod wird jeder Mann vor Chowlaing-lon gebracht und von ihm den Coonsang übergeben , die sie nach dem Bericht der Herrscher dem einen oder anderen der sechsunddreißig Nats übergeben , die die Armee der Thagyameng repräsentieren . der Reihe nach an den Seiten angeordnet. Einer dieser Nats wurde mit sechs Armen dargestellt, die jeweils mit einem Gürtel, einem Bogen, einem Pfeil, einer Keule und einem Dolch bewaffnet waren, während eine Hand leer war, als wäre er bereit, ein Opfer zu ergreifen. Alle anderen hatten unterschiedliche Haltungen, jeder hielt eine Waffe und hatte ein langes, schalartiges Band um Hals und Schultern, das bis zum Boden reichte und als Flügel diente, was uns an die fliegenden Menschen erinnerte, die Peter Wilkins besuchte .

Der untere oder Shan Khyoung bestand aus zwei länglichen Gebäuden auf unterschiedlichen Ebenen. Ein grimmig dreinblickender Nat oder Beloo bewachte die Tür, die zum Tempel führte, wo drei kolossale Buddhas saßen: der Vergangenheit, die Gegenwart und die Zukunft. Auf beiden Seiten befanden sich zwei Wächterfiguren, eine auf einem Zwergelefanten und die andere auf einem Mischlingsmonster, halb Löwe und halb Tiger. Zu Füßen der Buddhas befand sich eine gut ausgeführte Schildkrötenfigur; während auf einem Tisch Vasen mit Weihrauch und duftenden Blumen standen, die ihren süßen Duft zu den ruhigen, teilnahmslosen Gesichtern über ihnen emporströmten. Auf jeder Seite des Gebäudes saß eine Reihe lebensgroßer Figuren, die geschickt ausgeführt waren, und eine besonders, die einen schrumpeligen alten Mann darstellte, dessen Kinn auf den Knien ruhte und dessen Fleischtöne bewundernswert gegeben waren, zeigte echte künstlerische Kraft. Im unteren Tempel, der vorne offen war, befand sich in der Mitte der Mittelwand eine Figur von Kwan-yin, der das Kind hielt, und war von einer Reihe kleiner, anbetender Figuren in Reliefs umgeben; Über ihrem Kopf saß auf einem Zweig ein Papagei, der einen Rosenkranz im Schnabel hielt. Auf der anderen Seite der Wand, Rücken an Rücken mit der chinesischen Göttin, saß ein kolossaler Buddha, flankiert von zwei riesigen Figuren, von denen eine eine Ratte hielt. Die Tsawbwa erklärten, dass alle diese Tempel zu Ehren Buddhas errichtet worden seien ; und er erzählte die Geschichte von Kwan-yin, die die Tochter eines alten Kaisers von China war, aber, das weiße Gewand einer Rahane anziehend , ihre Tage in einem Wald verbrachte und sich frommer Meditation widmete. Die Mischung aus antikem Polytheismus und Buddhismus in der Geschichte war ein treffendes Beispiel für die verworrene Form der Religion, die in den Schreinen dargestellt wird.

Unser Besuch endete mit einem üppigen Abendessen im Haus der Tsawbwa , wobei der wichtigste Punkt der Etikette offenbar darin bestand, keinen Teil des Tisches mit Geschirr frei zu lassen und den Gästen einen Spielraum für die Verwendung ihrer Stäbchen zu lassen. Nach dem Abendessen führte der Tsawbwa das Thema Religion ein und war sehr überrascht darüber, dass wir nicht an die Lehre von aufeinanderfolgenden Existenzen glaubten. Als er von Gaudama sprach , unterschied er ihn von Buddha und wollte unbedingt von uns erfahren, in welchem Land er, Gaudama , derzeit lebte.

Der Buddhismus der Shans ist, wie bereits erwähnt, durch große Laxheit unter den Phoongyees gekennzeichnet , und die aktivsten religiösen Gefühle unter den Menschen gehören dem Glauben an und der Verehrung von Nats . Während unseres Aufenthaltes wurde am 13. August das Feuerfest der Shan gefeiert und etwa zwanzig Ochsen und Kühe auf dem Marktplatz geschlachtet; Das ganze Fleisch wurde schnell verkauft, ein Teil davon gekocht und gegessen, während der Rest bei Sonnenuntergang aus Kanonen abgefeuert wurde, wobei die Stücke, die zufällig auf das Land fielen, sich zu Mücken entwickelten und die im Wasser zu Blutegeln. Unmittelbar nach Sonnenuntergang begannen die Diener der Tsawbwa , Gongs zu schlagen und lange Messingtrompeten zu blasen; Nach Einbruch der Dunkelheit wurden Fackeln angezündet und eine von Musikern vorangegangene Gruppe suchte den zentralen Hof nach dem Feuernat ab , der zu dieser Jahreszeit mit bösen Absichten herumlungern soll. Anschließend setzten sie ihre Suche in allen Wohnungen und im Garten fort und warfen das Licht der Fackeln in alle Ecken und Winkel, in denen der böse Geist ein Versteck finden könnte. Drei weitere Feste sind jährlich den Nats von Regen, Wind und Kälte gewidmet.

Die Sonnenfinsternis, die am 18. August um 9.5 UHR BEGANN , wurde von uns an verschiedenen Orten und auch hier vorhergesagt. Die Schwächung des Lichts reichte, wie die Shans zugaben, nicht aus, um ihre Aufmerksamkeit darauf zu lenken, sofern sie nicht vorher gewarnt wurde. Der Tsawbwa zeigte seine übliche Intelligenz, indem er das Teleskop benutzen konnte. Sobald er sich davon überzeugt hatte, dass die Sonnenfinsternis wirklich begonnen hatte, befahl er, seine Salutschüsse abzufeuern und die langen Trompeten zu blasen, während wir auf sein dringendes Verlangen hin gezwungen waren, der Polizeiwache den Befehl zu geben, zwei abzufeuern Volleys; All dies geschah, um ein Monster zu erschrecken, das drohte, die Sonne zu verschlingen. Der Häuptling hörte jedoch aufmerksam unserem Bemühen zu, die natürlichen Ursachen des Phänomens zu erklären, und teilte sie sogar der aufgeregten Menge mit, die sich eifrig um uns scharte.

Einige der Khyoungs im Tal waren insgesamt den chinesischen Gottheiten Kwan-yin und Showfoo , dem Prah, dem Gott der Yunnan-Chinesen, sowie verschiedenen bösen Nats und berühmten Lehrern wie Tamo heilig, ohne jegliche Spur davon das buddhistische Glaubensbekenntnis.

Zu einem heruntergekommenen kleinen Tempel in der Nähe von Hotha, der bestimmten Nats geweiht war, wurde der Eingang von zwei Pferden bewacht, an deren Spitze jeweils ein Reiter stand. Ähnliche Pferdefiguren, die von einem Mann in tatarischer Tracht gepflegt wurden, gab es im Khyoung in Muangla , und der Leser erinnert sich vielleicht, dass die Manwyne- Frauen dem Bild des Pferdes im Khyoung dieser Stadt täglich Reisopfer darbrachten . Die Tatsache, dass die Shan eine Rasse von Pferdezüchtern und Reitern sind, könnte für die Bewahrung dieses merkwürdigen Relikts ihrer ursprünglichen Religion verantwortlich sein, zusammen mit der ursprünglichen Besänftigung der gefährlichen Nats , den Kräften der Erde, der Luft und des Wassers.

Der wichtigste buddhistische Khyoung des Tals, der sich im hübschen, ummauerten Dorf Tsendong befindet , ist vollkommen frei von jeglicher Beimischung ihres älteren Aberglaubens. Der Tsawbwa , der als unser Cicerone fungierte, schien sehr stolz auf den Tempel zu sein, der angeblich sehr alt war. Es ist auf einer niedrigen Steinplattform erbaut und von einer schmalen Terrassenveranda umgeben . Die gesamte Außenseite ist grob, aber kunstvoll geschnitzt. Es enthielt reich vergoldete Bücherschränke und kunstvoll geschnitzte Altarbilder und könnte im Ganzen aus der burmesischen Ebene hierher transportiert worden sein. Die Überreste eines alten und verehrten Phoongyee , der zwei Monate zuvor gestorben war, ruhten unter einem provisorischen Pavillon mit Doppeldach in der Nähe des Khyoung . Der von zwei Drachen getragene Sarkophag war ein hübsches Bauwerk, gekrönt von einer reich geschnitzten Miniaturpagode. Der Boden war geebnet und peinlich sauber gehalten worden, und die gesamte

Einzäunung war sorgfältig abgegrenzt. Auf einer benachbarten Terrasse stand ein achteckiger Zayat , der eine kleine Pagode umschloss. Es war fast vollständig aus Holz gebaut, hatte fünf Dächer, die nach oben hin kleiner wurden, und wurde von einem goldenen Dach gekrönt . Eine Reihe offener Fenster aus geschnitztem Holz verliefen rund um das Gebäude, und über jedem befanden sich zwei wunderschön geschnitzte Tafeln, die ein einzelnes Objekt darstellten, etwa einen Vogel, ein Reh, eine Pflanze oder eine Fledermaus. Jedes Dach ruhte auf drei vorspringenden Trägern, die in grotesk geschnitzten Köpfen endeten. Die umschlossene Pagode war ein quadratisches Bauwerk mit einem fein verjüngten Turm, der bis ins Innere des höchsten Daches reichte.

Das Vorhandensein dieser rein burmesischen Gebäude im Hotha-Tal, während es im Tapeng-Tal überhaupt keine Pagoden gibt , ist wahrscheinlich auf die Nähe der alten Botschaftsroute zurückzuführen, aber 1769 beriefen sich die Burmesen auf die Existenz von Pagoden in diesem Tal als Beweis für ihr altes Recht, es in ihre Grenzen einzubeziehen.

Die starken Regenfälle, die während unseres Aufenthalts in Hotha anhielten, verzögerten unser Vorankommen und verhinderten gleichzeitig umfassendere Erkundungen der Umgebung .

Kakhyen- Hügel am westlichen Ende des Tals weiterfahren , da der Plan, nach Muangwan zu gelangen, für uns undurchführbar war, obwohl ein burmesischer Landvermesser abkommandiert wurde, um die Route zu untersuchen. Wie bereits erwähnt, war es uns sogar verboten, die südlichen Höhen zu besuchen, aber Mr. Gordon und ich machten einen Ausflug zum östlichen Ende des Tals, wo es durch einen Querrücken, der die beiden Gebirgszüge verbindet, begrenzt wird. Eine gute Straße führte zum Bergrücken, der von einem schmalen Pfad überquert wurde, dessen höchster Punkt nicht mehr als 400 Fuß über Hotha lag. Ein steiler Abhang führte hinunter in ein anderes Tal, das wahrscheinlich von Muangwan abzweigte . Im Osten-Nordosten konnte man ein weiteres Tal erkennen, das in Richtung Nantin führte , das tausendhundert Fuß tiefer liegt. Durch den Nebel und den starken Regen waren auf allen Seiten verschwommen hohe Hügel zu erkennen, und wir kamen zu dem Schluss, dass das Hotha-Tal als Durchgangsstraße nach Momien über Nantin schwieriger zu überwindende Höhen darstellen würde als das Tal des Tapeng .

Wir erfuhren, dass von Old Hotha eine Straße nach Muangla führte und das Sanda-Tal über eine Schlucht erreichte, die niedriger gelegen war und am Nordhang allmählicher abfiel als die Route, auf der wir auf unserem Weg von Manwyne hinauf- und hinuntergeklettert waren . Selbst ein Ausflug über die Grenzen des Hotha-Tals hinaus wurde jedoch durch die Anwesenheit von Li- sieh -tai und seiner Truppe in Shuemuelong unmöglich gemacht . Wir beschlossen daher, die angenehmen Quartiere in Hotha zu verlassen und über die Kakhyen- Hügel in die burmesische Ebene zurückzukehren, wobei alle Häuptlinge der Bergstämme entlang der Route persönlich oder durch Stellvertreter an einem Treffen am 22. August teilgenommen hatten, als zufriedenstellende Vereinbarungen getroffen worden waren wurden für unsere Durchreise gemacht.

[38] *Analyse von Dr. Macnamara.*

Eine Gallone enthält: –

- 49,7 Körner Feststoff;

- 3·6 ”Alkalisalze , Natriumchlorid ;

- 19· 7 ” Siliciumdioxid, erdige Salze und Eisenoxid;

- Spuren von Schwefel- , Kohlen- und Phosphorsäure;

- Keine Salpetersäure.

[39] *Thaï-neua* wird auf die nördlichen Shan angewendet . „Voyage d'Exploration “, S. 409.

KAPITEL XI.
VON HOTHA BIS BHAMÔ.

Adieu! – Latha – Namboke – Die südlichen Hügel – Muangwye – Loaylone – Die chinesische Grenze – Mattin – Hoetone – Blick auf die Irawady- Ebene – Ein rutschiger Abstieg – Der Namthabet – Die Sawady- Route – Ein feierliches Opfer – Eine retrospektive Übersicht.

Am 27. August verabschiedeten wir uns von unseren Freunden in Hotha, der Frau und den Töchtern des Häuptlings, die herauskamen, um „uns zu verabschieden"; Während ihre Tränen und die wiederholten Bitten, dass wir bald wiederkommen würden, möglicherweise durch die Abreise einiger naher Verwandter oder sehr lieber Freunde hervorgerufen wurden. Wir boten an, uns die Hände zu schütteln, „nach englischer Art", was die älteste Tochter ablehnte, da dies gegen die Shan-Etikette verstieß, doch die junge Frau des Häuptlings nahm den Mut auf, sich der öffentlichen Meinung zu widersetzen. Die Salutschüsse wurden abgefeuert und wir machten uns unter den guten Wünschen einer großen Menschenmenge auf den Weg. Der Tsawbwa ritt mit uns bis zur Grenze seines Herrschaftsbereichs; Und auf der ganzen Strecke zeigten seine Leute den abreisenden Fremden vielfach ihr Wohlwollen. An der Grenze von Latha verabschiedete sich unser Freund mit offensichtlichem Bedauern von uns und übergab uns der Obhut des Kakhyen- Häuptlings von Namboke .

Der Bezirk Latha ist natürlich noch malerischer als der von Hotha. Die Hügel sind näher und das Tal, wie man es nennen könnte, ist dichter bewaldet. Die Stadt Latha, die wir ganz in der Nähe passierten, schien die größte und bevölkerungsreichste im ganzen Tal zu sein, obwohl sie durch den Namsa-Fluss von der Straße getrennt war. Da der alte Häuptling nicht bereit war, die Ausländer zu empfangen, konnten wir es nicht besuchen. Ein Geschenk und eine höfliche Nachricht wurden jedoch von unserem Anführer *en passant geschickt* , und ein Gegengeschenk und eine höfliche Nachricht, persönlich vom Häuptling diktiert, wurden von unseren Boten zurückgebracht. Die Botschaft führte seine Unfähigkeit, uns zu empfangen, auf die Vorurteile einiger seiner Untertanen zurück. Er versprach, dass er und sein Volk bereit sein würden, unsere Anwesenheit willkommen zu heißen, wann immer wir wiederkommen sollten. Seine Themen schienen nicht weniger erfolgreich zu sein als die in der anderen Abteilung. Entlang der gesamten Route markierten Khyoungs mit vielen Dächern , die sich über dem üppigen Grün erhob, die Lage der Dörfer, und Pagoden von sehr auffälliger Art bedeckten die abgerundeten Hügel und dicht bewaldeten Hügel.

Wir überquerten den Namsa auf einer langen Holzbrücke und befanden uns
bald in einem perfekten Labyrinth aus kleinen kegelförmigen Grashügeln, die
das westliche Ende des Tals versperrten. Die Straße bog von der engen
Schlucht des Namsa nach links ab und stieg allmählich an, folgte dem Lauf
des Namboke- Stroms und erreichte über eine Reihe kleiner Hügel den
Gipfel des ersten Ausläufers der östlichen Barriere des Tals. Von diesem
Punkt bis nach Namboke schlängelte sich die Straße über eine Reihe von
Ausläufern, bis das Dorf erreicht wurde, das inmitten einer Gruppe kleiner
bewaldeter Hügel lag, die durch die Verbindung der Ausläufer des
sekundären Hotha-Gebirges mit der großen südlichen Barriere des Tapeng-
Tals gebildet wurden. die sich hier vereinen. Nach einem Marsch von
vierzehn Meilen, der in fünf Stunden zurückgelegt wurde, kamen wir um 17
UHR in einem strömenden Regen an, der den als Quartier vorgesehenen
Schuppen ohne Dach überhaupt nicht einladend erscheinen ließ. Der
Tsawbwa führte uns dann zu seinem Haus, wo wir unter dem Salut von drei
Kanonen ausstiegen und teilweise in der Fremdenhalle und teilweise im
Portikus untergebracht wurden, der sich als voller schlafender Feinde erwies.
Die dringende Gastfreundschaft des Namboke- Häuptlings zwang uns, ihn
mit einem Tagesaufenthalt zu belohnen; und nur durch beharrliche
Entschlossenheit gelang es unserem Anführer, am Mittag des 29. den Start
zu bewerkstelligen.

Von Namboke aus stiegen wir in eine tiefe Mulde hinab und stiegen von dort
allmählich zum Kamm des Hauptgebirges an der Grenze zur Tapeng-
Schlucht auf, entlang dessen wir nach Ashan, acht Meilen entfernt, reisten,
wo wir in Kakhyen -Häusern übernachteten . Der Fußweg, der als Straße
diente, war kürzlich von den Kakhyens vom Dschungel befreit worden , und
die frischen Spuren ihrer Dahs waren auf beiden Seiten sichtbar, als wir uns
durch herrlichen Urwald schlängelten. Von gelegentlichen Aussichtspunkten
auf offenen Hügelkuppen blickten wir auf ein Meer aus Laubwerk hinab, das
weder von Lichtungen noch von Anzeichen menschlicher Besiedlung
unterbrochen wurde. Vom Gipfel des Bergrückens blickten wir nach rechts
über das Tal des Tapeng und sahen Ponsee , einen kleinen Fleck, am
gegenüberliegenden Hang liegen, auf halbem Weg zwischen dem Tapeng
und dem Gipfel des hohen Shitee- doung , auch Shitee-doung genannt Shitee
Meru, wie nach dem Heiligen Hügel. Das Gebiet von Ponsee erstreckt sich
von diesem Gipfel bis zum Kaddoung , der sich hinter uns erhob, so dass
Ashan mit seinen Dutzend Häusern innerhalb der Grenzen von Ponsee liegt
. Unter uns, auf der linken Seite, verliefen zwei enge, tiefe Täler nach Osten
und Westen, getrennt durch einen niedrigen Bergrücken, den Abschluss der
südlichen Grenze von Hotha, die sich schnell in dem verwirrenden Labyrinth
verlor, das aus der Teilung und Vermischung der großen Ausläufer resultierte
der Haupterhebungslinien dieser Berge. In alle Richtungen, so weit das Auge
reichte, erstreckte sich ein Meer von Hügeln, von denen einige in großen

kuppelförmigen Massen sechstausend Fuß über dem Meer aufragten und bis zu ihren Gipfeln mit dichtem Wald bedeckt waren, der von keiner Bewirtschaftung unterbrochen wurde. Der größte Teil der kleineren Hügel war offenbar gerodet worden, und ihre steilen Abhänge schienen sozusagen zu riesigen Treppenreihen und Terrassen für die Reis- und Maisanpflanzung geformt worden zu sein, während mit Hilfe eines guten Feldstechers nur wenige davon entstanden waren An den Hängen waren Kakhyen- Dörfer zu erkennen.

Wir verließen Ashan bei starkem Regen und begannen den Abstieg in südlicher Richtung. Der Weg führte entlang des Kamms eines Bergsporns, der hinunter zu einem Dorf führte. Die Ponys und Maultiere konnten sich auf den nassen, rutschigen Wegen nicht halten und rutschten ständig auf ihren Hinterbeinen hinab. Da der Weg von steilen Abhängen gesäumt war, war der Abstieg nicht ohne Risiko, und ein Fußgänger konnte seinen Halt nur halten, indem er sich am hohen Gras festhielt und sich so hinabließ.

Nachdem wir den Namkhong überquert hatten, der durch die Regenfälle zu einem stürmischen Bach angewachsen war, der den Ponys ihre äußerste Kraft abverlangte, führte der Weg über eine nasse und schlammige Schwemmebene in ein anderes Tal und über einen weiteren Wildbach. Dann stiegen wir sehr steil den Berghang hinauf und kamen am Dorf Lasee vorbei, das auf einem hohen, runden Gipfel thront. Von der Höhe aus hatten wir einen vollständigen Überblick über die Gebirgsketten im Süden, die fast parallel zueinander in Ost-Nordost- und West-Südwest-Richtung verliefen, mit dazwischen liegenden Tälern, die stark durch Ausläufer unterbrochen waren. Ein Abstieg von einigen hundert Fuß brachte uns zum Dorf Muangwye , am Südhang eines Hügels, der mit Bäumen und riesigen Granitblöcken bedeckt ist.

Unser Halt hier war eine Initiative der örtlichen Tsawbwa , die unbedingt die Ehre haben wollten , uns zu bewirten. Die anderen Häuptlinge waren mit dem Gepäck und dem Kommissariat nach Loaylone weitergefahren und erwarteten, dass wir zu diesem Dorf als Rastplatz für die Nacht weiterfahren würden. Der Häuptling tat sein Bestes, uns durch einen herzlichen Empfang und großzügige Lieferungen von Sheroo und Samshu mit seiner gastfreundlichen *List* zu versöhnen .

Der übliche und direkte Weg von Ashan nach Hoetone , dem letzten Kakhyen- Dorf vor dem Abstieg in die Ebene, dauert nur einen guten Tagesmarsch; aber die Sorge der jeweiligen Häuptlinge, uns zu unterhalten, veranlasste sie, uns von Dorf zu Dorf zu führen und drei Märsche statt eines zu machen; Und da es fast ununterbrochen regnete und der Weg die Hänge hinauf und hinunter extrem rutschig war, empfanden wir Kakhyens Haltung als fast genauso peinlich wie die frühere Feindseligkeit.

Am nächsten Tag überquerten wir den Muangkah- Strom, der etwa fünfzehn Fuß breit ist und in einem tiefen Nullah fließt, der die Grenzlinie zwischen Lakhone und Cowlee darstellt Kakhyens , in dessen Grenzen wir nun eintraten. Das Tal war sehr schmal, aber der nährstoffreiche schwarze Boden war sehr fruchtbar, dem Aussehen der kleinen Reisfelder nach zu urteilen. Die einzige Brücke war ein gefällter Baum, weniger als einen Fuß breit, mit einem klapprigen Bambus, der als Handlauf daran befestigt war, und wir kletterten entlang, fast neidisch auf die Tiere, die darüber schwammen. Als wir einen weiteren Bergrücken hinaufstiegen, kamen wir an den Überresten der alten chinesischen Grenzfestung vorbei, die als Zollhaus diese Route beherrschte, so wie die oberhalb des Nampoung gelegene Ponsee - Straße . Dreißig Meter tiefer lag das Dorf Loaylone an einem steilen Hang und erstreckte sich wie ein Amphitheater . Dies war das größte und blühendeste Kakhyen- Dorf, das wir bisher gesehen hatten, und das Haus des Häuptlings wies das ungewöhnliche Merkmal auf, dass es von einem hohen Bambuszaun umgeben war. Der Häuptling war großzügig mit seinen Vorräten an Geflügel und Sheroo ; und am Abend stattete uns sein jüngerer Bruder, der Tsawbwa von Mattin, einen Besuch ab und erwies sich als der gebildetste und intelligenteste Kakhyen , den wir je getroffen hatten; seine Manieren und sein Stil waren denen aller burmesischen oder Shan-Herren völlig ebenbürtig. Seine Kleidung war eine Mischung aus Shan und Chinesisch, aber sein Haar war nach burmesischer Art frisiert. Er erwies sich als vollkommen mit Burmesisch und Chinesisch vertraut und führte ein langes Gespräch über die Vorteile der Wiederaufnahme des Handels, wobei er seine größte Bereitschaft zur Zusammenarbeit bekundete. Es lag ihm sehr am Herzen, dass wir mehrere Tage lang seine Gäste in Mattin sein würden; und nachdem wir die Argumente über den schlechten Gesundheitszustand einiger Mitglieder der Gruppe, die Regenfälle usw. erschöpft hatten, mussten wir darauf hinweisen, dass Verzögerungen auf dem Weg die Meinung unserer Herrscher gegen die Botschaftsroute beeinträchtigen würden. Es war notwendig, einen Tag in Loaylone zu bleiben , da der Sitte zufolge die Maultiere und Träger hier abbezahlt und durch andere ersetzt werden mussten, die der Cowlee gehörten Kakhyens . Der gewöhnliche zentrale Weg nach Momien soll von diesem Ort nach Muangwan führen , dessen Tal man von der chinesischen Festung Loaylone aus sehen kann , von wo aus die Straße nach Nantin führt und das Hotha-Tal umgeht. Natürlich gab es einige Probleme mit den Maultiertreibern, die ausnahmslos erpresserische Forderungen stellten, die jedoch entschieden abgelehnt wurden. Im Moment unserer Abreise trafen zwei der Namboke ein Pawmines verhängte ein Embargo gegen eine Maultierladung Gepäck als Pfand für die Bezahlung von Reis, den sie bereits erhalten hatten.

Die direkte Straße nach Hoetone ist nur sechs Meilen lang und verläuft auf vergleichsweise ebener Strecke entlang der Reisfelder, aber die

Notwendigkeit, Mattins Einladung anzunehmen, verlängerte unseren Marsch auf fünfzehn Meilen, was den Aufstieg auf eine der höchsten Gebirgsketten mit sich brachte. In einer Schlucht unterhalb von Loaylone trafen wir auf eine Karawane von Maultieren aus Bhamô , beladen mit Baumwolle und Salz. Von diesem Punkt aus führten uns steile Anstiege über eine Reihe von Ausläufern und Abstiege in flache Täler zum Gipfel des Hauptkamms auf einer Höhe von fünftausend Fuß. Dicht zu unserer Linken und fünf- bis sechshundert Fuß höher erhob sich der hohe kuppelförmige Hügel, den wir von Ashan aus gesichtet hatten. Im Südosten und Süden erhoben sich einige noch höhere Gipfel, aber keiner überschritt offenbar eine Höhe von sechstausend Fuß. Der Gipfel dieses Bergrückens war mit feinem Rasen und einigen Bäumen bedeckt und mit riesigen Granitblöcken übersät, unter deren Schutz die Häuser eines kleinen Dorfes namens Loayline errichtet wurden .

Von diesem Punkt aus begannen wir, den Hauptteil der Kakhyen- Hügel hinabzusteigen, und erreichten bald das Dorf Mattin, das auf dem Kamm eines Felsvorsprungs lag. Drei Salutschüsse und ein musikalischer Klang von Gongs und Becken kündigten unsere Ankunft an, und wir wurden eine breite Steintreppe hinaufgeführt, die zu einem chinesischen Tor in einer massiven Ziegel- und Steinmauer führte. Darin befand sich das Haus des Häuptlings, das im Kakhyen- Stil erbaut war, aber aufgrund seiner Bauweise und der reichen Schnitzereien den Namen eines Kakhyen- Palastes verdiente. Nachdem wir der Familie des Häuptlings ordnungsgemäß vorgestellt und von einer begeisterten Schar seiner Untertanen bewundert worden waren, die, wie man sagen muss, sowohl in ihrem Aussehen als auch in ihrer Kleidung ihren Landsleuten aus den nördlichen Hügeln weit überlegen waren, wurden wir in einen kleinen Außenpavillon geführt , und erfrischten uns in aller Privatsphäre.

Von Mattin aus führte uns ein zwei Meilen langer Abstieg nach Hoetone , das auf einer abgeflachten Senke desselben Ausläufers liegt und mit riesigen Gneis- und Granitblöcken übersät ist. Vor dem Haus der Tsawbwa waren drei etwa einen Meter hohe flache Steinblöcke in einer Reihe im Boden befestigt, die als Altar beschrieben wurden, auf dem den Nats Büffel dargebracht wurden . Wir hatten ähnliche Steine in einem Hain außerhalb des Dorfes beobachtet, und die zahlreichen verstreuten Schädel zeigten, dass sie Schauplatz zahlreicher Opfergaben gewesen waren. An dieser Stelle gab es auch eine drei Fuß hohe kreisförmige Mauer, in die einer der stehenden Steine eingebaut war und der Boden mit den verwesenden Schädeln geopferter Büffel bedeckt war. Am nächsten Morgen besuchte uns zuerst der alte Tsawbwa von Hoetone , begleitet von seinen Frauen, Kindern und Enkelkindern, alle in ihrer besten Kleidung und beladen mit den üblichen Geschenken wie Geflügel, Gemüse, gekochtem Reis und Sheroo . Als nächstes erschienen die Tsawbwas von Kadaw und Sakhiy , gekleidet in alte schwarze Satinjacken und mit ihren Frauen *à la gekleidet* Kakhyen , aber mit einer Fülle von Shan-Silberornamenten verziert. Der Unterhäuptling, der uns nach Momien gefolgt war und dort an Pocken gestorben war, war ein Sohn von Kadaw , und obwohl er aus eigenem Antrieb nach Momien gekommen war, hielt Sladen es für gerecht, dem alten Vater zu versprechen, wann In Bhamô würde er sich mit den anderen Häuptlingen über die Entschädigung für den Tod seines Sohnes beraten. Mit dieser Zusicherung reiste der Vater zufrieden ab; Doch ein jüngerer Bruder des Verstorbenen hielt es für angebracht, ihn zu schikanieren und sofortige Bezahlung zu fordern, und engagierte einige der Maultiertreiber auf seiner Seite. Es folgte der übliche Kakhyen- Streit und das Gepolter, doch als er, wie es Brauch war, mit heftigen Vorwürfen beantwortet wurde, endete er mit nichts; aber unsere Abreise hatte sich dadurch bis zum Mittag verzögert, als wir gerne unseren Abstieg in die Ebene fortsetzten.

Hoetone nach Bhamô über Momouk über die Ebene am linken Ufer des Tapeng zu reisen . Da aber das niedrige Gelände nun unter Wasser stand, war es notwendig, zum Tapeng unterhalb seines Ausgangs aus den Hügeln zu gelangen und ihn in Booten nach Bhamô hinunterzufahren . Kurz unterhalb von Hoetone stießen wir auf eine Straßenteilung, und es kam zu einer Diskussion mit den Mantai Tsawbwa , der als Führer für die Vorhut der Kavalkade fungierte, wies ihn auf den richtigen Weg hin. Eine Straße entlang des Ausläufers, den wir hinabgestiegen waren, schien offensichtlich der direkte Weg zu sein, während die andere nach links in eine tiefe Senke abbog und zu einem anderen Ausläufer im Süden führte. Dieser, so beharrte der Tsawbwa , sei genauso gut und ebenso kurz wie der andere, und wir folgten ihm notgedrungen. Von der Kuppe des Sporns eröffnete sich uns ein herrliches Panorama der ausgedehnten Ebene des Irawady .

Der große Fluss, der jetzt seine volle Breite erreicht hatte, schlängelte sich wie ein breites silbernes Band durch die Ebene, und unsere Anhänger zuckten buchstäblich zusammen und jubelten vor Freude bei der Aussicht, als ihnen klar wurde, dass ihre sechsmonatige Wanderung bald zu Ende sein würde . Diejenigen unserer Partei, deren Würde solche Demonstrationen verbot, freuten sich nicht weniger im Geiste; Denn selbst diese großartige Hügellandschaft wird ermüdend, wenn man die steilen Bergpfade hinaufklettern und in Strömen des Regens den Gegenhang hinunterrutschen muss. Wir konnten uns über den kleinen Umweg, den der Mantai- Häuptling uns auferlegt hatte, nicht beschweren, denn die gesamte Bevölkerung seines Dorfes wartete sehnsüchtig auf unsere Ankunft und begrüßte uns mit fünf Kanonen. In seinem Haus, das von einer Bambuspalisade umgeben war, wurden Matten für uns ausgebreitet, und seine Frau und seine Töchter, zwei fast hübsche Mädchen, wetteiferten miteinander in Willkommensbekundungen und boten sehr ausgezeichnete Sheroo an . Wir ließen sie hocherfreut über ein paar glänzende Silbermünzen und Komplimente zurück, stiegen wieder auf und begannen einen schlüpfrigen Abstieg durch den Bambusdschungel, in dem eine gute Chance bestand, an den heruntergefallenen Stämmen aufgespießt zu werden, da die Ponys völlig auf ihren Hinterbeinen herunterrutschten nicht in der Lage, ihren Kurs zu ändern. Nachdem wir mindestens 4.000 Fuß unterhalb von Hoetone erreicht hatten, mussten wir am Fuße eines tosenden Gebirgsbachs auf einer neu gebauten Brücke überqueren. Ein großer Felsbrocken lag in der Mitte des Flusses, und zwei große Bambusbäume wurden von ihm bis zu den Ufern auf beiden Seiten aufgestellt, mit kleineren Querstücken, um alles sicher zu halten; Diese primitive und klapprige Brücke mit einer Breite von etwa fünfzehn Zentimetern fiel bis zum Stein ab und stieg dann steil zum anderen Ufer hinauf. Es war ein gefährlicher Weg für Mensch und Tier, denn das Gleichgewicht zu verlieren bedeutete, von der widerstandslosen Strömung in den Tapeng mitgerissen zu werden . Das ebene Gelände auf beiden Seiten des Baches war von hohen Hügeln begrenzt, in denen das Rauschen des letzteren Flusses widerhallte. aber das hohe Gras, das das Schwemmland bedeckte, verbarg es vor uns, bis wir, nachdem wir einen niedrigen Ausläufer überquert hatten, an die Ufer der schäumenden gelben Flut gelangten, die in einem herrlichen Strom in die Ebene hinabstürzte. Ungefähr zwei Meilen weiter verließen wir den Tapeng , wandten uns nach Südwesten und stießen, nachdem wir einen niedrigen Ausläufer überquert hatten, auf das rechte Ufer eines mittelgroßen, tieffließenden Baches mit einer sehr starken Strömung namens Namthabet . der an seinem Ausgang aus den Hügeln in den Tapeng mündet . Dieser Bach musste mit einem Floß überquert werden, zu dessen Bau zwei Kakhyens aus Hoetone geschickt worden waren , aber als wir ankamen, hatten sie erst die Hälfte ihrer Aufgabe erledigt. Wir waren daher gezwungen, zu biwakieren, und alle Hände machten sich an die Arbeit, um die kleinen, mit Gras gedeckten Bambushütten zu bauen, die die Burmesen *Tai nennen* . Die Nacht war schön, aber die Sandmücken erwiesen sich als absolute Schlafgegner und trotzten den Mückenvorhängen; und der Morgen brachte ein gewaltiges Gewitter, gefolgt von Strömen von Regen, als ob die Bergnats uns einen Abschiedsgruß schenken wollten.

Sobald das Floß fertig war, begaben sich der Djemadar und eine Anzahl Burmanen an Bord, ausgestattet mit langen Bambusstäben, um es darüber zu stützen; aber die Strömung trieb es flussabwärts, und es wurde nur dadurch gerettet, dass die Männer ins Wasser sprangen und es ans Ufer schoben, wo sich alle an den überhängenden Ästen festhielten. Als nächstes griff man auf die Kakhyen- Methode zurück, bei der ein Seil über den Bach gespannt wurde, und unter der erfahrenen Leitung von Kapitän Bowers wurde schnell ein starkes Seil aus der äußeren Schicht des Bambus improvisiert. Auch dieser Versuch scheiterte, denn das Seil brach in zwei Teile, als sich das Floß mitten im Strom befand, aber die Männer hielten sich fest und zogen sich an das gegenüberliegende Ufer. Endlich gelang es uns, die ganze vom Regen und Flusswasser bis auf die Haut durchnässte Gruppe mit zwei Seilen hinüberzubefördern. Am linken Ufer trafen wir auf den Choung - sa von Tsitgna mit einer Eskorte, die uns nach Nampoung am Tapeng begleiten sollte . Vor uns lag eine Reihe niedriger Hügel, die fast nach Norden und Süden verliefen und das Tal des Namthabet von der burmesischen Ebene trennten, in die sie durch lange Wellen allmählich übergingen. Ihr Osthang ist fast ausschließlich mit Bambus bedeckt, aber der Westhang ist dicht bewaldet mit zahlreichen Arten von Waldbäumen, bis die Ebene erreicht wird, wo Engbäume und hohes Elefantengras an ihre Stelle treten. Als wir nach einem Marsch von fünf Meilen am Tapeng ankamen , fanden wir zwei große Boote bereit, von denen eines mit einem schönen Teppich ausgelegt war und eine Gruppe von Musikern trug, die Gongs und Tomtoms schlugen . Als unsere gesamte Gruppe, einschließlich der Kakhyen- Häuptlinge, die uns begleitet hatten, eingeschifft wurde, wurden wir von zwei Kriegsbooten, jedes mit dreißig Mann besetzt, über den breiten und schnell fließenden Tapeng zum Dorf Tsitgna geschleppt , wo wir geführt wurden den Privatsekretär des Woon in einen kleinen Pavillon, der für unseren Empfang komfortabel eingerichtet war. Die burmesischen Beamten waren äußerst aufmerksam; Unentgeltliche Vorräte an Esswaren wurden in Hülle und Fülle gebracht, und selbst die Häuptlinge der Kakhyen und ihre Anhänger wurden mit allem versorgt, was sie brauchten.

Am 5. September vereinbarten wir die Miete der Maultiere und Träger ohne die geringste Meinungsverschiedenheit, da das gesamte Gepäck sicher geliefert wurde und kein einziger Artikel zwischen Hotha und Tsitgna verloren ging . Sogar die Ladung des in Loaylone festgehaltenen Maultiers , die in Bündel für zwei Träger aufgeteilt worden war, kam sicher an, und zwar zur Ehre der Kakhyens , ohne dass auch nur eine geöffnete Flasche Brandy manipuliert wurde.

Am nächsten Morgen begaben wir uns auf Boote, die aus zwei Kanus bestanden, die über uns eine Plattform und einen Baldachin oder ein Dach aus Blättern trugen, und glitten den breiten, tiefen Tapeng hinunter , der in dieser Saison 1.500 Fuß breit und tief genug für einen gewöhnlichen Fluss ist Dampfer bis zu den Hügeln. Auf dem Weg nach unten blickten wir noch einmal zurück, um einen Abschiedsblick auf die Kakhyen- Hügel zu werfen. Auf beiden Seiten des Flusses erhoben sich die beiden hohen Gipfel, der Shitee-doung im Norden und der Kad- doung im Süden, und schienen wie Wachposten zu stehen, um die Routen nach China zu bewachen, und zwar im wahrsten Sinne des Wortes Auf beiden Bergen befanden sich alte chinesische Festungen und Grenzzollämter, und die Grenzlinie des Blumenreichs wird fast durch diese Höhen definiert. In der Nähe der Flussmündung wurden wir vom Tsare-Daw-Gyee mit zwei Kriegsbooten empfangen, die uns nach Bhamô schleppten , wo wir am 5. September nachmittags um 2.30 Uhr landeten, nachdem wir es am 26. Februar verlassen hatten.

losgeschickt worden war, um die Route nach Sawady zu untersuchen, war am 26. August in Bhamô angekommen, nachdem er seine Reise in zehn Tagen zurückgelegt hatte. Er war in der Verkleidung eines Shan gereist, begleitet von einem vom Hotha-Häuptling empfohlenen Führer und unserem eigenen Kakhyen- Dolmetscher. Da er außer einem Aneroid zur Höhenmessung keine Instrumente bei sich hatte, hatte er seine Beobachtungsaufgabe sehr zufriedenstellend erfüllt. Von Hotha aus hatte er den dazwischen liegenden Bergrücken, siebenhundert Fuß über dem Muangtha- Tal, in das viel größere Tal von Muangwan überquert , das etwa auf der gleichen Höhe wie das von Nantin lag . Dieser chinesische Shan-Staat wurde von der Großmutter des jungen Tsawbwa regiert , die während seiner Minderheit als Regentin fungierte. Sie und ihre Anführer einigten sich darauf, allen englischen Händlern, die diesen Weg einschlugen, sicheres Geleit zu versprechen. Es wurde beschrieben, dass ein ständiger Strom von Maultieren und Ochsen von Sawady nach Muangwan zog , von wo aus sie entweder nach Nantin oder nach Muangkun weiterzogen . Die Strecke war frei von allen Hindernissen und durchgehend glatt und eben. Es wurden zwei Kakhyen- Distrikte mit den Namen Bhagon und Phonkan durchquert , wobei letzterer die höchste Erhebung aufweist. Beide einigten sich darauf, den alten chinesischen Zolltarif von einer Rupie für Maultiere und acht Annas für Ochsen beizubehalten, und der Phonkan- Häuptling äußerte seinen Wunsch, dass englische Händler diesen Weg übernehmen würden, und garantierte ihre Sicherheit.

Unsere alten Quartiere in der Stadt Bhamô waren gründlich renoviert worden und standen bereit, uns zu empfangen, während die Tsawbwas , die uns begleitet hatten (insgesamt einunddreißig), die alle an der zentralen Route angrenzende Bezirke regierten, untergebracht waren von den Burmesen in Zayats außerhalb der Palisaden. Der Zweck ihrer Anwesenheit bestand darin, nach ihrem Brauch an einem feierlichen Opfer teilzunehmen und eine Verpflichtung einzugehen, die durch den verbindlichsten Eid bestätigt wurde, allen Händlern und Reisenden, die später ihre Hügel überqueren würden, sicheres Geleit und Schutz zu gewähren zwischen Bhamô und den Shan-Staaten. Die Zeremonie fand am 13. statt, nachdem die Burmesen verschiedene offene Einwände und versteckte Hindernisse vorgebracht hatten, die zunächst zweifellos über die Transaktion ziemlich verwirrt waren, aber nach klaren Erklärungen von Major Sladen keine weiteren Schwierigkeiten aufwarfen . Es wurde eine Art Gerüst errichtet, bestehend aus starken, in den Boden eingelassenen Pfosten mit Querstücken, an die das Opfer, ein Büffel, gebunden wurde. Es wurde ein zwanzig Fuß hoher Altar mit einer quadratischen Plattform aus Bambus errichtet, auf der die Opfergabe platziert wurde. Vor dem Opfer und noch einmal vor der Darbringung wurden die Nats oder Gottheiten in einem feierlich gesungenen Gebet gebührend angerufen. Der Büffel wurde mit seinen Hörnern fest an das Gerüst gebunden und dann auf die Seite geworfen, so dass das gesamte Gewicht des Körpers auf dem teilweise verdrehten Hals lastete. Ein Kakhyen stürmte vorwärts, in einer Hand hielt er einen mit Wasser gefüllten Kochbananenblattbecher und in der anderen schwang er seinen Dah. Gleichzeitig wurde das Wasser über das Opfer geschüttet und der tödliche Schlag in den Nacken mit einer Kraft und Wirkung ausgeführt, die so tödlich war wie der Stich des Matadors. Der Kadaver wurde sofort zerschnitten und das Blut in ein großes Gefäß aufgefangen, während die Eingeweide als Opfergabe für die Nats auf den Hochaltar gelegt wurden. Mit dem Blut wurde eine Menge Samshu vermischt und mit den Spitzen von Dahs und Speeren aufgerührt, und jeder Häuptling trank der Reihe nach aus der Schüssel und legte sein Treuegelübde gegenüber der gemeinsamen Sache ab. Dies war der Ritus, dem sich die drei Häuptlinge in Ponsee angeschlossen hatten , als sie sich für unsere Vernichtung verbündeten, und nun verpflichteten sich einunddreißig Häuptlinge feierlich, den Frieden aufrechtzuerhalten und künftigen Reisenden durch ihre Grenzen Schutz zu gewähren. Dies war der letzte Akt, der unsere Expedition beendete, und wir dürfen mit Befriedigung auf die Tatsache zurückblicken, dass die gesamte Gruppe, die von Bhamô aus aufbrach, mit Ausnahme eines Sepoys und eines einheimischen Sammlers, die untergingen Nach einer Krankheit kehrten alle wohlbehalten zurück. Die Eingeborenen der Kakhyen- Hügel und der Shan-Täler hatten gelernt, ihre zunächst verdächtigen oder gefürchteten Besucher als Freunde und Wohltäter zu betrachten; und wenn der Vormarsch langsam und nach Ansicht einiger kostspielig gewesen wäre, wäre die Rückkehr leicht zu bewerkstelligen gewesen, und zwar nicht ohne eine Fülle „goldener Meinungen", die von den verschiedenen Häuptlingen gewonnen worden wären, mit denen die Engländer zum ersten Mal nacheinander zusammengebracht worden waren Beziehungen.

Es liegt kaum im Rahmen dieses Bandes, den politischen Aspekt der geleisteten Arbeit zu beleuchten, es ist jedoch unmöglich, auf einige Kommentare zu verzichten. Der Begriff „Misserfolg" wurde freizügig auf das Ergebnis dieser Expedition angewendet, und das Verhalten des Anführers wurde erst kürzlich aufs Schärfste kritisiert . In Anbetracht dessen, dass seine Anweisungen, die er vom Oberkommissar von Britisch-Burma erhalten hatte, darin bestanden, die Ursachen für die Einstellung des Handels gründlich zu untersuchen, die genaue politische Position der Kakhyens, der Shans und der Panthays herauszufinden und diese Gemeinschaften zu beeinflussen zugunsten der Wiederherstellung des Handels kann kaum behauptet werden, dass die vorgeschriebenen Ziele nicht vollständig erreicht wurden. Während es von den übergeordneten Behörden als wünschenswert erachtet worden war, nach Yung- chang oder, wenn möglich, nach Tali-fu vorzurücken , war dem Anführer strengstens befohlen worden, die Sicherheit der Mitglieder der Mission nicht zu gefährden. Von Bhamô aus musste er seinen Weg finden und gegen Intrigen seitens der Kakhyens und Missverständnisse seitens der Shan ankämpfen , die durch die falschen Darstellungen der eifersüchtigen chinesischen Kaufleute in Bhamô geschürt wurden . Das zu durchquerende Land war unbekannt und befand sich in einem ungewöhnlichen Zustand der Verwirrung. Wo Burma endete und China begann, war ein Problem, denn die alten Grenzlinien waren vorübergehend ausgelöscht worden, die Autorität der Mandarinen war ins Landesinnere von Yunnan zurückgegangen und die der usurpierenden mahommedanischen Herrscher war westlich davon nur teilweise zu spüren Momien . Erst als diese Stadt erreicht war, konnte man die gewünschten Informationen erhalten oder die wahre Beziehung der dazwischen liegenden Talstaaten zu Burma oder China erkennen. Es war kein Schritt vorwärts getan worden, ohne zuvor die Zustimmung und, wie sich herausstellte, die Begrüßung der verschiedenen Herrscher, ob untergeordneter oder oberster Art, sicherzustellen; und es wurde besonders darauf geachtet, jegliche politische Parteilichkeit abzulehnen und allen zu verkünden, dass es unser Ziel sei, im Interesse des Handels zu forschen.

Als sich nach einem kurzen Aufenthalt in Momien herausstellte, dass weitere Fortschritte einerseits gefährlich waren und andererseits bei der derzeitigen Lage dazu führen könnten, dass wir uns mit den chinesischen Behörden auseinandersetzen würden, wurde eine Rückkehr beschlossen, die jedoch durch unkontrollierbare Umstände nur verzögert wurde. Befehlen gehorcht zu haben und in verschiedenen und schwierigen Positionen geduldiges Durchhaltevermögen bewiesen zu haben, um das möglichst weiteste Ziel zu erreichen, von dort mit den gewünschten Informationen zurückzukehren und so den Weg für zukünftige Reisende zu ebnen , darf nicht als brillante Heldentat angesehen werden ; aber das sind die mühsamen Aufgaben eines sorgfältigen Kundschafters und eines erfolgreichen Pioniers. Der Leser kann sich selbst ein Urteil darüber bilden, ob diese von Major Sladen nicht würdig ausgeführt wurden .

Diejenigen, die seine Reisen, wenn auch nicht seine Pflichten, miterlebten und seine vorsichtige und entschlossene Haltung unter neuartigen und verwirrenden Bedingungen miterlebten, können nicht umhin, ihre Meinung zum Ausdruck zu bringen, dass er ein größeres Maß an Lob verdient , als

seinem Verhalten gegenüber den ersten Engländern bisher zuteil wurde
Expedition nach Yunnan.

KAPITEL XII.
ZWISCHENVERANSTALTUNGEN.

Ernennung eines britischen Residenten in Bhamô – Steigerung des einheimischen Handels – Aktion des Königs von Burma – Burmesischer Streit mit dem Seray-Häuptling – Britische Beziehungen zu den Panthays – Kampf in Yunnan – Li- sieh -tai – Imperialistische Erfolge – Europäische Kanoniere – Belagerung von Momien – Fall von Yung- chang – Prinz Hassan besucht England – Fall von Tali-fu – Tod von Sultan Suleiman – Massaker von Panthays – Gefangennahme von Momien – Flucht von Tah -sa - kon – Gefangennahme von Woosaw – Unterdrückung der Rebellion – Kaiserliche Proklamation – Li -sieh -tai, Kommissar der Shan-Staaten – Wiedereröffnung der Handelsrouten – Zweite britische Mission – Aktion von Sir T. Wade – Ernennung von Herrn Margary – Mitglieder der Mission – Zustimmung Chinas und Burmas.

Der erste aktive Schritt, den der Chief Commissioner von Britisch-Burma als Ergebnis der Expedition von 1868 unternahm, bestand darin, die Ernennung eines britischen Residenten in Bhamô zu empfehlen . Die verschiedenen Häuptlinge der Shan und Kakhyen sowie der Gouverneur von Momien waren sich einig, dass eine solche Ernennung für den künftigen Handel von Vorteil sein würde.

Im 6. Artikel des Vertrags von 1867 war vorgesehen, dass britischen Dampfern die Durchfahrt durch die burmesischen Gewässer gestattet werden sollte, dass britischen Kaufleuten gestattet werden sollte, in Bhamô zu wohnen , und schließlich, dass britische Agenten an allen Zollstationen ernannt werden könnten , wie Bhamô und Menhla . Die indische Regierung stimmte jedoch der Ernennung eines britischen Residenten in Bhamô zu, lehnte es jedoch ab, endgültige oder endgültige Befehle zu erlassen, bis die Gefühle des Königs festgestellt und eine eindeutige Zustimmung von ihm gegeben worden wären. Seine Majestät hatte bereits, als die Angelegenheit diskutiert wurde, erklärt, dass er dafür sorgen würde, dass sein Offizier, der Woon , mit dem Residenten zusammenarbeiten würde; aber gemäß den gegebenen Anweisungen, dass der Plan ihm als ein Plan vorgelegt werden sollte, der „ein klares Verständnis und eine volle Zustimmung seitens Seiner Majestät erfordert", wurde er zum Gegenstand einer besonderen Audienz gemacht. Der König erklärte ausdrücklich, dass die Ernennung eines Bewohners von Bhamô seine volle Zustimmung und Zustimmung voraussetze; Er hoffte jedoch, dass keine „hartnäckigen oder hartnäckigen Offiziere, die sich ausschließlich von ihrer eigenen Meinung leiten lassen, ohne Rücksicht auf Ratschläge oder Vernunft" geschickt würden. Er wünschte außerdem, dass der neue Beamte sich selbst vorgestellt werden könnte, wenn er ihn dem Woon von Bhamô vorstellen würde , um ihre gegenseitigen Beziehungen zu regeln. Der Geist, in dem der König den Vorschlag befürwortete und ihm zustimmte, kann als Beispiel für die Art und Weise angesehen werden, in der der König von Burma sich bereit gezeigt hat, mit der gewaltigen Macht umzugehen, die die Küste seines Königreichs innehat. Obwohl er sich der möglichen Peinlichkeiten bewusst war, die sich aus seinen Beziehungen zu England einerseits und zu seinem Oberherrn, dem Kaiser von China andererseits, ergeben könnten, kann man nicht sagen, dass er es versäumt hat, sie zu tragen seine vertraglichen Verpflichtungen gegenüber unserer Regierung erfüllen; Und wenn man die Falschdarstellung berücksichtigt, der er ausgesetzt war, wird es den Anschein haben, dass der König von Burma ein gewisses Recht hat, sich über die Behandlung zu beschweren, die er von der britischen Öffentlichkeit erfahren hat.

wurde Kapitän Strover als erster britischer Einwohner von Bhamô bekannt gegeben , und zu gegebener Zeit wurde die britische Flagge an diesem alten Knotenpunkt des indochinesischen Handels gehisst. Es ist fast überflüssig zu erwähnen, dass im direkten britischen Handel keine nennenswerten Ergebnisse erzielt wurden. Im Jahr 1872 wurde berichtet, dass in den drei Jahren zuvor keine einzige Lieferung britischer Firmen in Bhamô eingetroffen sei. Der einheimische Handel nahm erheblich zu, und die chinesischen Kaufleute aus Rangun und Mandalay hatten große Mengen Baumwolle, Salz und andere Waren sowie einen mäßigen Vorrat an Stückgütern versandt . Im Frühjahr 1870 kamen in Tsitkaw durchschnittlich achthundert Maultiere pro Monat an. In den beiden darauffolgenden Jahren sollen Karawanen von eintausend Lasttieren aus den chinesischen Gebieten eintreffen. Der Flusshandel nahm so stark zu, dass die Agenten der Irawady Flotilla Company feststellten, dass der monatliche Dampferdienst nach Bhamô unzureichend war, und zusätzlich zu den zusätzlichen Dampfern, die sie auf die Linie brachten, schickte die India General Steam Navigation Company schwer beladene Dampfer ab Wohnungen. Um einen Korrespondenten der *Times* zu zitieren: „Innerhalb von vier Jahren entwickelte sich die Dampfschifffahrt zu einem fast regelmäßigen zweiwöchentlichen Dienst, der im Jahr bis Oktober 1874 Fracht im Wert von etwa 200.000 Pfund von und nach Bhamô beförderte .“

Bhamô -Route wiederherzustellen, indem er eine Reihe von Wachhäusern in den Kakhyen- Hügeln errichtete und stationierte, von der Ebene bis zum Nampoung , jenseits des Flusses, der die Grenzlinie Chinas bildete, Li - sieh -tai ließ ihre Erektion nicht zu.

Manwyne nicht weniger als 150.000 Viss königlicher Baumwolle unter der Aufsicht der dort ansässigen Agenten des Königs gelagert, und es wird ausdrücklich darauf hingewiesen, dass im Hinblick auf die Burmesen britische Waren hätten weitergeleitet werden können mit perfekter Sicherheit. Die Mandalay-Chinesen wurden jedoch (1871) davon abgehalten, Baumwolle für den Yunnan-Markt zu kaufen, weil ihnen mitgeteilt wurde, dass die imperialistischen Offiziere ein Embargo gegen die Karawanen verhängt hatten, um sie daran zu hindern, die Panthays mit Proviant zu versorgen. Die Karawanen wurden nicht selten von Dacoits angegriffen, vor allem in der Nähe von Nantin, und der Kakhyen- Häuptling von Seray wurde von den Burmesen beschuldigt, auf dem Weg nach China königliche Geschenke abgefangen zu haben. Als Vergeltung beschlagnahmte der Tsaredaw-gyee von Bhamô dreißig Maultiere des Seray-Häuptlings, wodurch eine Fehde entstand, die auch bei der zweiten Expedition nicht vergessen wurde. Zu diesem Zeitpunkt führte dies dazu, dass die vom Residenten an den Gouverneur von Momien geschickten Boten vom Seray-Häuptling gewarnt wurden, diese Straße nicht zu befahren, da sie für jeden Burmesen unsicher sei.

Es war eine notwendige, aber bedauerliche Folge des Empfangs, den der Gouverneur von Momien der ersten Expedition bereitete , dass er freundschaftliche Beziehungen zu den nachfolgenden Bewohnern unterhielt. Um die Sicherheit der Handelsroute zu gewährleisten, schien es wünschenswert, freundschaftliche, wenn auch streng neutrale Beziehungen mit den Inhabern der Kommandoposition Momien aufrechtzuerhalten . Es ist zweifellos einfach, zurückzublicken und nach dem Ereignis weise zu sein; aber, ob richtig oder falsch, der einmal begonnene Geschlechtsverkehr konnte nicht gut aufgegeben werden; Auf jeden Fall wurde es als klug erachtet, es beizubehalten. In den Köpfen der Chinesen in Bhamô entstand sicherlich der deutliche Eindruck, dass die Interessen ihrer möglichen kommerziellen Rivalen und ihrer tatsächlichen politischen Feinde identifiziert wurden. Die Kakhyen- Häuptlinge der Südroute beklagten sich sogar darüber, dass die Bhamô- Chinesen ihnen gegenüber nicht mehr freundschaftlich eingestellt seien, da sie und die Shan Freunde der Engländer geworden seien . Die Geschenke, die die Bewohner von Zeit zu Zeit schickten, wurden zweifellos durch die Vorstellungskraft des Volkes übertrieben, und keiner der beiden Seiten fiel es leicht zu glauben, dass der einzige Zweck darin bestand, einen sicheren und bequemen Transport zu gewährleisten. So lässt sich dies zumindest aus dem Studium des Verlaufs der nachfolgenden Ereignisse sowie aus den Gefühlsäußerungen sowohl der Panthays als auch der Chinesen vermuten.

Die widersprüchlichen Berichte und Berichte, die eingebracht wurden und die es uns bis zu einem gewissen Grad ermöglichen, den Verlauf der Ereignisse in Yunnan zu verfolgen, die zum vollständigen Sturz der mahommedanischen Macht führten, zeigten allesamt, dass dies vom Zeitpunkt unseres Besuchs an der Fall war Momien , die chinesische

Regierung schien sich der Notwendigkeit bewusst geworden zu sein, die fast verlorene Provinz zurückzugewinnen. Was auch immer die wirkliche Stärke der Mohammedaner im Jahr 1868 gewesen sein mag, es ist sicher, dass sie im Jahr 1869 allmählich an Boden verloren hatten. Die verschiedenen vorgelegten Berichte waren zu widersprüchlich, und in Wahrheit wurden sowohl dem Gouverneur von Momien als auch den Chinesen zu viel gegeben zu übertreiben, um vertrauenswürdige Daten zu liefern. Im Jahr 1870 war Li-sieh -tai , wie gut festgestellt wurde, der anerkannte Anführer der imperialistischen chinesischen Truppen im Distrikt Momien und hatte Momien besetzt , erlitt jedoch eine Niederlage und musste sich in das Shitee-doung- Gebirge zurückziehen Hügel. Bald rekrutierte er seine Streitkräfte und erhob Kontributionen von den Shan und auch von den chinesischen Kaufleuten aus Bhamô und Mandalay. Letztere waren nicht von Patriotismus getrieben, sondern von den nationalen Gefühlen der Zuneigung zu ihren Verwandten und dem Respekt vor den Gräbern ihrer Vorfahren in Yunnan.

Gegen Ende des Jahres war Momien erneut von den Chinesen besetzt worden, aber einer Panthay- Truppe aus dem Norden war es gelungen, Verstärkungen in die Stadt zu werfen, trotzdem errichteten die chinesischen Truppen anschließend Schanzen, die unter Li und Li- quang -fang und ein anderer Offizier drängten heftig auf den Ort, aber ohne Erfolg. Die Imperialisten scheinen Truppen in die Provinz geschickt zu haben, und in Bhamô wurde eine von Li unterzeichnete Proklamation angebracht , in der bekannt gegeben wurde, dass zehntausend Truppen Yung- chang umzingelt hätten . Zu Beginn des Jahres 1871 wurden die nördlichen Bezirke, die die Wiege des Aufstands gewesen waren, von den Mahommedanern festgehalten, und die Stadt Tali-fu wurde von zwei Eingeborenen Indiens, die nach Bhamô kamen, als frei gemeldet zwei Monate zuvor vor der Präsenz imperialistischer Truppen. Die mahommedanischen Truppen waren damals in großer Stärke und zur Entlastung der bedrohten Städte Yung- chang und Shin-tin entsandt worden . Die imperialistischen Truppen griffen damals Yeynan -sin nordöstlich von Tali-fu an, und da sie über Kanonen verfügten, die von drei europäischen Kanonieren gesteuert wurden, erlitten die Mahommedaner, obwohl sie mit ihrer gewohnten Tapferkeit kämpften, große Verluste und konnten sich kaum durchsetzen gegen sie. Somit gab es drei Angriffslinien: Eine Armee griff Yungchang und die Nachbarstädte südlich der Linie zwischen Momien und Tali an; Die Hauptstreitmacht rückte auf die heilige Stadt selbst vor, und Li- sieh - tai drängte mit seinen Truppen auf die Belagerung von Momien , wo der Gouverneur hartnäckig durchhielt, obwohl er Berichten zufolge schwer verwundet worden war, und ständige Kommunikation mit der Residenz in Bhamô aufrechterhielt . Ende 1871 war Yung- chang von den Chinesen eingenommen worden und Tali-fu soll eng besetzt gewesen sein. Um Momien herum gingen die ständigen Kämpfe mit unterschiedlichem Erfolg weiter; ein chinesischer Anführer wurde getötet und seine Truppen besiegt; aber die Mahommedaner kämpften tapfer einen aussichtslosen Kampf gegen eine überwältigende Überzahl, und die Zartbesaiteteren unter ihnen rieten zur Kapitulation oder dachten an Verrat. Der Sultan Suleiman beschloss, seinen Sohn und Erben Hassan zu schicken, um die britische Regierung um Hilfe oder Einmischung zu bitten, um den drohenden Sturz seiner Macht abzuwenden oder erträgliche Friedensbedingungen zu sichern. Der junge Prinz, wie er genannt werden könnte, machte sich verkleidet mit einigen Begleitern auf den Weg nach Rangun und reiste von dort weiter nach London, wo er im Frühjahr 1872 ankam. Es versteht sich von selbst, dass sein Auftrag nutzlos war; aber er wurde als Privatgast der Regierung behandelt und blieb einige Zeit in diesem Land. Bei seiner Rückkehr wurde er von Mr. Cooper begleitet, der in England beauftragt wurde, ihn an die Grenze unseres Territoriums zu führen. Der Prinz hatte selbst vorgeschlagen, dass dieser bekannte Reisende von dort aus mit ihm nach Tali-fu weiterreisen und so das Ziel seiner früheren abenteuerlichen Reise erreichen sollte. *Unterwegs* besuchten sie Konstantinopel, wo der Sultan den Prinzen als angesehenen Gast empfing, und kamen schließlich in Rangun an. Hier erhielten sie die Nachricht von der Gefangennahme von Tali-fu, dem Tod von Suleiman und der völligen Zerstörung der Macht Mohammeds. Dies machte ihrer weiteren Reise zwangsläufig ein Ende und der unglückliche Hassan begab sich auf eine Pilgerreise nach Mekka.

Während seiner Abwesenheit in Europa hatten die chinesischen Generäle alle Kräfte eingesetzt, um das Hauptquartier der Rebellen zu erobern. Einige Monate lang trotzte die natürliche Stärke der Position von Tali-fu, zu der sich alle Mahommedaner des umliegenden Landes vor den vorrückenden chinesischen Armeen zurückgezogen hatten, seinen Angreifern. In den Getreidespeichern wurden reichlich Vorräte gelagert; und die Garnison, die angeblich dreißig- oder vierzigtausend Mohammedaner zählte, war entschlossen, bis zum Letzten Widerstand zu leisten. Dem obersten Minister des Sultans wurde die Führung von Shagwan anvertraut , wie die Burmesen die Festung Hia-kwang oder Hsia- kwan nennen , und er wurde bestochen, damit er die chinesischen Streitkräfte zulassen und ihnen die Getreidespeicher überlassen konnte. Die Artillerie der Chinesen, die, wie bereits erwähnt, von europäischen Kanonieren gelenkt wurde, machte es dem Sultan unmöglich, mit ihnen im Feld fertig zu werden; aber er blieb innerhalb der Stadtmauern, bis die Vorräte ausgingen, und eine bevorstehende Hungersnot zwang ihn, Verhandlungen aufzunehmen. Man ließ ihn glauben, dass sein Volk verschont bleiben würde, wenn er sich ergeben würde, und stimmte bereitwillig zu, sein eigenes Leben zu opfern, um das seiner Anhänger zu retten. Da er das Schicksal kannte, das ihn und seine Familie erwartete, verabreichte er seinen drei Frauen und fünf Kindern Gift und begab sich, nachdem er selbst eine tödliche Dosis eingenommen hatte, auf seinem Stuhl zum Quartier des chinesischen Generals, starb jedoch unterwegs. Sein Kopf wurde abgeschlagen und in Honig konserviert nach Peking geschickt, und es heißt, dass seine drei jüngsten Söhne als Gefangene geschickt wurden. Der chinesische General verlangte daraufhin, dass die Mohammedaner alle ihre Waffen und Munition abgeben sollten, was auch geschah. Anschließend mussten sich die Offiziere zum chinesischen Hauptquartier begeben, um dem General ihre Aufwartung zu machen. Einundvierzig folgten der Aufforderung, und als sie in seine Gegenwart traten, wurden sie sofort festgenommen und enthauptet. Dann wurde ein allgemeines Massaker an der entwaffneten und führerlosen Garnison angeordnet, und ein wahlloses Abschlachten Tausender Männer, Frauen und Kinder vollendete die Eroberung von Tali-fu. Von dort marschierte die Armee nach Chun-ning-fu und Yin-chaw, welche Städte nacheinander erobert wurden, ohne dass einem der Mahommedaner ein Viertel gewährt wurde.

Eine andere Version des Sturzes von Tali-fu erzählt, dass die Mohammedaner die Chinesen zu einer Konferenz an einem der Tore einluden, nachdem sie zuvor den Boden vermint hatten. Die Chinesen rückten in großer Zahl vor, zogen sich aber, von einem plötzlichen Verdacht gepackt, kurz vor der Explosion der Mine zurück, die das Tor und einen Teil der Mauer zerstörte. Die Chinesen kehrten dann zurück und stürmten die Stadt, aber die Zitadelle war zu stark für sie und hielt durch, bis sie sich wie oben beschrieben ergab. Die Mahommedaner behaupteten in ihrer Version, sie hätten mit ihrer List Erfolg gehabt und eine große Zahl der Feinde vernichtet, von denen viele in Panik in den See stürzten und dort umkamen. Die Chinesen gaben an , dass die Festung oder Stellung von Hsia- kwan durch einen Nachtangriff gestürmt worden sei, der vom tatarischen General persönlich angeführt wurde und über felsige Höhen führte, die angeblich unzugänglich waren. Auf jeden Fall ist es sicher, dass Tali-fu im August 1872 fiel, und am Neujahr 1873 sandte der Generalgouverneur von Yunnan Briefe an den König von Burma, in denen er dies bekannt gab und den König aufforderte, bei der Wiedereröffnung behilflich zu sein des Handels, da der Aufstand zu Ende war; aber, um die Worte von Sir Thomas Wade zu verwenden: „Der Aufstand starb hart", denn Momien und Woosaw hielten immer noch durch.

Der Gouverneur des früheren Ortes war von einem hohen Panthay-Beamten besucht worden, der insgeheim ein Verräter der Sache war, und empfahl ihm, sich zu ergeben; Daraufhin lud ihn der Gouverneur in sein Yamen ein und enthauptete ihn sofort. Im Februar trafen drei Offiziere aus Momien in Bhamô mit Briefen ein, die an den Oberkommissar von Burma gerichtet waren, und wurden nach Rangun weitergeleitet. Die Stadt wurde schließlich im Mai eingenommen, nachdem das auf Seite 192 beschriebene starke Südwesttor erfolgreich vermint worden war; aber die Sieger fanden niemanden in der Stadt. Dem Gouverneur war es gelungen, den Befehlshaber der Truppen im Norden der Stadt zu bestechen, der ein ehemaliger Anhänger seiner selbst gewesen war, und er ließ seine wenigen verbliebenen Glaubensgenossen nachts fliehen, sehr zur Enttäuschung der Chinesen , der das Land nicht als beruhigt betrachten konnte , während ein so mutiger und fähiger Führer auf freiem Fuß war. Im Juni wurde in den Shan-Tälern eine Proklamation angebracht, in der die Hochzeit des Kaisers und der Sturz von Momien angekündigt und alle Menschen aufgefordert wurden, in ihre Häuser zurückzukehren und ihr Land zu bewirtschaften.

Von Zeit zu Zeit hörte man, dass der Ex-Gouverneur mit einigen treuen Anhängern in den Bergen lauerte, und der König von Burma erließ den Befehl, ihn zu beschlagnahmen, wenn er auf burmesischem Territorium gefunden würde, und ihn den Chinesen zu übergeben. Dieser Befehl wurde auf Antrag eines Gesandten des Vizekönigs von Yunnan an den König erlassen; aber es gelang ihm, sowohl den Chinesen als auch den Burmesen zu entkommen, und es gelang ihm, in Hoothaw oder Woosaw einzudringen , der letzten verbliebenen Festung seiner Gruppe.

Dieser Ort, drei Tagesmärsche nordwestlich von Momien , wird als eine Stadt mit tausend Häusern beschrieben, die von einer zwanzig Fuß hohen Steinmauer umgeben und auf einer Seite von einem tiefen Bach verteidigt wird und insgesamt stärker und blühender ist als Momien . Seine Position muss hoch gelegen sein, da die Sümpfe im Winter so stark gefroren sind, dass Männer das Eis tragen können. Die Kommunikation besteht zwischen diesem Ort und Laymyo , hundert Meilen nördlich von Bhamô , am Namthabet , einem Nebenfluss des Irawady , über den die Offiziere von Momien Bhamô erreichten .

Woosaw wurde Ende Mai 1874 gefangen genommen, aber dem Ex- tah - sa- kon und den Hauptoffizieren gelang die Flucht nach Chang-see, einer Stadt südwestlich von Woosaw und acht Tage von Talo entfernt , am Irawady . während seine Söhne in Tseedai waren und die Tsawbwa in einem Kampf mit dem Wacheoon- Häuptling unterstützten .

Die Panthays wiederum waren zu Dacoits geworden, wie sie früher Li- sieh -tais Truppen genannt hatten, und griffen von ihren Verstecken auf den Hügeln in der Nähe von Nantin aus die nach Momien ziehenden Karawanen an ; während die letzten Nachrichten über den ex- tah - sa-kon , der eine Zeit lang für tot gehalten wurde, besagten, dass er sich dem Shan-Rebellen Tsan- hai angeschlossen hatte, der im burmesischen Shan-Staat Namkan Räubertaten verübte . am linken Ufer des Shuaylee .

So war Mitte 1874 die chinesische Autorität gründlich wiederhergestellt. Bereits im August 1873 war in der *Pekin Gazette* eine kaiserliche Proklamation herausgegeben worden, in der sich der Kaiser zum Ende des achtzehnjährigen Krieges beglückwünschte und in der die Hälfte der Präfektur- und Kreisstädte eingenommen worden war von den Rebellen. Alle bis 1872 fälligen Steuerrückstände wurden erlassen, und die *Le-kin*, die besondere Kriegssteuer, wurde für nicht mehr erforderlich erklärt. Li- sieh - tai wurde zum Kommissar der Koshanpyi- oder Shan-Staaten ernannt; und Sie-talin, der neu eingesetzte chinesische Gouverneur von Momien, und die Beamten der anderen starken Städte machten sich daran, den Handel wiederherzustellen und das Land, das jahrelang verlassen und verlassen war, wieder anzusiedeln. Man kann sich gut vorstellen, dass ein nicht geringer Hass auf die Panthays, nicht ohne Angst, alle Grenzchinesen belebte, und die ständigen Gerüchte, dass die Rebellen sich zu einem neuen Angriff zusammenschlossen, kombiniert mit den tatsächlichen Raubüberfällen, die begangen wurden, um alle chinesischen Beamten am Leben zu halten das *qui vive*.

Es wurde bereits erwähnt, wie der Handel zwischen Burma und China ab 1872 zunahm, sobald der Anführer der mahommedanischen Revolte bei Tali-fu niedergeschlagen wurde. Es ist eine bedeutsame Tatsache, dass der chinesische Gouverneur von Muanglong, südwestlich von Momien gelegen, 1873 seinem Lehnsherrn, dem Tsawbwa von Sehfan, den Befehl erteilte, den Handel mit Bhamô unter jedem Risiko zu eröffnen ; und als der Häuptling die beabsichtigte Abreise einer großen Karawane ankündigte, bat er den Einwohner von Bhamô, einen Stellvertreter zu schicken, um ihn in Hotha zu treffen.

Die Routen waren regelmäßig geöffnet und große Mengen Baumwolle usw. wurden sowohl von Bhamô als auch von Theinnee exportiert, obwohl immer noch Unruhen herrschten und verstreute Dacoits und gesetzlose Kakhyens häufig die Karawanen angriffen. Unter diesen Umständen hat der Chief Commissioner von Britisch-Burma, der Hon. Ashley Eden war der Ansicht, dass es an der Zeit sei, die Öffnung der Landhandelsroute für den britischen Handel unter günstigeren Bedingungen zu erneuern. Dabei wurde er von der Handelsgemeinschaft in Rangun stark unterstützt. Auch die Frage der Einrichtung eines britischen Konsuls in Tali-fu wurde erörtert. Das erste zu erreichende Ziel bestand darin, einen sicheren Transit von Burma nach China zu gewährleisten. Die Durchreise einer friedlichen britischen Expedition, die auf ihrer Reise die Möglichkeiten des Landes jenseits von Momien eingehend prüfen und vielleicht eine einfachere und bessere Route von Bhamô nach Yunnan entdecken sollte, galt immer noch als direkte Methode zur Wegbereitung.

Im Jahr 1874 beschloss Lord Salisbury, der Staatssekretär für Indien, eine zweite Expedition zu entsenden, um von Burma aus nach China einzudringen und, wenn möglich, nach Shanghai zu gelangen. Um mögliche

Missverständnisse zu vermeiden und den westchinesischen Mandarinen deutlich zu machen, dass die ausländischen Besucher derselben Nation angehörten wie die Engländer, die in den Vertragshäfen lebten und Handel trieben, wurde der Minister Ihrer Majestät in Peking angewiesen, ordnungsgemäß einen Konsularbeamten zu entsenden ausgestattet mit kaiserlichen Pässen, um die Mission an den Grenzen Chinas zu erfüllen. Nachdem Sir T. Wade die volle Erlaubnis der Regierung von Peking eingeholt hatte, wählte er Herrn Margary, einen jungen, aber vielversprechenden Mitarbeiter des Konsulardienstes, der sich in der chinesischen Sprache und Etikette bestens auskannte, aus, um von Shanghai nach Momien zu reisen . Zunächst wurde der Plan vorgeschlagen, eine Gruppe über die Theinnee- Route von Mandalay aus zu entsenden , doch der König von Burma lehnte dies mit der Begründung ab, dass damals in einem birmanischen Shan-Staat auf der Straße ein Aufstand ausgebrochen sei. Folglich gab es keine andere Alternative, als von Bhamô aus auf dem einen oder anderen Weg weiterzufahren . Die Zustimmung des Königs zu dieser Maßnahme wurde sichergestellt, obwohl Seine Majestät zunächst Einwände gegen eine bewaffnete Eskorte hatte, da er durchaus bereit war, eine ausreichende Streitmacht zu entsenden, um die Mission an die chinesische Grenze zu bringen; Als ihm jedoch klar wurde, dass die bewaffnete Eskorte nur aus fünfzehn Sikhs bestehen würde, zog er seinen Einspruch zurück und versprach seine volle Unterstützung und Hilfe. Eine beträchtliche Menge wertvoller Geschenke wurde vorbereitet, um sie *unterwegs* an die Häuptlinge und Beamten zu verteilen . Dazu gehörten ein Vorrat an essbaren Vogelnestern, Schmuck , Ferngläsern, Spieldosen und silbermontierten Revolvern. Zwei wertvolle Pferde, eines ein prächtiger Australier oder Waler und das andere ein Araber, waren als Geschenke für den Vizekönig von Yunnan bestimmt, und ein Paar großer australischer Känguruhunde wurde dem Konvoi hinzugefügt.

Das Kommando über die Expedition wurde Oberst Horace Browne von der Burmesischen Kommission übertragen; Den Posten des Geographen übernahm Herr Ney Elias, dessen erfolgreiche und unerschrockene Reise durch die Mongolei und Erkundung des Gelben Flusses ihm die Goldmedaille der Royal Geographical Society of London eingebracht hatte; und die übrigen wissenschaftlichen Aufgaben des Amtsarztes und Naturforschers wurden mir anvertraut.

Bhamô zu reisen , um dort mit dem Bewohner Maßnahmen zur Beförderung zu vereinbaren, um Verzögerungen zu vermeiden. Dementsprechend besuchte er die Kakhyens, die die ausgewählte Route innehatten, und schloss mit ihren Häuptlingen einen Vertrag über die Beförderung und den Konvoi der Mission ab.

Die Expedition sollte Burma im Januar 1875 verlassen, um die Durchquerung des Berglandes vor Beginn der Regenzeit zu erreichen. Da es möglich war, dass Herr Margary, der Shanghai am 4. September verließ, Momien nicht rechtzeitig erreichen konnte , wurde Herr Allan vom chinesischen Konsulardienst auf dem Seeweg nach Rangun geschickt, um die Mission zu begleiten und unsere Mission zu erleichtern Verkehr mit den chinesischen Behörden. Damit waren die Vorbereitungen für den Erfolg der Mission so vollständig wie möglich. Die jeweiligen Regierungen Burmas und Chinas waren über Art und Zweck der Expedition umfassend informiert und hatten unseren diplomatischen Vertretern jeweils ihre volle Zustimmung gegeben und sicheres Geleit zugesichert. Es wurde erwartet , dass das persönliche Wohlwollen der Grenzhäuptlinge und Mandarinen in gleichem Maße ausgeglichen würde, wie ihre offizielle Zusammenarbeit durch die von Peking ausgestellten Pässe gesichert worden war; und obwohl es ein gewisses Maß an Unsicherheit gab, das aus der möglichen Eifersucht der Grenzchinesen und den Plünderungsgewohnheiten gesetzloser Fraktionen unter den Kakhyens resultierte , könnten die getroffenen Vorsichtsmaßnahmen durchaus als ausreichend angesehen werden, um den Erfolg sicherzustellen.

KAPITEL XIII.
ZWEITE EXPEDITION.

Beginn der Mission – Ankunft in Mandalay – Der burmesische Pooay – Posierendes Mädchen – Empfang durch die Menggyees – Audienz durch den König – Abreise der Mission – Fortgang flussaufwärts – Empfang in Bhamô – Britische Residenz – Mr. Margary – Bericht über seine Reise – Der Woon von Bhamô – Unterhält Margary – Chinesische Puppen – Auswahl der Route – Sawady- Route – Ochsenkutsche – Woon von Shuaygoo – Chinesische Vermutungen – Briefe an chinesische Beamte – Burmesischer Gottesdiensttag.

Im November 1874 kamen Colonel Browne und ich in Kalkutta an, nachdem wir England im Vormonat auf telegrafische Anweisung hin verlassen hatten. Eine kurze Zeit wurde dem Kauf und der Vorbereitung der verschiedenen als Geschenke gedachten Artikel gewidmet; Während die notwendige Ausrüstung mit wissenschaftlichen Instrumenten unter der persönlichen Aufsicht von Colonel Gastrell vom Büro des Generalvermessers fertiggestellt wurde, hat dieser bekannte Offizier nichts gescheut, um für alle wissenschaftlichen Zwecke die größtmögliche Versorgung zu gewährleisten. Fünfzehn ausgesuchte Männer wurden aus einem Kalkutta-Regiment von Sikhs ausgewählt, um die Wache zu bilden, und nachdem wir alle so bereit waren, fuhren wir nach Rangun, und von dort aus begannen wir am 12. Dezember mit dem Dampfer *„Ashley Eden "unsere Reise den* Irawady hinauf .

In Prome holten wir einen Chinesen namens Li- kan -shin ab , der sich als Neffe von Li- sieh -tai erwies. Er war von den Panthays aus seinem Wohnsitz in Hawshuenshan vertrieben worden und hatte in Prome gelebt , wo er den burmesischen Namen Moung Yoh trug. Er wollte nun nach Yunnan zurückkehren, um seine Mutter zu besuchen; Da er neben dem Schreiben und Sprechen von Chinesisch auch fließend Burmesisch sprach, wurde er als Dolmetscher in den Dienst der Mission gestellt. Zuerst zögerte er, weil er befürchtete, bestraft zu werden , wenn er Ausländer nach Yunnan brachte, doch der Anblick des kaiserlichen Passes beseitigte alle seine Bedenken.

Wir kamen am Abend des 23. Dezember 1874 in Mandalay an und wurden bei der Landung von Beamten empfangen, die mit königlichen Elefanten vom Palast geschickt wurden, um uns zur Residenz zu tragen. Der Empfang, der den Mitgliedern dieser Mission zuteil wurde, unterschied sich deutlich von der scheinbaren Vernachlässigung, die unsere Existenz auf der Expedition von 1868 scheinbar ignoriert hatte. Alle Ehrenzeichen, die normalerweise angesehenen Besuchern verliehen werden, wurden ordnungsgemäß gewürdigt. Mit Leckereien beladene Silberschalen wurden aus dem Palast geschickt, und wir wurden zu Gästen des Königs erklärt, nicht nur in der Hauptstadt, sondern bis wir seine Grenzen überschritten und sicher den Chinesen übergeben worden waren. Zu unserer Freude erschien auch das königliche *Corps Dramatique* , *um ein Pooay* oder Theaterstück aufzuführen , das beliebteste Vergnügen der Burmesen, selbst für die Jüngsten, die stundenlang und Nacht für Nacht dasitzen und den Abenteuern der Burmesen lauschen königliche Helden und Heldinnen und genießen Sie die Witze, die frei eingestreut werden. Die Aufführung findet unter einem offenen Bambuspavillon statt, der für diesen Anlass errichtet wurde. Es gibt keine Bühne, aber ein runder, mit Matten bedeckter Raum ist für die Darsteller reserviert, und das Publikum hockt am Rand des mit Matten bedeckten Bereichs. Der einzige Hinweis auf die Szenerie ist ein Baum, der in der Mitte aufgestellt wurde, um für den Wald zu dienen, in dem der Schauplatz aller burmesischen Dramen spielt. Neben diesem Baum steht ein riesiger Reisig und ein großes Gefäß mit Öl, und die lodernde Flamme, die von Zeit zu Zeit mit darüber gegossenem Öl gespeist wird, erhellt die Aufführung mit einem grellen Licht, das den Figuren ein fantastisches Aussehen verleiht. Ein Teil des Kreises ist für das Orchester reserviert, wobei der Dirigent seinen Platz in einem hohlen Zylinder einnimmt, der mit Trommeln und Becken umhängt ist, während sich die kleineren Musiker um die lautstarke Mitte gruppieren . Selbst in der Hauptstadt gibt es kein festes Theater, und die Darsteller werden auch nicht vom Publikum bezahlt. Es ist Brauch, dass diejenigen, die sich zu einem bestimmten Anlass „ein bisschen Mühe geben " wollen, eine der verschiedenen Spielergruppen engagieren, für die gegenüber dem Haus ein Pavillon improvisiert wird , während sich das Publikum in regelmäßigen Reihen um ihn herum aufstellt und sich an dem Unentgelt erfreut Schauspiel. Ein solches Gehege wurde auf dem Gelände der Residenz eingerichtet. Der erste Hinweis auf das kommende Spiel war das frühe Eintreffen des Orchesters einige Stunden vor Beginn der Aufführung, das seine Anwesenheit durch eine lautstarke Probe der Musik des Stücks kundtat, die bald eine erwartungsvolle Menge zusammenzog. Wie bei Pooays im Allgemeinen kamen die Schauspieler und Schauspielerinnen dann nach und nach vorbei, jeder begleitet von einem Freund oder Diener, um bei den Toiletten zu helfen, die öffentlich gemacht wurden; die Männer und Frauen nehmen ihre Plätze auf gegenüberliegenden Seiten des Orchesters ein. Die Schauspieler kleideten sich in mit Lametta steife Gewänder, über die sie eine merkwürdig gearbeitete und schwerfällig geformte Schürze legten, und krönten ihre Köpfe mit einer Art Tiara in Form einer Pagode. Jede Schauspielerin brachte eine kleine Schachtel mit Kosmetika, Blumen zum Schmücken ihrer Haare und einen kleinen Spiegel mit. Sie setzte sich auf eine Matte und ersetzte ihre gewöhnliche Jacke durch einen mit Pailletten besetzten Gazemantel über ihrem reich gewebten seidenen *Tamein* oder Rock, der so eng um ihre Gliedmaßen geschlungen war, dass sie dadurch einen schlurfenden Gang bekam. Das Schmücken ihres Haares mit duftenden Blumen, das Pudern ihres Gesichts und das Bemalen ihrer Augenbrauen stellten jedoch das *Meisterstück* ihrer Toilette dar und erforderten ständige Appelle an den Spiegel, um ihren Erfolg sicherzustellen. Zum Abschluss warf sie zahlreiche Schnüre aus Kunstperlen um ihren Hals, die fast bis zum Knie reichten, und steckte in jedes Ohrläppchen einen massiven Zylinder aus Gold, Jade oder Bernstein ein, der Nodoung genannt *wurde* . Anschließend rauchte sie eine Zigarre, während sie unbekümmert auf ihren Anruf wartete. Diese Beschäftigung wurde tatsächlich während der Aufführung nie vorherbestimmt, außer während die Lippen des Schauspielers mit einer Deklamation oder einem Gesang beschäftigt waren. Die königliche Primadonna, deren professioneller Ruf sehr hoch ist und die süß sang, zündete am Ende eines leidenschaftlichen Ausbruchs kühl ihre Zigarre an der brennenden Schwuchtel am Baum an und rauchte sie bis zu ihrer nächsten Rede oder ihrem nächsten Lied. Neben den dramatischen Künstlern traten jeden Nachmittag die königlichen Gaukler und Jongleure auf und vollführten überraschende Kunststücke, die von einer begeisterten Menge beobachtet wurden. Die Beweglichkeit der Becher war bemerkenswert. Ein Mann würde sozusagen eher fliegen als über eine Reihe von neun Jungen springen, die wie ein Springfrosch angeordnet waren. Er sprang auch durch ein Quadrat, das aus scharfkantigen Messern bestand, die von zwei Männern gehalten wurden, und deren Kanten im rechten Winkel zu seinem Fortschritt ausgerichtet waren und seinem Körper kaum Raum ließen. Eine bemerkenswerte Ausstellung war die eines sechzehnjährigen Mädchens, das über eine ungewöhnliche Elastizität des Körpers verfügte. Sie legte sich auf den Boden und beugte ihren Körper ohne erkennbare Anstrengung oder Mühe nach hinten, bis ihre Zehen auf ihrem Kopf ruhten, wie auf der Abbildung aus einem Foto zu sehen ist. Sie besaß auch die Fähigkeit, die Muskeln einer Seite ihres Gesichts und Körpers zu bewegen, während die der anderen Seite in vollkommener Ruhe blieben. Die Kunststücke der Jongleure waren noch verblüffender als die der indischen Künstler und schienen beim Publikum großen Anklang zu finden.

POSIERENDES MÄDCHEN BEI MANDALAY.

Am Tag nach unserer Ankunft der Außenminister oder *Kengwoon menggyee stattete uns einen Besuch ab und lud uns zu einem Frühstück ein* , das reichlich serviert wurde und in seinem Stil fast englisch war. An einem separaten Tisch wurde Tee in zwei Sorten zubereitet; Das eine besteht aus einem gewöhnlichen Aufguss von Teeblättern, das andere aus harten schwarzen Kuchen, die mit chinesischen Buchstaben bedruckt sind und genau wie Tuschetafeln aussehen. Diese werden von den Shan aus dem chinesischen Blatttee zubereitet und ergeben einen Likör, der so hell wie Sherry ist, aber einen ausgezeichneten Geschmack hat . Auf den Besuch und das Frühstück des Außenministers folgten nacheinander ähnliche Höflichkeiten seitens der anderen Menggyees ; und es wurde ein Tag für unsere Vorstellung vor dem König festgelegt, eine Ehre , die der Mission von 1868 weder auf ihrer Hin- noch auf ihrer Heimreise zuteil geworden war. In Begleitung des britischen Residenten, Kapitän Strover , zogen wir auf königlichen Elefanten, die uns zugeteilt wurden, zum Palastgelände, wo wir die Mengyees auf Teppichen in einem kleinen *Hlot* oder offenen Saal vor dem Palasttor saßen. Nachdem wir unsere Schuhe ausgezogen hatten, setzten wir uns mit sorgfältig versteckten Füßen gemäß der Hofetikette auf die Teppiche und unterhielten uns mit den Ministern, während die Diener Tee, Obst und Kuchen servierten. Schließlich wurde uns mitgeteilt , dass der König bereit sei, uns zu empfangen; Nachdem wir also unsere Stiefel wieder angezogen hatten, begaben wir uns durch eine kleine Pforte in der Palisadenanlage des inneren Palastes in den großen offenen Raum, auf dessen anderer Seite sich der hohe tempelartige Bau mit seinen neun Dächern erhob, gekrönt von dem goldenen Tempel, der den Tempel markiert Zentrum der Hauptstadt und des Staates Burma. Die Stiefel wurden wieder ausgezogen, und wir stiegen die kurze Treppe hinauf in eine geräumige offene Halle mit Reihen vergoldeter Säulen und voller zahlreicher

Wachen, die alle vor der erhabenen Anwesenheit der Mengyees, die uns begleiteten, auf den Knien lagen . Nacheinander wurden zwei weitere Säle durchquert, um dann durch einen Seitengang in den Audienzsaal zu gelangen. Es handelte sich um eine große, weiß gestrichene Wohnung, deren Fläche von einem vergoldeten Geländer zu zwei Dritteln abgeschnitten war. In der Wand gegenüber dem Geländer befanden sich zwei vergoldete Falttüren und rechts und links eine Reihe von Säulen. Aus der Reihe der Leibwächter, ganz in makellosem Weiß gekleidet und auf dem Boden hockend, betraten wir das Geländer und ahmten auf unsere Art die unbequeme Haltung nach, die die Etikette vorschrieb, indem wir unsere Füße vorsichtig nach hinten drehten. Hinter uns saßen rechts und links die Staatsminister. Vor den Falttüren und ein paar Meter von uns entfernt war ein prächtiger Samtteppich mit roten und goldenen Mustern ausgebreitet, auf dem ein reich mit Juwelen geschmücktes goldenes Sofa stand . Ein quadratisches Kissen, ein Opernglas und zwei goldene Schachteln wurden für den abwesenden Bewohner bereitgelegt, und am Kopfende des Sofas stand eine Betelschachtel in Form einer goldenen Henza, einer heiligen Gans, mit Juwelen *eingelegt* .

Plötzlich wurden die Falttüren aufgerissen und gaben den Blick auf einen weiten Blick auf goldene Portale frei, durch die wir seine Majestät von Burma in Begleitung eines kleinen Jungen im Alter von fünf oder sechs Jahren kommen sahen. Die burmesischen Minister, Höflinge und Leibwächter neigten sofort ihre Gesichter zum Boden und blieben mit erhobenen Händen in der Haltung des Flehens liegen. Die Europäer verneigten sich nach ihrer Art, und der König, ein etwa sechzigjähriger Mann mit feinem, intellektuellem Gesicht, schnellem Blick und angenehmen, aber würdevollen Manieren, lehnte sich auf der Couch zurück und grüßte uns gnädig. Dann begann er ein höfliches Gespräch und blickte uns durch sein Opernglas an, obwohl er keine zwanzig Meter entfernt war. Er drückte sich äußerst freundlich aus und bot einen seiner Dampfer an, die Gruppe nach Bhamô zu befördern , was dieser höflich ablehnte, mit der Begründung, dass bereits alle Vorkehrungen getroffen worden seien. Alle seine Fragen wurden ordnungsgemäß von einem der neben uns hockenden Beamten wiederholt, der die etwas lakonischen Antworten von Colonel Browne in höfische Phrasen umwandelte. Nachdem das Gespräch etwa fünfzehn Minuten gedauert hatte, beendete der König plötzlich das Gespräch, die Falttüren flogen auf und er verschwand. Die Burmesen hoben ihre Köpfe, die Engländer streckten ihre Beine aus, Früchte und Kuchen wurden auf silbernen Tabletts und kaltes Wasser in goldenen Bechern serviert, während die Mengyees selbst uns halfen und uns zum Essen drängten.

Von dort wurden wir geführt, um den sogenannten weißen Elefanten in seiner kleinen, aber reich geschmückten Behausung zu besichtigen, die er mit

den dazugehörigen goldenen Regenschirmen und Begleitern aufgrund seiner
Seltenheit nicht verdient, da er nicht weißer ist, außer um den Kopf herum.
als viele Elefanten, die ich in Indien gesehen habe.

Für den Rest des Schlosses und die umliegende Stadt gilt weiterhin die bereits
gegebene Kurzbeschreibung. Die Vororte verzeichneten einen deutlichen
Anstieg der Gebäude- und Bevölkerungszahl, und die Einwohner schienen
geschäftiger und wohlhabender als je zuvor, als Beweis dafür bemerkten wir
einen neuen Basar, der vor zwei Jahren erbaut wurde und zwölfhundert Fuß
lang und fünfhundert Fuß breit war. Die Schönheit der Umgebung schien
von den Ecktürmen der Stadtmauer aus noch genauso beeindruckend zu sein
wie beim ersten Anblick und wurde durch das seeähnliche Wasser des breiten
Wassergrabens, der jetzt die Stadtmauern umgibt, noch verstärkt. Neben
dieser zusätzlichen Verteidigung beschäftigt sich der König mit dem Bau
einer Festung am linken Flussufer zwischen Ava und Amarapoora . Als wir
uns der Hauptstadt näherten, hatten wir die Bauwerke bemerkt, die zu dieser
Jahreszeit mehr als eine Meile vom Kanal entfernt waren, obwohl der Fluss
in der Regenzeit fast bis zu den Mauern reichen musste. Unmittelbar
gegenüber, am rechten Ufer, erheben sich die Schornsteine einer
Eisengießerei, die zur Verarbeitung des aus dem Nachbarland stammenden
Eisens errichtet wurde Tsagain- Hügel. Wie andere burmesische Werke sind
beide noch unvollendet und werden wahrscheinlich nie fertiggestellt.

Der Dampfer *Mandalay* kam am 2. Januar an und brachte die zahlreichen und
sperrigen Geschenkkisten, die australischen und arabischen Pferde sowie die
Känguruhhunde, alles unter der Aufsicht der Sikh-Wache und Herrn Fforde,
dem Polizeikommissar, der sie bringen sollte Schutz vor den Grenzen
Chinas. Eine Liste der an Bord befindlichen Feuerwaffen war an die
königlichen Beamten weitergeleitet worden, und die burmesischen
Zollbeamten hatten die an der Grenzstation Menhla mitgebrachten Waffen
daraufhin überprüft, ob sie mit der Liste übereinstimmten. Am folgenden
Tag schifften wir uns ein, begleitet von Kapitän Strover und seinem Arzt Dr.
Cullimore, der uns mit einem vom König beauftragten Tsare-Daw-Gyee, der
sich um unsere Bedürfnisse kümmerte, bis nach Bhamô begleiten sollte .

Der herzliche Empfang in der Hauptstadt und die Bereitschaft aller Beamten,
die Mission zu „trösten und zu unterstützen", schienen von Anfang an zu
beweisen, dass der König von Burma sein Versprechen, uns eine sichere
Reise durch sein Herrschaftsgebiet zu ermöglichen, aufrichtig meinte .
Unheimliche Gerüchte über seine wirkliche Abneigung gegen die Mission
waren natürlich nicht unerheblich, einige davon erreichten uns in der
Hauptstadt selbst, andere erst zu einem späteren Zeitpunkt. Wir fühlten uns
jedoch eher dazu geneigt, Taten als bloße Worte zu betrachten, und es gab

später keinen Grund, daran zu zweifeln, dass der König von Burma die von ihm gemachten Versprechen einhielt. Ein königlicher Dampfer, beladen mit Fracht und Passagieren, verließ die Hauptstadt in Richtung Bhamô , bevor wir unseren Dampfer und seine Wohnung unter Wasser brachten. Letzteres war ein großer Lastkahn, der ein wenig einer Themse-Schalotte ähnelte. Der Rumpf war mit dreihundert Tonnen Salz beladen, und das Hauptdeck, über dem das Oberdeck, oder besser gesagt das Stockwerk, auf Eisenpfosten errichtet war, war voller Zwischendeckpassagiere. Unsere Gruppe bewohnte die Kabinen im vorderen Teil der Wohnung, deren Vorschiff uns als Salon unter freiem Himmel diente. Die Schifffahrt auf dem Irawady in der Trockenzeit ist etwas unsicher und die Reise erwies sich als ungewöhnlich lang. Wir hatten kaum ein paar Meilen zurückgelegt, als sich herausstellte, dass die Vorräte für die Wache in Mandalay ausgeladen worden waren und der Dampfer die Wohnung verlassen und zurückkehren musste, um das fehlende Futter zu holen. Am nächsten Morgen, kurz nach dem Start, wurden einige mit Brennholz beladene Eingeborenenboote, die den Fluss hinunterfuhren, von einem Wirbel unter den Schaufelrädern mitgerissen. Der Dampfer war angehalten worden, aber die Besatzungen konnten ihre Boote aufgrund des Personalmangels nicht herausziehen; Es gelang ihnen jedoch, ihr Leben zu retten, Boote und Ladung gingen jedoch völlig verloren. Der nächste Vorfall war das Auflaufen unserer zu tief beladenen Wohnung auf einer Sandbank, wo wir vier Tage bleiben mussten, bis der Dampfer nach Mandalay zurückkehrte, um eine zweite Wohnung zu holen, in die ein Teil der Ladung umgeladen wurde . So hatten wir am Ende der ersten Woche von den zweihundertfünfzig Meilen bis Bhamô nur fünfundzwanzig Meilen zurückgelegt .

Ab diesem Zeitpunkt kam es außer den üblichen morgendlichen Nebeln zu keinen weiteren Verzögerungen; und unsere Reise nach oben war im Übrigen angenehm. *Unterwegs* wurden wir von den Beamten aller Städte mit großem Respekt empfangen . Als wir uns den wichtigsten Orten näherten, wurden wir von Kriegsbooten empfangen, die uns eine Meile oder mehr bis zur Landung begleiten sollten, wo die örtliche Miliz als Ehrenwache aufgestellt war . Es wurden Empfangshallen errichtet, in denen die jungen Frauen singend und tanzend versammelt waren, oder besser gesagt, sie posierten, denn die Darsteller rührten sich nicht von einer Stelle, sondern wiegten Körper und Arme in gemessenen und nicht unanmutigen Bewegungen. Manchmal, wenn wir nicht anhalten konnten, sahen wir, wie der Tanz am Flussufer weiterging. In Myadoung bestand die zu unseren Ehren aufgestellte „Armee" aus dreihundert Männern, die entlang des Ufers aufgestellt waren und ein Serpentinenmanöver ausführten , während sie marschierten, um uns am Landeplatz zu empfangen, offenbar um ihre Aufstellung imposanter erscheinen zu lassen; Sie trugen keine Uniformen und außer Dahs und Speeren auch sehr alte und abgenutzte Feuersteinmusketen. An diesem Ort war ein hübscher Schuppen errichtet worden, in dem nicht weniger als vierundsechzig Jahrmarktskünstler versammelt waren, und am Abend durften wir auf Wunsch die Aufführung eines regulären Pooays besuchen . Alle diese Unterhaltungen waren auf königlichen Befehl in Auftrag gegeben worden, dem die örtlichen Beamten nach besten Kräften Folge leisteten. So der Shuaygoo Woon kam an Bord und lud uns eindringlich ein, eine Stunde anzuhalten und seinen Schatz durch unsere Anwesenheit zu ehren , eine Bitte, der wir kaum nachgekommen wären, wenn wir seine wahren Gefühle gegenüber englischen Besuchern gekannt hätten. Oberhalb des zweiten Engpasses trafen wir auf den Dampfer, der uns auf dem Rückweg vorausgegangen war, mit einer großen, mit Fracht und Passagieren beladenen Ladefläche.

Wir beendeten unsere Reise erst am 15. Januar, nachdem wir zwölf Tage unterwegs waren und die letzten zwölf Meilen aufgrund der Schwierigkeit des Kanals zehn Stunden brauchten. Als sich der Dampfer dem hohen Flussufer, dem südlichen Ende von Bhamô , näherte, paddelten zwölf große Kriegsboote, jedes mit dreißig Mann besetzt, und eines davon mit Kapitän Cooke, dem britischen Residenten, der Woon und den anderen burmesischen Beamten, hinaus Sie kamen uns entgegen, unter lautem Gongschlag, gingen der Reihe nach vorbei, drehten sich um und folgten uns in einer langen Prozession. Das hohe Ufer war voller Stadtbewohner, Shan-Burmesen und Chinesen, mit einer Mischung aus chinesischen Shans und Kakhyens . Sobald der Dampfer und die Wohnungen festgemacht waren, kamen der Resident und der Woon mit seinen Tsitkays an Bord und hießen uns in Bhamô willkommen . Die Burmesen hatten in der Stadt ein Haus für unsere Unterkunft vorbereitet, aber der Bewohner drängte uns, unser Quartier in der Residenz zu beziehen, wohin wir uns entsprechend begaben. Dies ist ein schönes Gebäude aus Teakholz, das für 1100 £ errichtet wurde, obwohl ein ähnliches Gebäude in Rangun mindestens 2000 £ gekostet hätte. Es nimmt eine beherrschende Stellung auf dem Gelände einer alten chinesischen Festung in der Nähe des Flussufers ein, etwa eine Meile nördlich der Stadt. Bei meinem ersten Besuch war diese alte Festung völlig im Dschungel versteckt; Der Wassergraben ist immer noch wunderbar perfekt und umschließt ein großes Gebiet, von dem das etwa zwei Hektar große Wohngelände nur einen kleinen Teil ausmacht. Dieser ist von einem Zaun oder Holzgerüst umgeben und mit Matten abgedeckt. Außerhalb des Tores wurde ein Zayat errichtet, das zu dieser Zeit von etwa fünfzig Kakhyens des Mattin-Clans bewohnt war, deren Häuptling wegen möglicher Ansprüche der Zentral- oder Botschaftsroute nach Bhamô gerufen worden war. Auf dem Gelände lebten mehrere Shan-Familien aus dem Sanda-Tal, die auf die Ankunft der *Mandalay warteten* , um sie auf einer Pilgerreise zu den Schreinen von Rangun den Fluss hinunterzutragen. Man konnte sich des Bedauerns darüber nicht entziehen, dass die Residenz so weit von der Stadt entfernt und in einer Lage errichtet wurde, die so plötzlichen Angriffen von Kakhyen oder anderen Plünderern ausgesetzt war. Der Dschungel reicht bis an den Rand des Grabens und bietet Angreifern vollständigen Schutz, während die Zwischenräume des Zauns reichlich Gelegenheit für eindringende Waffen oder Speere bieten. Man könnte meinen, dass die Auswahl eines Standorts innerhalb der Stadt und in der Nähe des Woons-Hauses ein stärkeres Vertrauen in die burmesischen Behörden zu beweisen schien, mit denen der Resident in ständigem und freundschaftlichem Verkehr stehen sollte, um sich effektiv um das Haus zu kümmern Ihm anvertraute Interessen, ohne ein *Imperium in Imperio* über die Kakhyens der Hügel zu errichten. Die jüngsten Ereignisse haben die Unsicherheit der gegenwärtigen Position gezeigt, die im Falle eines ernsthaften Angriffs von den Sepoys der Residenzwache nicht verteidigt werden könnte, die zum Zeitpunkt unseres Besuchs nur acht schlagkräftige Männer aufbieten konnten.

In der Residenz wurden wir von Frau Cooke begrüßt, die mit ihrem Mann die Risiken und die Verbannung des Lebens an diesem fernen Ort teilt und damit einen eindrucksvollen Beweis für den Mut und die Hingabe an ihre Herren liefert, die unsere Landsfrauen auszeichnen . Auch hier machten wir Bekanntschaft mit unserem zukünftigen Reisegefährten, Herrn Ney Elias, und erhielten die Nachricht, dass Herr Margary sicher in Manwyne angekommen sei und voraussichtlich täglich in Bhamô auftauchen werde .

Am Tag nach unserer Ankunft beschlossen wir, dass Colonel Browne, Mr. Fforde und ich in der Stadt Bhamô wohnen sollten , um die Kommunikation mit den Burmesen und, soweit es mich betraf, mit meinem Stab zu erleichtern Sammler. Der Woon stellte mir sofort ein kleines Bambusgebäude zur Verfügung, das an der Stelle des Hauses errichtet worden war, das wir 1868 gemietet hatten. Gegenüber stand das Haus, neu gebaut, bereit für die gegenwärtige Mission, in dem Colonel Browne und Mr. Fforde bezog ihr Quartier. Der Woon war offensichtlich über dieses Vorgehen der Missionsoffiziere sehr erfreut, da es eine freundliche Anerkennung seiner guten Dienste zum Ausdruck brachte. Über der Straße zwischen den beiden Häusern wurde schnell ein provisorischer Pavillon errichtet, und als wir am Abend von der Residenz zurückkamen, war vor einem bewundernden Publikum ein Pooay in vollem Gange. Sobald wir vorne auf der Veranda Platz genommen hatten, wurden Tabletts mit Süßigkeiten vor uns aufgestellt, und wir saßen da und sahen uns die Aufführung bis fast Mitternacht an, ebenso wie das fröhliche Gelächter der Burmesen über die sehr breiten Witze der Künstler nicht schlaffördernd.

BLICK IN BHAMÔ.

Am 17. waren wir angenehm überrascht von der Ankunft von Herrn
Margary, der nach seiner langen Überlandreise von Hankow, die er am 4.
September letzten Jahres verlassen hatte, keineswegs schlechter aussah.
Ohne eine Verzögerung von sechs Tagen in Loshan, während er auf neue
Anweisungen wartete, hätte er diese gewaltige Reise in nur vier Monaten
geschafft. Von Hankow aus war er über den Yangtse-See am Tung-ting -See
vorbei über Hoonan den Yuen-Fluss hinaufgestiegen und auf dem Landweg
über Kweichou und Yunnan gereist.

Die einzige wirkliche Schwierigkeit erlebte er in einer Stadt namens Chen-
yuen in Kweichow, wo die Bootsfahrt am 27. Oktober endete. Hier versuchte
die Bevölkerung , die Entfernung seines Gepäcks aus dem Boot zu
verhindern, und dies geschah nur durch einen Appell an den Mandarin, der
zunächst unhöflich war, aber schnell der Macht der Pässe und der
Einmischung einer bewaffneten Wache nachgab Von diesem Beamten
wurde ihm mitgeteilt, dass es ihm ermöglicht wurde, fortzufahren. Er musste
am Yamen schlafen und am frühen Morgen die Stadt verlassen. Als der Mob
von seiner Abreise erfuhr, übten sie Rache an den Bootsleuten und
zerstörten ihr Boot. Auf seiner Landreise waren die Menschen überall
höflich, wenn auch äußerst neugierig, und die Mandarinen höflich. Er
beschrieb die Landschaft in Kweichow als großartig, aber die Straßen seien
rau und holprig und führten fast immer auf hohem Niveau über mit Kiefern
bewachsene Hügel mit Blick auf die weit darunter liegenden Täler. Die
Provinz schien auf traurige Weise verwüstet worden zu sein – die Städte
waren zu bloßen Dörfern und die Dörfer zu Ansammlungen von
Strohhütten geworden; Überall gab es zahlreiche Ruinen guter, stattlicher
Steinhäuser, die den früheren Wohlstand der Region bezeugten, bevor die

Miaou-tse von den Hügeln herabkamen und die gesamte Bevölkerung niedermetzelten. Obwohl seit diesem Einfall zwanzig Jahre vergangen sind, ähneln die Städte noch immer den Städten der Toten – ihre ausgedehnten Mauern umgeben Hektar voller Ruinen, in denen einige der wilden Bergbewohner wohnen.

Sein Empfang durch den Gouverneur der Provinz in Kwei-yang-fu war sehr herzlich; und dieser versprach, die Bootsleute für ihren Verlust zu entschädigen, der ihnen durch die Zerstörung ihres Bootes durch den Chen-yuen-Mob entstanden war. Von dieser Stadt aus führten ihn zwanzig Tage ununterbrochener Reisen im Stuhl, zwanzig Meilen pro Tag, über schöne Berge und durch fast menschenleere Täler, am 27. November nach Yunnan-fu. Er begegnete überall mit Höflichkeit; aber der amtierende Generalgouverneur von Yunnan, der damals *Stellvertreter* des abwesenden Vizekönigs war, erwies sich als äußerst freundlicher und tatsächlich unerwarteter Verbündeter. Er begnügte sich nicht damit, den Engländer mit Ehren und Höflichkeiten zu überhäufen, sondern schickte zwei Mandarinen, die ihn den Rest des Weges begleiten sollten, und entsandte einen *Vorboten* mit einem Auftrag an alle örtlichen Behörden, der dem Reisenden deutlichen Respekt verschaffte und ihn auch schickte ein schneller Kurier mit dem Befehl an die Mandarinen an der Grenze, sich um die Expedition zu kümmern, für den Fall, dass er uns nicht vor unserer Einreise nach China hätte treffen sollen. Von Yunnan nach Tali führte eine furchtbar holprige Straße oder Spur aus tiefen Furchen und schroffen Steinen über hohe Berge und in tiefe Täler. Die Anstiege waren so steil, dass ein Team von acht oder zehn Kulis mit Seilen angespannt war, um den Stuhl den gefährlichen Abhang hinaufzuziehen, oft am Rand eines Abgrunds entlang; und auf dem schmalen und gefährlichen Weg traf man oft auf mit Salz beladene Reihen von Maultieren und Ponys, was für den Reisenden ein großes Risiko darstellte .

Der Zustand des Landes lässt sich am besten mit seinen eigenen Worten beschreiben: „Es ist melancholisch zu sehen, wie diese schönen Täler dem Gras überlassen werden und die zerstörten Dörfer und deutlich erkennbaren Felder als stille Zeugnisse früheren Wohlstands daliegen." Jeden Tag komme ich in eine einst geschäftige Stadt, in der es heute nur noch ein paar neue Häuser innerhalb von Mauern gibt, die einen weiten Bereich voller Ruinen umgeben. Aber die Menschen kehren nach und nach zurück, und hier und da kann man den blauen Rauch sehen, der sich vor dem Hintergrund der mit Kiefern bewachsenen Hügel aufsteigt. Es wird einige Jahre dauern, das Land wieder zu bevölkern, so reich es auch ist."

Die letzten vier Tage der Reise, bevor sie die Ebene von Tali erreichten, führten durch eine bergige Gegend ohne Städte. Die Behörden von Tali waren zunächst abgeneigt, die Stadt zu betreten, und beriefen sich auf ihre

Furcht vor der unruhigen und gefährlichen Bevölkerung, vor der er bereits vom Vizekönig gewarnt worden war. aber durch einen geschickten Appell an die Gesetze der Etikette, die ihn dazu zwangen, den hohen Autoritäten seinen Respekt zu erweisen, überwand er die Schwierigkeit. Die gefürchtete Stadtbevölkerung behandelte ihn nicht nur mit Höflichkeit, sondern auch mit tiefem Respekt und nannte ihn *Tajen oder* Exzellenz. Die verschiedenen Beamten empfingen ihn gut, und der tatarische General, ein enorm großer Mann, der bei der Erstürmung der Stadt an erster Stelle gewesen war, setzte ihn allein auf den Ehrenplatz, stellte unzählige Fragen über England und Burma und versprach, ihn einzuladen die Mission, ein paar Tage bei Tali-fu zu bleiben.

Yungchang wurde am 27. Dezember erreicht, nachdem man „herrliche Landschaften" durchquert hatte, und zwar über eine Straße, die über Hochgebirgsregionen führte, aber nichts so Schlimmes wie die „schrecklichen Pässe", die man zuvor erlebt hatte, aufwies . Auf der Straße war gerade ein gewagter Raubüberfall verübt worden, und die Soldaten mussten anhalten, um die Hügel abzusuchen, aus Angst vor lauernden Dacoits. Die Menschen kehrten nach und nach in die Dörfer zurück und verbrannten das Dschungelgras, das die längst verlassenen Felder überwuchert hatte. Die Mandarinen in Yungchang neigten dazu, sich zu behindern; aber diejenigen in Teng- yue -chow oder Momien , die von der ehemaligen Stadt aus in vier Tagen zu erreichen waren, waren „herrlich höflich". Hier erhielt er die Depeschen , die ihn über die Pläne der Mission informierten, und in Übereinstimmung mit ihnen machte er sich auf den Weg nach Manwyne , wo er nach einer Reise von fünf Etappen durch das Shan-Land, das er als ein schönes Tal und die Menschen beschrieb, dort ankam gesellig und liebenswürdig. In Manwyne traf er auf die vierzigköpfige burmesische Wache, die von Tsitkaw nach vorn geschickt worden war, um ihn durch die Kakhyen- Hügel zu begleiten . Hier traf er auch mit dem gefürchteten Li- sieh -tai zusammen, „jetzt ein chinesischer General", der mit den Kakhyen- Häuptlingen und den Shan-Häuptlingen einen Zolltarif für den Handel aushandelte . Li empfing seinen ersten englischen Besucher mit größter Ehre und *begrüßte* ihn vor allen versammelten Häuptlingen und Honoratioren. Die burmesischen Offiziere beantragten eine Verzögerung bei der Rekrutierung ihrer Männer nach dem Marsch über die Hügel, und Margary, die unbedingt weitermachen wollte, versuchte vergeblich, Li dazu zu bewegen, ihm eine Wache zu stellen, unter deren Schutz er vorrücken konnte, und ließ seine Anhänger zurück Gepäck folgt mit den Burmesen. Er brachte seine Meinung zum Ausdruck, dass in diesem Bezirk Intrigen im Gange seien, die dem Vormarsch der Mission entgegenstanden, verließ sich jedoch zu dessen Gunsten stark auf die ausdrücklichen Befehle des allmächtigen Gouverneurs von Yunnan .

Sein Aufenthalt in Manwyne war geprägt von einem äußerst freundschaftlichen Umgang mit dem Tsawbwa und seiner Familie, deren Gast er war. Er ging durch die Stadt und schoss frei und unbehelligt über die Ufer des Flusses; und wie er schreibt: „Ich komme und gehe, ohne auf die geringste Unhöflichkeit unter diesem charmanten Volk zu stoßen, und sie behandeln mich mit größtem Respekt."

Unter der Eskorte der burmesischen Wache überquerte er die Kakhyen-Hügel und biwakierte eines Nachts auf einer Lichtung, wie wir es auf der vorherigen Reise in Lakhon getan hatten . Er durchquerte acht oder neun Dörfer der Kakhyens , das wilde Aussehen dieser Bergbewohner beeindruckte ihn ebenso wie das zivilisierte Aussehen der Shans der Täler, und sie präsentierten ihm ein Beispiel ihrer kühnen Unverschämtheit. Sein Diener Lin wurde von einem von ihnen mit einem großen Stein bedroht, den er hob, um ihn zu schlagen, und ein anderer zog seinen Dah und unternahm einen gewagten Versuch, einem der Männer seinen Sack zu stehlen. Nachdem er eine Nacht in Tsitkaw verbracht hatte , fuhren er und seine Gruppe mit dem Boot den Tapeng hinab und erreichten die Residenz am frühen Vormittag. Man kann sich leicht vorstellen, mit welchen Gefühlen wir dem ersten Engländer gratulierten, dem es gelungen war, die „Handelsroute der Zukunft", wie er es nannte, zu beschreiten, und mit welch freudiger Vorfreude wir von den Berichten über seine beschwerliche, aber erfolgreiche Reise hörten Der Empfang wurde ihnen entlang der gesamten Route zuteil, gekrönt von der Höflichkeit des gefürchteten Li- sieh -tai. Noch größer war das Erstaunen und die Bewunderung der Burmesen. In ihren eigenen Gedanken war ihnen die Existenz englischer Beamter in China nie bewusst gewesen, und nun tauchte ein echter Engländer auf, der fließend Chinesisch sprach und sich mit der Verwendung von Essstäbchen und allen anderen Punkten der Etikette auskannte. Dieses Petching Darüber hinaus wurde *Meng* , oder Peking-Mandarin, neben dem Rest seines Gefolges von einem äußerst imposanten Literaten begleitet, dessen riesige runde Brille ihm ein Aussehen wunderbarer Weisheit verlieh und bei seinen Landsleuten in Bhamô den größten Respekt einflößte .

Dieser würdige Mann, dessen richtiger Name Yu- tu - chien war und dessen Amt das eines Schriftstellers oder chinesischen Sekretärs war, war ein Christ aus der Provinz Hoopeh , einer der vielen aufrichtigen Konvertiten, die die Lazaristen-Missionare hervorgebracht hatten. Seine Intelligenz und sein Wissensdurst sowie sein liebenswürdiges und treues Wesen machten ihn zu Recht zum Liebling aller. Von Woon an abwärts war jeder Einwohner, der Chinesisch sprechen konnte, bestrebt, die Neuankömmlinge aus Peking zu interviewen und ihnen Respekt zu erweisen, und glaubte fest daran, dass der Schriftsteller ein niederer Mandarin war, der dem großen Mann zur Seite stand, und das muss man zugeben Yu- tu steigerte offensichtlich seine

Selbstachtung, als er die Wertschätzung erkannte , die er vom chinesischsprachigen Volk, einschließlich der Tsawbwa von Mattin und seinen Anhängern, genoss.

Der Woon , der Gouverneur der Stadt oder des Bezirks Bhamô , war bei der Ausführung der königlichen Befehle äußerst eifrig und persönlich äußerst freundlich. Er war ein kleiner, älterer Burmane mit hervorstehenden Augen und einem guten Gesicht, dessen Hauptbeschäftigung darin zu bestehen schien, unaufhörlich Gebete zu murmeln, während er die Perlen des Rosenkranzes aus schwarzem Bernstein, den er stets bei sich trug, durch seine Finger gleiten ließ. Seine Hauptfrau und seine Kinder waren gemäß der üblichen burmesischen Politik wegen seines guten Benehmens als Geiseln in Mandalay zurückgelassen worden; aber seine Einrichtung wurde von einer zweiten oder minderwertigen Frau geleitet, einer beleibten älteren Dame, deren Bekanntschaft ich machen durfte. Dies geschah anlässlich einer Unterhaltung, die er zu Ehren Margarys am vorletzten Tag nach seiner Ankunft gab. Wir saßen mit ihm auf Teppichen in seiner Veranda, während etwa vierzig der hübschesten und am besten gekleideten Frauen von Bhamô im überdachten Hof darunter in Reihen aufstellten, posierten und sangen. Die verschiedenen Funktionäre bildeten den Hintergrund und die Menge umringte die Darsteller. Die Infusion von Shan-Blut zeigt sich im überragenden Aussehen und Körperbau dieser Töchter des Landes. Alle waren gut gekleidet und mit silbernen und einige mit goldenen Armbändern und anderem Schmuck geschmückt ; Die älteren und viel hässlicheren Frauen standen hinter der letzten Reihe der Künstler und leiteten den Gesang. Wir gingen nach burmesischer Art in die Hocke und rauchten, während Tee und Kekse von Huntley und Palmer mit in Zucker getrockneten Nüssen und Kakis serviert wurden, gefolgt von dem üblichen Betel und der Pfanne. Glücklicherweise zwang uns die Etikette nicht dazu, zu lange in der unbequemen Haltung zu verharren, die Burmesen aus Gewohnheit einnehmen, und wir konnten während der zwei Stunden, die die Aufführung dauerte, kommen und gehen, wie wir wollten. Am Abend besuchten wir den chinesischen Tempel, in dem eine Zeremonie oder Veranstaltung zu Ehren eines kürzlich verrückt gewordenen chinesischen Stadtbewohners stattfand. Ein Teil der Zeremonie bestand aus einer Theateraufführung oder einem Puppenspiel, das durch eine Folie betrachtet wurde, wobei die Schauspieler durch kleine aus Leder ausgeschnittene Figuren mit Talkköpfen dargestellt wurden; Sie wurden von Bambusstangen bewegt, von denen einer hinten und der andere an einem der Arme befestigt war. Die Figuren wurden dicht hinter dem transparenten Fenster platziert, und ein Chinese, der für jede verantwortlich war, rief die Worte der jeweiligen Rolle, während er die Figur mit großem Geschick manipulierte. Wir durften einen Blick hinter die Kulissen werfen und gelangten über eine schmale Holztreppe in eine Lobby, die in einen großen Raum führte, der voller

Chinesen war, die rauchten und Tee tranken. Hunderte der Lederpuppen waren an Leinen im Raum aufgehängt, als wären sie zum Trocknen aufgehängte Kleidungsstücke. Dies war Bühne, Green Room und Orchester zugleich. Die Musiker saßen auf Bänken entlang der Wände; Bei den Instrumenten handelte es sich um ein Flageolet und eine kleine Geige, die aus einem Stück Bambus bestand, mit einer Schlangenhaut über der Öffnung und zwei Saiten, die bis zum Ende des Bambusgriffs gespannt waren. Ein Mann schlug mit einer Trommel zwei Steine auf einen Schreibtisch; ein anderer spielte Becken, andere kleine Gongs. Hinter den transparenten Fenstern stand an einem Ende eine Reihe Chinesen, die die Puppen bewegten und den Dialog riefen. Bei allen handelte es sich um Amateure, die einer Wohltätigkeitsarbeit nachgingen, wobei jedoch nicht ersichtlich war, wie dem Patienten geholfen werden sollte.

Bei diesem Austausch von Höflichkeiten waren die Vorbereitungen für einen möglichst baldigen Vormarsch nicht von vornherein vorgesehen. Bezüglich der Route, die die Expedition zurücklegen sollte, hatten die Woon voll und ganz damit gerechnet, dass die Botschaft oder die zentrale Straße ausgewählt werden würde, und die Mattin Tsawbwa , durch deren Territorium sie führt, waren nach Bhamô gekommen, um Vorkehrungen für unsere Durchreise zu treffen. Die Burmesen bevorzugten diese Route, da sie mehr Einfluss auf diese Kakhyens hatten , und erklärten, dass sie auf dieser Route sicherer als auf jeder anderen unsere sichere Passage garantieren könnten. Die Linie, der wir folgen sollten, entspräche derjenigen, die wir auf unserer Rückreise im Jahr 1868 passierten. Eine burmesische Botschaft, die Tribut an China überbrachte, war kürzlich über diese Straße gegangen, soll aber Berichten zufolge mehr als einen Monat lang in den Hügeln festgehalten worden sein. Die Bergsteiger hatten die Straße verbarrikadiert, um wirksam Erpressung zu erpressen. Von dieser Botschaft oder einigen ihrer Mitglieder hatte Margary gehört, als er in der Nähe von Momien vorbeikam . Die Tatsache, dass die Tribut tragenden burmesischen Botschaften gewohnt waren, auf diesem Weg zu reisen, empfahl dies nicht als ratsam für die Durchreise unserer Expedition, und der politische Resident hatte dies vor unserer Ankunft mit Herrn Elias auf Befehl getan Wir vereinbaren, dass wir auf der Sawady- Route weiterfahren . Von dort führt die Straße nach Mansay, zehn Meilen entfernt, einem Shan-Dorf unter dem Schutz von Burma und Kakhyen , das der regelmäßige Treffpunkt für alle Kakhyen ist, die nach Sawady oder Kaungtoung kommen, um ihre Waren gegen Salz und *Ngapé* einzutauschen . Von Mansay aus führen vier Märsche durch das Land der Lenna Kakhyens nach Kwotloon im Shan-Staat Muangmow am rechten Ufer des Shuaylee . Von dort führt die vorgeschlagene Route über Sehfan , einen chinesischen Shan-Staat, der vom Gouverneur der ummauerten Stadt Muanglong abhängig ist , das Tal des Shuaylee hinauf und überquert die Wasserscheide nach Momien . Die vorliegenden Informationen hatte Moung Mo, der

Kakhyen- Dolmetscher, erhalten, der 1873 vom Residenten nach Muangwan und von dort nach Sehfan geschickt worden war . Er beschrieb das Land zwischen diesem und Muangmow als eine kultivierte Ebene voller Dörfer und den Shuaylee als einen tiefen Fluss von hundert Metern Breite. Sehfan ist eine kleine Stadt mit dreihundert Häusern, umgeben von zahlreichen großen Dörfern. Sein Chef war vom chinesischen Gouverneur von Muanglong erzogen worden und ein enger Freund der Chinesen; Er hatte kürzlich die älteste Tochter meines alten Freundes, des Hotha-Häuptlings, geheiratet, mit dem wir 1868 so schöne Tage verbracht hatten.

Im Jahr 1873 kam es zu großen Unruhen durch die Aggressionen eines Shan-Rebellen aus Namkhan , einem burmesischen Shan-Staat am linken Ufer des Shuaylee ; und die Maran Kakhyens , die mit dem nächsten Clan der Atsees im Streit standen , griffen häufig Karawanen an und plünderten Sehfan - Dörfer. Hinter Sehfan lagen die bevölkerungsreichen chinesischen Shan-Staaten Muangkwan mit zwei großen Städten mit tausend Häusern und Muangkah am Salween. Die chinesischen Städte Muanglong und Muanglem wurden mit jeweils viertausend bis fünftausend Häusern beschrieben, was wahrscheinlich übertrieben ist.

Paloungto seien Vereinbarungen getroffen worden Kakhyen- Häuptling, der sich verpflichtet hatte, zweihundert Ochsen für die Beförderung bereitzustellen, da Maultiere nicht zu beschaffen waren, und die Mission sicher in den Bezirk Muangmow zu eskortieren . Die Notwendigkeit, Packbullen einzusetzen, verlängerte die voraussichtliche Reisedauer nach Momien auf dreißig bis vierzig Tage; Da es jedoch ein Hauptziel war, diese teilweise bekannte Route zu erkunden, von der allgemein anerkannt wurde, dass sie die wenigsten physischen Schwierigkeiten mit sich bringt, schienen der dafür aufgewendete Zeitaufwand und die langsame Reisegeschwindigkeit den wissenschaftlichen Mitgliedern der Mission wahrscheinlich mehr Zeit zu geben für Nachforschungen und Beobachtungen. Der Anführer stimmte dieser Ansicht des Falles nicht ganz zu, und obwohl er sich entschied, nach Muangmow weiterzufahren, erwog er, von dort über Muangwan und Nantin weiterzufahren .

Es stellte sich heraus, dass in den vorläufigen Vereinbarungen übersehen wurde, dass Sawady nicht im Distrikt Bhamô liegt , sondern der Gerichtsbarkeit des Woon von Shuaygoo untersteht , an den aus Mandalay keine Befehle gesandt worden waren. Der Woon von Bhamô war von unserer Entscheidung, die Sawady- Route zu übernehmen, ziemlich verblüfft, schickte aber seinen Kollegen aus Shuaygoo los, um ihn zu bitten , zu diesem Thema zu kommen und ihn zu beraten. Dies lehnte jedoch der Beamte, der, wie sich später herausstellte, den Engländern gegenüber äußerst feindselig eingestellt, gänzlich ab; aber der Bhamô Woon beschloss, seine eigenen Truppen unter dem Kommando eines Tsitkay , eines erfahrenen

Offiziers, zu schicken, um uns bis nach Mansay zu eskortieren; aber er betrachtete die Kakhyens offenbar darüber hinaus als widerspenstig, wenn auch nominell auf burmesischem Territorium. Der Kakhyen Pawmines erklärten sich bereit, für unsere Sicherheit vor Mansay zu haften, wenn die Burmesen uns bis hierhin begleiten würden, und überprüften dann unsere zweihundert Pakete, bei deren Größe sie den Kopf schüttelten. Die Kisten waren alle sorgfältig berechnet worden, um jeweils fünfundsiebzig Pfund zu fassen, eine halbe Ladung für ein Maultier, das fünfzig Viss , also einhundertfünfzig Pfund, tragen kann, und waren zum Verpacken auf den Traversen konstruiert, die beim Maultiertransport verwendet werden . Ochsen können jedoch nicht so viel tragen, und die Waren werden in Bambuskörben auf sie geladen, die mit den Bambusspaten ausgekleidet sind und nahezu wasserdicht sind. Daher war es notwendig, das sperrige Gepäck neu zu ordnen, was eine tagelange Arbeit erforderte.

Colonel Browne nutzte die Erfahrungen der früheren Expedition und beschloss, sich nicht mit einer Geldkassette belasten zu lassen. Das gesamte geprägte Geld wurde gegen *Sycee*, oder Stücksilber, zum Kurs von einhundert Rupien gegen siebzig Tickals von höchster Qualität eingetauscht, oder dreiundsiebzig Tickals und eine Hälfte der stärker legierten, die unter den Kakhyens üblich sind , und diese Barren wurden auf die privaten Logen der Partei verteilt.

Unsere Nachforschungen zu den verschiedenen Strecken ergaben, dass die Chinesen fest davon überzeugt waren, dass wir die Absicht hatten, eine Eisenbahn zu bauen. Ein Mann bemerkte, dass die Sawady- Strecke die weitaus längste, aber „natürlich die beste für die Eisenbahn" sei.

Es ist schwer, die Funktionsweise des chinesischen Geistes zu verfolgen, aber es war klar, dass die Ziele unserer Expedition von ihnen noch lange nicht vollständig verstanden wurden und dass sie die Bewegungen der Mission mit einem geheimen Gefühl beobachteten, dass die Objekte Die in Betracht gezogenen Maßnahmen gingen etwas über die friedliche Verfolgung der Interessen des Handels und der wissenschaftlichen Forschung hinaus.

Während der Verzögerung, die sich aus der Änderung der Pakete ergab, tanzte unser Freund Woon zu unserer Unterhaltung *Pooays* oder Tänze, und drei Stunden lang tanzten und sangen Staffeln von Frauen aus den verschiedenen Vierteln der Stadt.

Tsawbwa von Muangmow geschickt , und Margary sandte chinesische Briefe an den Gouverneur von Momien und an Li- sieh -tai, der Kakhyen- Boten nach Tsitkaw geschickt hatte, um sie weiterzuleiten. Später stellte sich heraus, dass der Brief Li nicht erreicht hatte, da er Nantin vor der Ankunft des Boten verlassen hatte und sich nach Muangmow begab, um auf unser Kommen zu warten.

Der 21. war ein Tag mit starkem Regen, der die Packvorbereitungen erheblich beeinträchtigte. und da es Vollmond war, wurde jegliche Unterhaltung durch die Feier des burmesischen Gottesdienstestages unterbrochen, der um sieben mit dem Läuten des Gongs des Woon eingeläutet wurde , und um acht Uhr trafen wir ihn als Vorsitzender einer versammelten Gemeinde In seinem Haus wurden die Gebete von mehreren Priestern geleitet. Unser *Tai* war ziemlich frei von der bunten Gruppe burmesischer, Shan- und Kakhyen- Besucher, die ihn täglich drängten. Diese strikte Einhaltung dessen, was man den Sabbat nennen könnte, war auf eine kürzliche Wiederbelebung der Frömmigkeit zurückzuführen, die durch königliche Anordnungen zu diesem Thema angeregt wurde.

KAPITEL XIV.
SAWADY.

Der *Hunne pooay* – Mission geht weiter nach Sawady – Besuch von Woon – Gerüchte über Widerstand – Der Woon als Musiker – Sawady- Dorf – Königliche Befehle – Gepäckschwierigkeiten – Ankunft von Mr. Clement Allan – Paloungto - Häuptling – Kakhyen - Diebstahl – Route aufgeben – Ponline- Route übernehmen – Gründe für Veränderung – Tsaleng Woon – Abreise der Mission nach Tsitkaw – Elias und Cooke fahren weiter nach Muangmow – Delfine – Den Tapeng hinauf – Tahmeylon – Ankunft in Tsitkaw .

Am folgenden Tag wurde der größte Teil des Gepäcks in Booten verstaut und stand für die Abfahrt nach Sawady bereit , die für den 23. angesetzt war. Der Woon erschien frühmorgens und wollte Margary, seinen Schriftsteller und uns alle einladen, diesen letzten Tag mit ihm zu verbringen. Am Vormittag fand der übliche *Ying Pooay* oder Tanz statt, aber am Abend ein *Hun pooay* , oder von Marionetten gespieltes pooay , wurde gegeben. Dies war eine viel künstlerischere Angelegenheit als die der chinesischen Puppen, da die Marionetten gut gemacht waren und regelmäßig gekleidete Figuren von etwa einem Meter Höhe aufwiesen. Die Bühne, auf der sie präsentiert werden, ist in einiger Entfernung angeordnet, wobei das Proszenium sozusagen einen Rahmen bildet, der der Größe der Figuren angepasst ist; und die Beweger der Puppen stehen hinter einer Leinwand auf der Rückseite und manipulieren die kleinen Helden und Heldinnen mithilfe von Schnüren. Für den Zuschauer wirken sie sehr real, da sie sehr geschickt gehandhabt werden, und die Reden werden von den unsichtbaren Schauspielern mit einer solchen Kunstfertigkeit gehalten, dass sie tatsächlich so aussehen, als kämen sie von den Puppen, so dass sie an Bauchreden erinnern. Diese Aufführung war offensichtlich die beliebteste Form der Unterhaltung. Der Woon saß da und betrachtete die Puppen aufmerksam durch sein Fernglas, so wie sein königlicher Meister uns im Publikum beobachtet hatte, und die in Reihen hockenden Stadtbewohner blieben bis Mitternacht stehen und beobachteten gespannt die Puppen. Der Woon holte eine Weckeruhr hervor , die nicht mehr funktionieren konnte, und vergnügte sich damit, mit dem Wecker zu klingeln; aber er war sich des Wertes der Stunden überhaupt nicht bewusst, und selbst nach mehreren Stunden, die er anhand einer Uhr veranschaulichte, gelang es ihm überhaupt nicht, die Zeiger zu reparieren.

Am nächsten Tag ritt der größte Teil unserer Gruppe nach Sawady , wohin der Wachmann und das gesamte Gepäck ihnen vorausgegangen waren. Herr Elias und ich blieben jedoch zurück, bis wir von Browne das *Mot d'Ordre* erhielten , da das Packen der Ochsen wahrscheinlich einige Tage in Anspruch nehmen würde. Der Woon , den ich an diesem Tag nicht gesehen hatte, kam am Nachmittag, um sich für seine offensichtliche Vernachlässigung zu entschuldigen , da er damit beschäftigt war, öffentliche Abonnements für die Neuvergoldung der Shuaykeenah- Pagode entgegenzunehmen. Er freute sich über meine kleine Spende und äußerte sich beredt über die *Entente cordiale*, die dieses Verhalten hervorrief, und ließ seine Frau eine große silberne Vase mit der Sammlung bringen, zu der meine Spende ordnungsgemäß hinzugefügt wurde. Wir hatten ein langes Gespräch über die Archäologie des Bezirks, die alten Städte Tsampenago und Kuttha und den Gründer der Shuaykeenah- Pagode, von dem er behauptete, er sei ein König von Ceylon gewesen, namens Thee- yee -da-ma- thanka . eine weit verbreitete Legende über die älteren Pagoden Burmas. Am Abend schickte er den Tsare-Daw-Gyee und die beiden Tsitkays zu einem Besuch, von denen ich erfuhr, dass es in einigen Khyoungs alte Geschichten über den Bezirk gab , von denen sie versprachen, wenn möglich eine zu besorgen. Als ihnen ein Foto der Soolay- Pagode in Rangun gezeigt wurde, brachten sie ihr Bedauern darüber zum Ausdruck, dass der Standort des heiligen Gebäudes während der kommunalen Verbesserungen der Stadt zum Knotenpunkt von Kreuzungen geworden war, was in ihren Augen eine Entweihung darstellte. Sie wurden jedoch durch die Zusicherung erleichtert, dass dies von den britischen Behörden in Unkenntnis der dadurch berührten religiösen Vorurteile getan worden sein müsse.

Zwei oder drei Tage vergingen ohne einen Zwischenfall von Bedeutung, außer dass am 25. ein Chinese in die Residenz kam und berichtete, er habe die Unterhaltung einiger Yunnan-Chinesen auf dem Basar belauscht und herausgefunden, dass eine Streitmacht aus Momien und Tali entsandt worden sei -fu nach Muangmow , unter dem Kommando von Li- sieh -tai, um unserer Einreise nach China entgegenzuwirken. Sein Bericht war jedoch sehr verwirrend, und es war ihm nicht gelungen, eindeutige Aussagen zu hören, da die Männer ihm gegenüber offensichtlich misstrauisch gewesen waren. Es ist wahrscheinlich, dass dies lediglich eine verstümmelte Version der Tatsache war, dass Li- sieh -tai mit ein paar Männern *auf dem Weg* nach Muangmow vom Tapeng- Tal nach Muangwan übergegangen war . Am selben Tag trafen Briefe von Sawady ein, in denen stand, dass die Abreise der Mission für den nächsten Tag anberaumt sei, woraufhin wir sofort zum Woon gingen , um Boote zu sichern, die uns diese bereitwillig zur Verfügung stellten. Anschließend stattete er uns einen Besuch ab und brachte seine zwölfsaitige burmesische Harfe mit, auf der er kein schlechter Spieler war. Er wurde von einem Jungen begleitet, der eine Art Mundharmonika spielte, ein Musikglas aus harten Holzstücken, das mit einem süßen, vollen Ton vibrierte. Ein anderer Künstler ließ ein Paar Becken aufeinanderprallen und gespaltene Bambusstäbe wie Kastagnetten anklicken. Die Luft war süß und klagend. Nach der Musik führten wir ein langes Gespräch über England,

Preußen, Frankreich und Persien, mit deren allgemeinen Beziehungen er sich gut auskannte. Auch Eisenbahnen und die Art des Transits nach England wurden besprochen; Mein Dolmetscher erwies sich jedoch, obwohl er ein gebildeter Burmese und Sohn eines einheimischen Beamten war, als sehr inkompetent und legte mir absurde Aussagen in den Mund. Der Woon hatte als Geschenk eine Frucht mitgebracht, die seiner Meinung nach eine große Rarität aus Yunnan sei. Es hatte die Größe eines Apfels, war leuchtend gelb und hatte eine zarte Schale, die ein geleeartiges Fruchtfleisch umhüllte, dessen Kühle er durch eine pantomimische Bewegung seiner Hand vom Hals in die Magengegend zum Ausdruck brachte. Er nannte es *tsay -thee* ; aber Anfragen von Elias und Margary ergaben, dass es sich um eine Kaki handelte. Von dieser Frucht werden große Mengen in getrockneter Form nach Burma importiert, wo sie eine beliebte Süßspeise sind; aber das frische Obst ist unbekannt.

Am 27. waren wir bereit, mit dem Boot nach Sawady zu fahren , und ich verabschiedete mich von meinem Freund, dem Woon , der mich beauftragte, ihm zu schreiben. Elias und ich starteten gegen 11.30 Uhr in Bhamô und kamen in etwas mehr als ein paar Stunden in Sawady an.

Sawady ist ein elendes Dorf mit etwa vierzig Häusern, früher waren es aber fünfmal so viele; aber ständige Einfälle der Kakhyens haben es auf seine gegenwärtigen spärlichen Ausmaße reduziert. Es steht unter dem Schutz der Phonkan Tsawbwa , der gegen eine jährliche Salzzahlung auch das Dorf Yuathet beschützt , das etwa eine dreiviertel Meile nördlich am hohen Ufer eines kleinen Baches namens Theng- leng liegt, der zwischen hohen Schwemmufern in den Irawady mündet . Das Dorf Sawady wird durch eine doppelte Bambuspalisade verteidigt, und eine ähnliche Palisade verläuft entlang des schmalen Pfades, der die beiden Häuserreihen trennt. Als weiteren Schutz werden der Anzahl der Häuser entsprechende Boote am Flussufer vertäut, in die sich die Bewohner jede Nacht zum Schlafen zurückziehen und sich so gegen die nicht seltenen nächtlichen Angriffe der Kakhyens absichern . Sawady und Yuathet sind beide kleine Handelszentren, wohin die Kakhyens zurückgreifen, um Fisch und Salz zu beschaffen, und sie bringen Bambus mit, um ihn den Fluss hinuntertreiben zu lassen; Sie sind auch Häfen für den Handel ins Landesinnere. Rundherum erstreckt sich eine weite Ebene, die von fernen Hügeln begrenzt wird und reichlich mit Wald und Dschungel bedeckt ist, manchmal aus Unterholz, manchmal aus dichtem, fünfzehn Fuß hohem Gras, mit häufigen Sümpfen, die in der Regenzeit mit Wasser bedeckt sind. Vor unserer Ankunft machten Margary und Fforde Ausflüge in den Wald auf der Suche nach Wild. Dort gab es viele Pfauen, die in unzugänglichen Höhen auf den höchsten Bäumen saßen, und sie fanden die Spuren von Tigern und anderem Großwild, aber die Einsamkeit war still wie der Tod, und sie kehrten zurück, ohne irgendein Tier gestartet zu haben. Wir fanden den Ochsenkonvoi unter der Obhut von einigen hundert Kakhyens , der außerhalb des Dorfes lagerte. Der Paloungto Tsawbwa , ein respektabel aussehender Mann, sauber und gut gekleidet, mit einer riesigen Rolle Blattgold als Ohrring, der sein Ohrläppchen aufweitete, und seinen Pfotenminen, war bereit, das Gepäck entgegenzunehmen . Die burmesische Wache lagerte in hastig improvisierten *Tais* , während die Engländer in einem klapprigen, mit Vorhängen abgeschirmten Zayat untergebracht waren .

Am zweiten Tag (24. Januar) kam der Befehl aus Mandalay, dass die burmesische Wache die Mission direkt bis zur nominellen Grenze zwischen Burma und China oder nach Kwotloon begleiten sollte, anstatt nach Mansay, wie zuvor vereinbart und von den Kakhyens, deren Meinung , genehmigt wurde der Änderung wurde nicht angegeben. Sie übernahmen weiterhin die Pakete, stellten für jedes Paket Quittungen aus und fertigten für den Transport auf den Ochsen geeignete Packtaschen an, in die die Kisten gepackt werden sollten.

Am 25. wurden Einwände gegen die Größe der Pakete erhoben, die zuvor in Bhamô geändert worden war , und als nächstes schien der Tsawbwa zu sagen, dass er dreihundertsechsunddreißig Ochsen mitgebracht habe, obwohl wir nur zweihundert benötigten. Er erklärte dies damit, dass Elias an ihrer Fähigkeit gezweifelt hatte, zweihundert Ochsen bereitzustellen. Der Häuptling hatte daher zum Beweis des Gegenteils dreihundertsechsunddreißig mitgebracht und erwartete, für das Los bezahlt zu werden, obwohl er zugab, dass der Resident einen Vertrag über einhundertfünfzig Ochsen und zwanzig Ponys abgeschlossen hatte. Nachdem dieser Vorschlag verworfen worden war, bestand die nächste Forderung darin, die Miete im Voraus zu zahlen, was Colonel Browne ebenfalls ablehnte, ihm aber versprach, ihm die Hälfte des Betrags zu zahlen, vorausgesetzt, dass in zwei Tagen alles zum Start bereit sei.

Der nächste Tag wurde dementsprechend damit verbracht, das gesamte verbleibende Gepäck zu transportieren, mit Ausnahme der Kisten mit den Garderoben der Offiziere und dem Bargeld, die der unmittelbaren Obhut der Sikhs übergeben wurden.

Am 27. waren die Vorbereitungen für den Aufbruch noch immer rückständig, ein Zustand, der durch heftigen Regen, gegen den die Engländer und ihre Gefolgsleute nur wenig und das Gepäck überhaupt nicht geschützt waren, nicht verbessert wurde. Der Häuptling und seine Pfotenminen erhielten offenbar den versprochenen Mietvorschuss, aber er lehnte es ab, einen Zeitpunkt für den Beginn festzulegen, da er Salz brauchte, um die zusätzlichen Ochsen zu beladen. Als er sich weigerte, diesen Zweck zu verzögern, verließ er schlecht gelaunt das Gespräch und ließ seine Pfoten frei

, um die Diskussion fortzusetzen. Sie beschlossen schließlich, den nächsten Tag zu beginnen, unter der Bedingung, dass sie im Voraus ein Viss Silber und einhundertvierzig Rupien als Standgeld erhielten, also zehn Rupien für jedes der vierzehn Dörfer, aus denen die Ochsen kamen. Dies war eine gerechtfertigte Gebühr, da die Männer und ihre Tiere bereits seit einigen Tagen auf unsere Ankunft warteten. Elias und ich kamen an, während die Zahlung in Sycee-Silberklumpen geleistet wurde, von denen einer von einer Pfotenmine für schlecht erklärt wurde und sich bei einem Biss als hohl und mit Sand gefüllt herausstellte. Beruhigt durch den Empfang des *Compraw erklärte* der Paloungto- Häuptling, dass wir Brüder seien und dass er bereit sei, „übermorgen" aufzubrechen.

Der Abend brachte für unsere Gruppe eine angenehme Überraschung mit der Ankunft von Herrn Clement Allan, der in zehn Tagen aus Mandalay gekommen war, in einem königlichen Boot. Als er am Fluss vorbeikam, hörte er, wie einer der Sikhs mit einem Chinesen am Ufer sprach, und als er sie anrief, erfuhr er, wo wir uns befanden. So blieb ihm die Reise nach Bhamô erspart , und unsere ganze Gruppe war nun versammelt, und trotz des starken Regens verbrachten wir einen angenehmen Abend in Erwartung einer baldigen Abreise.

Beim Frühstück wurden wir durch mehrere Schüsse gestört und erfuhren, dass die Kakhyens versucht hatten, unsere Kleiderkartons zu entfernen, um sie dem allgemeinen Gepäck hinzuzufügen. Die Sikhs auf der Wache, die den Befehl erhalten hatten, sie nicht aus den Augen zu verlieren, lehnten ihre Entfernung ab, woraufhin die empörten Kakhyens ihre Musketen in die Luft feuerten. Die burmesischen Tsitkay äußerten ihre Besorgnis über die Stimmung der Kakhyens und schienen einen Zusammenstoß mit ihnen zu befürchten, da sie etwa vierhundert mit Musketen bewaffnete Männer zählten. Es bestand offensichtlich eine gewisse Feindseligkeit zwischen den Kakhyens und den Burmesen, und leider kam es vor, dass alle Interviews mit dem Häuptling in Anwesenheit der burmesischen Beamten geführt wurden. Im Laufe des Tages stellte sich heraus, dass der Paloungto- Häuptling keine Vereinbarung mit den anderen Tsawbwas der Route getroffen hatte. Den Einwohnern sei versichert worden, dass eine Durchreise durch ihr Hoheitsgebiet bei Zahlung der ordentlichen Gebühren sicher sei. Der Häuptling hatte erklärt, dass die meisten von ihnen seine Vereinbarungen unterstützen würden, dass es jedoch in Mansay notwendig sei, mit den Phonkan übereinzustimmen Tsawbwa , der nicht nach Sawady kommen wollte . Die eingefleischte Neugier und die Diebstahlsgewohnheiten der Bergbewohner wurden dadurch veranschaulicht, dass sie Löcher in mehrere Proviantdosen bohrten, um den Inhalt festzustellen, und die Löcher anschließend sorgfältig mit Baumwolle verschlossenen; unser Zucker, unser Salz und unsere Säcke Reis wurden abbezahlt, und mehrere Flaschen Brandy waren auf mysteriöse Weise verschwunden; und es stellte sich später heraus, dass die Schrauben aus den Kisten herausgezogen worden waren. Wenn man jedoch bedenkt, dass eine Reihe wilder Bergbewohner vierzehn Tage lang mit dürftiger Versorgung an diesem Ort festgehalten wurden, muss man mit geringfügigen Diebstählen Rücksicht nehmen, ohne eine vorsätzliche Plünderungsabsicht geltend zu machen. Unser Anführer begann jedoch, sich ernsthafte Sorgen um die Aussicht auf eine sichere Durchfahrt durch die Hügel auf diesem Weg zu machen. Zu der Schwierigkeit, die sich aus der bekannten Abneigung der Burmesen gegenüber den Lenna Kakhyens ergab , kam nun die Erklärung einiger Shans von Muangmow hinzu , dass es den Bergbewohnern nicht erlaubt sein würde, ihre Grenzen zu überschreiten, was Colonel Browne tendenziell misstrauisch machte wahre Absichten des Paloungto- Häuptlings. Der Höhepunkt war erreicht, als der alte Dolmetscher Moung Mo am Abend verkündete, dass unser erwarteter Start *auf unbestimmte Zeit verschoben* worden sei und dass der Häuptling, unzufrieden darüber, dass ihm die Verantwortung für unsere Kleiderkisten verweigert wurde, es ablehnte, uns zu begleiten, und unsere Eskorte weiterverteilte seine Pfotenminen . Daraufhin beschloss Oberst Browne, nach Bhamô zurückzukehren und Vorkehrungen zu treffen, um auf der alten Ponline-Route statt auf der Route über Sawady und Shuaylee weiterzufahren . Aber ich halte es für zweifelhaft, dass der Paloungto- Chef irgendwelche unehrlichen Absichten hatte. Er konnte das Vorhandensein der Art in den Kisten nicht ahnen, und es war nur natürlich, dass er verlangte, dass das gesamte Gepäck am Vorabend des Abflugs umgeladen wurde, und dass er sich über die offensichtliche Unterstellung seiner Ehrlichkeit, die mit der Weigerung impliziert war, ärgerte Gib diese Kisten ab.

Wir ritten nach Bhamô durch fünf Meter hohes Dschungelgras, das gelegentlich von mit Bäumen übersäten Mulden unterbrochen wurde. Die sich kreuzenden Bäche waren schwer zu überqueren, da der Weg oder die Spurrille durch die hohen Sandbänke steil und kaum breit genug für einen Durchgang war, so dass eines der Ponys mit seinem Reiter zurück ins Wasser rollte, was zu einer Überquerung des Flusses führte war nur etwa einen Meter tief. Nachdem er in Bhamô angekommen war und beschlossen hatte, die Ponline- Route zu nehmen , sofern dies für die geführten Pferde möglich war, machte sich der Bewohner auf den Weg nach Tsitkaw , um die Kakhyen- Häuptlinge zu rufen und Maultiere bereitzustellen. Da die Woon befürchteten, dass der Paloungto- Häuptling das Gepäck nicht abgeben würde, schickten sie eine Verstärkung aus bewaffneten Männern an Bord von vier mit Gingals berittenen Kriegsbooten. Wir kehrten auf dem Wasserweg nach Sawady zurück und brachten mehrere große Boote für das Gepäck mit, das als Vorsichtsmaßnahme in Yuathet zurückgelassen wurde , um die Kakhyens nicht zu beunruhigen . Am 30. kamen die Tsawbwa und seine Pfotenminen aus ihrem Lager an, und Browne rekapitulierte die

Verzögerungen und gebrochenen Versprechen der vergangenen Woche sowie den Mangel an Vereinbarungen mit den anderen Tsawbwas der Route. Der Häuptling antwortete, dass seine Weigerung, den Startschuss zu geben, auf seine Wut darüber zurückzuführen sei, dass ihm die Pflege der Kisten verweigert worden sei; dass er bereit sei, „übermorgen" anzufangen; aber wenn wir uns weigerten, seinen Weg zu gehen, sollte er damit rechnen, dass er die vereinbarte Miete für die erlegten Ochsen erhält. Die Antwort darauf war, dass alles, was der Bewohner und die Pawmines , die den ursprünglichen Vertrag geschlossen hatten, als gerechtfertigt vereinbart hatten, bezahlt werden sollte. Browne bot jedoch als Douceur einen Silbervisier an, sobald das Gepäck zurückgegeben worden war. Dem wurde zugestimmt; und die Männer machten sich sofort an die Arbeit, um die Kisten zurückzubringen, die auf die großen Boote verladen wurden, und am 31. Januar kehrte die gesamte Mission, eskortiert von den burmesischen Kriegsbooten, nach Bhamô zurück, nachdem Sawady die Route endgültig aufgegeben hatte . und entschieden, über die Nord- oder Ponline- Straße zu reisen .

Vom Residenten waren Briefe aus Tsitkaw eingegangen , in denen es hieß, dass genügend Maultiere beschafft werden könnten und dass die burmesischen Beamten die Häuptlinge der Kakhyen gerufen hätten . Bei unserer Ankunft in Bhamô fanden wir eine Streitmacht von dreihundert Mann in mit Gingals bewaffneten Kriegsbooten vor, die unter dem Kommando des Woon versammelt waren, der im Begriff war, persönlich nach Sawady zu kommen, um uns, falls nötig, aus den Händen zu befreien der Lenna Kakhyens . Dies war, wenn überhaupt, ein zusätzlicher Beweis für die Sorge der Burmesen um unser Wohlergehen und für die Ungewissheit ihrer Beziehungen zu den südlichen Bergstämmen. Mit großem Widerwillen kehrte ich der Sawady- Route den Rücken , deren vollständige Erkundung und eventuelle Etablierung als künftige Handelsroute als besonderes Ziel unserer Mission vorgeschlagen worden war. Im Allgemeinen wurde davon ausgegangen, dass sie zwar die längste, aber auch die wenigsten körperlichen Schwierigkeiten mit sich brachte; und von seiner tatsächlichen Verwendung konnten wir uns in den Handelsgruppen mit vielen Maultieren und Ochsen überzeugen, die während unseres Aufenthalts an seinem Endpunkt ständig kamen und gingen.

Die Nordroute war sechs Jahre zuvor gründlich erkundet und umfassende Informationen über ihre physischen und sozialen Bedingungen gesammelt worden, während die Änderung der politischen Beziehungen alle Routen gleichermaßen betraf. Wie sich später herausstellte, wurden wir von den Chinesen in Muangmow erwartet , wohin sich Li- sieh -tai offenbar begeben hatte, um die Mission zu erfüllen, und zwar, soweit sein Verhalten dies beurteilen lässt, ohne feindselige Absichten; und außerdem hatte Herr Elias in Zusammenarbeit mit dem britischen Residenten in Bhamô die Lenna

Kakhyens einen Monat zuvor besucht und mit ihnen Vereinbarungen getroffen, wonach sie ihre Lasttiere zur Beförderung der Mission herabgeholt hatten . Als Gründe für den Abbruch der Route wurden unter anderem die misstrauische Haltung des Paloungto- Häuptlings und die mögliche, wenn nicht sogar wahrscheinliche Gefahr einer Verzögerung in den Hügeln genannt. Dies wäre durch die Möglichkeit verschärft worden, dass die Vorräte der Sikhs, die nur für 35 Tage mit Mehl versorgt wurden, knapp werden könnten. Eine weitere Gefahr bestand vermutlich im Mangel an Vereinbarungen mit dem Phonkan- Häuptling, der sich als ebenso hinderlich erweisen könnte wie der von Ponsee und die Mission entweder stoppen oder vereiteln könnte. Im Hinblick auf das Verhalten des Lenna-Häuptlings von Paloungto hätte man erwarten können, dass jede lauernde Feindseligkeit durch die Enttäuschung über den Verlust der fairen Gewinne eines Konvois, auf den er gewartet hatte, noch verstärkt worden wäre lang. Man könnte annehmen, dass die Anwesenheit der großen burmesischen Streitmacht ihn damals zurückgehalten hat; aber der anschließende Empfang, den er und sein Bruder von Wurrabone Herrn Elias und Kapitän Cooke bereiteten, zeigte, dass er durchaus gerührt war und fast darauf bedacht war, zu beweisen, dass er keinerlei Unmut hegte. Es war im Allgemeinen eine kluge und richtige Politik, den guten Willen der burmesischen Beamten gründlich zu berücksichtigen und ihn in alle unsere Verfahren mit einzubeziehen. Dieses Verhalten wurde von unserem Anführer sorgfältig und konsequent übernommen, aber dem Kakhyen- Häuptling blieb infolgedessen keine Gelegenheit, seine Gefühle gegenüber der burmesischen Wache zum Ausdruck zu bringen. Sein einziger Kontakt mit unserer Gruppe bestand in einem Interview in Anwesenheit des Tsitkay , bei dem von ihm erwartet wurde, dass er die Position eines Untergebenen einnahm und vor Männern, denen er sich nicht unterordnete, auf dem Boden hockte; und es ist zu bedauern, dass er keine Gelegenheit zu einer vertraulichen Kommunikation gefunden hat, die wahrscheinlich zu einem besseren Verständnis hätte führen können. Es muss auch daran erinnert werden, dass die Häuptlinge der Kakhyen den Wert der Zeit nicht begreifen oder unsere Vorstellungen über das Aufschieben teilen und nicht davor zurückschrecken, es „anzuprobieren“, um etwas mehr Silber zu gewinnen. Was die möglichen Komplikationen mit dem Phonkan betrifft Tsawbwa , der sechs Jahre zuvor seinen Wunsch geäußert hatte, den britischen Handel durch sein Land zu leiten, obwohl er nicht nach Sawady kommen konnte oder wollte, hätte ihn möglicherweise dazu bewegen lassen, sich in Mansay mit uns zu treffen und mit uns zu besprechen, während er versorgt wäre Mehl waren in Bhamô nicht erhältlich , doch nach den Erfahrungen von 1868 waren sie in den Shan-Tälern und in Momien erhältlich .

Am 1. Februar waren wir alle in unserem alten Quartier in Bhamô versammelt . Der Woon war ziemlich verblüfft über die Wahl der Ponline-

Route und besorgt über die Angriffsgefahren, denen die Mission vor Erreichen von Manwyne ausgesetzt sein könnte , obwohl er seine Bemühungen, unsere Wünsche zu erfüllen, keineswegs nachließ. Ein anderer Woon , er aus Tsaleng , kam mit dem königlichen Dampfer an und schien den Posten des Beraters seines Kollegen zu übernehmen, der über die Nachricht aus Cooke verwirrt war, dass alle Tsawbwas in Manwyne waren und den Tarif besprachen und nicht konnten Rückkehr für ein paar Tage. Derselbe Dampfer brachte von Mandalay aus zwei Kakhyen- Häuptlinge der zentralen Route, nämlich. Muangkha und Poonhya . Als Gegenleistung für ihre Dienste für die jüngste burmesische Botschaft wurden diese beiden Häuptlinge mit großer Ehre empfangen und mit goldenen Regenschirmen und vergoldeten Sätteln beschenkt. Sie ritten auf Ponys, die mit der vergoldeten Equipage geschmückt waren, durch Bhamô , während jeder Reiter ein goldenes Stirnband mit seinen Titeln trug, voran von einem Mann, der den goldenen Regenschirm trug, und von anderen begleitet, die Gongs schlugen und seinen Rang verkündeten.

Am 3. wurden das schwere Gepäck und die Wache in Booten verschifft, um in Begleitung von Fforde und mir nach Tsitkaw weiterzufahren, wobei Colonel Browne und Margary auf dem Landweg folgten, während Elias vereinbart hatte, die Überfahrt auf der Sawady- Route zu versuchen und sich dem Schiff anzuschließen Treffpunkt in Momien . Die Flottille startete am Flussufer von Bhamô und säumte den Irawady bis zur Mündung des Tapeng . Unser Vorankommen gegen den reißenden Strom war langsam und wurde durch zahlreiche vorspringende Baumstümpfe und gelegentliche Sandbänke behindert, wo das Wasser so flach war, dass die Besatzung mussten über Bord springen und die schwer beladenen Boote schieben oder schleifen. Unmittelbar vor der Mündung des Tapeng erstreckte sich ein Streifen Sandbänke, hinter dem der große Fluss plötzlich bis zu einer Wassertiefe von etwa achtzig Fuß vertiefte. In diesem tiefen Bereich trieben zahlreiche Rundkopfdelfine ihr Treiben. Da gerade Paarungszeit ist, jagen die Männchen die Weibchen. Einige schwammen mit dem Kopf halb aus dem Wasser und *spritzten* große Mengen Wasser aus ihrem *Mund über eine gewisse Entfernung.* Man bemerkte ein oder zwei, die offenbar aufrecht im Wasser standen und ihre Köpfe direkt über die Wasseroberfläche erhoben, so dass fast die gesamten Brustflossen deutlich sichtbar waren; andere rollten paarweise auf der Seite herum. Einer wurde beschossen, reagierte aber lediglich mit einem Stottern und einem Sturzflug. Als die Bootsleute unser Interesse an ihnen sahen, erklärten sie, dass sie kommen würden, wenn sie gerufen würden, und machten dann einen seltsamen Laut von sich: „ *hrr , hrr* “ und trommelten mit einem Stock auf die Seite des Bootes. Sie teilten uns mit, dass die Delfine nicht höher flussaufwärts als bis zu einer felsigen

Landzunge im ersten Engpass, genannt Labein-hin oder Dolphin Point, vordringen, weil die Nats dort eine Zollstation eingerichtet haben, um eine Gebühr einzutreiben, was die Delfine nicht tun bereit zu zahlen. Der Irawady- Delfin (*Orcella fluminalis* , Andr.) ist die einzige Form mit rundem Kopf, von der bisher bekannt ist, dass sie im Süßwasser vorkommt; Individuen wurden selten weit unterhalb von Prome , dreihundert Meilen vom Meer entfernt, oder fast so weit, beobachtet. Die Farbe des Körpers ist düster schiefergrau und die Unterseite schmutzigweiß; Sie erreichen eine beträchtliche Größe, wobei Individuen mit einer Länge von bis zu zehn Fuß keine Seltenheit sind. Neben dem runden Kopf unterscheiden sie sich vom Langschnauzendelfin des Ganges (*Platanista gangetica* , Lebeck), der ebenfalls ausschließlich in Süßwasser lebt, durch das viel größere, vollproportionierte Auge. Letzterer hat als Bewohner des schlammigen Wassers des Ganges, das nahezu undurchdringlich für das Sehen sein muss, ein sehr feines Auge. Im Jangtsekiang und im großen See von Kambodscha kommen auch Delphine vor, die sich wahrscheinlich als eng mit denen des Irawadi-Meeres verwandt erweisen werden ; aber bis jetzt haben wir keine Kenntnis von ihren Charakteren. In den Flussmündungen des Golfs von Bengalen gibt es einen kleinen, rundköpfigen Delfin, der eng mit diesem Irawady- Wal verwandt ist, der jedoch nie in das Süßwasser der Flüsse aufsteigt. Abgesehen von dem wissenschaftlichen Interesse dieser großen Flusssäugetiere bilden sie ein markantes Merkmal in der Flusslandschaft des Irawady , wenn sie in langen Reihen die tiefen Gewässer hinaufrollen und taumeln und offenbar Freude daran haben, mit den Dampfschiffen Schritt zu halten oder sie zu überholen. Sie scheinen nicht über die gesamte Strecke des Flusslaufs zu wandern, sondern sich auf bestimmte Bezirke zu beschränken. Die Fischer des Flusses betrachten sie mit abergläubischem Respekt, und es wird angenommen, dass jedes Dorf unter dem Schutz eines bestimmten Delphins steht, der die Fischerei bewacht. Ein Angebot von hundert Rupien konnte die Menschen überhaupt nicht dazu bewegen, ein Exemplar zu fangen; und nur durch den glücklichen Erwerb eines toten Kadavers, der ans Ufer geworfen und von Kapitän Bowers gesichert wurde, war ich in der Lage, einen gründlichen Vergleich der Struktur dieses bemerkenswerten Flussbewohners anzustellen. Es sollte hinzugefügt werden, dass die große Lachmöwe ein so regelmäßiger Begleiter des Delphins ist, dass sie von den Fischern Labein -*Nuet* oder Delphinvogel genannt wird.

Der Vormarsch der Flottille aus sechs beladenen Booten gegen den schnellen Strom des Tapeng war zwangsläufig langsam. Am rechten Ufer erstreckte sich ein weites, ebenes Land mit hohen Baumwoll- und Ölbäumen. Die höchsten blattlosen Zweige des ehemaligen Seeadlers dienten als Horste für den Ringelschwanzadler (*Haliaetus leucoryphus* , Pallas), ein Vogelpaar, das auf einem Baum in der Nähe des Flussufers hockte. Ein Vogel wurde unserer Sammlung hinzugefügt. Das linke Ufer war bis zur Wasserlinie mit einem undurchdringlichen Wald prächtiger Bäume bedeckt, der sich aus einem Dschungel mit Ratanen und üppigen Musen erhob . Zahlreiche Pfauen zeigten ihr prachtvolles Gefieder auf den hohen Ästen, zumeist aus der Ferne. Nashornvögel, braune Tauben mit violetten Hälsen gab es in Hülle und Fülle, und im Dschungel bellten Hirsche, Schweinshirsche und Sambur . Die freigelegten Sandbänke waren mit Schlangenvögeln bedeckt; Auch Seeschwalben, Silberreiher, Regenpfeifer, Brahmanenenten und Wildgänse kamen häufig vor. Wir machten für die Nacht im Dorf Queyloon fest , rechtzeitig für einen kurzen Ausflug zu einigen verlassenen Reisanpflanzungen auf der Suche nach Wildenten. Als wir zurückkamen, beobachteten wir zahlreiche kleine Eulen, deren weicher, exzentrischer Flug dem des Ziegensaugers ähnelte.

Kurz nach Sonnenaufgang machten wir uns wieder *auf den Weg* , nachdem wir einige Zeit auf den versprochenen Vorrat an Büffelmilch gewartet hatten, was in Burma ein fast unerreichbarer Luxus war; Aber das Büffelbaby hatte unsere Forderung vorhergesehen und unsere Hoffnungen enttäuscht. Im Dorf Tahmeylon , wo wir bei der Erstbesteigung des Tapeng im Jahr 1868 einen Zwischenstopp eingelegt hatten, wurden die Veränderungen des Flusskanals veranschaulicht. Damals floss das Wasser tief unter einem hohen Ufer, doch nun erstreckte sich vor dem Dorf eine breite Sandbank. Wir waren auf der anderen Seite einer Landzunge gelandet, die eine Flussbiegung verursachte, mit der Absicht, auf den öffentlichen Weg zu gelangen, den wir verfehlten, und mussten uns über Büffelläufe durchschlagen, die wie Tunnel durch das hohe, dichte Gras führten. Auf diesen mussten wir fast zusammengekauert voranschreiten, wurden gelegentlich von Schlingpflanzen erfasst und fast erstickt, waren vom feuchten Gras über uns durchnässt und knietief im schlammigen Lehm. Indem wir die Sonne im Blick hatten, gelang es uns, Tahmeylon gegen Mittag zu erreichen. Darüber hinaus windet sich der Flusslauf auf bemerkenswerte Weise, verdoppelt aufeinanderfolgende lange Landzungen und umschließt eine große, mit undurchdringlichem Dschungel bewachsene Insel, bis er am linken Ufer das Dorf Maloolah erreicht . Die Dorfbewohner warnten uns, unsere Boote für die Nacht in einiger Entfernung vom Ufer anzulegen, aus Angst vor Tigern, von denen es zahlreiche gibt und die Boote in Ufernähe und sogar in den Dörfern nachts angreifen. Im Nachbardorf Tsitgna waren in den vergangenen zwölf Monaten zehn Einwohner von Tigern getötet worden. Wir überquerten den Bach am Morgen in einem Unterstand, um in dem Wald, der das ansteigende Gelände am rechten Ufer bedeckte, Pfauen zu schießen, aber der Waldrand erwies sich als so sumpfig, dass jeder Zugang unmöglich war. Es gab zahlreiche Dschungelgeflügel und Eichhörnchen, und unsere Diener berichteten von Schweinshirschen. Am Ausfluss des Manloung- Stroms kehrten wir zu den Booten zurück und frühstückten in den Pagoden des alten Tsampenago . Ein Labyrinth aus Bächen und

Sümpfen erstreckt sich am rechten Ufer bis zu der Stelle, an der ein Seitenarm des Tapeng umfließt und in den Manloung- Strom mündet. Am linken Ufer ist der Wald dicht und hoch, und dahinter erheben sich die unregelmäßigen Umrisse der Kakhyen- Hügel, die allmählich deutlicher werden, je näher man Tsitkaw kommt. In diesem Dorf fanden wir einen Khyoung vor dem für unsere Unterkunft vorbereiteten Gehege, und das Gepäck wurde in einem großen Schuppen aufbewahrt, der zur Lagerung der königlichen Baumwolle diente. Eine burmesische Wache unter dem Kommando des Tsare-Daw-Gyee bildete eine Absperrung um unsere Residenz und errichtete nachts eine Reihe von Hütten, während ihre Feuer einen Kreis bildeten, in den weder Räuber noch Tiger eindringen konnten.

Um fünf Uhr nachmittags des nächsten Tages kamen Browne, Margary und Allan aus Bhamô an , das sie um 10.30 Uhr verlassen hatten. Die Notwendigkeit, das Netz aus Bächen und Sümpfen zu meiden, hatte sie gezwungen, den Fluss dreimal in Booten zu überqueren, während die beiden führenden Pferde und die Ponys hinüberschwammen.

Kapitel XV.
DER VORAUS.

Residenz in Tsitkaw – Blick von unserem Haus – Namthabet – Zusammenfluss der Flüsse – Ankunft des Woon – Konferenz der Tsawbwas – Geiseln – Kakhyen -Frauen – Gewehrübungen – Ein Nachtalarm – Ein seltsamer Talisman – Wir verlassen Tsitkaw – Lager in Tsihet – Burmesische Wachhäuser – Lankon , Ponline – Lager am Moonam – Feindselige Gerüchte – Lager am Nampoung – Abreise von Margary nach Manwyne – Flucht der Geiseln – Brief von Margary – Wir betreten China – Lager am Shitee Meru – burmesische Wachsamkeit – Besuch bei Seray – Konferenz mit Seray Tsawbwa – Verdächtiger Empfang – Rückkehr ins Lager – Burmesische Barrikaden.

Das Dorf Tsitkaw , dessen schmutzige Armut seit meinen Erinnerungen an das Jahr 1868 kaum verändert zu sein schien, besteht aus etwa achtzig auf Pfählen errichteten Hütten, die von einem Bambuszaun umgeben sind, der gerade repariert wurde. Die westliche Hälfte des Dorfes ist von Chinesen bewohnt, und zum ersten Mal sieht man chinesische Frauen, denn in Bhamô gibt es keine . Zu dieser Zeit waren die Himmlischen damit beschäftigt, außerhalb der Palisaden einen hölzernen Tempel zu errichten. Ihre wichtigsten Männer kamen zu unserem Khyoung , um Likan -shin, sonst Moung Yoh, zu begrüßen, der ihnen bekannt war und von dem man annahm, er sei tot. Im buddhistischen Khyoung hatten zwei französische Missionare, Pater Lecomte und ein weiterer, den wir in Bhamô kennengelernt hatten , ihren Wohnsitz bezogen. Sie gaben an, dass sie mit der Herstellung der Kommunikation zwischen ihrer Mission in Burma und der in Yunnan beschäftigt seien und Interesse bekundet hätten, unsere Gruppe zu begleiten. Es schien nun, dass sie vorschlugen, allein nach Manwyne zu reisen; Doch die Woon von Bhamô mischten sich ein und verweigerten ihnen den Zutritt zu den Kakhyen- Hügeln nördlich des Tapeng . Wir waren ziemlich verwirrt, ihren genauen Zweck zu verstehen oder den Grund für ihre plötzliche Planänderung zu verstehen.

TSITKAW, AUF DEM TAPENG, MIT BLICK AUF DIE KAKHYEN-HÜGEL.

Wir mussten einige Tage in Tsitkaw bleiben , bis sich die Häuptlinge der Kakhyen versammelten und die Maultiere für den Transport nach Manwyne eintrafen. Die Luft und das Wasser sind besser als in Bhamô und unser Aufenthalt mit seinen Ausflügen war eine angenehme Zeit. Unser Wohnsitz bestand sozusagen aus zwei nebeneinander stehenden Bambushäusern, wobei die Entwässerung der beiden Dächer in der Mitte in einem ausgehöhlten Holzklotz aufgefangen wurde. Eine Holzleiter führte hinauf zur ersten Wohnung, hinter der das Schlafzimmer durch eine *Kalagah , einen Vorhang* , verschlossen war . Im Hintergrund erstreckte sich eine weite Schwemmlandebene bis zu den dichten Dschungeln, in denen es von Tigern wimmelte, und dahinter lagen der Manloung- See und die angrenzenden Sümpfe. Von vorne bot sich ein bezaubernder Ausblick. Unterhalb eines grasbewachsenen Ufers verlief der schnelle, sanfte Bach, hundertfünfzig Meter breit, auf der anderen Seite von gelben Sandbänken begrenzt, gesäumt von einem hohen Schirm aus üppigem Grün, der die Grenze des überschwemmten Tapeng markierte . Dahinter erhob sich die Mauer des üppigen Waldes, im Hintergrund die hohen, waldreichen Kakhyen -Berge. Sechs Meilen entfernt schien diese Mauer ununterbrochen zu sein, denn die Schlucht, durch die dieser Fluss entspringt, ist von einer niedrigen Hügelkette verdeckt, um die der Tapeng in nordwestlicher Richtung umgelenkt wird, bis er oberhalb von Tsitkaw seine Runde macht , um in Richtung des Flusses zu fließen Irland . Es gab vielfältige Versuchungen für einen Sportler oder einen Naturforscher; Auf dem langen Schwemmland wurden am Morgen Schwärme von Papageien, Sarus-Kranichen und Brahminenenten beim Fressen beobachtet, und in den Reisfeldern wimmelt es von großen Bekassinen und Glanzibis. Auf den Sandbänken, die den Fluss säumten, ließen sich Schwärme wilder Gänse nieder und bescherten uns buchstäblich wilde Gänsejagden. In den großen Bäumen gab es, wie Margary sagte, so viele prächtige Pfauen wie Elstern, und es lag ihm am Herzen, einige ihrer gefiederten Beute zu sichern, um sie an General Chiang in Momien zu schicken, der das Gefieder für seinen Hut haben wollte . Wir nahmen an den vergnüglichsten Ausflügen teil und führten, um seine Worte noch einmal zu zitieren, ein normales Zigeunerleben. Eine davon führte zum Manloung- See, wo unser Havildar zur Freude der Sikhs ein Reh erschoss, die ihre uneingeschränkte Bewunderung für das Land zum Ausdruck brachten und den starken Wunsch äußerten, dass wir es annektieren sollten.

Ein Tag war einem langen Spaziergang zum Namthabet -Fluss gewidmet, jenseits der abgetrennten Reihe niedriger Hügel. Vom Dorf Tsitgna aus fuhren wir in einem Unterstand zum gegenüberliegenden Dorf Kambanee , wo wir einige Kakhyen- Frauen beobachteten, die fast zu verängstigt schienen, um den Blick vom Boden zu heben. Die Straße, zunächst breit und gut, führte durch ein ebenes Gebiet, das von Wäldern aus Engbäumen und hohem Gras bedeckt war und *den* gleichen Charakter hatte wie die Straße zwischen Bhamô und den Hügeln. Als das Land in langen Wellen anstieg, veränderte sich der Charakter des Waldes, eine Vielzahl von Nutzholz löste die *Engbäume ab* und dichte Bambushaine füllten die Mulden. Die Hänge führten bald zu einem ziemlich hohen Bergrücken hinauf, der bis auf die für den Maisanbau gerodeten Flächen mit dichtem Wald bedeckt war. Vom Gipfel aus hatte man einen weiten Blick auf die Tapeng- Ebene und den Manloung- See, der sich über ein großes Gebiet erstreckte. Wir stiegen über einen steilen Pfad hinab, der sich durch Bambusdickichte und Lichtungen schlängelte. Als wir dieses waldreiche Gebiet durchquerten, das scheinbar alles Nötige eines Waldparadieses enthielt, waren wir beeindruckt von der geringen Vogelwelt; nur ein paar Papageien kreischten überrascht über die Eindringlinge. Auf einem hohen Baum wurden drei Zwergfalken gesichtet, von denen einer den Anforderungen der Wissenschaft zum Opfer fiel.

Bald erreichten wir den Namthabet , einen klaren, reißenden Bach, der sich in einem felsigen Kanal durch ein enges Tal schlängelte, hinter dem sich die mit dichtem Wald bedeckte Masse der Kakhyen- Hügel erhob. Eine Kakhyen- Frau wollte gerade von der gegenüberliegenden Seite überqueren, floh jedoch bei unserem Erscheinen, und keine Überredung seitens unseres Führers konnte sie zur Rückkehr bewegen. Wir stiegen das Tal hinab und kamen an einem Feuer vorbei, auf dem in einem grünen Bambus Reis kochte, aber der Besitzer hatte sich im Busch versteckt. Wir erreichten den Tapeng an einer Stelle, wo eine Art Rutsche in die Ufer gehauen worden war, über die die gefällten Bambusbäume in den Fluss geworfen werden, um in den Irawady geschwommen zu werden, wo sie zu Flößen verarbeitet und hinabgeschickt werden Strom in die Hauptstadt. Man sah eine Gruppe

Kakhyens damit beschäftigt, Bambus zu fällen, und wir kamen an ihren provisorischen Hütten auf einer Lichtung vorbei; und diejenigen unserer Gruppe, die sie nicht kannten, schienen von ihrem friedlichen und freundlichen Verhalten überrascht zu sein . Ein Aufstieg über das felsige linke Ufer des Tapeng brachte uns zum Zusammenfluss der beiden Flüsse, und der Tagesmarsch von fünfzehn Meilen wurde durch die herrliche Schönheit der Schlucht, durch die der Tapeng aus dem Hauptgebirge entspringt, mehr als wettgemacht. Die hoch aufragenden Felsmassen und Felswände, die bis zu ihren Gipfeln mit Wald bedeckt waren, an deren Fuß der Fluss tief und langsam floss, das exquisite Laubwerk und die satte Farbe der leuchtenden Blumen bildeten eine bezaubernde Szene, ganz anders als die, die sie hatte Derselbe Fluss zeigte sich , als ich ihn das letzte Mal sah, unter sinkenden Wolken und in voller Flut, dessen Höhe jetzt durch eine schwache braune Linie auf den Felsen angezeigt wurde, dreißig Fuß über seinem gegenwärtigen Pegel. Der Namthabet floss aus einer kleineren Schlucht, die von einer klapprigen Bambusbrücke überspannt wurde, über die einer von uns zu gehen versuchte, aber schnell dazu gezwungen wurde, auf Hände und Knie zu fallen und über die vibrierende Struktur zu kriechen. Wir gingen auf einem Waldweg durch verworrene Vegetation über die Höhen und Tiefen des Bergrückens zurück, bis wir auf die richtige Straße stießen, über die wir kurz vor Sonnenuntergang Kambanee erreichten.

Tsitkaw unterwegs war , und in Tsitgna erfuhren wir, dass unser alter Freund, der Woon , persönlich aus Bhamô eingetroffen war , um die Vorbereitungen für unsere Weiterreise nach Manwyne zu beschleunigen . Einige Tage zuvor hatte eine Konferenz mit den Tsawbwas der nördlichen Hügel stattgefunden ; unter ihnen waren auffällig unser alter Freund oder Feind, Sala, der Ponline-Häuptling, und der Pawmine von Ponsee , den wir „Totenkopf" genannt hatten; bei ihnen waren andere, deren Namen uns unbekannt waren. Es war vereinbart worden, dass der an Manwyne pro Maultier zu zahlende Mietzins sieben Rupien und acht Annas betragen sollte, zuzüglich einer Steuer- oder Mautgebühr von fünf Rupien für jedes Tier. Die letzten Vorbereitungen waren um fünf Tage verschoben worden, da ein Büffelopfer stattfinden sollte, bei dem alle interessierten Häuptlinge anwesend sein konnten. Sie waren in Manwyne nicht von Mandarinen, sondern von Kaufleuten einberufen worden, die mit ihnen über die Raubüberfälle von Karawanen protestieren wollten, die auf der Ponsee- Route immer wieder vorkamen. Ein Beispiel hierfür wurde während unseres Aufenthalts von einigen Chinesen gemeldet, die hereinkamen und behaupteten, sie seien von Kakhyens in der Nähe von Ponsee beschossen und gezwungen worden, zweihundert Rupien Erpressung zu zahlen. Am Tag nach Woons Ankunft soll der Seray-Häuptling eine Herde Maultiere mitgebracht haben. Oberst Browne nahm auf Einladung des Woon an einer zweiten Konferenz teil, bei der alle Häuptlinge anwesend waren, und unterzeichnete eine auf Burmesisch verfasste Vereinbarung. Es wurde vereinbart, dass sie uns sicher nach Manwyne bringen sollten , wo die vereinbarten Geschenke an sie verteilt werden sollten, und dass die Söhne der Ponline , Ponsee und Seray Tsawbwas zur Erfüllung des Vertrags als Geiseln festgehalten werden sollten.

Der Sohn des Seray-Häuptlings war ein junger Mann, dessen Verhalten und Gesichtsausdruck einen äußerst ungünstigen Eindruck machten; Tatsächlich schien er ein ausschweifender junger Raufbold zu sein und den Fremden gegenüber ausgesprochen unfreundlich. Salas Sohn war ein vierzehnjähriger Junge, der seinem Vater in Aussehen und Verhalten weit überlegen war; Er war ein häufiger Besucher unseres Khyoung und auch ein Patient, da er, wie viele seiner Landsleute, an entzündeten Augen litt, für deren Heilung er gebührend dankbar zu sein schien. Er war eher ein Favorit des alten Woon , der ihn nach Bhamô mitnahm , und es ist zu hoffen, dass die bessere Bildung und Ausbildung ihn dazu befähigen wird, ein besserer Häuptling zu sein als sein geiziger und verräterischer Vater.

Als Folge der Ankunft der Tsawbwas kam es zu einem großen Zustrom ihrer Untertanen, die in großer Zahl herbeiströmten, sowohl Männer als auch Frauen, und als Geschenke Geflügel und Gemüse sowie Bambusflaschen mit Sheroo mitbrachten . Die Mitglieder unserer Gruppe, die sie zum ersten Mal in ihrer Unabhängigkeit sahen, waren sehr an den „kleinen, finster dreinblickenden Frauen" und den halbwilden Männern interessiert. Ein unveröffentlichter Brief, fast der letzte von Margary, stellt sie anschaulich dar: „Wir ließen sie auf Pfählen auf unseren Ratan-Boden aufsteigen, und abgesehen von der Neuartigkeit und dem Spaß, den es mit sich bringt, ihre verschiedenen Kuriositäten zu kaufen, ist es das auch." keineswegs eine wohlschmeckende Zutat. Die Erschütterungen einer elektrischen Maschine erzeugen einen ständigen Strom der Fröhlichkeit, und wir brüllen vor Lachen über die Grimassen und Verrenkungen unserer wilden Gäste. Die Frauen werden inzwischen mutiger und kommen in großer Zahl und bringen uns ihre einfachen Freundschaftsangebote. Sie sind die seltsamsten Kreaturen, die man sich vorstellen kann, und unbeschreiblich schmutzig. Trotz ihrer rot gefärbten Lippen und ungewaschenen Beine zeugen sie jedoch nicht von einem geringen Maß an Schüchternheit, was sie interessant macht. Sie tragen die wunderbarsten Gürtel aus losen Ratanringen, die auf die Dicke eines Fadens gespalten sind, und einen mit Kaurischnecken bedeckten Gürtel. Die Ohren sind mit großen Löchern durchbohrt, in die sechs Zoll lange silberne Röhren eingeführt werden, die mit roten Stoffbüscheln geschmückt sind. Wir haben heute versucht, sie dazu zu verleiten, diese seltsamen Ornamente für schillernde Perlenketten zu verkaufen, aber ohne Erfolg. Eine Kreatur erlaubte mir sogar, einen Schlauch aus ihrem Ohr zu ziehen, aber meine Verhandlungsversuche lösten bei den Männern nur gut gelauntes Gelächter und bei den Frauen ein Kichern aus."

Die neugierigen Menschenmengen wurden schließlich so beunruhigend, dass wir gezwungen waren, die Fliegengitter vor unserer Eingangshalle zu schließen, um uns vor den Eindringlingen zu schützen, die uns beim Frühstück beobachten wollten. Die Erregbarkeit ihres Wesens wurde deutlich, als die Sikhs bei Gewehr- und Revolverübungen auf eine Zielscheibe vorgeführt wurden. Die Kakhyen -Augenzeugen schrien und schwangen ihre Musketen, und einige sprangen nach vorne, bliesen ihre Streichhölzer und gaben zu verstehen, dass sie ihr Können unter Beweis stellen wollten. Die burmesischen Offiziere mussten sie zurückhalten, und danach traten die Pfotenminen vor und baten den Tsare-Daw-Gyee offiziell , ihnen zu erlauben, auf die Ziele in derselben Entfernung von dreihundert Metern zu schießen. Dies wurde abgelehnt und die Aufregung ließ allmählich nach. Die Burmesen sagten, dass alles auf die Tatsache zurückzuführen sei, dass ein Kakhyen nicht einmal das Abfeuern einer Waffe hören könne, ohne sofort seine eigene Waffe abzufeuern, und sei es nur in der Luft.

Am 14. Februar der Ponsee Pawmine kam, um sich zu erkundigen, wann wir anfangen würden, und erfuhr, dass wir sofort losfahren könnten. Daraufhin fand eine Häuptlingskonferenz unter einer Art Baumwollzelt oder Baldachin statt, das die Burmesen offenbar aus Misstrauen gegenüber der Fähigkeit unseres Bodens, eine Menschenmenge zu tragen, errichtet hatten. Dann wurde beschlossen, dass wir am 16. marschieren sollten, da die Burmesen wünschten, dass uns eine chinesische Karawane vorausgehen sollte. Der Tsare-Daw-Gyee bemerkte, dass er, wenn die Kakhyens beabsichtigten, eine der Parteien anzugreifen, ihnen die Möglichkeit geben würde, beides zu tun, um Fehler zu vermeiden. Er berichtete, dass in Manwyne vom Gouverneur von Momien der Befehl eingegangen sei , dass die englische Mission „gemäß der Sitte" behandelt werden sollte, für diesen Satz konnte niemand eine Erklärung liefern. In der Nacht wurden wir durch einen offensichtlichen Ansturm von Maultieren und ein gewaltiges Geschrei der burmesischen Wache alarmiert. Es stellte sich heraus, dass ein Büffel, den die Kakhyens schlachteten, sich mit aufgeschnittener Kehle losgerissen hatte und nach einer Verfolgungsjagd genau gegenüber unserem Khyoung losgeschickt worden war , wo sie ihn am Morgen zerstückelten, nachdem sie den Kopf an einem Pfosten befestigt hatten das Zayat , wahrscheinlich zu unseren Ehren als Gründer des Festes. Mittags erschien der Tsare-Daw-Gyee , begleitet von einem *Tsitkay-Nekandaw* oder Stellvertreter aus Bhamô , der vom Woon geschickt worden war, um über den Fortschritt zu berichten. Die offizielle Tätigkeit wurde durch die Tatsache angeregt, dass der Offizier, der mit uns nach Mandalay geschickt worden war und dorthin zurückgekehrt war, zur Verbannung in Ketten nach Mogoung verurteilt worden war, weil er nicht auf unsere Verabschiedung gewartet hatte. Da der arme alte Mann mit unserem Einverständnis zurückgekehrt war und sich in einem schlechten Gesundheitszustand befand, schrieb unser Anführer an Mandalay und bat um Fürsprache für seine Begnadigung, die daraufhin vom König gewährt wurde. Der Tsitkay-Nekandaw lieferte eine merkwürdige Illustration eines von Colonel Yule erwähnten Brauchs. [40] Der obere Teil seiner Wangen war durch große Schwellungen entstellt, die durch das Einsetzen von Goldklumpen unter die Haut entstanden waren, die als Zauber für Unverwundbarkeit dienten. Yule erwähnt den Fall eines auf den Andamanen hingerichteten burmesischen Sträflings, unter dessen Haut Gold- und Silbermünzen gefunden wurden. Die im Text von Marco Polo erwähnten Steine sowie die in der Notiz seines gelehrten Herausgebers erwähnten Substanzen scheinen keine Juwelen gewesen zu sein. Unter den Maultiertreibern in Yunnan herrscht der Brauch vor, Edelsteine unter der Haut von Brust und Hals zu verstecken und einen Schlitz zu machen, durch den der Edelstein gepresst wird. Dabei geht es jedoch nicht darum, das Leben der Eigentümer zu schützen, sondern um ihr tragbares Vermögen. Als ich in Mandalay war, untersuchte ich einige Männer, die gerade aus Yungchang angekommen waren , und fand Personen mit bis zu fünfzehn Münzen und Juwelen, die so versteckt waren, als Vorsichtsmaßnahme gegen die Räuber, die sie buchstäblich bis auf die Haut ausziehen könnten, ohne den verborgenen Schatz zu entdecken. Aber unser burmesischer Beamter betrachtete sein entstellendes Gold als einen gewissen Schutzzauber gegen Gefahren.

Während unseres Interviews mit den Burmesen kamen einige der Pfandminen , um einen Vorschuss in Höhe von einem Drittel der ihnen gezahlten Maultiermiete zu erhalten; und dann schien Sala mit der Höhe der Maut definitiv einverstanden zu sein. Einer der anderen Häuptlinge wurde gebeten, anwesend zu sein, aber er überließ es lieber Salas Entscheidung. Letzterer stimmte zu, fünf Rupien pro Maultier zu erhalten, und achtete äußerst sorgfältig darauf, alle neugierigen Bergbewohner fernzuhalten, während er darüber debattierte und anschließend den gesamten Betrag erhielt. Da das gesamte Gepäck bereit war, mit Ausnahme der täglich benötigten Bettwaren usw., wurde der nächste Tag für die tatsächliche Abreise festgelegt. Als letzte Vorbereitung verteilte Browne rote Turbane an die burmesische Wache, was der ansonsten bunt zusammengewürfelten Horde ein gewisses einheitliches Aussehen verlieh.

Wir standen am 16. Februar um 6 UHR MORGENS AUF und übergaben unser gesamtes persönliches Gepäck den Kakhyens , die ihre Vorbereitungen für den Start nur langsam abgeschlossen hatten. Der Ponsee Pawmine erschien zum ersten Mal, und die Last seiner Beschwerde, die er mit den stärksten Bejahungen und mit der ausdrucksvollsten Pantomime zum Ausdruck brachte, bestand darin, dass er keinerlei Erpressung erhalten hatte, da Sala die gesamte Zahlung angeeignet hatte. Der Tsare-Daw-Gyee erklärte, dass dieser gezwungen gewesen sei, seine Beute auszuspucken, aber vorsichtshalber sollte er als Geisel in Tsitkaw festgehalten werden . Eine Schwierigkeit war dann die Größe der Kiste mit essbaren Vogelnestern, die kein Maultiertreiber nehmen würde; Die Lösung dieser Angelegenheit überließ Colonel Browne den Kakhyen- Häuptlingen. Zwischen der Pawmine „Death's Head" von Ponsee und dem burmesischen Choung-oke kam es zu einem heftigen Streit darüber, wie die Anzahl der Maultiere ermittelt werden sollte . Dies ging so hoch, dass die Pawmine drohte, den Choung-Oke zu erschießen , und der alte Burmane schwor, er würde den Kakhyen niederstrecken , aber der Kampf endete in Misshandlungen, und der Burmane setzte sich mit seiner Lungenkraft durch. Dann kam es zu einer Diskussion zwischen den Ponsee Pawmine und ein anderer, dessen Maultierkontingent der erstere ganz oder zum großen Teil unter seinen eigenen abrechnen wollte.

Die Maultiertreiber, die durch den Streit aufgehalten worden waren, luden ihre Tiere ab und trieben sie auf die Weide. Es kostete einige Zeit, sie wieder zusammenzubringen, doch schließlich machten sie sich auf den Weg, gefolgt von Margary und Allan mit einer Abteilung der burmesischen Wache. Der Rest der Mission wurde jedoch dadurch verzögert, dass es schwierig war, Träger für die zurückgewiesene Kiste mit Vogelnestern, die Hausapotheke und die Fotoapparate zu finden, die allesamt in der Kälte zurückgelassen worden waren und getragen werden mussten Birmanisch. Um vier Uhr verließen wir schließlich Tsitkaw , beobachtet von Sala, der von der Veranda des Hauses, in dem er zu unserer Sicherheit als Geisel wohnen sollte, zum Abschied winkte. Wir beobachteten am Straßenrand mehrere Frauen, die mit Wasserkaraffen saßen , in denen sich jeweils eine Blume befand, aus der sie Trankopfer gossen und Gebete für unsere Sicherheit murmelten. Als wir an den aufeinanderfolgenden Dörfern Hantin , Hentha und Myohoung vorbeikamen , war die Straße von Frauen gesäumt, die ebenfalls beschäftigt waren. Eineinhalb Stunden langsamen Vorankommens brachten uns zum Weiler Tsihet am Fuße der Hügel, vor dem uns Männer mit willkommenen Schlucken reinen und kühlen Wassers erwarteten. Es gibt zwei kleine Dörfer, jedes innerhalb seiner eigenen Palisaden, die durch einen Abstand von dreißig Metern voneinander getrennt sind. Wir bezogen unser Quartier in einem klapprigen Zayat im nördlichsten Dorf. Das Lager draußen bot eine äußerst geschäftige Szene. Die Burmanen kochten ihr Abendessen, während andere provisorische Hütten aus frisch geschnittenem Bambus errichteten oder sie mit Bambusblättern und langem Gras bedeckten. Gruppen von Kakhyen- Säumern, die zuerst angekommen waren, saßen rauchend und plaudernd in ihren Hütten; andere sammelten die Maultiere ein und stellten sie in Reihen zwischen dem Gepäck auf, wobei jedes Tier einen Fuß an einem in den Boden getriebenen Holzpflock befestigte. Die Burmesen hatten ihr Lager in einem Kordon aufgeschlagen, der die Sikhs und Kakhyens und natürlich das gesamte Gepäck umschloss; und im Norden und Süden des Dorfes waren Außenposten errichtet worden.

Der Ort Tsihet schien aufgrund der Nähe der Hügel ungesund zu sein und die Kinder sahen sehr kränklich aus. Das ist nicht verwunderlich, wenn man den gewöhnlichen Wasservorrat an dem Wasser messen würde, das uns am Abend geliefert wurde und das offenbar aus einer Büffelwüste stammte. Alle Dorfbewohner versammelten sich, um bei ihrem Abendessen *im Freien die* Kalas zu beobachten , und nahmen eifrig unsere leeren Flaschen entgegen, die als kostbare Preise galten.

Um acht Uhr am nächsten Morgen machten wir uns auf den Weg und begannen fast sofort aufzusteigen und überquerten eine Reihe von Bergrücken, bis wir um 9.30 Uhr das erste burmesische *Kengdat* oder Wachhaus namens Pahtama erreichten Kengdat . Es liegt in einer Mulde und besteht wie die anderen aus einem kleinen Haus aus Teakholz und Bambus, das auf Pfählen steht und von einem doppelten Bambuszaun umgeben ist, vor dem zwei Stangen mit weißen Wimpeln angebracht sind. Die Garnison bestand aus etwa einem halben Dutzend burmesischer Soldaten. Während wir weiter aufwärts gingen, erreichten wir den Bezirk Singnew , und an einer Stelle, wo die Straße abzweigte, hatten sich mehrere Kakhyen- Männer und - Frauen versammelt, um uns passieren zu sehen. Das zweite burmesische Wachhaus, Lamen Kengdat , und bald darauf das Dorf Pehtoo , oder Payto , passierten wir und wir betraten das Gebiet von Ponline . Vom ersten Dorf und dem dritten Wachhaus, Tap- gna - gyee , stiegen wir zum Hauptdorf und Wohnsitz von Sala namens Lankon auf, wo wir 1868 unsere erste Nacht im Kakhyen- Land verbrachten .

Mittags machten wir vor dem Haus des Häuptlings halt , wo ein prächtiger Pfirsichbaum in voller Blüte stand. Ein paar alte Kakhyens waren versammelt, darunter auch die Tsawbwa-Gadaw , die Sheroo hervorbrachte und eine Bezahlung verlangte. Dafür erhielt sie vier Annas, mit denen sie sehr unzufrieden zu sein schien. Die Straße, oder vielmehr der Weg, der in den letzten sieben Jahren nicht wesentlich verbessert wurde, war auf beiden Seiten durch Büschel roher Baumwolle gekennzeichnet, die die niedriger hängenden Äste als Tribut von den häufigen Karawanen gefordert hatten. Von diesem Dorf aus verlief unsere Route nördlich der Route, die wir früher zurückgelegt hatten, und ein einstündiger Abstieg brachte uns zu einem kleinen Bach namens Moonam, auf dessen anderer Seite wir das Lager an einem Hang fanden, der offensichtlich erst vor kurzem angelegt worden war für den Standort des vierten Wachhauses mit dem Namen Tsadota freigegeben Kengdat , auf allen Seiten von hohen Hügelausläufern umgeben. Wir übernachteten im Wachhaus, das den höchsten Punkt des Abhangs einnimmt, und die Burmesen bildeten ihre übliche Linie um die Kakhyens . Der Tsare-Daw-Gyee erschien später, nachdem er einer anderen Route gefolgt war, die ihn zum nordöstlichen Ende führte, wo er seine Gruppe lagerte. Überall um uns herum hörten wir im Laufe des Abends die Gongs, die einander antworteten, und die lauten Rufe „Alles gut!" der burmesischen Außenposten.

Nach einem erfrischenden Bad machten wir unter Anleitung eines Kakhyen einen Spaziergang den Hügel hinauf , um nach Fasanen zu suchen, von denen wir nichts als einen Teil eines riesigen Pilzes mitbrachten. Vor dem Zubettgehen verkündete Browne, dass ein Kakhyen zu ihm gekommen sei und ihm mitgeteilt habe, dass sich vierhundert böse gesinnte Kakhyen hinter Ponsee versammelt hätten , um unseren Vormarsch zu bekämpfen. Freundlichere Besucher wurden in Form des Tsawbwa-Gadaw von Woonkah und ihren Anhängern versprochen, die am Morgen aus dem Dorf ihres Mannes auf dem Berg nördlich von Ponline eintreffen sollten .

Während wir am Morgen des 18. Februar auf die Ankunft unserer erwarteten Besucher warteten, erschien der Tsare-Daw-Gyee mit seinen Unteroffizieren und wiederholte in sehr ernstem Ton die Information, die vierhundert böswillige Kakhyens und chinesische Bergdacoits mitgenommen hatten Verpflichtungen untereinander, uns anzugreifen, wahrscheinlich um der Plünderung willen. Die Glaubwürdigkeit, die dem Bericht beigemessen werden sollte, wurde sowohl von Kakhyens als auch von Burmesen unterschiedlich eingeschätzt. Moung Mo und Moung Yoh glaubten es nicht; Doch dem ehemaligen elenden alten Mann ging es plötzlich so schlecht, dass er fürchtete, er könne nicht weitermachen. Der Ponsee Pawmine hat die Geschichte erkundet und behauptet, sie sei eine Erfindung eines wertlosen Kakhyen , der uns gestern getroffen hat. Unser Sikh Havildar meldete sich sofort freiwillig, mit seinen fünfzehn Männern vorzurücken und den Weg für eine beliebige Anzahl dieser Bergsteiger freizumachen, die er aufgrund seiner Beobachtungen in Sawady und anderswo sehr billig festhalten konnte. Der Tsare-Daw-Gyee erklärte, dass er und seine Männer zum Kampf bereit seien, dass es jedoch wünschenswert sei, wenn möglich friedlich voranzukommen. Schließlich wurde beschlossen, dass wir uns zum letzten burmesischen Wachhaus am Ufer des Nampoung begeben sollten , und die Karawane machte sich gegen neun Uhr auf den Weg.

Nach einem kurzen, steilen Anstieg, in Hörweite des fernen Rauschens des Tapeng , führte die Straße hinunter zum Nampoung . Nachdem wir zwei kurze Bergrücken überquert hatten, von wo aus wir einen herrlichen Blick auf das von Südsüdwesten nach Nordnordosten verlaufende Tal hatten, und dann über einen steilen Pfad in einer Reihe schmaler Zickzacklinien zum Ufer des Baches gelangten, kamen wir an das fünfte burmesische Wachhaus um 10.30 UHR

Das Tal des Nampoung ist ein tiefes, schmales Tal, das auf beiden Seiten von hohen Bergen begrenzt wird und an keiner Stelle breiter als zweihundert Meter ist. Der Fluss ist ein schneller, klarer Bach, der in einem felsigen Kanal zwischen mit Felsen übersäten Ebenen fließt, die auf beiden Seiten von hohem Gras gesäumt sind. Die Ufer steigen steil an, sind mit hohen Waldbäumen bedeckt, von prächtigen Schlingpflanzen durchzogen und mit Orchideen geschmückt. Einige Meilen nördlich verbindet sich ein eher baumloses Tal mit der Schlucht, das offenbar in eine Richtung hinter Manwyne verläuft . Das Wachhaus befindet sich auf einer ebenen, offenen Fläche, die mit Reisterrassen bedeckt ist. Im Süden endet das Tal in einer tiefen Schlucht, durch die der Fluss zum Tapeng stürzt . Wir fanden das Lager aufgebaut und die Leute, wie üblich, ungeachtet des Ratschlags des Ponsee eifrig damit beschäftigt, ihre Hütten vorzubereiten Pawmine , dass wir nach Shitee weiterfahren sollten , es war beschlossen worden, dass wir hier bleiben sollten.

Ein weiterer Burman war aus Manwyne eingetroffen und bestätigte die Meldung über die bevorstehende Gefahr, aber Margary diskreditierte sie und erklärte sich bereit, wenn nötig, nach Manwyne zu reisen , um sich nach der Wahrheit der angeblichen Opposition zu erkundigen. Der Tsare-Daw-Gyee stimmte diesem Schritt zu, und es wurde beschlossen, Margary nach vorne zu schicken, da er den Manwyne- Leuten seit seinem letzten Aufenthalt in dieser Stadt bekannt war und allen chinesischen Offizieren im Bezirk als unter dem Schutz stehend bekannt war des Vizekönigs von Yunnan.

Am Nachmittag hörte man Gongs und Zimbeln hoch oben auf dem Hügel auf der chinesischen oder linken Seite des Tals schlagen, und man sah Kakhyens , die zwischen den Bäumen auf uns herabblickten. Dabei handelte es sich um die Anhänger des Shitee Meru tsawbwa , der jedoch nicht auf burmesisches Gebiet vordringen wollte, und nach einiger Zeit kündigten entfernte Schüsse seine Rückkehr in sein Dorf an. Am Abend bot das Lager ein malerisches Bild: Die roten Turbane der Burmesen vermischten sich mit dem satten Grün der Palmenblätter, mit denen die zahlreichen Hütten gedeckt waren. Der Ponsee Pawmine hatte sich ein Wigwam aus gefiederten Palmwedeln errichtet, und der Schein des hellen Feuers, um das herum eine Gruppe blaugekleideter Männer plauderte und rauchte, erhellte ein Bild, das man unbedingt zeichnen wollte.

Am Abend gab es ein Abschiedsessen, zu dem Margarys chinesische Schriftstellerin eingeladen war. Unsere Diskussion über die Aussichten der Mission dauerte bis in die späte Stunde, obwohl sie nicht von Vorahnungen über das schreckliche Schicksal getrübt war, das unserem tapferen Kameraden bevorstand, während die Gongs der wachsamen Burmesen wie üblich von verschiedenen Punkten rundherum erklangen unsere Position.

Margary machte sich am frühen Morgen des 19. Februar *auf den Weg nach Seray*
auf dem Weg nach Manwyne . Er wurde von seinem Schriftsteller Yu- tu -
chien begleitet , von dem ich bereits gesprochen habe, einem intelligenten
chinesischen Christen, der sich während seines Aufenthalts bei uns sowohl
beliebt als auch respektiert gemacht hatte. Die anderen Anwesenden waren
sein offizieller Bote oder *Ting-chai* , Lu-talin , vom Konsulat in Shanghai; sein
Junge, Ch'ang- yong - chien , bekannt unter dem Namen Bombazine; Li-ta-
yu , ein Diener aus Sz-chuen ; und sein Koch Chow- yu -ting, ein gebürtiger
Hankower, die alle ihren Herrn auf der Reise durch China begleitet hatten.
Außer seinen Anhängern begleiteten ihn Moung Yoh oder Likan - shin und
eine Pawmine von Seray, die keineswegs beeindruckend aussah und sich
durch eine besonders laute Stimme auszeichnete, nach Seray.

Den Vormittag verbrachte ich damit, unter Anleitung eines Kakhyen das Tal
zu erkunden, was durch den dichten Dschungel und die mangelnde
Bereitschaft der Eingeborenen, mehr als zwei oder drei Meilen vom Lager
zu entfernen, erschwert wurde.

Die Berichte über eine drohende Opposition waren so zahlreich wie eh und
je; aber einige Chinesen, die im Laufe des Tages ankamen, gaben an, nichts
von irgendwelchen Unruhen unter den Bergvölkern zu wissen. Ein Kakhyen
wurde von den Burmesen zum Wachhaus gebracht, der am Vortag
absichtlich aus Manwyne gekommen war, um uns unter eigenem Risiko
mitzuteilen, dass eine Gruppe von Männern von einem Yang
zusammengestellt worden sei, um uns anzugreifen -tajen , im Bunde mit den
Seray Tsawbwa . Der Bote wirkte schwachsinnig, war aber in seiner
Geschichte klar, was sicherlich mit den vorherigen Berichten
übereinstimmte. Es kam die Nachricht, dass mit Ausnahme von Sala alle in
Tsitkaw festgehaltenen Geiseln entkommen seien. Einer von ihnen war der
Sohn des Ponsee Pawmine und sein Vater, der Margary begleiten sollte,
wurden zurückbehalten, um anstelle seines Sohnes nach Tsitkaw geschickt
zu werden. Die Tsawbwa-Gadaw von Woonkah kam ordnungsgemäß mit
ihrem Geschenk an Hühnern, Eiern und Sheroo an und erhielt Wolltücher
und andere Geschenke, mit denen sie schnell verschwand, nicht ohne zu
murren, dass ihr für ihre Hühner kein Geld bezahlt worden war!

Es geschah nichts weiter bis zum nächsten Morgen, als Boten einen Brief
von Margary brachten, der aus Seray stammte und mitteilte, dass die Straße
bisher unbehindert sei und alle Leute, denen man begegnete, höflich seien
und dass er nach Manwyne weiterfahren sollte . Er bemerkte, dass der Seray-
Häuptling im Haus des Seray- Häuptlings seine Verachtung für die Burmesen
zum Ausdruck brachte, indem er auf den Boden spuckte.

Obwohl der Tsare-Daw-Gyee darauf drängte, keine Bewegung zu machen, bis uns die Nachricht von Margarys Empfang in Manwyne erreichte, beschloss Colonel Browne aufgrund dieser Mitteilung, sofort weiterzumachen und diese Stadt, wenn möglich, auf Anhieb zu erreichen Marsch. Das Lager wurde dementsprechend angegriffen und über den Nampoung gelangten wir nach China.

Die Straße, die wir verfolgen sollten, führte direkt einen steilen Ausläufer des Hauptgebirges hinauf, das den Tapeng vom Nampoung trennt , dessen höchster Punkt, Shitee Meru, sich unmittelbar nördlich von Ponsee erhebt , dem Ort, an dem die erste Expedition lange festgehalten wurde von 1868. Ich machte mich vor den anderen auf den Weg, begleitet von meinen Männern und dem Kakhyen -Späher, der die Informationen aus Manwyne gebracht hatte . Der Aufstieg begann direkt im Nampoung- Tal und ein dreistündiger Aufstieg auf dem Bergpfad brachte uns mittags zum ersten Shitee- Dorf. Die Tsawbwaschaft wurde unter drei Brüdern aufgeteilt, von denen jeder ein eigenes Dorf hatte, aber der jüngste war nach den Kakhyen-Regeln der Häuptling von Shitee Meru. Im ersten Dorf wurden wir gastfreundlich empfangen und mit Sheroo gestärkt , und die Kinder freuten sich über Perlen und kleine Münzen. Hier fanden wir einen gebürtigen Inder, einen Sklaven, der von außerhalb von Assam kam und den größten Teil seiner Sprache vergessen hatte, sich aber durch den Ruf von *Pani zu erkennen gab* . Am Hang traf ich den Shitee Meru Tsawbwa, der mit zwei Männern herunterkam, von denen einer mich ein Stück begleitete; und als nächstes erschien der Wacheoon Tsawbwa mit einer Gruppe von vierzig bewaffneten Anhängern, einige von ihnen auf Ponys. Er war sehr freundlich und schickte eine Eskorte mit uns zurück, von denen einer dem Engländer eine Eidechse mitgebracht hatte. Die Straße schlängelte sich hinauf und über die Ausläufer, die vom Rückgrat des Shitee-doung zum Nampoung führten, der von Nordosten entlang eines Tals fließt, das unterhalb des Nordwesthangs des Hauptgebirges liegt, das das rechte Ufer des Flusses definiert Tapeng . Die größte Höhe, die wir auf dem Shitee Meru Doung erreichten, lag bei etwa fünftausendsiebenhundert Fuß über dem Meer, von wo aus wir leicht abstiegen zu dem für unser Lager gewählten Ort, dessen Höhe nachweislich fünftausendfünfhundert Fuß betrug, wo wir Halt machten 15.30 Uhr, nach einem Marsch von etwa acht Meilen.

Nampoung hinunterliefen , einer in unserem Rücken mit Wald und der andere mit Gras bedeckt, etwa fünfhundert Meter nordöstlich, erstreckten sich zwei flache Lichtungen, wo die Karawanen zu biwakieren pflegten, die erste und kleinere Lichtungen liegen in der Nähe des westlichen Ausläufers. Auf dem zweiten und größeren Platz, der vom ersten durch einen Gebirgsbach getrennt war und etwas höher lag, unmittelbar entlang des grasbewachsenen Ausläufers, wurde das Lager aufgeschlagen. Rund um und über den Lagern war der Wald gerodet worden und die offene Fläche war mit hohem Gras bedeckt, das mit Felsbrocken durchsetzt war. Direkt unterhalb der Lager fiel das Gelände abrupt in eine grasbewachsene Mulde zwischen den Bergrücken ab, die als Weidegrund für die Maultiere diente. Der Hauptgebirgskamm, der sich bis zu einer Höhe von 600 Fuß über uns erhob, war bis zu seinem Gipfel mit dichtem Wald bedeckt, der eine durchgehende Deckung bildete, die sich entlang des vorspringenden Kamms im hinteren Teil erstreckte und so unsere Position auf dem Berg umschloss und beherrschte Süden und Osten. Unterhalb der Mulde sank der mit undurchdringlichem Dschungel bedeckte Hang abrupt zum Nampoung ab . Das Land, über das sich die Straße am Hang entlang in Richtung Seray schlängelte, bestand aus alten, mit Dschungelgras bedeckten Lichtungen und unbeschnittenen Waldstücken. Der unmittelbare Ausgang der Straße führte durch eine Senke im Bergrücken, die dazwischen liegende Mulde hinab und von dort wieder ansteigend über den nächsten Felsvorsprung.

Wir lagerten im Freien zwischen den Maultieren und dem Gepäck, umgeben von den Feuern, deren Rauch anfangs äußerst unerträglich war, aber sonst keine Belästigung oder Störung verspürte, und unsere Kakhyens genossen es, den Melodien einer Spieluhr zu lauschen , das bei ihnen besonders beliebt war . Die Burmesen waren wachsam wie eh und je, und ihre Wachen schienen die ganze Nacht über in Alarmbereitschaft zu sein. Die Tsawbwas von Wacheoon und Ponwah besuchten das Lager und hatten nichts von verdächtigen Truppenbewegungen gehört, und die anderen Shans , die Hühner zum Verkauf brachten, bestätigten dies. Unser Dolmetscher, Moung Yoh, kehrte in Begleitung der Seray-Männer ins Lager zurück. Letztere waren bemerkenswert gut gekleidet und ausgerüstet und offensichtlich alte Bekannte der Burmesen. Er berichtete, dass der Seray-Häuptling mit der Zahlung der Maultiersteuer oder -abgaben an Sala unzufrieden sei, die jedoch mit Wissen und Zustimmung des Sohnes von Seray erfolgt sei. Moung Yoh schlug dann vor, Geschenke an Seray zu schicken, den er als guten Freund seines Onkels Li- sieh -tai entdeckt hatte und zu dessen Haus er noch am selben Abend zurückkehrte, um auf unsere Ankunft zu warten.

Wir waren am 21. um sieben Uhr morgens startbereit, aber der Tsare-Daw-Gyee deutete an, dass er es nicht für ratsam halte, weiterzuziehen, bis die Tsawbwas von Shitee Meru, Woonkah und anderen eintrafen. Seine eigentliche Absicht war es jedoch, in diesem Lager zu bleiben, bis eindeutige Nachrichten von Mr. Margary kamen; Da jedoch mit letzterem vereinbart worden war, dass wir vorrücken sollten, wenn wir nicht von ihm eine gegenteilige Warnung hörten, beschloss Oberst Browne, mit den Sikhs nach Seray vorzustoßen und die burmesische Wache und die Karawane hinter sich zu lassen. Ich machte mich mit meinen Männern voraus, wurde aber nach kurzer Zeit von Browne, Allan und Fforde eingeholt, gefolgt von den Sikhs und ihren Dienern mit den beiden geführten Pferden, sodass das Lager den Kakhyens unter der Führung überlassen wurde der Burmesen. Ihre Kavalkade überholte bald meine Gruppe, während wir schossen und Pflanzen sammelten. Die Straße verläuft über zahlreiche Ausläufer und durch tiefe bewaldete Mulden und überquert dann die Wasserscheide, die das Nampoung- Tal von der Tapeng -Schlucht trennt ; Auf der Süd- oder Manwyne- Seite des Bergrückens liegt der Bezirk Seray. Hier überholte uns ein Shan-Burman, der den roten Turban unserer Eskorte trug, begleitet von einem Kakhyen , und gab mir durch Zeichen zu verstehen, dass der Tsare- Daw-Gyee unsere Rückkehr wünschte. Da keiner von uns Burmesisch sprechen konnte, bedeutete ich ihm, schnell voranzukommen und Colonel Browne seine Neuigkeiten mitzuteilen, was er auch tat, und ich befahl meinen Männern, vorwärts zu drängen, um den Rest der Gruppe zu überholen, während ich hinten auf meinen Bräutigam wartete und Pony. Der Bote bei seiner Rückkehr bedeutete, dass Colonel Browne seinen Weg nach Seray fortsetzte. Die Straße führte in eine Mulde hinab, von der aus ein steiler Anstieg nach Seray führt. Hier ergab sich eine Schwierigkeit auf der Straße, da mehrere Wege auseinander gingen und nichts darauf hindeutete, welcher Weg von Colonel Brownes Gruppe eingeschlagen worden war. Unglücklicherweise nahm ich einen falschen und kam bald in ein fremdes Dorf, dessen Bewohner zweifellos noch nie zuvor einen Europäer gesehen hatten. Nach dem Brauch der Kakhyen stieg ich ab, bevor ich eintrat, und als ich einige Frauen an der Tür des ersten Hauses stehen sah, zeigte ich mir durch Schilder an, dass ich den Weg kennen lernen wollte. Sie winkten mir mürrisch zu, weiter nach oben zu gehen. Da ich mir einbildete, dass das Ende des Dorfes erreicht sei, bereitete ich mich darauf vor, wieder aufzusteigen, was mir jedoch eine Reihe von Männern übel nahm, die aus einem Haus stürmten und unter Geschrei bedrohlich ihre Dahs zogen. Ich habe versucht, einige von ihnen durch das Angebot von *compraw dazu zu bewegen* , mir den Weg zu zeigen, aber keiner wollte es tun. Als ich weiterging, gefolgt von den Bergmännern, fand ich plötzlich meinen großen Hund an meiner Seite. Da seine Anwesenheit ein Beweis dafür war, dass einige meiner Männer im Rückstand waren, drehte ich den Kopf meines Ponys und alle Kakhyens rannten davon. Nachdem ich meine Schritte ein Stück zurückverfolgt hatte, entdeckte ich meine Sammler und Diener, die sich aus Angst in einer tiefen Senke versteckten. Kurz darauf traf ich einen Kakhyen- Jungen, der uns in das Dorf Seray führte.

Seray liegt, wie die meisten Kakhyen- Dörfer, schön auf dem Gipfel eines Bergrückens, zwischen hohen Bäumen, und umschließt in seiner Mitte eine grasbewachsene Lichtung . Die Wege, die sich dem Dorf nähern, sind breit, und seine Umgebung wird durch Gruppen hoher, massiver Holzpfosten mit einfachen schwarzen Ornamenten, durch Haine zu den Nats und durch kleine kreisförmige Mauern, die der Verehrung des Himmelsgeistes gewidmet sind, angezeigt. Als ich ankam, fand ich alle Sikhs vor dem Haus der Tsawbwa versammelt , außerdem die Häuptlinge von Woonkah und Wacheoon und Allans chinesischen Angestellten. Als ich eintrat, war es so dunkel, dass ich Colonel Browne, Allan und Fforde zunächst nur an ihren Stimmen erkennen konnte . Der Häuptling, der mich wieder kannte, saß auf dem Boden und es war zu erkennen, dass er und alle seine Männer bewaffnet waren. Die Unruhe, die er an den Tag legte, sein Rückzug nach draußen zu privaten Besprechungen mit seiner Pfote und die Tatsache, dass alle Frauen das Haus verlassen hatten, erregten Misstrauen; als dieser jedoch zurückkam und der Häuptling und seine Pfandminen ihre Dahs ablegten, kam ich zu dem Schluss, dass jede feindliche Absicht, die ursprünglich gegen uns hätte hegt werden können, vorerst aufgegeben worden war. Dann wurden Sheroo und hartgekochte Eier hereingebracht und vor uns serviert; aber weitere Verhandlungen mit dem Häuptling führten zu keinem Ergebnis, und wir begaben uns in einen Hain aus Eichen und Haselnussbäumen am Rande des Dorfes. Moung Yoh oder Li- kan -shin, der angebliche Neffe von Li- sieh - tai, der als unser Dolmetscher fungierte und Seray als Zeichen der Freundschaft mit „Onkel" anredete, kam bald, um Colonel Browne zu bitten, zum Häuptling zurückzukehren Haus. Dort wurde beschlossen, dass die Seray und Woonkah Tsawbwas sollte sofort nach Manwyne gehen , sich über den tatsächlichen Stand der Dinge informieren und einen Brief an Margary überbringen. Ein anderer Burman war aus dem Lager gekommen und forderte uns zur Rückkehr auf. Wir bestiegen unsere Ponys und machten uns auf den Rückweg. Unterwegs trafen wir einige Kakhyens , von denen einer das Zaumzeug von Brownes Pferd ergriff und ihm bedeutete, zurückzugehen, da die Straße überfüllt war, aber da unser Freund unter dem Einfluss von Sheroo stand , sprachen wir freundlich mit ihm und gingen weiter. Dieser Mann war ein Pawmine von Shitee , der am Abend ins Lager zurückkehrte und, als er wegen Trunkenheit befragt wurde, zugab, dass er mit einer Bambusflasche voll Sheroo begonnen und diese dann auch ausgetrunken hatte. Diese Vorfälle zeigten, dass zwar eine unbehagliche Angst vor der Gefahr herrschte, die Kakhyens in der unmittelbaren Umgebung jedoch freundlich gesinnt waren.

Während unserer Abwesenheit hatten die Burmesen an Punkten oberhalb des Lagers Barrikaden oder Brüstungen aus Steinen und Erde errichtet und die Straße nach Seray beherrscht. Der Tsare-Daw-Gyee verkündete Browne, dass wir entweder an diesem Abend oder auf dem Marsch am nächsten Tag sicherlich von den Chinesen angegriffen werden würden . Man beobachtete einige Männer, wie sie zwischen den Bäumen auf der Hügelkuppe hervorspähten, als wollten sie unsere Position auskundschaften . Die Burmesen, die Feuerholz sammelten, liefen herbei, so schnell sie konnten, und das ganze Lager stieß einen furchteinflößenden Schrei aus, um die vermeintlichen Feinde zu erschrecken, die verschwanden, und die Aufregung ließ allmählich nach.

[40] Yules „Marco Polo", Bd. ii. (1875), S. 244.

[41] Siehe Seite 73. Der Name des Dorfes wurde von uns bei dieser Gelegenheit als derselbe verstanden wie der des Bezirks, nämlich. Ponline .

Kapitel XVI.
REPULS DER MISSION.

**Auftritt des Feindes – Mord an Margary – Freundliche Tsawbwas –
Mission angegriffen – Woonkah Tsawbwa gekauft – Der Dschungel
beschossen – Abwehr des Angriffs – Vorfälle des Tages – Unser
Rückzug – Shitee – Burmesische Verstärkung – Halt am Wachhaus –
Rückzug auf Tsitkaw über Woonkah – Elias und Cookes Besuch in
Muangmow – Li- sieh - tai – Rückkehr von Kapitän Cooke – Elias in
Muangmow – Pater Lecomte und der Mattin-Häuptling – Ein
gefälschter Brief – Die Saya von Kaungtoung – Berichte über
Margary – Die Untersuchungskommission – Rückkehr von Elias –
Besuch im zweiten Engpass – Rückkehr der Mission nach Rangun.**

Am 22. Februar waren wir alle im frühen Morgengrauen wach und bereiteten
unser Gepäck für den Vormarsch nach Manwyne vor ; aber gegen sieben
Uhr wurden auf den Höhen über uns große Gruppen bewaffneter Männer
beobachtet, die in Richtung Shitee hinabeilten , als wollten sie uns den
Rückzug versperren. Ihre feindselige Absicht war unverkennbar, und die
Burmesen trennten sofort Truppen ab, um die Stellungen zu besetzen, die
sie befestigt hatten. Eine befand sich oberhalb des Lagers und eine andere
wurde an einen Punkt der nach Seray führenden Straße vorgeschoben, der
die nächste Mulde beherrschte gegenüberliegender Grat. Die Woonkah
Tsawbwa kam ins Lager und übermittelte Colonel Browne einen Bericht, der
fast sofort bestätigt wurde. Der Tsare-Daw-Gyee erschien mit sehr ernster
Miene und legte zwei Briefe vor, die er von den burmesischen Agenten in
Manwyne erhalten hatte . Sie erzählten kurz den schrecklichen Mord an Mr.
Margary am Vortag in Manwyne ; Auch sein Schriftsteller und andere
Begleiter sollen getötet worden sein. Es wurden keine näheren Angaben
gemacht; Aber der Tsare-Daw-Gyee wurde gewarnt, dass wir angegriffen
werden würden und dass es in seinem eigenen Interesse wäre, sich einige
Meilen von den Engländern zu entfernen, da er sonst derselben Gefahr
ausgesetzt sein würde, obwohl die Chinesen sie ertragen würden kein böser
Wille ihm und seiner Partei gegenüber. Der burmesische Offizier machte sich
jedoch umgehend an die Verteidigung des Lagers, und wir gingen mit ihm
zur Erkundung auf den Berghang direkt darüber , während die Sikhs hinter
einem langen, niedrigen Felsblock am westlichen Ende des Lagers Stellung
bezogen , das als natürliche Brustwehr diente und von wo aus sie die Straße
beherrschten, über die wir gekommen waren. Der freundliche Kakhyen Die
Tsawbwas von Woonkah und Wacheoon waren herbeigeeilt, um
Verstärkung herbeizuholen, und die Maultiere wurden in die grasbewachsene
Mulde unterhalb des Lagers getrieben. Diese Vorbereitungen waren noch
nicht abgeschlossen, als der Feind von allen Seiten bis auf eine das Feuer

eröffnete. Die Angreifer waren den Bergrücken hinabgestiegen, verdeckt durch den Wald, der, wie bereits beschrieben, unsere Stellung auf zwei Seiten umgab. Dies hatte ihren Vormarsch verdeckt und ihnen als perfekte Deckung gedient, da allein der Knall und der Rauch ihrer Feuerwaffen ihren Aufenthaltsort verrieten; Es war jedoch klar, dass sie im Süden und Osten in Kraft waren, und sie wählten offensichtlich unsere Gruppe als Angriffsobjekt und wichen den Burmesen aus, die das Feuer jedoch aktiv erwiderten. Plötzlich stürmten einige der Angreifer, angeführt von einem Chinesen, der einen langen Dreizack schwenkte, aus dem Dschungel auf die kleinere offene Fläche. Die Sikhs eröffneten sofort das Feuer auf sie, das sie in jede Deckung trieb, die sie finden konnten, und jeden weiteren Vormarsch eine Zeit lang stoppte. Sobald sie versteckt waren, hörten unsere Männer auf zu schießen. Dies schien den Feind zu ermutigen, und eine zweite Abteilung stürmte herbei und verteilte sich im Gebüsch. Eine flotte und gezielte Salve trieb sie in Scharen hinaus und den schmalen Eingang zur Straße hinauf. Zumindest ein Mann fiel tot um, andere wurden verwundet und von ihren Begleitern nach oben gezogen. Mehrere Stunden lang wurde auf allen drei Seiten von den im Wald versteckten Männern geschossen. Da diese Kakhyens und Chinesen ihre Feuerwaffen nur seitlich an den Kopf hoben, eine Sekunde nach vorne schauten und dann feuerten, gingen die Kugeln über unsere Köpfe hinweg. Das stetige Feuern der Sikhs schien schließlich zu viel für den Feind zu sein, und gegen 14 Uhr WURDEN sie gesehen, wie sie sich entlang des Bergrückens oberhalb zurückzogen, und das Feuern nach Süden hörte auf. Als sie sich zurückzogen, feuerten wir aus einer Entfernung von etwa tausend Metern auf sie, und das überraschte sie offensichtlich, als sie vorbeistürmten und sich an den exponierten Stellen, an denen das Feuer sichtbar war, bückten. Als alles ruhig zu sein schien und die Straße frei zu sein schien, wurden die Maultiere aus der Mulde heraufgeholt und die Maultiertreiber beeilten sich, die Lasten bereitzumachen. Während dies geschah, stürmte eine Gruppe unserer Kakhyens auf die freie Fläche, wo man gesehen hatte, wie einer der Feinde fiel, und kehrte mit seinem Kopf zurück, der mit dem Schweinsschwanz an einem Baum festgebunden war. Später wurde berichtet, dass er ein chinesischer Offizier war, aber seine Kleidung und sein Aussehen ließen kaum auf einen solchen Rang schließen. Bevor die Vorbereitungen für den Start abgeschlossen waren, kehrte der Feind in viel größerer Stärke zurück und besetzte die Deckungen erneut, und es wurde geschätzt, dass sie mindestens fünfhundert Mann stark waren. Von den Höhen und dem umliegenden Wald aus wurde erneut geschossen, und unsere Stellung schien vollständig umzingelt zu sein, außer auf der Seite des Abstiegs zum Nampoung- Tal. Die Frage, das Gepäck aufzugeben und über diese einzige offene Linie einen Rückzug zu bewirken, wurde diskutiert, aber der Tsare-Daw-Gyee drängte auf Verzögerung, und sowohl seine Männer als auch wir hielten ein stetiges Feuer auf den Feind aufrecht.

Die Woonkah Tsawbwa war mit einigen seiner Männer kurz vor der ersten Abwehr des Feindes ins Lager zurückgekehrt und teilte Oberst Browne mit, dass der Seray-Häuptling ihm fünfhundert Rupien angeboten hatte, wenn er sich dem Angriff auf uns anschließen würde. Colonel Browne erkannte sofort die Bedeutung dieser Bemerkung und bot ihm sofort zehntausend Rupien an, wenn es ihm gelingen würde, das gesamte Gepäck mitzunehmen. Für den Geist des Kakhyen war es schwierig, sich eine so große Menge an Münzen vorzustellen, und der Tsare-Daw-Gyee musste ihm das klarmachen, indem er erklärte, dass er „drei Körbe voll Silber" erhalten würde.

Gerade als diese Vereinbarung abgeschlossen war, hörten wir die Rufe von Männern, die offenbar hinter dem vom Feind besetzten Südsporn auftauchten. Die Burmesen glaubten zunächst, dass dies das Herannahen einer Verstärkung anzeigte, die stündlich aus Bhamô eintreffen sollte . Doch plötzlich brach der Wald vor ihnen in Flammen aus, nachdem er von den Shitee beschossen worden war Tsawbwa und seine Kakhyens mit denen von Woonkah . Dieses Manöver erwies sich als äußerst erfolgreich, und der Feind wurde schnell zum Rückzug gezwungen, und da die Burmesen nach und nach weitere Deckungen unterhalb der Höhen abfeuerten, befanden sie sich bald auf dem vollständigen Rückzug entlang der Höhen und waren dem Feuer unserer Gewehre ausgesetzt, was sich weiter auswirkte sie an mehreren offenen Orten. Unterhalb der Höhen wurde jedoch noch einige Zeit geschossen, und auch auf der Seite des Bergrückens, der die Seray-Straße beherrschte , wurde ein flüchtiges Feuer aufrechterhalten. Die burmesische Wache war hier hinter einem Erdwall postiert und hielt den Feind auf dieser Seite in Schach; und nachdem der südliche Ausläufer und die östlichen Höhen geräumt waren, holten wir die Sikhs herunter, um die Burmesen zu unterstützen, und feuerten in die weiter entfernte Mulde, den einzigen verbliebenen Versteck des Feindes.

Gegen fünf Uhr hatten alle Schüsse fast aufgehört. Da der Dschungel auf allen anderen Seiten nun geräumt und die Straße nach Shitee frei war, wurde der Befehl gegeben, die Maultiere neu zu beladen. Sie wurden schnell aus der Mulde herausgebracht, wo sie in Sicherheit geblieben waren, und alle wurden bald beladen. Einige Maultiere und Treiber waren verschwunden, aber willige Kakhyens , entweder aus Shitee oder Woonkah , schulterten schnell die restlichen Lasten, und die leeren Packsättel wurden aufgehäuft und verbrannt, bevor wir gingen. Am Ende des Tages, obwohl die Kugeln in alle Richtungen geflogen waren, beliefen sich die Verluste auf unserer Seite nur auf drei leicht verwundete Männer und einen Maultierschuss in den Hals. Die Schüsse richteten sich hauptsächlich gegen die Offiziere der Mission, und wann immer wir uns dem Gepäck näherten, fielen Kugeln frei um uns herum, während die Chinesen dem Tsare-Daw-Gyee zuriefen , dass sie seine Männer nicht töten wollten, sondern die „ ausländische Teufel." Unsere

Burmesen zeigten großen Geist und das Tsare-Daw-Gyee verdiente von Anfang bis Ende höchstes Lob. Einem seiner Männer wurde beim Versuch, einige Chinesen zu vertreiben, sein roter Turban von den Zinken eines Dreizacks weggerissen, doch es gelang ihm, einem tödlicheren Stoß der Waffe auszuweichen. Über den Verlust des Feindes wurde verschiedentlich berichtet, und es ist unmöglich, eine genaue Aussage zu machen. Einige kamen im brennenden Dschungel ums Leben, und soweit man sich auf die später übermittelten Berichte verlassen konnte, wurden von den Angreifern etwa acht oder zehn getötet und dreißig verwundet. Mir fiel auf, dass sich in ihren Reihen zahlreiche junge Männer befanden, die nicht älter als zwanzig Jahre waren, und sogar Jungen. Die bekannte laute Stimme der Seray-Pfotenmine war zu hören, und der Sohn des Tsawbwa sowie der Tsawbwa von Ponsee sollen anwesend gewesen sein. Der Sohn von Seray wurde durch den Knall seiner doppelläufigen Waffe entdeckt, ein Geschenk an seinen Vater zur Zeit der früheren Expedition, bei der beide Läufe gleichzeitig abgefeuert wurden, was den doppelten Knall leicht zu erkennen machte.

In den von Manwyne erhaltenen Briefen hieß es, dass die Gruppe, die uns angreifen wollte, die Vorhut einer Streitmacht von dreitausend Mann war, die der Gouverneur von Momien entsandt hatte , um unserem Vormarsch entgegenzutreten. Der Leser wird sich daran erinnern, dass unser Lager in Ponsee im April 1868 von den gesetzlosen Kakhyens dieses Bezirks angegriffen wurde , und obwohl wir uns auf der anderen Seite des Berges befanden, befanden wir uns diesmal in der Nähe dieses Ortes. In diesem Bezirk waren bereits zahlreiche Raubüberfälle gemeldet worden, und die angreifende Partei bestand zweifellos größtenteils aus den Ponsee und Seray Kakhyens . Diese gehören zum Stamm der Lakone , während die Clans der Woonkah- , Wacheoon- und Shitee- Häuptlinge, die so treue Hilfe geleistet haben, Ableger des Cowlie- Stammes sind. Mit den Kakhyens waren eine Reihe chinesischer Rowdys oder vielleicht Soldaten verbunden; aber die Angreifer waren kaum anders als örtliche Räuber, die dachten, dass die Burmesen keinen Widerstand leisten würden und dass unsere eigenen Wachen zu wenige seien, während die Aussicht auf eine so reiche Beute ausreichte, um sie dem Risiko eines Kampfes auszusetzen. Die standhafte Verteidigung , die Wirkung der großen Reichweite der Gewehre und die kühne Ablenkung zu unseren Gunsten durch die Shitee- und Woonkah - Häuptlinge, die den Dschungel beschossen, führten zusammen dazu, dass ihre Erwartungen enttäuscht wurden. Daraus darf nicht geschlossen werden, dass die späteren Berichte über den Vormarsch der chinesischen Truppen und über die Feindseligkeit seitens der Momien- Beamten diskreditiert würden. Die Grenzchinesen hatten starke Vorurteile gegen unseren Einmarsch in Yunnan, und die Kakhyens und örtlichen Räuber würden durch den gemeldeten oder tatsächlichen Vormarsch der Truppen dazu angeregt, offene Feindseligkeiten zu antizipieren und zu versuchen, sich die reiche Beute zu sichern.

Als der Gepäckzug sicher abgefahren war, begleitet von einigen burmesischen Wachen, machten wir uns auf den Rückweg nach Shitee , gefolgt von den Sikhs, die Nachhut wurde vom Tsare-Daw-Gyee gebildet . Herr Fforde blieb mit einigen seiner Männer eine kurze Zeit, während die Burmesen, die auf der Straße nach Seray postiert waren, ihre Position hielten, bis alle geräumt waren, und uns dann langsam folgten, um den Rückzug zu decken. Wir starteten um 5.30 Uhr und erreichten Shitee in einer halben Stunde , nachdem wir unterwegs einige der burmesischen Verstärkungen getroffen hatten, die aus Bhamô heraufgekommen waren . Das gesamte Gepäck wurde auf einem Haufen vor dem Haus der Tsawbwa gesammelt , und der Tsitkay-Nekandaw , der die neu eingetroffene Abteilung befehligte, wurde mit vierzig seiner Männer hinter einem Erdwall postiert, den sie aufgeworfen hatten, um die Zufahrt zum Dorf abzudecken. Sowohl die Tsawbwa als auch die Tsare-Daw-Gyee wünschten, dass wir die Nacht an diesem Ort verbringen würden. Der Häuptling befürchtete, dass die Chinesen aus Rache für seine Hilfe herabstürzen und sein Dorf niederbrennen würden. Die Burmesen argumentierten, wenn die Mitglieder der Mission den Rückzug fortsetzten, würde es so aussehen, als würden wir das Gepäck zurücklassen, das an diesem Abend nicht weitergebracht werden konnte. Die Lage des Dorfes, am Hang des Bergsporns gelegen und eng von dichtem Dschungel umgeben, schien einem nächtlichen Angriff zu sehr ausgesetzt zu sein, und Oberst Browne beschloss, zum Wachhaus am Nampoung vorzudringen . Wir starteten dementsprechend um 6.30 Uhr, begleitet vom Tsare-Daw-Gyee und einigen Burmesen. Es wurde bald sehr dunkel und der Abstieg über den felsigen Fußweg, der auf einer Seite von einem steilen Abhang begrenzt war, war mühsam und gefährlich. Wir konnten weder die Steine noch die Wegränder sehen, und als wir durch dichte Baumhaine fuhren, war sogar ein weißes Pony direkt vor mir unsichtbar.

Fast vier lange Stunden lang stolperten wir bergab, wobei der letzte Teil der Reise durch das Mondlicht etwas erleichtert wurde, das jedoch durch den undurchdringlichen Wald und die umliegenden Höhen verdeckt wurde. Als wir den Nampoung überquerten , erreichten wir sicher das Wachhaus und waren bequem untergebracht. Da vier der Maultiere Bettzeug, Essen und Kochutensilien mitgebracht hatten, ging es uns nicht so schlecht wie den Sikhs, die neben Päckchen Sycee-Silber, die zur Sicherheit in der Krise unter ihnen verteilt worden waren, auch mit Munition und Päckchen Sycee-Silber beladen marschiert waren des Angriffs und hatte nur Vorräte an trockenem Reis.

Am nächsten Morgen wurde beschlossen, dass die Woonkah Tsawbwa , der uns begleitet hatte, sollte nach Shitee zurückkehren und den Rest des Gepäcks abholen, während wir auf seine Ankunft warten sollten. Zwei Stunden später berichtete der Tsare-Daw-Gyee , dass sich die Chinesen am nördlichen und südlichen Ende des Nampoung- Tals in großer Zahl versammelten, um den Angriff zu erneuern. Er riet uns daher, sofort über die Woonkah -Straße nach Tsitkaw zu fahren . In kurzer Zeit mühten wir uns den steilen Anstieg hinauf, der zum Bezirk und Dorf Woonkah führte , das auf dem Gipfel des hohen Bergrückens liegt, der die westliche Wasserscheide des Nampoung bildet, und auf einer Höhe liegen muss, die der von Shitee entspricht . Der Tsare-Daw-Gyee bildete die Nachhut der Gruppe und schickte während des Marsches einen Boten nach vorne, um uns zum Vorrücken zu drängen, da sich die Chinesen Berichten zufolge rasch versammelten. Die Menschen im ersten Woonkah- Dorf begrüßten uns offensichtlich zufrieden, und der Tsawbwa-Gadaw brachte eine dankbare Portion Sheroo , was äußerst erfrischend war. Hier gesellte sich der Tsare-Daw-Gyee zu uns , und es wurde ihm vorgeschlagen, die geführten Pferde zurückzulassen, aber er beanstandete dies als unnötig.

Von Woonkah aus begann der Abstieg der Hügel, die Straße führte durch einen Wald aus sehr hohen Bäumen ohne Unterholz. Als wir uns der Kreuzung einer Straße aus dem Norden mit dem Woonkah -Weg näherten, winkte uns unsere burmesische Vorhut, schnell zu folgen, und erkundete mit größter Sorgfalt die Seiten eines Hügels, der zu uns hin abfiel, aber außer dichtem Dschungel war nichts zu sehen. Die gleiche ängstliche Vorsicht zeigten sie an der Stelle, an der die Ponline- Straße auf unseren Weg mündete, bevor wir das dritte Wachhaus erreichten. Die Sikhs gerieten allmählich in große Not, und wir mussten sie entlasten, indem wir ihnen abwechselnd unsere Ponys überließen. Tsihet wurde um 2.30 Uhr erreicht, und nach einer kurzen Pause fuhren wir weiter nach Tsitkaw , wo wir bei Sonnenuntergang ankamen und vom zweiten Tsitkay-Nekandaw , der uns draußen an der Spitze einer Wache auf beiden Seiten abholte, zu unserer Flucht beglückwünscht wurden von der Straße. Wir übernachteten in unseren alten Quartieren, jedoch ohne Vorräte, da kein Gepäck angekommen war; und als Bettzeug hatten wir Decken aus Stroh und Shan-Filz. Glücklicherweise waren einige Dosen mit konserviertem Fleisch verfügbar, aber wir mussten von den Dorfbewohnern einige Tongefäße zum Kochen und eine blaue Schüssel zum Servieren anstelle von Tellern besorgen.

Wir blieben zwei Tage in Tsitkaw und erwarteten das Gepäck, dessen leichtere Teile unter der Obhut der Burmesen eintrafen. Am Morgen nach unserer Ankunft kam eine weitere Abteilung von 85 Männern aus Bhamô und marschierte direkt in die Berge. Der unermüdliche Tsare-Daw-Gyee erhielt außerdem den Befehl vom Woon , sofort nach Woonkah zurückzukehren und dort persönlich zu bleiben, um den Versand des gesamten Gepäcks zu überwachen. Es ist unmöglich, die Sorge um unsere Sicherheit auf dem Marsch und das allgemeine Verhalten dieses burmesischen Offiziers hoch genug zu loben. Es wurden verschiedene Berichte über die vom Feind erlittenen Verluste eingebracht; und sowohl Burmesen als auch Kakhyens schienen vom „Weitschießen“ unserer Gewehre stark beeindruckt gewesen zu sein. Der Kakhyen , der die ersten Informationen über den beabsichtigten Angriff überbracht hatte, erschien und freute sich, dass seine Dienste mit einer stattlichen Belohnung belohnt wurden. Er war so begeistert, dass er wie Kakhyen mit einem „Schwanz“ von Anhängern zurückkehrte und, indem er sich als Tsawbwa ausgab , versuchte, etwas für seine Gefährten zu bekommen, was ihm jedoch nicht gelang. Zu uns gesellte sich auch unser alter Dolmetscher Moung Mo, der in Shitee verschwunden war ; aber über Moung Yoh oder Likan - shin und Allans chinesischen Angestellten, der zuletzt in Seray gesehen oder gehört worden war, konnte nichts Sicheres festgestellt werden. Spätere Berichte besagten, dass sie beide ermordet worden seien, es gingen jedoch keine vertrauenswürdigen Informationen über ihren Tod oder ihre Flucht ein.

Am zweiten Tag unseres Aufenthalts in Tsitkaw gingen Briefe vom Bewohner von Bhamô als Antwort auf die Depesche ein , in der unsere Abwehr angekündigt wurde. Glücklicherweise war er im Begriff gewesen, einige Lenna Kakhyens mit Briefen an Elias nach Muangmow zu schicken , und hatte ihnen eine Belohnung versprochen, wenn sie unseren Begleiter sicher zurückbringen würden. Der Woon bat um unsere Rückkehr nach Bhamô , da er von einem geplanten Angriff der Khanloung auf Tsitkaw gehört hatte Kakhyens , eine äußerst gesetzlose Räuberrasse, die in den Hügeln oberhalb des Molay-Flusses lebt. Die Choung-oke stellten dementsprechend zusätzliche Wachen auf , und allen Soldaten wurde befohlen, in Alarmbereitschaft zu sein. aber die Nacht verlief ruhig. Wir alle kehrten am 26. Februar nach Bhamô zurück, einige auf der Straße und der Rest mit dem Boot , und wurden in der Residenz von Kapitän Cooke begrüßt.

Er hatte keine Nachricht von Elias, der sich im 17. Augenblick noch in Muangmow befand und dessen Lage, allein in der Macht von Li- sieh -tai, prekär und besorgniserregend schien. Um es zu erklären, muss ich noch einmal erwähnen, dass Kapitän Cooke und Herr Ney Elias unter dem Konvoi des Lenna-Häuptlings von Paloungto über die Sawady- Route aufgebrochen waren, mit der Absicht, uns nach Möglichkeit in Momien zu treffen . Sie gingen von Bhamô nach Mansay, verließen letzteren Ort früh am Morgen und kamen um neun Uhr im Kakhyen- Dorf Kara an. Das Hauptdorf der Kara namens Peetah liegt ein paar Meilen entfernt. Zwei Meilen von diesem Ort entfernt gelangten sie in das Land der Lenna

Kakhyens , und ein Marsch von sieben Meilen brachte sie nach Wurrabone , einem kleinen Dorf nahe dem Gipfel eines Berges. Dies ist der Sitz des älteren Bruders des Paloungto- Häuptlings, in dessen Haus sie die Nacht verbrachten und mit der größtmöglichen Aufmerksamkeit empfangen wurden, die die Gastfreundschaft der Kakhyen nur zu bieten hatte. Ihren Beobachtungen zufolge scheint der Lenna-Stamm eine sehr überlegene Rasse der Kakhyen zu sein , deren Häuser und Sitten einen höheren Grad an Zivilisation aufweisen , als man ihn beim Kara- oder Lakone- Stamm findet. Die Gruppe startete mittags in Wurrabone und kam bei Sonnenuntergang in Paloungto an , einem Dorf mit zwanzig Häusern. Ein sechs Meilen langer Marsch über eine holprige Bergstraße führte nach Namkai , dem größten Lenna-Dorf mit vierzig Häusern, von wo aus eine Straße nach Muangwan und Hotha führt . Hier führte die Straße durch einen Teil des Lakone- Landes neun Meilen bergab nach Pamkam , einem kleinen Dorf am Fuße der Hügel am rechten Ufer des Namwan- oder Muangwan -Flusses. Von diesem Punkt aus, an dem die chinesische Grenze überschritten und das flache Tal des Shuaylee betreten wird, ist Kwotloon im Gebiet von Muangmow nur noch eine Meile entfernt. Als die Reisenden bei Sonnenuntergang ankamen, machten sie Rast für die Nacht. Die Shan-Bewohner zeigten sich mürrisch und neigten zu Unhöflichkeit. Ihr Verhalten stand in deutlichem Gegensatz zum Verhalten der gefürchteten Lenna Kakhyens , deren Hügel die Gruppe ohne Schwierigkeiten durchquert hatte, obwohl ihre Ausgaben nicht fünf Rupien betrugen, bestand der gastfreundliche Tsawb darauf, alles Notwendige bereitzustellen. Die einzige Möglichkeit einer Verzögerung ergab sich in Paloungto , wo der Tsawbwa zu Ehren seiner Gäste ein großes Büffelopfer und Festmahl abhalten und die Nats zu ihren Gunsten besänftigen wollte . Er verschob die Zeremonie auf Cookes Bitte hin auf dessen Rückreise. Nachdem sie Kwotloon verlassen hatten , wurde der Namwan -Strom überquert, und ein Tagesmarsch von 24 Meilen auf dem linken Ufer in südöstlicher Richtung und der Aufstieg am rechten Ufer des Shuaylee durch ein offenes, ebenes Land brachten die Gruppe zum Ziel Shan-Stadt Muangmow . Dieser Ort, die Residenz der Tsawbwa , ist, wie die Städte des Sanda-Tals, von einer sechzehn Fuß hohen Ziegelmauer umgeben, ohne Bastionen oder Schießscharten, aber durch einen Erdwall gestützt. Vier Tore, die den Himmelsrichtungen entsprechen, führen in die Stadt, die ein Quadrat von etwa sechshundert Yards einnimmt und von Shan-Chinesen bewohnt wird. Die Reisenden machten sich sofort daran, Li- sieh -tai aufzusuchen , der in einem zerstörten Yamen residierte und eine Streitmacht von offenbar etwa fünfzig chinesischen Soldaten befehligte, obwohl es sich angeblich um dreihundert handelte. Dieser gefürchtete chinesische Beamte empfing sie mit großer Höflichkeit, nannte Elias „seinen älteren Bruder" und wies ihnen ein Quartier in einem Khyoung nahe dem Westtor der Stadt zu.

Li- sieh -tai wird als kleiner, aber breitschultriger und kräftiger Mann mit großem Kopf und hässlichem Gesicht, ungewöhnlich breitem Mund und dicken, hervorstehenden Lippen beschrieben. Im Gespräch blickt er seinen Gesprächspartner direkt an, was in deutlichem Kontrast zu dem normalerweise niedergeschlagenen oder wechselnden Blick der anderen Chinesen steht. Er zeigte seine literarischen Kenntnisse durch sorgfältige Durchsicht der kaiserlichen Pässe, die er für durchaus zufriedenstellend und ausreichend hielt, um die Sicherheit des Inhabers zu gewährleisten, wenn er einmal im Land der Mandarinen jenseits von Sehfan sei . Die Schwierigkeit würde in der Reise von Muangmow nach Sehfan liegen, da es eine Fehde zwischen den Tsawbwas dieser Staaten gab .

Bhamô zurückzukehren , da seine Anwesenheit es für Herrn Elias schwieriger oder ermüdender machen könnte, nach Momien weiterzufahren . Als er mit seinen Gefolgsleuten die Abreise vorschlug, fand er das Westtor geschlossen vor und man sagte ihm, dass es ohne die Erlaubnis eines Beamten nicht geöffnet werden dürfe. Man hatte ihn bereits aufgefordert, eine Entschädigungserklärung für die Sicherheit von Herrn Elias zu unterzeichnen, was selbstverständlich abgelehnt worden war, und das Schließen des Tores war als Druckmittel gedacht. Er überlistete die Beamten, indem er seinen Kakhyens befahl , zu warten, bis das Tor geöffnet werden sollte, während er sich durch ein anderes Tor auf den Weg machte. Sie schlossen sich ihm außerhalb der Stadt wieder an und alle kamen ohne weitere Schwierigkeiten in Paloungto an . Hier fand ordnungsgemäß das Nat-Opfer statt und ein Ochse, ein Schwein und ein Geflügel wurden geschlachtet, wobei ein Bein des ersten Opfers Cooke präsentiert wurde, was ein Ehrenzeichen ist, das nur Häuptlingen zuteil wird. Im Haus des Tsawbwa fand ein großes Palaver statt, Anlass war ein Streit zwischen dem Häuptling und einem seiner Dörfer, dessen Bewohner ihm einen Ochsen gestohlen hatten. Um diese Beleidigung zu sühnen, wurde eine Geldstrafe von zehn Ochsen verhängt, die in fünf Jahresraten zu zahlen war. Mindestens fünfzig Kakhyens waren anwesend und Sheroo und Samshu wurden reichlich versorgt, aber die Versammlung war ruhig und geordnet. Um Mitternacht äußerte der englische Gast den Wunsch zu schlafen und ging auf einmal, während der Häuptling zwei Teppiche für seine Unterkunft hervorbrachte, die er kürzlich als Geschenk von der Residenz erhalten hatte. Der Chef erklärte die Schwierigkeiten, die zwischen ihm und dem Leiter der Mission in Sawady entstanden waren , damit, dass er nur zugestimmt hatte, die britische Mission zu begleiten und keinen burmesischen Wachmann in sein Land aufzunehmen. Es ist sicher, dass Herr Elias bei den vorangegangenen Verhandlungen den Vormarsch einer burmesischen Wache nicht erwähnt hatte, da er zu diesem Zeitpunkt nichts von dem Plan wusste und ihn später ablehnte. Der Tsawbwa beklagte sich bitter über die Demütigung, die er erfahren hatte, als er gezwungen war, vor den burmesischen Beamten auf dem Boden zu hocken, und dass er keine Gelegenheit zu einer privaten Unterredung mit den englischen Offizieren gehabt hatte. Es gebührt ihm große Ehre, dass er nichts verlangte, was über das hinausging, was ihm versprochen worden war; und sein Verhalten und das seines Bruders, des Häuptlings von Wurrabone , und ihrer Untertanen zeigten schlüssig, dass dieser Weg nach Muangmow für die Kakhyens keine wirklichen Schwierigkeiten bereitete.

Am Tag nach unserer Ankunft in Bhamô wurde unsere Besorgnis über die Position von Elias durch die Ankunft zweier Lenna Kakhyens gemildert , die Briefe von ihm mitbrachten, die vom 24. aus Kwotloon datiert waren. Die Boten hatten ihre Reise somit in zwei Tagen zurückgelegt und wurden sofort mit Briefen zurückgeschickt. Da es wahrscheinlich war, dass Herr Elias das Abberufungsschreiben erhalten hätte, wurde seine baldige Ankunft erwartet; und alle unsere Spannungen über ihn endeten am 2. März, als er in Begleitung des Wurrabone erschien Pfotenmine .

Nach der Abreise von Kapitän Cooke aus Muangmow hoffte Lisieh -tai, dessen Verhalten und Charakter einen recht positiven Eindruck auf Herrn Elias gemacht hatten , dass er für sein sicheres Geleit nach Sehfan sorgen könne . Die Tsawbwa war jedoch deutlicher und versicherte ihm, dass dies im damaligen Zustand des Landes unmöglich sei. Nachfolgende Beobachtungen und die Verweigerung des Zugangs zur Tsawbwa unter verschiedenen Vorwänden überzeugten Elias davon, dass es nicht die Absicht gab, ihn fortfahren zu lassen. Er verabschiedete sich daher von Li, der als Abschiedsgeschenk ein Gewehr entgegennahm, und kehrte nach Kwotloon zurück , wo zwei Shan die Nachricht vom Angriff auf unser Lager überbrachten. Der alte Tsawbwa von Wurrabone ging mit seinen Pfotenminen nach Kwotloon , um ihn sicher nach Mansay zu geleiten; Sie verließen Kwotloon am 28. und legten die Reise von 64 Meilen auf direktem Weg unter Umgehung von Paloungto in zwei Tagen zurück. Als die Lennas an Peetah vorbeikamen, äußerten sie eine gewisse Befürchtung, dass die Kara Kakhyens , die sich zuvor über die geringen Gewinne beschwert hatten, sich als problematisch erweisen könnten; aber die Partei kam ohne Widerstand durch.

sieh - tai geleitet worden wären , er seinen Besucher leicht, direkt oder indirekt, hätte beseitigen können; und seine Höflichkeit und die Rücksichtnahme auf seine Sicherheit, die er nicht erlaubte, voranzukommen, sind sicherlich als starkes Argument für ihn zu betrachten . Unter den Lenna Kakhyens wurde die Meinung frei geäußert, dass der Widerstand auf geheime Taktiken der Burmesen zurückzuführen sei. Dass diese Idee bei den Bergstämmen südlich des Tapeng vorherrschte , wurde weiter von Pater Lecomte bestätigt, der zum Zeitpunkt unserer Ankunft in Bhamô von einem Besuch in Mattin zurückkam . Als er und sein Gefährte das erste Kakhyen-

Dorf erreichten, gab es unaufhörlich Feuerwaffenfeuer, und die Dorfbewohner schienen nicht bereit zu sein, sie zu empfangen, bis sie ihnen versicherten, dass sie keine Engländer seien. Ihre Priestertracht trug dazu bei, die Kakhyens glauben zu machen, dass sie einer anderen Rasse angehörten, und sie wurden dann bewirtet, teilten ihnen jedoch mit, dass das Volk zunächst gesagt hatte: „Wenn das Kalas sind , lasst uns sie töten, denn der König von Burma tut es." Ich möchte nicht, dass sie unsere Hügel betreten. Der Tsawbwa von Mattin, dessen Intelligenz und Allgemeinwissen sie stark beeindruckten, sagte ihnen, dass es keine Chance gebe, dass die Mission Yunnan erreichen würde. Er bemerkte weiter, dass die Kakhyens froh seien, die Engländer in Bhamô zu sehen ; aber „Was wird aus dem Handel und der Beschäftigung unseres Volkes, wenn es eine Eisenbahn von Bhamô nach Momien baut ?" Dieses Gefühl sowohl bei den chinesischen Kaufleuten als auch bei den Kakhyens , insbesondere denen unter burmesischem und chinesischem Einfluss, dass unser Gewinn auf dem Weg des offenen Handels ihr Verlust bedeuten würde, muss bei der Einschätzung der Schwierigkeiten des Fortschritts weitgehend berücksichtigt werden.

Die Meinung, dass der König von Burma der Mission feindlich gegenüberstand, ging auf einen gefälschten königlichen Brief zurück, in dem die Kakhyens angewiesen wurden, sich uns zu widersetzen. Der Bewohner erhielt eine Kopie dieses Briefes, und es bestand kein Zweifel daran, dass er weit verbreitet war. Die Fälschung wurde keinem Geringeren als dem Häuptling Phoongyee oder *Saya* von Kaungtoung zu Ohren gebracht . Der Woon von Shuaygoo , dessen Bezirk, wie wir uns erinnern, sowohl Kaungtoung als auch Sawady umfasst , lehnte jede Zusammenarbeit mit seinem Kollegen in Bhamô ab . Ich habe seine Feindseligkeit gegenüber Ausländern während einer Bootsfahrt durch das zweite Defile auf der Rückkehr von Bhamô persönlich erlebt , als er nicht nur einen Führer ablehnte, sondern auch Anweisungen an die Häupter seiner Dörfer sandte, um mir die Landung zu verbieten. Seitdem wurde er seines Amtes enthoben und der eigentliche Urheber der Fälschung wurde vor dem Kirchengericht von Mandalay angeklagt, vom Priesteramt degradiert und dazu verurteilt, einhundert Ladungen Wasser in den Khyoung des Gerichts zu tragen . Der Satz lautete wie folgt: „Im Fall von Rahans ist *man des Dakka-Apat* schuldig, wenn man in einer Angelegenheit, die nicht von unserem erhabensten Herrn Buddha angeordnet wurde, sie als heiligen Befehl darstellt ." Im Fall von Laien besteht die übliche Strafe darin, den Mund aufzuweiten (durch Aufschlitzen der Wangen) oder sich die Hand abzuschneiden, wenn jemand etwas, das kein königlicher Befehl ist, als königlichen Befehl darstellt. Im vorliegenden Fall war Shin Thula Tsara , der Saya von Kaungtoung , derjenige, der ohne Befehl eines kirchlichen Gerichts die Behinderung der britischen Mission nach China anordnete, indem er das, was kein königlicher Befehl war, in einen königlichen Befehl umwandelte. Dementsprechend wurde ihm sein Amt als Bischof entzogen; Da aber ein Rahan und Soldat der buddhistischen Religion nach dem Zivilrecht nicht strafbar ist, lautet die von den versammelten Mitgliedern des kirchlichen Gerichts gemäß der im Wini gegebenen Regel getroffene Entscheidung: Er soll bestraft werden „Hundert Ladungen Wasser tragen" usw. Dieser Einzelfall von Feindseligkeit seitens burmesischer Beamter schmälert in keiner Weise die gute Meinung, die der Eifer und die Energie, die die Bhamô- Behörden in unserem Dienst an den Tag legten, bei allen erlangten, die sie miterlebten und von ihnen profitierten.

Nach unserer sicheren Ankunft schickten die Woon Briefe an den Gouverneur von Momien , um sich nach den Gründen für den Widerstand gegen den Fortgang der Mission und die Ermordung eines ihrer Offiziere zu erkundigen. Auch der Bericht, dass chinesische Truppen immer noch in großer Zahl von Momien nach Manwyne marschierten, war Gegenstand der Untersuchung. Er verbarg seine Angst, dass die Chinesen Bhamô angreifen würden, nicht ; und die Vorbereitung der Ziegel für den bereits begonnenen Bau einer Mauer um die Stadt wurde aktiv vorangetrieben.

Während unseres Aufenthaltes nutzten wir eifrig jede Gelegenheit, um, wenn möglich, die genauen Einzelheiten des Mordes an Herrn Margary und seinen Anhängern herauszufinden; Aber abgesehen von der traurigen Tatsache war es trotz der Aktualität verschiedener Berichte unmöglich, Beweise für die Täter oder die Umstände dieses grausamen Verbrechens zu sammeln. Man schien sich jedoch darüber einig zu sein, dass es in Manwyne chinesische Beamte und Truppen gab . Die Maultiertreiber und andere, die Margary begleiteten, waren um ihr Leben in den Dschungel geflohen. Einer berichtete, dass er als Freund der Ausländer verhört worden sei und mit der Behauptung, er sei ein Bewohner des Bezirks und nicht mit uns verbunden, entkommen sei. Der zuverlässigste Bericht wurde von zwei der sechs Burmesen geliefert, die sich in Manwyne aufhielten und denen die chinesischen Beamten mit der Tötung drohten. Der intelligenteste von ihnen gab an, dass er Margary durch die Stadt laufen sah, manchmal mit Chinesen und manchmal allein. Am Morgen des 21., genau am Tag seiner Ermordung, luden ihn einige Männer ein, eine heiße Quelle zu besichtigen, und als er außerhalb der Stadt war, warfen sie ihn von seinem Pony und spießten ihn auf. Sein Schriftsteller und Bote sowie zwei Diener wurden im Khyoung getötet . Dies war nur Hörensagen, und niemand hatte die Köpfe der Opfer gesehen, die angeblich an der Stadtmauer befestigt oder, einem anderen Bericht zufolge, nach Momien geschickt worden waren . Unsere Informanten hatten keine Truppen gesehen, obwohl man sie nachts marschieren hörte, während er im Dschungel versteckt war.

Momien zurückbeordert worden waren , weil sie unserer Gruppe die Flucht ermöglicht hatten, und dass die Shan sich mit den Chinesen im Streit befanden, da die Phoongyee sich darüber beklagten, dass die Khyoung durch Blutvergießen geschändet worden seien .

Es bleibt zu hoffen, dass die Untersuchungskommission, die China jetzt von Osten her durchquert, in der Lage sein wird, die Fakten herauszufinden und festzustellen, wer für die barbarische Ermordung eines britischen Offiziers verantwortlich ist . Es ist in keiner Weise angebracht, den Fall vorab zu beurteilen. Ob örtliche Plünderer oder die Momien- Beamten, angetrieben entweder von Vorurteilen gegenüber Ausländern oder kommerzieller Eifersucht, oder vielleicht auch von einer grundlosen Furcht vor Ermutigung, die die Mahommedaner aus der Anwesenheit der Engländer ziehen könnten, verletzten sie die durch den Vertrag garantierten Rechte ausdrückliche Befehle eines kaiserlichen Passes, bleibt abzuwarten. Es ist möglich, dass die Autorität des Vizekönigs von Yunnan genutzt wurde, um die Einreise der verhassten Ausländer zu verhindern; und die jüngsten Berichte scheinen darauf hinzudeuten, dass die Yamens von Yunnan entschlossen sind, die Täter zumindest zu überprüfen.

Ich für meinen Teil möchte das tiefe Mitgefühl für diejenigen zum Ausdruck bringen, die um den Verlust eines so geliebten Menschen trauern. Unser kurzer Verkehr dauerte lange genug, um ihm die Wertschätzung und herzliche Freundschaft von uns allen zu verschaffen; und während wir den frühen Verlust der Dienste eines Menschen für sein Land bedauerten, dessen frühere Karriere und Talente ihm zu hohen Ansehen zu verhelfen versprachen, beklagten wir seinen frühen Tod als den eines alten und lieben Freundes. Für seine Familie und diejenigen, die sich darauf freuten, seine Zukunft zu teilen, ist der Verlust irreparabel; und die Bestrafung der Schuldigen wird nur wenig Trost bringen. Man kann jedoch sagen, dass er es als öffentliche Pflicht vermachte – was umso dringlicher wurde, als es die passendste Hommage an seinen Wert darstellte –, in diesen Grenzgebieten das Recht der Engländer auf unbehelligtes Reisen zu etablieren.

Der Tod dieses jungen Offiziers und die Zurückdrängung der britischen Mission von den Grenzen Chinas haben einen deutlichen Eindruck in den Köpfen der verschiedenen Bevölkerungsgruppen hinterlassen. Die Frage der Öffnung von Handelsrouten kann der Zukunft überlassen bleiben. Der Überlandhandel kann nicht durch außergewöhnliche Anstrengungen erzwungen oder gar gefördert werden. Die Existenz eines Handelskanals zwischen Burma und China wurde nachgewiesen; und wenn der wiederhergestellte Wohlstand von Yunnan eine Nachfrage schaffen wird, sind die Dampfer der burmesischen Flüsse und das Hafenbecken von Bhamô , wo die britische Flagge den Schutz britischer Interessen gewährleistet, bereit, für die Versorgung zu sorgen. Vorerst wird der Name Augustus RAYMOND MARGARY ÜBER DIE AUFGABE HINAUS, SEINEN MORD AN DEN SCHULDIGEN ZU RÄCHEN, WELCHEN RANGES AUCH

IMMER SIE SEIN MÖGEN, durch eine Gruppe seiner Landsleute, die offiziell das Recht auf Durchquerung geltend machen, in Ehren gehalten und Sicherheit, die Route zwischen Burma und China, die er als erster Engländer erkundete und die als sein dauerhaftestes Denkmal erhalten bleiben sollte.

Durch die Ankunft von Herrn Ney Elias war unser Hauptgrund zur Besorgnis beseitigt, und als am 3. März die Boote aus Tsitkaw ankamen, beladen mit dem Gepäck und den Vorräten, zu deren Beförderung mehrere Beamte entsandt worden waren , bestand kein weiterer Grund für eine Verzögerung Bhamô . Mit sehr unbedeutenden Ausnahmen wurde alles gemäß der in Woonkah durchgeführten Bestandsaufnahme sicher geliefert , und der Tsawbwa dieses Ortes erhielt seine versprochene Belohnung von 1000 Pfund, was ihn zweifellos zum reichsten Häuptling unter den nördlichen Kakhyens machte .

Da der Dampfer aus Mandalay noch nicht eingetroffen war, mietete ich ein Eingeborenenboot, um in aller Ruhe die zweite Schlucht zu inspizieren, und fuhr nach Sawady hinunter . Der Woon von Bhamô hatte mir mitgeteilt, dass die Gefahr bestehe, von den Kakhyens auf den Hügeln des Engpasses festgenommen zu werden, und empfahl mir, einen Antrag beim Shuaygoo zu stellen Woon , der in Sawady war , als Führer. Nach einiger Verzögerung empfing mich der Woon , allerdings höchst unfreundlich, und lehnte die Bitte als Bhamô ab Woon hatte zu diesem Thema keinen offiziellen Brief geschickt. Da er mit dieser Weigerung nicht zufrieden war, schickte er ein Boot mit Soldaten, um den Dörfern den Befehl zu übermitteln, mich nicht über Nacht bleiben zu lassen. Das Ergebnis erlebten wir an einem Ort namens Thembaw-eng, wo der Häuptling herabkam und uns dazu zwang unsere Liegeplätze zu verlassen. Wir wurden nicht von Kakhyens angegriffen , sondern hatten einen nächtlichen Alarm vor einem Tiger, den die Bootsführer als keinen echten Tiger bezeichneten, sondern als den Einheimischen , der wütend darüber war, dass sie einige Äste gefällt hatten, die meine Kamera störten. beim Fotografieren der großen Klippe. Ein unangenehmerer Vorfall war ein heftiger Sturm, der fast einem Tornado gleichkam und uns im Fluss überholte. Der Hurrikan wurde durch ein äußerst strahlendes Licht im Westen angekündigt, von wo aus der Wind bald darauf mit ungeheurer Heftigkeit auf den Fluss losbrach und seine Oberfläche in große Wellen peitschte, während unaufhörliche Blitze die Szene erleuchteten, die einzigartig war von ungeheurer Erhabenheit. Ein erfreulicher Vorfall der Reise war die Ankunft eines Bootes mit unserem alten Freund und Patienten, dem alten Tsare-Daw-Gyee , der uns aus Mandalay begleitet hatte und auf dem Weg nach Mogoung vor ein paar Tagen in Ketten in Bhamô angekommen war Vor. Er drückte seine große Freude aus, mich in Sicherheit zu sehen, und ich gratulierte ihm, dass er seine Freiheit wiedererlangt hatte. Grund dafür waren königliche Befehle, die zwei

Tage zuvor von einem Expressboot aus Mandalay überbracht worden waren. Da er beabsichtigte, in Shuaygoo-myo Halt zu machen , versprach er, die Bosheit der Woon durch persönliche Anweisungen an den Häuptling zu neutralisieren , was sich als äußerst nützlich erwies.

Der Dampfer *Colonel Fytche und die Mitglieder der Mission überholten uns* am 7. März an der Holzstation von Yuathet , und nach den üblichen Verzögerungen, die durch das Auflaufen auf Sandbänken verursacht wurden, erreichten wir am 10. März Mandalay und fanden den Dampfer *Yunnan* kurz davor Start nach Rangun. Wir waren fast amüsiert, als wir die verschiedenen und widersprüchlichen Gerüchte hörten , die über diese geschwätzigste aller Hauptstädte über unsere Gefahren und Fluchtmöglichkeiten im Umlauf waren. Ein von Kakhyens und unzufriedenen Chinesen verfasster Bericht über den Angriff war in einem gedruckten chinesischen Flugblatt veröffentlicht worden, das vorgab, die aktuellsten und genauesten Informationen über die Mission zu liefern, eine merkwürdige Illustration des Interesses, das das Thema für die Mission hatte Chinesische Händler von Mandalay. Die *Yunnan* brachte uns nach Rangun, wo die Begrüßung durch den Hauptkommissar und die herzlichen Glückwünsche unserer anderen Freunde zu unserer Sicherheit nicht dadurch geschmälert wurden, dass wir gezwungen waren, *re infecta zurückzukehren* und die Aufgabe hoffentlich zu verlassen. bald und erfolgreich durch eine weitere Mission erfüllt werden.

ANHÄNGE.

ANHANG I.

EINE ANMERKUNG VON BISCHOF BIGANDET ZU BURMESISCHEN GLOCKEN. [42]

Glocken sind in Burma weit verbreitet und die Menschen in diesem Land sind mit der Kunst des Glockengießens bestens vertraut. Die meisten Glocken, die in den Pagoden zu sehen sind, sind klein und unterscheiden sich in ihrer Form von denen, die in Europa verwendet werden. Der untere Teil ist weniger verbreitet und in der Mitte des oberen Teils befindet sich ein großes Loch. Im Inneren ist keine Zunge aufgehängt, sondern der Ton wird erzeugt, indem man mit einem Hirsch- oder Elchhorn auf die Außenfläche des unteren Teils schlägt. Für die Glocken wird kein Glockenturm errichtet; Sie sind auf einem horizontal liegenden Stück Holz befestigt und werden von zwei Pfosten in einer solchen Höhe getragen, dass der untere Teil der Glocke etwa fünf Fuß über dem Boden liegt.

Die größten Exemplare burmesischer Kunst sind die beiden Glocken, die man sehen kann, die eine an der großen Pagode von Rangun, Shuay Dagon genannt, und die andere in Mengoon .

Der erste wurde 1842 gegossen, wie aus der darauf angebrachten Inschrift hervorgeht. Das Gewicht von Metall beträgt 94.682 Pfund; seine Höhe beträgt 9½ Ellen; sein Durchmesser beträgt 5 Ellen; seine Dicke beträgt 15 Zoll. Aber während des Schmelzprozesses warfen die Wohlhabenden große Mengen Kupfer, Silber und Gold hinein. Es wird angenommen, dass das Gewicht auf diese Weise um ein Viertel erhöht wurde.

Die Glocke von Mengoon wurde zu Beginn dieses Jahrhunderts gegossen. In Form und Gestalt ähnelt sie unseren Glocken Europas. Es ist wahrscheinlich, dass ein Ausländer, der in Ava wohnte, auf die Idee kam, dieser monumentalen Glocke eine so ungewöhnliche Form zu geben. Seine Höhe beträgt 18 Fuß, zuzüglich 7 Fuß für Hängegeräte. Es hat einen Durchmesser von 17 Fuß und eine Dicke von 10 bis 12 Zoll. Sein Gewicht soll über 200.000 Pfund betragen. [43] Im Inneren weisen große gelbliche und gräuliche Streifen darauf hin, dass beim Schmelzvorgang erhebliche Mengen Gold und Silber eingeworfen wurden. Von der Kraft des Klangs lässt sich derzeit noch nichts ahnen, da die ihn tragenden Säulen durch sein enormes Gewicht teilweise nachgegeben haben. Um eine endgültige Katastrophe zu verhindern, ruht die Öffnung der Glocke auf großen Teakholzpfosten, die im Boden versenkt sind und etwa einen Meter darüber hinausragen.

[42] Aus „Die Legende des burmesischen Buddha" von Bischof Bigandet , Rangun.

[43] Es ist zu beobachten, dass diese Zahlen über den von Oberst Yule angegebenen Zahlen liegen, die ich im Text zitiert habe.

ANHANG II.

ÜBERSETZUNG EINES CHINESISCHEN DOKUMENTS, DAS ANGEBLICH DEN URSPRUNG UND DIE ETABLIERUNG DES MOHAMMEDANISMUS IN CHINA ERKLÄRT. VON OBERST SLADEN .

Die Oberkönigin des Kaisers Tanwan adoptierte ein Kind und nannte es Anlaushan . Mit der Zeit entwickelte sich das Kind zu einem Mann von außergewöhnlicher Schönheit und wunderbarem Intellekt.

Die Königin war verliebt ; und der Adoptivsohn wurde ihr Geliebter.

Anlaushan machte sich bald einen Namen. Seine Fähigkeiten waren von höchster Qualität und verschafften ihm sofort Ruhm und Einfluss. Die königliche Leidenschaft wurde nicht preisgegeben; Aber der Verdacht war so stark geweckt, dass es für die Königin ratsam war, sich ihres Geliebten zu entledigen und alle Anzeichen eines unerlaubten Geschlechtsverkehrs auszumerzen.

Anlaushan wurde dementsprechend beschuldigt, in eine Verschwörung zur Entthronung des Kaisers eingeweiht zu sein. Der Einfluss der Königin setzte sich durch, um eine Verurteilung zu erreichen, und ihr Günstling wurde aus der königlichen Hauptstadt verbannt.

Aber die Ungerechtigkeit seiner Anschuldigungen und das Gefühl, Unrecht getan zu haben, motivierten Anlaushan zum Handeln und veranlassten ihn, in Wirklichkeit ein Anführer der Rebellion zu werden. Er verlor keine Zeit, eine große Streitmacht zusammenzustellen, mit der er sich gegen die Regierung durchsetzen und den Truppen des Kaisers erfolgreich begegnen konnte. Mit der Zeit hatte er sich der Hauptstadt bis auf eine Meile genähert, und Stadt und Palast waren gleichermaßen bedroht.

Kaiser Tanwan dem Vorschlag seines Wesirs Kanseree , entsandte eine Mission nach Seeyoogwet und bat um ausländische Hilfe. Eine Truppe von dreitausend Mann wurde unter dem Kommando und der Führung von drei gelehrten Lehrern entsandt, die zu gegebener Zeit in Tanwans Hauptstadt eintrafen. Mit ihrer Hilfe wurde Anlaushan besiegt und schließlich gefangen genommen.

Der Aufstand war zu Ende und das ausländische Kontingent verließ China, um in sein eigenes Land zurückzukehren. Hier trat jedoch eine Schwierigkeit auf. Ihre Herrscher verweigerten ihnen den Zutritt und gaben als Grund dafür an, dass es gegen die Verfassung des Landes verstoße, Männer wieder aufzunehmen, die mit schweinefleischfressenden Ungläubigen in Kontakt gekommen seien. Sie hatten tatsächlich zusammen mit Schweinen und Ungläubigen gehütet und konnten nicht länger als unbefleckte Untertanen oder als gesunde Mitglieder einer Gesellschaft betrachtet werden, die Schweinefleisch als religiöse Abneigung empfand.

Sie kehrten daher nach China zurück und wurden dauerhafte Gäste in einem fremden Land. Sie sind der ursprüngliche Stamm, aus dem der Mahommedanismus in China, in verschiedenen Gemeinden und unter mehreren Konfessionen usw. hervorgegangen ist.

ANHANG III.

LISTE DER NATS ODER GOTTHEITEN, DIE VON DEN KAKHYENS VEREHRT WERDEN ; VON COLONEL SLADEN AUS EINHEIMISCHEN QUELLEN BEZOGEN .

1.   *Ngka* nat ; Burmesisch, *ich* nat ; Ing. Gott der Erde. – Er wird verehrt, wenn man Gold oder andere Minen gräbt, ein Dorf gründet und Reisfelder sät. Als Opfergaben werden Büffel, Schweine, Hühner, getrockneter Fisch und Schnaps (Sheroo) dargebracht. Der Gottesdienst muss von der gesamten Bevölkerung eines Dorfes gefeiert werden, und in den folgenden vier Tagen dürfen weder Arbeit noch Reisen unternommen werden.

2.   *Mooshen* oder *Mofitwa* nat oder nats . Dies sind Ehemann und Ehefrau, die jeweils *Sharoowa* und *Modai-pronga genannt werden* . Burmesisch, *Thakya -meng* ; Ing. der König der Götter. – Wird anlässlich der Rodung von Feldern, des Reisanbaus und der Gründung eines Dorfes verehrt. Als Opfergaben werden ein junger männlicher Büffel oder Stier, ein Schwein, Hähne, Eier, Reis, getrockneter Fisch und Schnaps dargebracht, dazu gibt es einen Seidenputzo und Frauenschmuck. Der Gottesdienst wird von der Tsawbwa und dem ganzen Dorf gefeiert und kann nicht von einer Privatperson angeboten werden.

3.   *Numsyang* oder *Noonshan* _ nat oder nats ; Burmesisch, *Yuwa-saun* ; Ing. die Dorfwächter . Dabei handelt es sich um Männer und Frauen, wobei der östliche Teil eines Dorfes unter der Obhut der ersteren und der westliche Teil der letzteren steht. Sie werden zweimal im Jahr verehrt; auch anlässlich einer Epidemie oder eines Krieges und bei der Gründung eines neuen Dorfes. Die Opfergaben sind wie bereits erwähnt, aber die Opfer müssen männlich sein und die Anbetung wird vom Tsawbwa mit seinem gesamten Volk gefeiert.

4.	*Chan* nat ; Burmesisch, *ich* nat ; Ing. die Sonne. – Auch
zwei, Mann und Frau. Wird von Häuptlingen und dem Volk beim
Roden der Felder und bei der Ernte verehrt. Die Opfergaben
bestehen aus rotem Geflügel, gekochtem Reis, Eiern, getrocknetem
Fisch, Brot und Schnaps, dazu gibt es einen Gong, einen roten
Putzo und männliche Ornamente.

5.	*Sada* nat ; Burmesisch, *La* nat ; Ing. der Mond. – Wird wie
oben verehrt. Opfergaben, gekochter Reis, getrocknetes Fleisch
und Fisch, Eier und vier Bambusflaschen mit Schnaps, dazu
weibliche Kleidung und Schmuck als Geschenk sowie ein silberner
Pfeifenstiel.

6.	*Ning- foi* oder *Pomp- woi* ; Burmesisch, *Le* nat ; Ing. die Luft.
– Wird bei Krankheit, in Kriegszeiten, auf Handelsreisen, bei der
Rodung von Feldern oder bei der Gründung eines Dorfes verehrt.
Opfergaben: Büffel, Kühe, Schweine, Hühner usw., mit Gaben aus
Putzo , Gong und Silber.

7.	*Ning- gon - wa* nat ; Burmesisch, *Byama* nat ; der Hindu-
Brahma. – Wird als „höchster Tsawbwa nach dem Tod"
angesehen. Opfergaben, Brot; Geschenke, Blumen, Seidenputzo
und acht Bambusfässer Schnaps.

8.	*Boom* nat ; Burmesisch, *Tung* nat ; Ing. der Gott der Berge.
– Wird bei Krankheit, bei der Rodung von Feldern oder bei der
Gründung eines Dorfes verehrt. Opfergaben, Büffel, Kuh,
Schwein usw.

9.	*Mama Sonne* ; Burmesisch, *Soba* nat ; Ing. der Reisgott . –
Wird für das Wachstum der Reisernte und manchmal bei
Krankheit verehrt. Opfergaben wie für den Mond.

10.	*Chegah* nat ; Burmesisch, *Lay- khyan - saun* ; der Feld- und
Gartenhüter. – Angerufen , um sie zu beschützen. Opfergaben von
Büffeln und Kühen, deren Haut verbrannt und das Fleisch gekocht
wird. Auch mit Tabakopfern besänftigt. Es soll Erkrankungen der
Haut und der Augen hervorrufen.

11.	*Warroom* nat ; Burmesisch, *Ana* nat ; Ing. der Gott der
Krankheit. – Wird bei Krankheiten verehrt, vor allem bei Pocken
und Cholera. Opfergaben, Büffel usw.

12.	*Khakhoo Khanam* ; _ Burmesisch, *Yei* nat ; der Gott des
Wassers. – Wird verehrt, wenn jemand ertrunken ist; manchmal
krank. Opfergaben, zwei Büffel, zwei Schweine, zwei Hühner usw.

13.   *Tsethoung* nat ; Burmesisch, *Tou* nat ; Ing. der Gott des Waldes. – Wird anlässlich der Gründung eines Dorfes, der Rodung von Feldern, Krieg und Krankheit verehrt. Opfergaben, ein Schwein, eine Ziege usw.

14.   *Ngkhoo* nat ; Burmesisch, *Aing* nat ; der Heimatgott oder Gott der Vorfahren . – Wird in allen Krankheitsfällen verehrt. Jeder , der in einen anderen Staat auswandern möchte, hängt einen Bambus mit Schnaps an einen Pfosten und ruft ihn an. Bei der Ernte wird ihm auch neuer Reis angeboten. Opfergaben, Büffel, Kuh usw.

15.   *Ndong* nat ; Burmesisch, *Aing-peen* nat ; der Gott außerhalb des Zuhauses . – Es wird angenommen, dass er im Haus wohnt, aber außerhalb des Hauses verehrt wird, wenn einer der Familienangehörigen im Krieg, durch Ertrinken, durch einen Sturz von einem Baum oder durch den Biss eines Tigers oder einer Schlange getötet wird. Opfergaben, Büffel usw.

16.   *Mo* nat ; Burmesisch, dasselbe; der Gott des Himmels. – Vier Brüder, nämlich. Moung -lam, Khreenwan , Seen-lap, Mou-sheeing und eine Schwester, Boung-fwoy , die Donnergöttin. Ein sehr hoher Gott der Kakhyens , der von jenen verehrt wird, die Gewinn im Handel, Sieg im Krieg oder Kinder anstreben; auch anlässlich einer Dorfgründung und einer Krankheit. Opfergaben: Büffel, Kühe, Schweine und Hühner – alle müssen weiß sein –, getrockneter Fisch, Eier und Schnaps.

17.   *Lessa* nat ; Burmesisch, *Tesey* oder *Tuhsai* ; der Geist einer vom Dah ermordeten Person, die angeblich Krankheiten verursacht . – Opfergaben, Büffel usw. sowie gekochter Reis, Curry, Schnaps, ausgestellt in Körben.

18.   *Needang* nat ; Burmesisch, *Meima Tesey* ; das zusammengesetzte Gespenst von Mutter und ungeborenem Kind.

19.   *Hausaing _* nat ; Burmesisch, *Taroup* nat ; der chinesische Gott.

20.   *Khokhamla* ; Burmesisch , *Singburing ;* der letzte König.

21.   *Phee Lomoon* ; Burmesisch, *Soung* ; die Hexe, von der angenommen wird, dass sie Leben zerstören kann.

ANHANG IV.

ANMERKUNG VON PROFESSOR DOUGLAS ZU DEN GOTTHEITEN IM SHAN-TEMPEL IN TSAYCOW IM HOTHA-TAL.

Die in den Mauern dieses Tempels aufbewahrten Kultgegenstände sind durchaus bemerkenswert, insbesondere weil sie die seltsame Art und Weise veranschaulichen, in der die Gottheiten, die die verschiedenen Glaubensrichtungen der Chinesen – Buddhisten, Taouisten und Konfuzianisten – repräsentieren, oft vermischt werden . Wie die beigefügte Liste zeigt, stehen Buddhas, Buddhisatwas , Devas, Arhans und buddhistische Patriarchen Seite an Seite mit „Wahren Menschen", „Meistern des Himmels" und Fürsten des taouistischen Glaubens; während der Konfuzianismus einen einzigen Vertreter in der Deva der gelehrten (dh konfuzianistischen) Jugend findet (Nr. 15). Diese Gruppierung der Gottheiten der „drei Religionen" mag für diejenigen seltsam erscheinen, die mit den Phasen, die diese Glaubensrichtungen in China angenommen haben, nicht vertraut sind. Von Anfang an war der Taouismus jedoch nur eine andere Form des Buddhismus, und die über Jahrhunderte andauernde allmähliche Schwächung der unterschiedlichen Lehren der beiden Sekten sowie die Einführung des rein chinesischen Aberglaubens in beide Richtungen führten dazu die ungewisse Demarkationslinie verwischen, die ursprünglich das eine vom anderen trennte. Tatsächlich hat die den Chinesen so eigentümliche Fähigkeit der Absorption, sei es von Rassen oder von Glaubensbekenntnissen, dazu beigetragen, die Dogmen von Buddha und Laotse mit den Lehren von Konfuzius in einem solchen Ausmaß zu verschmelzen, dass, soweit die Wenn es um die Massen geht, können sie als Grundlagen eines gemeinsamen Glaubens betrachtet werden, und die von jeder für den Gottesdienst bestimmten Gegenstände sind nicht selten – wie im vorliegenden Fall – in den nationalen Pantheons an gleichberechtigten Stellen zu finden.

Im Folgenden finden Sie eine Liste der achtzig Gottheiten, die im Tempel thronen:

    1.   Yun lai tseïh teen = der Deva der sich sammelnden Wolken.

    2.   Jïh Kung Tsun Teen = der geehrte Deva des Sonnenpalastes.

    3.   Wăn _ Tsun Teen = Vaishravana .

    4.   Keen- na -lo Wang tsun teen = der geehrte Deva, der König der Kinnaras.

    5.   Ta hĕh Tsun Teen = Mahâ Kala.

6.   Sing Kung Tsun Teen = der geehrte Deva des Sternenpalastes.

7.   Tae suy Tsun Teen = die chinesische Kybele.

8.   Luy Shin Tsun Teen = der geehrte Deva des Donners.

9.   Hoo-kea-lo Wang tsun jugendlich = der geehrte Deva, König Hoo-kea-lo.

10.   Po- kiĕh -lo- tsew (?) tsun teen = der geehrte Deva Po-kiĕh -lo- tsew (?) (Bhaskaravarna ?).

11.   Wie Nr. 8.

12.   Lŭh chai pă Wang tsun teen = der geehrte Deva, der achte König der sechs Fasten (?).

13.   Hing ping kwei Wang tsun jugendlich = der geehrte Deva, der krankheitsübertragende Dämonenkönig.

14.   Hwa- kwang – meaou-keĭh-tseang Tsun Teen = Manjusri.

15.   Joo tung te teen = der kaiserliche Deva der gelehrten (dh konfuzianistischen) Jugend.

16.   San Chi Tsun Teen = der Ruhm verstreuende geehrte Deva.

17.   Mit- tseĭh -kin-kang tsun jugendlich = der Vajra-haltende geehrte Deva.

18.   Mo-le- che Tsun Teen = Maritchi .

19.   Să chin jin = der wahre Mann Să (Taouist).

20.   Kŏ chin jin = der wahre Mensch Kŏ (Hang?) (Taouist).

21.   Yuh te = der Jade-Herrscher (Taouist).

22.   Chang Teen sze = der Meister des Himmels Chang (Taou -ling?) (Taouist).

23.   Heu chin keun = der Prinz Heu (Taouist).

24.   Ho-le- te -nan tsun = Hariti.

25.   Yen-lo te jugendlich = Yama.

26.   Kwei tsze moo jugendlich = der dämonische terrestrische Deva.

27.   Poo- te -shoo jugendlich = Buddhisatwa Druma .

28.   Keen-lo te teen = der feste und starke irdische Deva.

29.   Mo-he-lo tsun jugendlich = Maheshvara .

30.   Kwang mŭh Tsun Teen = Virupaksha .

31.   Tsăng ändern Tsun Teen = Virudhaka .

32.   Chĭh kwŏ Tsun Teen = Dhritarashtra.

33.   Wie Nr. 8.

34.   Kwan Shing Te Teen = der Gott des Krieges.

35.   Te shĭh Tsun Teen = Buddha.

36.   Ta fan tsun jugendlich = Brahma.

37.   Tsze tung te teen = der Deva der Tsze- und Tung-Bäume.

38.   Ta peen teen = der große Deva der Disputation.

39.   Kung tĭh Tsun Teen = der geehrte Deva der guten Werke.

40.   Hoo fa tsun jugendlich = Dharmarakshita .

41.   Heuen Teen Shang te = Der düstere Himmelsgott.

42.   Pin-too-lo tsun-chay = der Arhan [44] Pin-too-lo.

43.   Choo-cha- pwan -to-kea tsun-chay = der Arhan Choo-
cha- pwan -to-kea.

44.   Fan -na -po- sze tsun-chay = der Arhan Fana - po- sze .

45.   Na-kea-mow- na -lo tsun-chay = der Arhan Na-kea-mow-
na -lo.

46.   Pwan -to-kea tsun-chay = der Arhan Pwan -to-kea.

47.   Fa- chay - fŭh -to-lo tsun-chay = der Arhan Fa- chay - fŭh
-to-lo.

48.   Po to-lo tsun-chay = der Arhan Po-to-lo.

49.   Soo-pin-to tsun-chay = der Arhan Soo-pin-to.

50.   Peen- nŏ -kea-fa- tso tsun-chay = der Arhan Peen- nŏ -
kea-fa- tso .

51.   Kan heen = der Wachende-den-Gerechten (Gottheit).

52.   Kea- che = Kâsyapa .

53.   Chay- nŏ Fŭh = der beschützende und antwortende
Buddha.

54.   Shŭh -kea Fŭh = Sakya-Buddha.

55.   Pe-loo Fŭh = Vairoshana .

56.   A-nan = Ananda.

57.   Wăn choo = Mangusri .

58.   Pin-tow-loo-to- chay tsun-chay = der Arhan Pin-tow-loo-to- chay .

59.   Kea-kea-po- tĭh -to tsun-chay = der Arhan Kea-kea-po-tĭh -to.

60.   Nŏ - keu - lo tsun-chay = der Arhan Nŏ - keu -lo.

61.   Kea-le-kea tsun-chay = der Arhan Kalika.

62.   Shoo-foo-kea tsun-chay = der Arhan Shoo-foo-kea.

63.   Lo- hoo -lo tsun-chay = der Arhan Lo- hoo -lo.

64.   Yin- këĕ -to tsun-chay = der Arhan Yin- këĕ -to.

65.   A-she-to tsun-chay = die Arhan Asita.

66.   Königs-Eibe Tsun-Chay = die Arhan-König-Eibe.

67.   Tă -ma tsoo sze = der Patriarch Dharma.

68.   Kea- lan Poo- să = der Sam̃gh â r â ma Buddha.

69.   Wie Nr. 41.

70.   Kwan-yin Poo- să = Avalokites'vara .

71.   Wăn-chang te keun = der Gott der Literatur.

72.   Hoo- fă Wei-to = Veda, der Verteidiger des Gesetzes.

73.   Tsëĕ yin Fŭh = Amita.

74.   Wie Nr. 3.

75.   Wie Nr. 30.

76.   Wie Nr. 32.

77.   Wie Nr. 31.

78.   Es ist kein Name beigefügt.

79.   Shwuy ho kin kang = der Wasser-und-Feuer-Varja – (werfende Gottheit) [ein unmöglicher Titel].

[44] *Arhan* , teilt mir Professor Douglas mit, hat dieselbe Bedeutung wie der Begriff *Rahan* , den ich im Text verwende.
– JA

ANHANG V.

WORTSCHATZ.

Englisch.	Kakhyen .	Shan.	Hotha Shan.	Leesaw .	Poloung .
Eins	Langai	Loong	Ta	Ti	Legen.
Zwei	Lakong	Lied	Seuk	Hnuit	Äh.
Drei	Masoam	Sam	Soom	Sa	Ooay .
Vier	Malee	Si	Mee	Li	Pone.
Fünf	Mangah	Ha	Ngwa	Ngaw	Pohn .
Sechs	Kroo	Hoak	Ho	Chaw	Taw.
Sieben	Sanet	Saet	Huit	Tshe	Ta.
Acht	Matsat	Pyet	Het	Heu	Puh.
Neun	Tsikoo	Kow	Kaow	Koo	Teenager.
Zehn	Shi	Schaf	Takkhay	Tsi	Kew.
Elf	Shilangai	Sheepate	Khayta	Tsili	Kewlay .
Zwanzig	Koon	Sau	Sau	Meetzee	Ehkew .
Einundzwanzig	Koonlangai	Sowas	Sowta	Meetzeeti	Ehkewlay .
Einhundert	Latsa	Packlaing	Tabak	Teengha	Oobooyaw .
Eintausend	Hainglangai	Hainglaing	Tahaing	Titoo	Oohaing .
ICH	Ngai	Kow	Ngaw	Nga	Au.
Wir	Antaing	Mähschuh	Ngawtookay	Ngaeuh	Nuibey .
Du	Nongtaing	Wie	Kewtaka	.. ..	Ee.
Er	Torawa	Mung	Mong	.. ..	Pĕh .
Von mir	Ngaihome	Kowlai	.. ..	.. ..	.. ..
Von uns	Antainglo	Howhalai	.. ..	.. ..	.. ..
Von dir	Nangtainglo	Mowsoo	.. ..	.. ..	.. ..
Von ihm	Keyraiĕh	Hongmyoon	.. ..	.. ..	.. ..

Von ihnen	Kangtengraiĕh	Myonhowlai	.. ..	.. ..	.. ..
Über	Lata	Kāneh	Attaw	Khanashee	Kiggo .
Unten	Lawoo	Kantow	Loongbaw	Meekhya	Kirroi .
Weit	Nowtsanai	Kaiyow	Vaylai	Oorăh	Loong.
Nahe	Aneesharengai	Cowalaí	Neenăy	Tialah	Puloang .
Allein	Nanaisha	Yonlai	Notah	Heute	Mowloutsay .
Innen	.. ..	.. ..	Ah wie	Nagwah	Kaffan .
Hinter	.. ..	.. ..	Noongbah	Kanashee	Howlaybonow .
Vor	.. ..	.. ..	Numram	Jugushee	Howlaiow .
Norden	.. ..	Kaneu	Oobah	Meegoakhew	Keyroi .
Süd	.. ..	Kantow	Meetope	Wadashee	Keygo .
Ost	.. ..	Wanoak	Neekcoam	Godashee	Makkayroi .
Westen	.. ..	Wantoak	Soobudaykhaybaw	Loosoometsigaw	Tsika .
Am besten	Kajai	Leesubina	Makhay	Magee	Putzee .
Schlecht	Inkajah	Yunlee	Highmakhay	.. ..	.. ..
Am schlimmsten	Toomsa Inkajah	Moataykhew	Highmakhayaw	Oumamagee	Putzee .
Hoch	Tsawah	Ansoong	Mahanglai	Moodah	Ko.
Höher	.. ..	Aykhera bald	Soobudaymahanglai	Akkeymo	Kokakai .
Höchste	.. ..	Lata	Soobudayma-hanglaibaw	.. ..	Hoakmureemurra .
Niedrig	Nemai	Tumalai	Mahlawhoonlai	Kula	Quoikaroi .
FALSCH	Nangmasonai	Monlonlai	Manhay	Mungaw	Autsch .
Bußgeld	Tsomai	Sanay	Tomelai	Tschüss	Tseah .
WAHR	Raiai	Lonlai	Pēybaw	Ghooleeaw	Hawhoi .
Dünn	Kasherai	Yongmai	Hyamlai	Battah	Mangah .
Fett	Kubai	Pfui	Powlai	Tsudda	Kalana.
Dick	Tatday	Lalai	Kanlai	Guadah	Nakakoi .
Ölig	Toesa	Hackaylai	Kokklai	Khuddah	Kaiaw .
Hübsch	Tsomai	Hanglilai	Tomelai	Bheda	Tsi .

Hässlich	.. ..	.. ..	.. ..	Mabyee	Putzee .
Schön	Tsomai	Hanglilai	Tomebaw	Bheda	Tsikaw .
Sauber	Tsomai	Senshitnai	Peubaw	Puh	Lweehaw .
Schmutzig	Shoeshakai	Hangwheylai	Tseetbaw	Neemughoonda	Highai .
Staubig	.. ..	.. ..	Soodah	Shenggew	Peevunay .
Billig	.. ..	Mouwai	Polai	.. ..	Noodah
Liebling	Matzanneh	Paneh	Kolai	Kaddah	Nagen.
Reich	Soneh	Me-eh	Chodo	Tsobo	.. ..
Arm	Matzaneh	Panyon	Panlai	Saddah	Anpan.
Alt	Toonglasa	Tonalai	Mungsaw	Tsomaw	Takkaw .
Jung	Kacheeai	Auf dich	Thoay	Lanew	Taheelay .
Groß	Sawai	Soongai	Mangbah	Moakkaw	Onyou -haw.
Wenig	Indehkacheeai	Onzalai	Eine Säge	Wablaneu	Konou .
Klein	Kacheecheeai	Onzeesee	Mondmondsäge	Runurraw	Konlay -lay.
Groß	Kubai	Yanalai	Khuybaw	Woodaw	Langhaw .
Eng	Teetai	Kapai	Shinglai	Tsodah	Pakkaw .
Breit	Koocabai	Quangai	Quanglabaw	Haydaw	Loomhaw .
Schließen	Meesa	Kowai	Naygawsabaw	Thyeedaw	Chamhaw .
Schmerzlich	Matzeeai	Sipai	Atoohenlai	Goodoonnuddah	Toowsayowlov
Angenehm	.. ..	.. ..	Kneelawkaybaw	Teeanaw	Khyenhaw .
Rot	Khrenai	Aneng	Omnah	Yeenee	Ja.
Gelb	Somai	Anaing	Aloom	Yeeshee	Eela .
Grün	Chitai	Ach ja	Akkew	Yeneetshee	Eevong.
Blau	Chitai	Anpyah	Amyauh	Lasay	Lenay.
Orange	.. ..	.. ..	Aloongasaw	Attew	Quonlaylay .
Schwarz	Changai	Anam	Annaw	Yeenah	Eewong.
Weiß	Prongai	Angpuck	Applau	Yeepoo	Eelooee .
Hand	Lata	Miauen	Taw	Lapah	Tai.
Fuß	Lagong kheytai	Ting	Hkay	Khaypah	Ronaw.

Nase	In der Tat	Hunglan	Nayhong	Nahbay	Koorookmoo .
Auge	Mich	Waydah	Knoydzee	Myetzoo	Nahe.
Mund	Iucoop	Seife	Myoot	malaiisch	Moay .
Zahn	Wa	Zeigen	Khoway	Tsitshee	Shang.
Ohr	N / A	Mayloho	Neeshaw	Nabaw	Choak.
Haar	Karah	Hoonhoẃ	Oo	Oochay	Heuckhyn .
Kopf	Pong	Ho	Owgong	Oodew	Khyn.
Zunge	Schindel	Lin	Puh	Latchay	Latah.
Bauch	Khan	Tong	Oondow	Hickhay	Abstimmung .
Felsen	Schema	Lunge	Wholoong	Kamah	Yahow .
Eisen	Phee	Lĕh	Shan	Hhew	Seufz .
Gold	Tsa	Summen	Sagen	Keypah	Jung.
Silber	Comprong	Gut	Auf keinen Fall	Puh	Reun .
Kupfer	Makree	Tong	Toangwah	Gishshee	... ..
Führen	Masoo	Chun	Keway	Tsew	Pachat .
Zinn	Pheyprong	Laypuck	Shanphew	Hopew	Leckleway .
Messing	Makree	Tonglung	Tungpur	Yeguw	... ..
Erde	Kah	Lunge	Mich	Nayhew	Katai.
Vater	Kowah	Pfote	Eine Pfote	Baba	Koon.
Mutter	Gnoo	Ma	Aggah	Mutter	Ma.
Bruder	Apoo	Tsailoong	Unter	Aiyee	Puh .
Schwester	Mongsow	Nongsow	Schinken	Mala	Peenangow .
Mann	Chingpaw	Khoon	Chow	Latchoe	Taee .
Frau	Noom	Pahying	Ingnaw	Lamurah	Yeban .
Gattin	Mashanoom	Meh	Aymaw	Lameuh	Puh .
Kind	Mang	Laon	Tsoee	Lunay	Jebanay .
Sohn	Kaschah	Suchen	Tsalooalisa	Tsobahla	Eemeilay .
Tochter	Mawhonkashah	Sieht so aus	Eengnawsa	Lameungla	Eebanay .
Sklave	Kashahpyeelai	Loogyonow	Khyun	Chobah	Myeh .

Grubber	Toangnaiai	Toangla	.. ..	.. ..	.. ..
Schäfer	Peinamremai	Sowpalingpeh	.. ..	.. ..	.. ..
Jäger	Mounwhomai	Sowmonso	Muso	.. ..	.. ..
Gott	Shingrawah	Sowpara	Oorah	Who	Tschuprah .
Teufel	Nateabai	Peahighloong	Tam	Nein	Canom.
Sonne	San	Wan	Poee	Neemee	Lata.
Mond	Ladah	Lhun	Pulaw	Habackhee	Takkew .
Stern	Ich stimme zu	Laow	Khew	Coosah	Gesetz.
Feuer	Wan	Phai	Poee	Attaw	Nahe.
Wasser	Intzin	Nam	Tee	Yeghaw	Em.
Haus	Indah	Huhn	Een	Ghnee	Krep.
Pferd	Comerang	Māh	Mang	Amho	Myong.
Kuh	Toomsoo	Bogen	Nochoanatsaing	Anyemah	Muckamah .
Hund	Quhay	Mah	Quhoee	Annah	Sau .
Katze	Ningyoueh	Myew	Kollaw	Urra	Ja .
Schwanz	Oorang	Kiephoo	Capaw	Urupah	Yehcrow .
Ente	Upyaet	Pyet	Zahlen	Ah	Pyet.
Arsch	.. ..	.. ..	Mahlee	Khyamyeh	Myonglee .
Vogel	Nhoopyen	Schau	Ghnaw	Nga	Ngow .
Maultier	Latsayla	Mālaw	Mālaw	Teemee	Tolelaw .
Bambus	Kawah	Myēh	Chewgen	Wahmah	Khyang .
Stein	Loong	Heen	Lauch	Takhee	Maou .
Elefant	Maguay	Tsang	Khyang	Hamah	Chang.
Büffel	Ngā	Warum	Noloway	Annaga	Kha.
Floh	Wahkaree	Matte	Ghlu	Catteuh	Khang.
Laus (Körper)	Sakhep	Miene	.. ..	Chinutah	Oo.
Laus (Kopf)	Chee	Wie	.. ..	.. ..	.. ..
Reh	Po	Pangdai	Twing	Myloo	Ahjaw .
Ziege	Painam	Pay-yah	Pa	Utchee	Meh .

Schwefel	Khan	Khan	Khanteuk	Khang	Khan.
Salz	Tsoom	Khu	Khaw	Tsabow	Sĕh .
Zucker	Tsantang	Khuwan	Saow	Shantah	Mahmoiloay .
Milch	Tsoo	Lehm	Nicht jetzt	Atchee	Emboo .
Schaf	.. ..	Zehe	.. ..	Atchumew	Atchaw .
Turban	Poonkaw	Khynhoe	Juhuu	Wootew	Kameh .
Jacke	Polong	Seu	Tsay	Bucheu	Kayeup .
Hose	Teboo	Pa	Ghlaw	Meekee	.. ..
Damenjacke	Polong	Sou	Eenawtsay	Samen Buchee	Kayeup Jaaa .
Damen-Turban	.. ..	Klynhoe	Eenaw Uuuups	Samen wootew	Kameh Jaaa .
Petticoat	Soomboo	Schienbein	Eenaw Tungaw	Meekyee	Kalang yebaw.
Schuhe	.. ..	Whyepteen	Khyapteen	Khynee	Khypteen .
Ohrring	Lakan	Pehwho	Knieschoß	Knockaw	Paywhoo .
Reis	Scheiße	Wie	Tsen	Dthapoo	Lakow .
Opium	Yeepyen	Phey	Yappingyen	Yappay	Kläffen.
Schlange	Laboo	Muhen	Mowee	WHO	Hhan .
Frosch	Scheu	Koap	Pfote	Upah	.. ..
Gras	Nam	Yah	Sieaw	Shi	Matte.
Baum	Poonsaw	Tonemai	Tsidsaing	Shidzee	Hoi.
Blatt	Poonlap	Mowmai	Skihow	Tsibeeyah	Phooan .
Holz	Poon	Mytsing	Shake	Tsidzee	Hoi.
Fisch	Nga	Pa	Mushaw	Ngwa	Kā .
Kalt	Kachee	Kat	Kamlai	Gyaddah	Kaw.
Warm	Katetai	Oonai	Poolai	Tsaddah	Myahcaeeai .
Eis	Tsin	Ghonlam	.. ..	.. ..	.. ..
Schnee	Khen	Lüge	.. ..	.. ..	.. ..
Regen	Marangto	Phoontoak	Mowrowbaw	Mahă	Qnoi .
Wind	Umboong	Webstuhl	Ghli	Mayhee	Koo.
Donner	Mahmoomooai	Phasowai	Mähen	Mooggoo	Polong .

Blitz	Meeprap	Phamypai	Shapmyng	Bhyyeh	.. ..
Himmel	Muhen	Bhă	Annyow	Kneerueetchee	La.
Tag	Sheenee	Khangwan	Knie	Myeemalaw	Tsungai .
Nacht	Shenah	Khanghŭm	Tmoot	Ja, ja	Keisin .
Licht	Shenee	Phalaing	Mowbowbaw	Kneeowmah	Qneh .
Dunkelheit	In Sünde	Verfallend	Mowchootbaw	Nein	Tsaymawchoak
Wolke	Soomoay	Moay	Hangeen	Mookoo	Mok.
Fluss	Mereeha	Lamkew	Kaw	Yeegyah	Emhongfie .
Hügel	Boom	Loiloo	Boom	Kneekee	Panang .
Insekt	.. ..	Pieta	.. ..	Biddee	.. ..
Herz	Mashin	Hosow	.. ..	Sehen	Hogiow .
Gehen	Samo	.. ..	Kawda	.. ..	.. ..
Essen	Shamo	.. ..	Kneeah	.. ..	.. ..
Sitzen	Domo	Laugda	Kniesch	.. ..	.. ..
Kommen	Wamo	Mada	.. ..	La	.. ..
Schlagen	Tookmo	Tainda	Tayda	.. ..	.. ..
Stand	Rotmo	Lookda	Yapda	Hatesa	.. ..
Lüge	Karengmo	Einlänge	Ayda	Yeeta	Ee.
sterben	Seesa	.. ..	.. ..	.. ..	.. ..
Anruf	Shegah	Ma	Lawah	Kooyay	Tayau .
Werfen	Shedeng	Tim	Koondah	Gesetz	Vuneh.
Fallen	Hatsa	Toak	Tahyoudab	Tsayloho Ja	Oonsayau .
Ort	Sherah	Teayou	Anhedah	Takyah	.. ..
Aufzug	Ta	Yŏng	Kooawdah	Qnaw	Tayan.
Ziehen	Sprosse	Zitze	Shăybawdah	Gho	Tutanlaybeneen
Rauch	Klo	Lŭt	Gnawsheubawdah	Yehbeckshe	Owkynowkuloa.
Liebe	Nheyrai	Hachlai	Nawnoilawdah	Nguanah	Owingau .
Hassen	Neimcome	Hhanhau	Cachencachaw	Kneemahandau	Owchungkakai .

Wie heißt du?	Nicht mein Ganging Sagaieh	Nicht am Tag bezahlen Cainay	.. ..	.. ..	.. ..
Wie alt ist dieses Pferd?	Daiee Comerang Kadeh Tinglaeh Idiot	.. ..	Myang Schatz mang Laybounay	.. ..	.. ..
Ich weiß es nicht	Ngai inchengai	Kuh mhahow shay	Nichts wie los	.. ..	.. ..
Wie weit ist es bis Sanda?	Sanda mying Kadeh sanai	Muang Sanda kai halow	Chanda Quhonhay wenenay	.. ..	.. ..
Es ist eine Reise von einem Tag	Intwey langai toosa	Lam wan qua tenglai	Tanyen samhet tah	.. ..	.. .

9 789359 251622